KB069514

2nd Edition

지적장애학생을 위한

전환교육의 실제

John McDonnell · Michael L. Hardman 공저

이정은 역

Successful
Transition Programs:
Pathways for
Students With
Intellectual and
Developmental
Disabilities

학지사

Successful Transition Programs: Pathways for Students With Intellectual and
Developmental Disabilities, 2nd Edition
by John McDonnell and Michael L. Hardman

Korean translation copyright ⓒ 2015 by Hakjisa Publisher, Inc.
The Korean translation rights published by arrangement with
SAGE Publications, Inc.

Copyright ⓒ 2010 by SAGE Publications, Inc.
Authorized translation from English language edition published by
SAGE Publications, Inc.

All rights reserved.

본 저작물의 한국어판 저작권은
SAGE Publications, Inc.와의 독점계약으로 (주)학지사가 소유합니다.
저작권법에 의해 한국 내에서 보호를 받는 저작물이므로
무단 전재와 무단 복제를 금합니다.

역자 서문

최근 몇 년에 걸쳐 전환교육에 대한 인식은 놀라울 만큼 많이 좋아졌다. 많은 교사들과 예비교사들은 이제 중등기 장애학생의 교육목표와 교육과정의 실제는 중등기 이후의 삶, 즉 성인기 삶으로의 성공적인 전환에 초점을 두어야 함을 공감하고 있다. 또한 이들을 위한 교육은 장애학생 당사자와 함께 다양한 삶의 현장에서 어떤 삶을 살고 싶은지에 대한 계획을 하는 것부터 시작하여 이를 실현하기 위한 다양한 영역 간의 협력적 노력으로 이루어진다는 것에 대해 인식을 같이하고 있다.

그러나 전환교육의 중요성에 대한 인식의 수준이 높아졌음에도 불구하고 이들을 가르치는 특수교사(혹은 예비특수교사)가 전환교육에 대한 지식과 기술을 체계적으로 갖추기는 쉽지 않은 것도 사실이다. 여러 가지 이유가 있겠지만 교사양성기관의 중등특수교육 전공 교육과정에서 전환교육을 집중하여 배울 과목이 개설되기가 쉽지 않은 현실도 그 이유 중 하나다. 그래서 미래의 중등특수교사가 될 학생들은 특수교육학개론 과목이나 각 장애 영역 과목에서 분절적으로 익힌 전환교육에 대한 매우 단편적인 지식만을 갖고 교육 현장에 투입된다. 이러한 이유로 중등특수교육을 전공하는 학생들은 장애학생을 위한 전환교육의 중요성도 알고, 교사가 되면 전환교육의 관점에서 교육을 해야겠다는 의지도 있지만, 막상 교사가 되어서는 준비되어 있지 않다는 느낌을 갖게 된다. 그리고 무엇을 어떻게 해야 할지에 대한 수많은 시행착오와 좌절을 겪는 혹독한 시간을 거치게 된다.

역자는 대학에서 중등특수교육을 전공하는 학생들을 가르치는 입장에서 이러한 점들이 늘 안타까웠다. 그래서 아예 전환교육이라는 과목을 개설하여 가르치고 있다. 하지만 가르치는 입장에서도 또 다른 문제가 있었다. 사실 전환교육이 완전 새로운 별개의 교육 체계나 교육 이론을 갖고 있는 것은 전혀 아니다. 그런데도 특수교육의 세부전공 과목들에서 배운 지식과 기술을 전환교육이라는 관점에서 어떻게 녹아내어 실천하면 될 것인가에 대해서 체계적으로 제시하는 교재를 만나기는 늘 어려웠다.

이 책을 처음 접한 것은 외국서적을 뒤지며 전환교육 수업을 위한 참고자료를 개발하며 수업준비를 하던 2010년 무렵이었다. 이 책이 갖고 있는 여러 가지 장점이 눈에 들어왔다. 예를 들어, 이 책은 전환교육이 무엇인지 그 이론적 기저를 밝히고 있을 뿐만 아니라 중학교, 고등학교 그리고 학교를 졸업하고 나서까지 각 시기별로 교사가 어떠한 영역에서 무엇에 중점을 두고 어떻게 전환교육을 실시해야 할지에 대해 구체적으로 제시하고 있었다. 또한 전환교육을 실시하기 위해 교사는 누구와 어떻게 협력해야 하는지에 대해서도 자세하게 다루고 있었다. 본문을 읽다 보면 흔히 지나치기 마련인 참고자료들(예를 들어, '들여다보기'나 '찬반토론')도 전환교육에 대한 이해와 사고의 폭을 넓히는 데 도움이 되는 소중한 자료들로 보였다. 문득 이 책을 학생들에게 소개하고 싶었고, 학생들이 우리말로 쉽게 이 책을 읽으면 참 좋겠다는 생각이 들었다. 그래서 무작정 이 책을 번역하기 시작했다.

이 책을 번역하면서 한 권의 책을 온전히 혼자서 번역하기란 결코 만만한 일이 아님을 실감했다. 혼자서 번역을 하다 보니, 여러 사람들과 얽혀 있는 다른 일들의 일정에 밀려 진득하게 붙잡고 번역작업을 할 수 있는 시간이 늘 부족했다. 무엇보다 이전에는 여러 명과 번역을 함께 하면서 브레인스토밍할 수 있었던 것에 비해 혼자서 번역을 하다 보니 정확성을 기하기 위해 느리고 신중하게 작업을 해 나가는 것이 생각보다 정말 어려웠다. 그리하여 처음 예정하였던 것보다 몇 배나 많은 시간이 소요되었고, 이제야 마무리를 짓게 되었다. 그러나 번역본을 교정하기 위해 몇 번이고 처음부터 끝까지 책을 면밀하게 읽는 과정을 거치면서 그래도 번역하기를 잘했다는 생각이 들고, 이 책을 학생들에게 소개하면 분명히 도움이 될 거라는 확신이 들었다. 그리고 그거면 된다는 생각에 이 책의 번역을 마무리하는 지금은 무척이나 기쁘고 감사한 마음뿐이다.

　이 책의 저자들은 저자 서문에서 이 책을 집필한 목적은 관련 전문가들이 지적 장애인들에게 전환교육을 효과적으로 제공하기 위해 필요한 지식과 기술을 갖출 수 있도록 준비시키는 것이라고 밝히고 있다. 그러한 소기의 목적이 우리의 학생들에게도 이루어지길 바랄 뿐이다. 이 책은 중등특수교육을 전공하는 학부 학생과 대학원생들, 그리고 중등특수교육에 종사하는 교사들을 위한 책이다. 번역서이다 보니 우리나라의 전환교육 상황에 대한 내용은 담을 수 없었으나 각 전환교육 영역에서의 교육과정과 교수법에 대한 세밀하고 실제적인 내용이 그 부족함을 상쇄시킬 수 있으리라 믿는다. 또한 우리나라의 전환교육을 이해하기 위해서는 우리나라의 관련된 제도나 법률에 대한 내용을 보충하여 함께 살펴보는 것이 더 도움이 될 것이라고 본다.

　이 책이 나오기까지 진행을 맡아 주신 편집부의 김연재 대리님의 놀라울 정도로 꼼꼼하고 면밀한 도움이 있었다. 진심으로 감사드린다. 또한 좋은 책을 학생들에게 소개하고 싶다는 이유만으로도 흔쾌히 출판을 결정해 주고 지원해 주신 학지사의 김진환 사장님께도 존경과 감사의 말씀을 드린다. 마지막으로 번역과정에서 때때로 도움과 위로를 준 사랑하는 두 딸 수열과 수빈에게, 그리고 항상 옆에서 변함없이 묵묵하게 지켜봐 주는 남편에게 고맙다는 말을 전하고 싶다.

2015년 8월
역자 이정은

저자 서문

　1997년 「장애인교육법(IDEA)」에서는 주정부와 지역교육기관이 장애학생에게 포괄적인 전환 서비스를 제공해야 한다고 최초로 규정하였다. 이후 2004년에 수정된 IDEA에서는 이 규정을 강화하여 개별 학생의 교육적 요구와 선호에 기초하여, 측정 가능한 학령기 이후 목표를 위한 전환계획 과정에 초점을 두었다. 교육청은 학생이 목표를 성취할 수 있도록 제대로 기획된 전환 서비스를 제공해야 하고, 학생이 필요한 학령기 이후 서비스를 받을 수 있도록 적절한 기관들과 협력해야 한다. 이러한 규정은 장애학생의 학교에서 직장으로, 지역사회 생활로, 중등기 이후 교육으로의 전환을 지원하기 위한 중등기 교육의 역할을 확장하였다.

　이 책에서는 미국 교육에서의 지적장애인을 위한 전환 서비스 및 지원과 교육에 대해 논의하며, 역사적 배경과 현재의 증거기반 실제와 미래의 방향성을 다룬다. 지난 20여 년 동안의 연구들을 통해 지적장애학생의 학령기 이후 성과를 향상시킬 수 있는 많은 전략들이 개발되고 타당성을 검증받았다. 이 책의 목적은 관련 전문가에게 지적장애인을 위한 효과적인 전환교육을 제공하기 위해 필요한 지식과 기술을 갖출 수 있도록 준비시키는 것이다. 우리는 전환교육이 모든 학생으로 하여금 중등기 이후 교육과 고용과 지역사회 생활에 점차 적극적으로 참여하며 시민으로서 성공적인 역할을 할 수 있도록 계획되어야 한다고 믿는다.

　이 책은 지적장애학생을 위한 전환교육의 성공적인 실행과 관련된 중요한 쟁점들을 다루는 다섯 개의 영역으로 나누어진다.

　1부는 전환교육의 기반에 대해 다루고 있다. 1장에서는 전환교육의 발전에 대해 논의하고 전환 서비스 제공에 영향을 주는 법률에 대해 검토한다. 2장에서는 중등기 학생이 성취해야 할 성과들과 효과적인 전환교육이 갖추어야 할 원칙을 다룬다. 3장에서는 효과적인 전환교육을 위한 전략들을 검토하고, 이러한 전략들이 중·고등학교, 학령기 이후 수준에서 성공적으로 실행될 수 있도록 하는 방법들에 대해 논의한다.

2부는 중등교육의 교육과정 설계와 학생 중심 전환계획 실행에서의 주요 현안에 초점을 두고 있다. 4장에서는 일반교육의 체계와 생태학적 교육과정을 다루었다. IDEA 2004에서는 장애학생은 그들이 원하는 학령기 이후 목표를 성취할 수 있도록 일반교육과정에 동등하게 접근하도록 하고 있다. 이 장에서는 전국적으로 일반교육과정의 공통된 체계를 검토하고 각 주에서 장애학생의 일반교육과정 접근을 위해 어떤 노력을 해 왔는지를 살펴본다. 또한 중등학생을 위한 다양한 생태학적 교육과정 모델을 제시한다. 각 학생의 전환 요구를 충족시키기 위해 일반교육과정과 생태학적 교육과정을 혼합하는 전략도 소개한다. 5장에서는 전환계획을 포함한 학생 중심 및 학생 주도의 개별화 교육 프로그램(IEP) 전략을 다룬다. 6장에서는 전환계획 시 자기 결정을 증진하기 위한 전략과 지적장애학생을 위한 자기 결정 개발에 대한 연구를 검토한다. 7장에서는 전환계획에서의 부모와 가족의 역할에 초점을 두고 이들이 전환계획 과정에 좀 더 효과적으로 참여할 수 있도록 하기 위해 전문가가 어떻게 협력할 것인지에 대해 논의한다.

3부는 일반교육 현장과 지역사회 환경에서 효과적인 교수를 수행하기 위한 전략들을 다루고 있다. 8장에서는 일반교육 수업에 참여하는 학생을 위한 효과적인 교수적·사회적 지원에 대한 연구들을 검토한다. 교사가 이러한 교육 환경에서 효과적인 교수를 계획하고 실행하기 위해 사용할 수 있는 절차에 대해 안내한다. 9장에서는 지역사회 환경에서 필요한 교수 프로그램의 설계와 실행 방법을 포함하여 학생을 가르치기 위한 전략들에 대해 논의한다. 이 장에서는 교사가 지역사회기반교수 실행에서 직면하는 일반적인 물류와 관련된 현안들을 살펴본다.

4부는 학생이 직장과 지역사회 생활로의 전환을 준비하는 데 매우 중요한 4개의 교육 영역에 대해 다루고 있다. 10장에서는 가정과 지역사회 생활에 초점을 두었다. IEP와 전환계획 목표를 선택하는 데 고려해야 할 원칙과 교수를 수행하기 위한 접근법, 대안적 수행전략의 개발에 대해 소개하고 분석한다. 11장에서는 학생을 위한 여가와 레크리에이션 훈련을 위한 다양한 모델의 장점과 단점을 살 피고, 목표를 선정하는 데 고려해야 할 점과 교사가 교수를 제공하기 위해 결정 해야 하는 사항 등을 포함하여 적절한 여가와 레크리에이션 활동 개발에 대한 현 안들을 다룬다. 12장에서는 중·고등학교 학생을 위한 고용 훈련 설계에 초점을 둔다. 고용 훈련이 학생과 그 가족, 교직원들이 학생의 직무 관심과 강점 지원 요 구를 정확하게 파악하는 데 얼마나 중요한 역할을 하는지를 설명한다. 성공적인 고용 훈련 실행에 영향을 미치는 중요한 요인들과 고용 훈련의 일반적인 접근법 을 다룬다. 13장에서는 고등학교를 졸업하는 학생이 졸업 전에 유급고용되도록 돕는 절차에 대해 설명한다. 직무 개발, 훈련, 추후 활동과 관련된 구체적인 권고 사항들을 제시한다.

5부는 지적장애학생을 위한 학령기 이후 선택 사안에 대한 논의를 다루고 있 다. 14장에서는 지적장애성인을 위한 주거 대안을 살펴본다. 지원 주거 및 개인 적 지원 유형과 개인이 각 지원을 획득하는 데 필요한 연방정부 프로그램을 소개 한다. 이 장에서는 청년의 유급고용을 지원할 수 있는 몇 가지 중요한 연방정부 의 직업 촉진 프로그램을 소개한다. 이 책의 마지막 장인 16장에서는 지적장애청 년의 중등 이후 교육 참여에 대해 논의한다. 이러한 교육에 참여하는 데 영향을 주는 법안을 살피고, 이러한 환경에서 학생을 지원하기 위해 사용되는 모델들을 살피고, 중등기 이후 교육을 준비시키기 위해 고려할 점에 대해 논의한다.

John McDonnell

Michael L. Hardman

차 례

1부
전환교육을 위한 기반

1장 역사적 · 법적 기반 / 19

2장 기대 성과와 새로운 가치 / 43

2부
교육과정과 전환계획

3부
교수전략 및 교육적 지원

4부
주요 교육 영역

5부
학령기 이후의 삶

16장 중등 이후 교육으로의 전환 / 369

1부

전환교육을 위한 기반

1장
역사적 · 법적 기반

Michael L. Hardman
Shirley Ann Dawson

미국에서는 매년 3백만 명이 넘는 학생들이 고등학교를 졸업한다(U.S. Department of Education, 2008). 대부분의 학생에게 졸업은 성인의 삶으로의 진입을 축하하는 통과의례로써 축하의 시간이지만, 많은 장애학생에게는 꼭 그렇지만은 않다. 장애학생과 그 가족에게 학교에서 성인의 삶으로의 전환은 미래에 대한 불확실성과 우려의 시간이 된다(Bambara, Wilson, & McKenzie, 2007; Larkin & Turnbull, 2005). 또래의 비장애학생과는 달리 장애학생에게는 고등교육, 지역사회 생활, 취업에 대한 기회와 선택이 턱없이 부족하다(Bambara et al., 2007; Wagner, Newman, Cameto, & Levine, 2005). 이 학생들이 성인기 삶에 적극적으로 참여하기 위해 필요한 주요 서비스와 지원을 받지 못한 채 취업도 못하고 지역사회로부터 고립되어 버리는 경우는 흔하다(Houtenville, 2002; National Organization on Disability, Harris, & Associates, 2004).

의회가 전환계획이 연방정부법에 포함되도록 한 지 20여 년이 지났고, 교육공학의 새로운 진보가 이루어지고 있지만, 의미 있는 전환 프로그램에 대한 학교들 간의 일치된 접근은 찾기 힘들다. 따라서 모든 장애학생을 위한 포괄적인 전환계획 및 서비스의 의도된 성과는 아직도 완전하게 실현되고 있지 않다. 그렇다 하더라도 1990년에 최초로 의회에서 전환과 관련된 법률을 통과시키던 때처럼 장애학생의 성인기 삶의 질을 향상시키기 위한 주요 목표는 여전히 오늘날에도 중요하다. 미래의 독립성 확립과 지역사회에서의 완전한 참여를 위한 기회는 전환계획과 중등기 프로그램에서의 효과적인 실제의 개발과 실행에 따라 달라질 것이다.

이 책에서는 지적장애학생을 위한 학교기반 전환계획과 중등기 전환교육의 목적, 범위, 내용 및 결과를 다룬다. 본격적으로 시작하기에 앞서 책 전반에 걸쳐 제시되는 몇 가지 용어를 다음과 같이 정의하고자 한다.

지적 · 발달 장애인(Individuals with intellectual and developmental disabilities)*은 지적장애나 신체장애 혹은(그리고) 감각장애로 인해서 성인기 삶에 완전히 참여하기 위해 가족과 교육 및 지역사회 기관으로부터 지속적이고도 강도 높은 지원이 요구되는 사람을 말한다.

전환(transition)은 청소년기에서 성인기로 이행하는 시기를 말하며, 그 시기에 모든 개인은 삶에 대한 많은 선택을 해야 한다.

전환계획(transition planning)은 한 개인, 그 개인의 가족, 교사 그리고 성인기 서비스 전문가들이 함께 학생의 능력, 요구 및 선호와 그 학생이 성인으로서 생활할 환경의 요구를 조정하여 맞추어 나가기 위해 협력하는 과정이다. 이 과정은 의존적인 학생 신분에서 가족과 함께 혹은 가족과 분리되어 좀 더 독립적인 성인 역할을 할 수 있는 신분으로 변화하도록 돕는 것을 포함한다. 성인의 역할은 고용, 고등교육 참여, 주거생활, 인간관계의 개발을 포함한다.

전환 서비스(transition services)는 장애학생이 학교에서 나와 지역사회 생활, 고용, 고등교육, 좀 더 독립적인 생활을 할 수 있게 하기 위해 잘 짜인 활동이다. 전환 서비스에 대한 보다 구체적인 정의는 「장애인교육법(IDEA 2004)」(공법 108-446)에 명시되어 있으며, 이 장의 뒷부분에서 다룰 것이다.

---

*역자 주: 여기서는 '지적 · 발달 장애인'으로 표기하고 이후에는 '지적장애인'으로 표기한다.

이 책은 지적장애인을 위한 증거기반 전환 서비스에 대해 알고자 하는 다양한 영역의 전문가들뿐만 아니라 교육과 사회 서비스 분야에서 이력을 쌓기 원하는 사람들을 위해 집필되었다. 1장에서는 미국 학교에서의 중등기 교육과 전환계획에 대한 역사와 연방정부법, 교육개혁의 영향을 살펴보고, 지난 20년간의 전환 모델의 발달에 대해 논의한다.

전환교육을 위한 연방정부의 법률

핵심질문 1 IDEA의 전환교육 관련 조항의 요소들은 무엇인가?

2010년은 현재의 IDEA 2004의 모체인 공법 94-142가 통과된 지 35주년이 되는 해다. 이 법은 최초로 통과된 이래로 16세 이상의 장애청소년을 위한 포괄적인 전환계획과 관련된 조항을 제정한 1990년 개정, 그리고 다음과 같이 전환 서비스를 정의한 2004년 개정을 포함하여 5번에 걸쳐 주요한 개정을 하였다.

'전환 서비스'라는 용어는 장애를 가진 아동을 위해 잘 짜인 다음과 같은 활동들을 말한다.

1. 중등 이후 교육, 직업교육, 통합된 고용(지원고용 포함), 평생교육, 성인 서비스, 독립생활, 지역사회 참여 등을 포함하여 장애아동의 학교에서 졸업 후 활동으로의 전환을 촉진하기 위한 성과 지향적인 과정으로서 학업 및 기능적 성취를 향상시키는 데 초점을 두어 개발된다.
2. 개별 아동이 갖는 강점, 선호도와 흥미를 고려하여 그 아동의 요구에 기반을 둔다.
3. 교육, 관련 서비스, 지역사회 경험, 직무 개발, 그 밖의 학령기 이후 성인생활의 목표들을 포함하고, 적절하다면 일상생활 기술과 기능적 직업평가를 포함한다(Sec. 602[34]).

「IDEA 2004」에서 제시하는 전환계획 서비스는 늦어도 학생이 16세가 되면 적용하는 첫 번째 개별화 교육 프로그램(IEP)을 작성할 때 시작되어야 하며, 그 이후 해마다 개정되어야 한다(Sec. 614[d][VIII]). 더 이른 시기에 전환계획과 서비스가 필요하다면 학생 당사자와 학생의 부모 및 교사, 그 외의 필요한 전문가들로 구성된 IEP 팀은 재량을 발휘할 수 있다. 경도나 중등도 장애가 있는 학생에게는 16세에 전환 서비스를 시작하기 때문에 적절한 연령이지만, 대부분의 지적장애 학생에게는 좀 더 이른 시기에 전환 서비스와 지원을 계획하고 실행할 필요가 있다(Steere, Rose, & Cavaiuolo, 2007).

IDEA 2004 조항의 취지는 학교를 졸업하는 학생들이 지역사회에서 생활하고 일할 수 있도록 하기 위한 전환을 성공적으로 할 수 있도록 하는 데 있다. 이를 위해 주정부 및 지방교육 기관은 특별히 다음과 같은 점들을 수행해야 한다.

1. 장애를 가진 모든 학생에게 전환 서비스를 제공한다.
2. 장애학생을 위해 '잘 짜인 활동들'을 개발한다. 이 활동은 개별화된 학령기 이후 고용이나 직업 훈련과 각 개인의 지역사회 생활목표를 성취하는 데 초점을 두어야 한다.
3. 졸업한 이후 학생들이 필요한 서비스를 좀 더 잘 이용할 수 있도록 구성된 전환활동은 지역사회 서비스 기관과 협력한다.
4. 개인의 요구와 강점, 선호도와 흥미를 고려한다.

더 나아가 IDEA는 학교가 졸업 후 학생들이 생활을 준비하는 데 있어 적극적인 역할을 할 것을 요구한다. 학생 당사자와 그 가족, 지역사회 서비스 프로그램만이 학생의 졸업 이후의 생활적응에 책임이 있다고 볼 수 없다. 전환법령의 목표 성취는 중등기 프로그램을 계획하고 실행하는 데 상당한 영향을 미칠 것이다(〈들여다보기 1-1〉 참조).

들여다보기 1-1

에 릭

　　고등학교를 졸업하기 전, 나는 몹시 긴장하였다. 내 머리는 의문으로 가득 찼다. 내 미래는 어떨까? 앞으로 5년 동안 난 무엇을 하게 될까? 나는 고등학교를 졸업하고 사우스 밸리 (South Valley)라는 새로운 전환학교로 가게 되어서 긴장하였다. 나는 정든 친구를 뒤로 하고 떠나는 게 슬펐지만, 곧 새로운 친구들을 사귈 수 있으리라는 것을 알았다. 내 친구들은 모두 여러 대학에 진학했다. 나는 남겨졌고, 친구들이 떠나서 슬펐다.

　　사우스 밸리에서 나는 UTA 버스 타는 것을 배웠고, 사우스 밸리에 있는 다양한 직장생활을 경험했다. 나의 첫 번째 직장은 초등학교였다. 나는 식탁을 닦고, 카펫을 청소하고, 먼지 긴 책장과 책을 정리했다. Sam's Club에서도 일했는데, 판지를 분쇄기에 넣거나 물건을 제자리에 갖다 놓는 일을 했다. 올해 들어서 나는 자동차 판매장, 서점, 영화관에서 일했다. 순서대로 주문서를 놓고, 청소하고, 티켓도 받았다. 나는 두 가지 자원봉사도 한다. 도서관에서 책을 치우고, 유타 대학교(Utah University)의 Neurobehavior HOME 프로그램에서 문서들을 철해 놓고 다음날을 위해 폴더를 갖다 놓는 일을 한다.

　　나는 사우스 밸리로 올 때 생애설계 프로그램에 대해 궁금했었다. 내 직장은 어떨까? 누가 나를 도울까? 내 미래는 어떻게 펼쳐질까? 미래에 대한 나의 꿈은 대학에서 농구 팀 매니저가 되는 것이며, 영화관에서 일하는 것이다. 나는 버스 사고가 나서 직장에 지각할까 봐 두렵다.

-에릭(Eric)

　　삶을 살아가는 우리 모두에게 전환은 쉬운 일이 아니지만, 자폐증이 있는 자녀를 둔 부모로서 전환에 대한 나의 불안은 때때로 아들이 느끼는 불안보다도 더 심했다. 오랜 기간 동안 중·고등학교 교사들은 고등학교 졸업 후 전환을 준비하도록 시도하였다. 현실에 대해 문득 드는 의문은 '내가 일하러 가고, 더 이상 아침마다 학교 버스가 에릭을 태우기 위해 멈추지 않을 때, 긴긴 하루를 에릭은 무엇을 하며 지내나?' 하는 것이었다.

　　에릭이 고등학교를 졸업한 해에, 에릭은 식료품점에서 몇몇의 친구들을 만났다. 에릭이 집에 돌아와서, "좀 창피했어."라고 말했다. 내가 이유를 묻자, "모두 대학에 가는데, 나는 학교에 간다고 말하는 게 좀 창피했어."라고 말했다. 나는 그때 사람들이 몇 년 동안 나에게 안내하려고 했던 것이 무엇이었는지 충분히 깨닫게 되었다. 에릭은 자부심을 느낄 만한 의미 있는 경험을 하는 것이 필요했고, 그런 경험의 많은 부분이 에릭의 또래가 경험하는 것들과 매우 유사해야 한다는 것을 깨닫게 되었다.

　　에릭을 위한 활동 계획에 대한 나의 초기 생각은 자폐인을 위한 활동들이 중심이 되었다 (그럼에도 불구하고, 오늘날까지 난 그 활동이 무엇이었는지 확신할 수 없다). 나는 에릭이 자

> 존감을 느끼기 위해서는 우리의 일상생활에서 볼 수 있는 활동, 즉 독립성, 지역사회 서비스, 사회활동, 평생교육, 종교활동, 고용, 가족 등과 같은 활동들이 반드시 필요하다고 생각하게 되었다. 에릭에게는 다른 20대 청년들과 마찬가지로 의사결정 과정에서 적극적인 역할을 하는 것이 중요하며, 세상에는 수많은 가능성과 선택과 기회가 있다는 것을 믿는 것도 중요하다. 이것은 우리가 직면하는 마지막 전환이 아니다. 나의 미래에 대한 희망은 우리가 계속 길을 함께 가는 한, 우리가 그 여행에 안내를 계속 받을 수 있다는 것이다.
>
> – 칼라(Karla), 에릭의 어머니

이러한 조항의 성공적인 실행을 위해서 학교들은 중요한 몇 가지 논의를 해야 한다. 예를 들어, 장애학생을 위한 전환 서비스의 개발을 광범위한 교육개혁의 맥락에서 어떻게 다룰 것인가? 이러한 서비스의 궁극적인 효과는 어떤 성과를 통해 평가되어야만 하는가?

중등기의 전환교육 서비스와 교육개혁

핵심질문 2 학교 교육개혁의 주요 요소와 지적장애학생을 위한 전환계획에 대한 그 영향력은 무엇인가?

오늘날 학교에서 학생의 향상된 수행—성적—은 교육 프로그램의 효과를 결정하는 주요한 지표가 되었다. 지난 35년 동안 연방법이 장애학생이 무료 공교육에 접근하는 것을 보장했음에도 불구하고, 1997년과 2004년에 의회는 연방법의 실행은 장애학생에 대한 낮은 기대와 입증된 교수·학습 방법 연구를 충분히 적용하지 못한 것 때문에 지체되어 왔다고 지적했다. 1990년대에 특수교육을 받고 졸업한 학생들에 대한 추후 연구들(e. g., Hasazi, Furney, & Destefano, 1990; Wagner & Blackorby, 1996)에서 높은 수준의 실업률과 낮은 수준의 중등기 이후 교육률을 보이며 전반적인 지원 네트워크가 거의 없음이 나타났다. 그러나 2005년 2차 국가종단 전환연구(National Longitudinal Transition Study-2)에서는 고등학교 이수율, 고용률, 고등교육, 사회 참여, 주거 편의 등이 향상되었음을 보고했다(Wagner et al., 2005). 그러나 이러한 향상에도 불구하고 여전히 국가장애협회(National Organization on Disability)에서는 연방법에 의해 보장된 교육 가능성은 특수교육을 받은 학생이 졸업 후 자신의 지역사회의 사회적·경제적 주류에 참여할 때 충분히 실현되지 않고 있다고 지적한다(National Organization on Disability et al., 2004).

들여다보기 1-2

장애청년에 대한 보고: 1985년 그리고 2001년

미국교육부에 의해 위임된 두 편의 연구에서는 고등학교 졸업 후 2년간 장애청년이 경험한 변화에 대해 기록하고 있다. 1987년 국가 종단 전환 연구(NLTS)는 1985년에 특수교육을 받고 졸업한 장애청년들을 추적 조사하였고, 2003년 국가 종단 연구 2(NLTS-2)에서는 2001년 학교를 졸업한 장애청년들의 지위를 평가하였다. 두 편의 연구를 비교한 결과의 주요 내용은 다음과 같다.

학교 졸업

- 1987년에 비해 2003년에는 장애학생의 학교 졸업률이 증가하였으며, 중도 탈락률은 17% 감소하였다. 이러한 변화와 함께 2003년 연구에 따르면 장애청년의 70%가 고등학교를 졸업하였다.

지역사회 생활과 사회활동

- 장애청년의 주거지는 시간이 경과할수록 안정되고 있다. 두 연구를 살펴보면, 고등학교 졸업 2년 후 약 75%의 장애청년이 부모와 함께 살고 있고, 여덟 명 중 한 명이 독립적으로 살고 있으며, 약 3%가 거주시설이나 기관에서 살고 있다.
- 두 연구 모두에서 90%의 장애청년이 미혼인 것으로 조사되었다. 그러나 지역사회의 조직된 집단(예: 취미 집단, 지역사회 스포츠, 공연 집단 등)의 회원은 두 배 이상 증가하여 2003년 연구에서는 약 28%의 장애청년이 한 집단에 소속되어 있는 것으로 나타났다.
- 1987년에 비해 2003년 연구에서는 학교에서의 규율 위반이나 직장에서 해고 또는 체포 대상이 되었던 장애성인이 상당히 증가하였다. 1987년 연구에서는 약 33%에 해당하는 장애성인이 행동에 대한 부정적인 결과가 있었으나, 2003년 연구에서는 50% 이상이 이에 해당되었다.

학교, 직장에서의 참여 혹은 직장 준비

- 1987년 연구에 비해 2003년 연구에서는 학교, 직장, 직업 훈련에서의 전체적인 참여는

약간(70~75%) 증가하였다. 이러한 영역에서의 참여율이 눈에 띄게 증가하지는 않았지만, 참여 유형은 변화하였다.

- 고등교육과 유급고용을 합한 참여율은 2003년 연구에서 거의 4배 증가하여 22%가 되었다.
- 고등학교 졸업 후 고용 유지율도 1987년보다 2003년에 11% 증가하여 2003년 연구에서는 44%의 청년이 졸업 후 고용되었다.

고용

- 2003년 연구에서는 학교를 졸업한 지 2년이 된 장애청년의 70%가 고등학교 이후 유급고용된 경험을 갖고 있는데, 1987년 연구에서는 55%로 나타났다. 그러나 2003년 연구에서는 1987년 연구에 비해 18%가 더 적게 현재 직장에서 전일제로 근무하고 있었다. 2003년 연구에서는 약 39%가 전일제로 근무하고 있었다.
- 상당히 많은 장애청년이 연방정부의 최소 임금 수준보다 더 많은 급여를 받고 있다 (1987년 70%, 2003년 85%). 그러나 인플레이션을 고려하면 여전히 시간당 평균임금은 오르지 않았다. 2003년에는 시간당 평균 7달러 30센트를 받고 있었다.

출처: "Transition from High School to Work or College: How Special Education Studensts Fare" by M. Wagner & J. Blackorby, 1996, *Special Education for Students with Disability, 6*(1), pp. 103-120. *Changes Over Time in the Early Postschool Outcomes of Youth with Diabilities, a report form the NAtional Longitudinal Transition Study (NLTS) and the National Longitudinal Transition Study-2(NLTS-2)*, Menlo Park, CA: SRI International. 허가받아서 수정함

역사적으로 연방법은 미국의 특수교육 서비스에서의 변화를 이끌어 내는 역할을 했다. IDEA 2004에서 장애학생에게 학업적 성장과 장기적 성공을 할 기회를 제공해야 함을 보장함으로써 1975년 「전장애아교육법(The Education for All Handicapped Children Act: EHCA)」의 원래 취지는 더 강화되었다. EHCA에는 전환서비스에 대한 구체적인 조항이 없었으나, 장애를 가진 모든 아동은 비장애 아동과 동일한 프로그램과 서비스에 접근할 수 있어야 한다고 명시했다. 장애학생을 위한 초기의 연방정부법과 이후 가족 및 전문가 옹호 운동을 통해 교육으로의 접근에서 공교육 현장에서 모든 학생의 성과와 책무성을 보장하는 것으로 확장되었다(Hardman & Mulder, 2003).

다음에서는 지난 20년간 진행된 공교육 개혁에서의 연방정부의 역할과 장애

학생의 전환교육에 대한 영향에 대해 살펴본다. 연방정부의 개혁계획은 표준화 운동, 고도의 책무감, 2001년 「초·중등교육법(The Elementary and Secondary Education Act: ESEA, 「아동낙오방지법」으로 개명)」의 재비준의 맥락에서 다루어진다. IDEA가 어떻게 진보했는지에 대해서 일반교육 개혁과 「아동낙오방지법(The No Child Left Behind Act: NCLB)」에 맞추어 이루어진 면들을 중심으로 살펴본다.

위기에 처한 국가

1983년 교육우수성에 대한 국가위원회(National Commission on Excellence in Education)는 '위기에 처한 국가(A National at Risk)'라는 제목으로 미국 학교에 대한 보고서를 발표했다. '개선이 필요함'이라는 어구는 문서의 거의 모든 페이지에서 나타났다. 보고서는 강도 높고 때로는 자극적인 언어를 사용하여 국가적인 논쟁에 불을 지폈고, 미국 학교들을 '고칠' 필요에 초점을 둔 제안들을 제시했다. 여기에는 더 많은 교과 내용에 대한 요구, 학생의 학습에 대한 높은 기준과 기대, 학습 시간의 확대, 양질의 교수, 좀 더 효과적인 리더십과 재정적 지원 등이 포함된다. 이러한 제안들은 모든 사람은 학습할 수 있으며 공교육이 고등교육, 진로, 시민 참여를 위해 필요한 기술을 학생에게 가르칠 책임이 있음을 전제하였다. 이 보고서가 발표된 지 6년 후에 각 주의 주지사들은 위원회의 제안을 국가의 교육목표로 세우고 교육 개혁의 틀을 만들기 위해 국가위원회 회의를 하였다(Vinovskis, 1999). 그러나 장애학생의 교육적 요구가 교육적 개혁운동에서 구체적으로 다루어지고 결국 연방정부법에서 다루어지기까지는 또 다른 10년이 필요했다.

Goals 2000과 미국 학교개선법

1994년 국가 교육목표(the National Education Coals)는 Goals 2000에서 연방정부법으로 법문화되었다. 「미국교육법(Educate America Act)」, 수행, 내용, 학습 기회표준 등이 국가 수준에서 정의되었다. Goals 2000의 중심에는 장애를 가진 학생을 포함한 모든 학생은 보다 높은 학업 수준을 성취해야 한다는 신념이 있었

다. Goals 2000에서는 주정부가 연방정부의 재정적 지원을 받기 위해서는 가장
낮은 성취를 보이는 학생(장애학생, 빈곤학생, 다문화학생 등을 포함)에게 교수 및
엄격한 교육과정에 어떻게 접근시킬 것인지에 대해 진술하도록 하였다. 이 연방
법의 궁극적인 목표는 '미국 교육개혁에 대한 국가적 합의'(Sec. 2[4][A])를 만드는
것이었다. 이 목표를 실현하기 위해 주정부는 자발적으로 핵심 교육과정 표준과
평가를 자발적으로 개발해야 했다(〈표 1-1〉 참조).

1994년 의회는 ESEA를 재비준하였으며, 명칭을 「미국 학교개선법(The Improving
America's Schools Act: IASA)」이라고 변경하였다. IASA는 모든 학생은 높은 표준
을 성취할 수 있다는 전제를 다시 제시하였으며, 주정부가 자발적으로 내용과 학
생 수행 표준을 개발할 것을 권고하였다. 이 법의 1장에서는 장애학생의 교육에
대한 내용을 다루는데, 이는 연방정부법안의 가장 크고 가장 잘 인지된 부분으로
서, 수백만 명의 불리한 입장에 있는 아동에게 '높은 질의 교육을 받고 최소한
주정부의 학업 성취 표준과 학업 평가에서 능숙한 수행을 할 수 있도록 공정하며
평등하고 의미 있는 기회'(Sec. 1001)를 보장하기 위한 것이다.

Goals 2000과 IASA에 따라 하락세를 보이던 미국 학교의 학업 수행에 대응하
여 정부가 이끄는 개혁을 통해 평가, 교육, 교육과정의 표준화가 제시되었다. 이
러한 개혁은 장애학생을 포함하여 모든 학생이 이전에 비해 표준화된 평가를 더
자주 받도록 하였으며, 졸업을 위한 요건이 더 엄격해졌고, 주정부에 학생의 학
습에 대한 책무성을 더 부과하게 되었다.

아동낙오방지법(NCLB)

책무성과 표준화를 중심으로 한 연방정부의 개혁은 NCLB의 통과와 함께 2001년
도에 최고조에 이르렀다. NCLB는 교육에 대한 표준화를 강화했을 뿐만 아니라
다음과 같은 명확한 메시지를 전달했다. 여러 주에서 책무성 체계를 정립하려고 노
력하고 있음에도 불구하고 더 강력한 연방정부의 역할 없이 학생 수행이 지속적으로
향상될 것이라고 확신할 수 없다. 이에 따라 NCLB는 각 주정부의 표준화 작업을
보조하고 지역의 수행을 향상시키는 기존의 연방정부의 역할을 확대하여 일정
한 기준에 도달하지 못한 주정부와 학교에 대한 재정적 제재와 교정적 조치를 취

〈표 1-1〉 연방정부 교육개혁에서의 초기 제안

위기에 처한 국가 권고 사항	국가의 교육목표	표준에 대한 정의
• 고등학교의 내용 요건을 강화 • 엄격하고 측정 가능한 주정부 표준과 학생 성과와 태도에 대한 더 높은 기대 채택 • 보다 효과적인 학교 활용과 학교 시간 연장 • 공교육 개혁을 위한 리더십 고취와 재정적 지원 향상 • 교사 준비 향상 • 출처: National Commss-ion on Excellence on Education(1983)	• 모든 학생은 학습을 준비하면서 학교생활을 시작한다. • 졸업률은 최소한 90%로 향상시킨다. • 학생은 도전이 되는 내용 교과에서 성취한다. • 미국은 수학과 과학에서 전 세계 1위를 달성한다. • 모든 성인은 문해력과 세계경제에 맞는 기술을 갖춘다. • 교사 교육과 전문가 개발은 강화된다. • 모든 학교는 약물과 폭력에서 벗어난다. • 부모 참여는 증가한다. • 출처: Vinovskis(1999)	• 내용표준: 학생이 특정한 교과 영역에서 습득해야 하는 지식과 기술에 대한 광범위한 진술 • 수행표준: 학생이 알아야 하고 내용표준에서 다루는 지식과 기술에 능숙함을 증명할 수 있는 것에 대한 명확한 예와 정의 • 학습 기회표준(opportunity-to-learn standards): 모든 학생에게 국가 내용표준이나 주정부 내용표준을 학습할 기회를 주기 위해 교육 체계의 각 수준(학교, 교육청, 주정부)에서 필요한 자원, 실제, 조건의 질이나 충족성을 평가하기 위한 기준 • 출처: Goals 2000; Education America Act(1994)

하는 역할을 하게 하였다.

NCLB는 모든 학생은 배울 수 있다는 지난 20년간의 주제를 지속하며 구체적으로 장애학생과 다문화학생, 빈곤층 학생을 포함하여 모든 학생의 읽기, 수학 및 과학 성취에 대해 주정부가 책임을 질 필요에 대해 다루고 있다. 1965년에 입법화된 ESEA가 불리한 입장에 처한 학생의 학습할 기회를 강조하였던 반면, NCLB는 학업 향상에 대해 학교들이 책임을 질 것을 요구하고 있다(Hardman & Mulder, 2003; Hunt & McDonnell, 2007). 학교의 책무성과 지적장애학생의 통합에 대해 강조하는 것의 전제는 '이 학생들에 대한 교육적 기대의 향상, 일반교육과정에 대한 접근성 증가, 교수 프로그램의 개선뿐만 아니라 학교와 주정부의 정책 결정에서도 이 학생들을 더 고려한다는 약속'이다(Hunt & McDonnell, 2007, p. 275).

NCLB의 학교 책무성의 네 가지 원칙은 다음과 같다.

1. 학교에서의 성공에 대한 주요한 측정은 학생 성취에 중점을 둔다.

2. 학생이 성취해야 하는 지식 기술과 그 지식을 숙달했음을 증명해야 하는 수준을 구체화하는 학업표준화를 강조한다.

3. 기대를 높이게 되면 모든 학생이 더 많이 학습할 수 있고 학습할 것이라고 기대한다.

4. 책무성을 지키는지를 확인하고 학생 성취의 점검을 위해 성취검사를 강력하게 활용한다(U.S. Department of Education, 2008).

이러한 원칙들은 장애가 있거나 불리한 환경에 있는 학생과 일반 또래 간에 지속적으로 나타나는 학업 성취에서의 차이를 줄이는 데 학교가 진정한 진전을 보일 수 있도록 하는 표준기반 체계의 핵심이다. 표준기반 교육은 구체화한 교육과정의 숙달을 강조한다. 학업 성취에서의 차이를 줄이는 학교의 진전은 읽기ㆍ수학ㆍ과학에서의 매년 연간 학업 향상도로 측정되고, 학업 능력, 영어 습득력 및 사회경제적 불이익에 상관없이 모든 학생에게 동일하게 적용된다. 학생 성취에 대한 책무성과 표준 접근법(one size fits all)에 대한 이례적인 강조에 대해 교육자와 장애학생 그리고 그 가족들은 우려하고 있으며, 수많은 질문을 하였다. 예를 들어, 증거기반의 특수교육 교수법의 특성들이 표준기반 접근법과 양립할 수 있는가? 표준기반 교육과정에 장애학생이 참여하게 됨으로써 더 높은 학업 성취가 가능한가? 아니면 결국 실패하게 될 것인가? 특수교사와 일반교사가 표준기반 교육 체계에서 학생을 가르치기 위한 충분한 훈련을 받기 위해서는 어떻게 준비해야 하는가?

학교에서 일자리로의 전환정책의 진화

핵심질문 3 연방정부의 법률은 학교에서 직장과 지역사회로의 전환계획에 장애인을 포함하기 위해 어떻게 변화되었는가?

지난 30년간 학령기에서 성인생활로의 장기적이고 복합적인 전환을 지원하기 위해 광범위한 범위의 연방정부법이 제정되었다. 이러한 프로그램과 서비스의 목적은 장애청년의 학령기 이후 학교, 고용, 지역사회 생활로의 전환을 지원하는 것이다. IDEA와 NCLB에 더하여 고용을 위한 전환을 돕기 위한 연방정부의 법률은 「1973년 직업재활법」과 수정조항들, 「1990년 장애인법(ADA)」, 「1998년 노동인력투자법(WIA)」, 「1999년 노동증 및 노동장려 개선법(TWWIIA)」, 「1994년 학교-일자리 이행 기회법(STWOA)」이다. 1995년에 청소년 발달에 대한 카네기 위원회(the Carnegie Council on Adolescent Development)는 학교에서 일자리로의 이행 프로그램이 장애학생을 포함하여 모든 학생이 학교를 졸업하면서 겪는 수많은 이슈들을 다룰 수 있도록 도와야한다고 진술했다. 이와 같은 법률들은 생애 전반에서 장애를 가진 개인의 구체적인 전환과 고용 요구를 다루고 있다.

1973년 직업재활법(The Vocational Rehabilitation Act of 1973)

「1973년 직업재활법」은 구체적으로 장애인에 대한 차별을 금지하고 있으며, 필요한 고용과 주거 관련 도움을 주기 위한 재정적 지원과 기회를 제시하고 있다. 이 법의 제504조항은 "성인과 청소년의 고용 환경으로의 전환에 대한 요구에 중점을 두고 있으며 장애인의 직업 보조를 위한 포괄적이고 협력적인 프로그램의 개발과 실행을 보장한다. 이로써 독립적인 생활을 지원하고 고용과 지역사회로의 통합을 최대화한다"(Larkin & Turnbull, 2005, p. 68).

1998년에 수정된 「직업재활법」의 핵심 조항은 개별 학생을 위해 성과 지향적 과정에서 설계된 협력된 활동들로서 다음과 같이 학교에서 학교 이후의 활동으로의 전이를 촉진하는 활동들이다.

- 중등기 이후 교육
- 직업 훈련
- 통합된 고용(지원고용 포함)
- 평생교육
- 성인 서비스
- 독립생활
- 지역사회 참여(Larkin & Turnbull, 2005, p. 68)

1990년 미국장애인법(The Americans with Disabilities Act of 1990)

ADA는 공적·사적 영역에서의 고용과 모든 공공 서비스 및 편의시설, 대중교통과 원격통신에서 장애인의 권리를 보호하는 시민권리법이다. 미국 법무부는 모든 장애인을 위해 이러한 조항들의 집행에 대한 책임을 진다. ADA의 의도는 합리적인 편의 요구를 통해 장애시민에 대한 차별을 금지함으로써 공정하고 공평한 경쟁의 장을 만드는 것이다. 합리적인 편의를 위해서는 장애에 따른 개개인의 요구가 고려되어야 한다. 법안에 정의된 대로 합리적인 편의가 이루어졌는지는 그 효과성으로 평가될 수 있다. 편의가 장애인에게 평범하고 유사한 상황의 비장애인과 동일한 수준의 수행을 성취하게 하고 동등한 혜택을 누릴 기회를 제공하는가? ADA 연방법은 직장, 지역사회 시설, 대중교통 시설, 정부 서비스, 원격통신에서 차별을 금지하고 접근성을 확보하도록 규정하고 있다.

1998년 노동인력 투자법(The Workforce Investment Act of 1998)

WIA는 장애인을 위한 국가의 직업 훈련 및 고용 서비스의 첫 번째 주요한 개혁 중 하나로서 연방정부가 재정적 지원을 하는 다양한 프로그램들을 정착시켰다. WIA의 핵심 요소는 다음과 같다.

1. 원스톱 정보전달 시스템과 직업 훈련 서비스를 통한 능률적인 서비스
2. 주요한 서비스에 대한 보편적 접근
3. 장애인의 요구를 포함하고 편의를 증진하는 노동인력투자 체계에 대한 주 정부 및 지역의 요건
4. 청소년 프로그램 개선(Mank, 2007)

1999년 노동증 및 노동장려 개선법
(The Ticket to Work and Work Incentives Improvement Act of 1999)

TWWIIA는 노인 및 장애인을 위한 의료보험제도나 저소득층을 위한 의료부조제도(Medicaid)의 비용을 부담시키지 않고 장애성인의 고용을 지원하기 위한 법이다. 이 법이 제정되기 이전에는 많은 장애인이 일자리를 얻게 되면 연방정부에서 주는 혜택을 상실할 처지에 놓이게 되었다. 그래서 장애인은 생활 유지를 위

한 고용과 의료보험에 대한 접근 중 하나를 선택해야만 했다. 그러나 TWWIIA는 다음과 같이 주정부로 하여금 중도장애인을 위한 의료보험 지원을 하도록 한다. 첫째, 자격이 있는 사람들을 위한 주정부 차원의 의료부조 구매 선택권을 정착시킨다. 둘째, 확장된 의료보험 혜택을 보험료 없이 제공한다. 셋째, 취업한 장애인을 지원하기 위한 기반 시설을 개발하도록 주정부에 보조금을 지급한다. 넷째, 의료보험 및 관련된 지원을 제공함으로써 독립성과 고용은 증진하고 장애수입지원 프로그램(disability income support program)에 대한 의존도는 낮출 수 있다는 것을 검증하기 위해서 잠재적인 장애 상태에 있는 취업자에게 의료보험을 제공하는 주정부 차원의 시범사업을 한다(Centers for Medicare & Medicaid Services, 2008).

1994년 학교-일자리 이행 기회법(The School-to-Work Opportunities Act of 1994)

STWOA(공법 103-239)의 주요 취지는 학생이 학교에서 경쟁고용으로의 전환을 위한 준비가 부족한 것에 대해 비판한 몇몇 연구에 기반을 둔다. 미국 교육부와 미국 노동부의 공동안인 STWOA는 1994년 포괄적인 교육개혁을 위한 국가 제안의 한 부분이었다. Goals 2000과 마찬가지로 STWOA의 목적은 모든 주정부가 주차원의 학교에서 일자리로의 이행 체계를 갖출 수 있는 국가적인 기틀을 마련하는 것이었다. 이 법안의 주된 목표는 "모든 학생에게 다른 프로그램에서 인정되는 학점을 받고, 더 높은 기술력과 급여를 보장하는 직업을 준비하며, 이후 교육을 받을 기회를 높일 수 있는 수행기반 교육과 훈련 프로그램에 참여할 기회를 제공하는 것이다"(Sec. 3[a]). 그 결과는 인력의 확보다. STWOA는 이 목표를 성취하기 위해 고등학교 기간 동안 다양한 학교기반 및 직장기반 학습 그리고 이와 연계된 기회들을 가질 수 있도록 한다. 여기에는 ① 진로탐색과 상담, ② 높은 성취기준에 초점을 두고 통합된 학업 및 직업 교육, ③ 전이가 가능한 광범위한 직업 기술을 배울 수 있는 다양하게 구조화된 일자리 체험 등이 포함된다.

또한 STWOA는 장애학생을 위한 몇 가지 구체적인 사항을 만들었다. 이 법의 또 다른 목적은 "풍부한 자극을 주는 학습경험을 제공하며 좋은 직업을 구할 수 있도록 지원하고, 학령기 이후 교육기관에서 교육을 계속 받을 수 있게 함으로써 낮은 성취의 청소년, 중도탈락자, 장애학생을 포함한 모든 청소년에게 동기를 부여하며, 학교나 교실 환경에 머무르거나 돌아와서 성공을 추구하도록 하는 것이다." 그리고 "소수자, 여성, 장애인에게 이전에는 그들에게 일반적이지 않았던 진로를 준비하게 함으로써 그들에게 기회를 증진시키는 것이다"(Sec.3).

전환계획과 서비스 모델의 진화

> **핵심질문 4** 무엇이 효과적인 전환계획 체계의 요소들인가?

1980년대 중반부터 장애학생을 위한 여러 전환계획과 서비스 모델이 개발되고 실행되었다. 각 모델은 전환 과정의 서로 다른 측면을 강조하고 있지만, 효과적인 전환 서비스 체계가 반드시 갖추어야 할 내용에 대해서 다음과 같은 내용에 대해 일반적으로 동의한다. ① 학생이 지역사회에서 생활하고 일할 수 있게 준비하도록 설계된 교육 프로그램, ② 각 학생의 요구와 선호도를 반영하는 생활방식을 지원할 수 있는 학령기 이후 교육과/또는 성인 서비스에 대한 접근 그리고 ③ 원하는 학령기 이후 목표를 성취하기 위해 교육 및 지역사회 서비스 기관이 함께 일할 기회를 증진시키는 협력된 계획 체계 등이다.

학교에서 직업생활로의 교량 모델

학교에서 직업생활로의 교량 모델은 장애학생의 학교에서 고용으로의 성공적인 전환에 초점을 둔다(Will, 1985). '교량'은 학교에서 경쟁고용으로의 전환기(14~22세) 동안 모든 학생에게 필요한 서비스와 지원에 대한 접근 향상의 중요성을 강조한다. 이 모델은 다음의 세 가지 가정에 기초한다. ① 학령기 이후 서비스의 복합성과 이러한 서비스에 대한 경쟁, ② 장애 유형이나 장애 심각성보다는 장애를 지닌 학생과 그들의 요구에 둔 초점 그리고 ③ 학교 졸업 이후 즉시 혹은 학령기 이후 훈련이나 직업 서비스 기간을 거친 후의 지속적인 유급고용에 대한 목표 등이다.

1985년 당시에 특수교육과 재활 서비스국의 부국장이며 한 장애아동의 부모였던 Madeleine Will은 전환을 '견고한 폭과 양단의 안전한 기반을 갖춘'(p. 4) 교량으로 묘사했다. 장애학생을 위한 전환계획 체계는 학생의 재학 기간 중에 학교와 성인 서비스 기관이 그 학생의 요구를 지원하기 위해 협력할 때 가장 효과적이다.

협력된 전환계획과 서비스는 지원의 요구 수준을 반영하는 교량의 역할을 하는 다음의 다섯 가지 요소로 구분된다.

1. **고등학교 기반**   학교의 안전(security)과 구조가 이 기반을 형성한다. 학생들이 초보적인 직업 기술과 사회적 상호작용 기술, 학업 기술을 지니고 학교를 떠날 수 있을지는 고등학교의 교육과정 내용과 교수 절차를 통해 결정된다.

2. **특수교육이 제외된 전환**   이 다리는 많은 장애학생과 비장애학생이 공유한다. 직업생활로의 성공적인 전환을 위해 필요한 자원들은 일반적인 방식으로 모든 시민에게 적용 가능한 것들이다.

3. **시간이 제한된 서비스를 갖춘 전환**   두 번째 다리는 지속적인 고용으로 이끄는 일시적인 서비스로 구성된다. 몇몇 개인은 고용되기 전에 직업재활이나 학령기 이후 교육, 기타 직업 훈련 등이 필요할 수도 있다. 이러한 서비스는 일반적으로 해당 서비스나 지원이 끝나고 나면 고용에 성공할 수 있는 사람에게 한정된다.

4. **지속적인 서비스를 갖춘 전환**   세 번째 다리는 개인이 고용을 유지할 수 있도록 하는 지속적 지원으로 구성된다. 이 다리는 항상 지원적 도움이 필요한 가장 심각한 장애를 가진 개인들을 위해 고안된다.

5. **고용기반**   이 기반은 성인생활에서의 고용 기회를 나타낸다. 어떤 다리를 사용하였는지와 고등학교 기반의 강점이 어떠하였는지에 상관없이, 성공적인 전환은 고용 선택권에 달려 있다. 고용 기회는 가족과 이웃의 네트워크, 경제, 장애인에 대한 인식, 사업 장려 제도, 교육기관과 정부기관 간의 협력적인 관계 등에 영향을 받는다(Will, 1985).

Halpern 모델

Andrew Halpern(1985)이 제안한 모델은 장애학생에게 필요한 서비스와 지원의 전 범위를 다루고 있기 때문에 다양한 전환계획 접근법 중 가장 포괄적이라고 볼 수 있다. 이 모델은 한 학생이 학교에서 성인생활로의 성공적인 전환을 하는 데 필요한 서비스와 지원의 범위를 다룰 뿐만 아니라 포괄적인 전환계획 프로그램을 정의하는 세 가지 요소를 포함하고 있다.

모델의 첫 번째 요소는 지역사회 적응을 위한 핵심적인 성인생활 영역으로 구성된다. 이 영역에는 고용, 주거생활, 사회적 관계 및 대인관계가 포함된다. Halpern은 학생의 학교에서 지역사회로의 전환을 학교가 성공적으로 지원하기 위해서는 반드시 이 세 가지 영역을 모두 포괄적으로 다루어야 한다고 주장한다. Halpern이 제안한 대로 우리의 삶의 질은 다차원적인 면을 갖고 있다. 우리는 직장에서, 가정에서, 가족으로부터 그리고 친구로부터 즐거움과 만족감을 얻는다. 따라서 전환 서비스는 지역사회 적응의 모든 영역을 다루도록 계획되어야 한다.

학교는 성공적인 전환을 위한 기반을 제공한다. 학교의 역할은 장애학생과 가족이 자신들의 학령기 이후 장단기 목표를 성취하도록 필요한 지원과 훈련을 제공하는 것이다. 이러한 지원은 주요한 장단기 목표에 대한 교육만이 아니라 이들에게 학령기 이후 선택할 수 있는 사항들에 대해 지도하고, 지역사업체와 서비스 제공자들과 연계하며, 주정부 차원의 지역 서비스 기관의 서비스 전달에 협력하는 것을 포함한다.

Halpern 모델의 두 번째 요소는 다음의 세 가지 가능한 방식 중 하나를 통해 학교에서 지역사회 생활로의 성공적이고 순조로운 전환에 필요한 지원(혹은 서비스)의 유형이다.

1. 학생은 모든 사람에게 가능한 도움과 일반적인 서비스의 지원을 통해 지역사회 생활로 진입할 수 있다. 비장애학생도 받을 수 있는 고등학교나 성인 기관의 상담 서비스를 이러한 지원의 예로 들 수 있으며, 친구나 가족에게 받는 자연적인 지원도 이에 해당한다.
2. 학생은 시간 제한적인 지원을 통해 지역사회 생활로 진입할 수 있다. 이러

한 상황에서는 지역사회 기관이 임시 지원을 제공한다. 이러한 서비스에는 기초 수준의 일자리에 배치되도록 돕는 학령기 이후 직업 훈련 프로그램이나 주거 환경(아파트나 가정과 같은)을 얻는 데 있어서 개인을 돕기 위한 임시적 지원 등이 해당된다.

3. 마지막으로 학생은 지속적인 지원을 통해 지역사회 생활로 전환할 수 있다. 이러한 상황에서 학생은 자신의 지역사회 생활적응을 촉진할 수 있는 '평생' 지원을 받는다. 이러한 지원의 강도는 특정한 학생의 요구와 바람에 따라 매우 달라진다.

이러한 세 가지 방식이 상호 배타적이지 않음을 이해하는 것이 중요하다. 학생은 종종 성인생활로의 성공적인 전환을 위해 세 가지 방식의 서비스와 지원 모두를 활용해야 한다.

가치 있는 전환 성과를 위한 체계적인 계획은 Halpern 모델의 핵심이다. Halpern은 학생을 효과적으로 지역사회 생활에 준비시키기 위해서 학교는 각 학생의 학령기 이후 요구에 맞는 교육경험을 개발하고 교육과 성인 프로그램 간의 협력을 증진시키기 위한 IEP를 반드시 사용해야 한다고 주장한다. 전환 과정에서 학생과 그 가족은 학생이 어디서 일하고 어디서 살 것인가뿐만 아니라 이러한 성과를 성취하기 위해 어떻게 지원을 받을 것인가에 대해 결정해야 한다.

찬반의견 1-1

NCLB, IDEA 2004, 지적장애학생: 향상된 학업 성취인가 아니면 필연적 실패인가?

「아동낙오방지법」의 표준기반 개혁은 학생 수행 향상이 표준화 체계 및 책무성 강화와 높은 상관관계가 있다고 전제한다. 그러나 이 이슈는 상당한 논쟁을 낳았다. 우리는 다음과 같은 찬반의견을 살핌으로써 책무성이 강화된 표준화 시스템에 중도장애학생을 포함하는 것에 대한 상반된 관점들을 점검하고자 한다.

찬성의견	반대의견
지적장애학생을 표준화 체계에 포함하는 것을 찬성하는 입장에서는 이들이 더 심도 있는 수준에서 더 다양한 교과를 경험할 수	NCLB와 IDEA 2004에서 지지된 표준기반 접근을 반대하는 사람들은 다음의 몇 가지 점에서 우려를 나타낸다. 첫째, 지적장애학생

있게 된다고 주장한다. 이러한 체계에 포함됨으로써 지적장애학생은 문제해결 기술과 같은 고차원적인 사고기술에 노출될 수 있으며, 협동기술을 개발하고 책임감과 자긍심을 향상할 수 있다(McLaughlin & Tilstone, 2000). 또한 표준화 체계는 장애학생에 대한 기대와 목표를 높여서 일반교사와 특수교사 간의 협력을 향상시킨다.

전통적으로 지적장애학생은 IEP 목표 성취에 대해 책임을 지지 않았다. 따라서 개인에 대한 기대가 낮아지고 필수적인 기술 학습에 실패하게 되었다. 그에 따라 특수교사는 자신이 지도하는 학생의 낮은 수행 수준에 대해 책임을 지지 않았고, 대개의 경우 IEP를 책무성을 갖는 도구로 보기보다는 일종의 서류로 간주하였다(Sebba, Thurlow, & Goertz, 2000). 지적장애학생을 표준화된 체계에 포함함으로써 교사는 일반교육에서의 학생 진전을 보장할 수 있도록 장단기 목표를 수정하면서 IEP를 책무성이 부여된 설계도로 사용하게 된다.

몇몇 교사는 표준기반 개혁이 모든 학생에게 적용되어야만 한다는 전제를 받아들이지만, 지적장애학생은 책무성 체계에 포함되는 것과 그에 상응되는 교사에 대한 영향력에 대해 불편함으로 느낀다. 교사와 학교장은 공시된 낮은 점수들에 대해 불안함을 느낄 수도 있다. 일반교육 교사는 지적장애학생이 공시되는 점수에 끼칠 부정적인 영향과 학교가 자신들을 비난할 것에 대해 우려할 수 있다.

의 교수적 요구에 맞는 시간과 자원이 불충분하기 때문에 실패할 수밖에 없다. 둘째, 표준화가 주도하는 체계가 실제로 지적장애학생에게 더 높은 수준의 성취를 유지할 수 있다는 점과 "이러한 교육과정을 통해 습득한 지식이 이들의 학령기로부터 성인기로의 성공적인 전환을 위해 필요한 지식이다."(McLaughlin & Tilstone, 2000, p. 62)라는 아무런 증거가 없다.

주정부 수준에서 지적장애학생을 위한 내용표준을 정착시키는 것은 개별화 개념과 맞지 않으며, 지적장애학생이나 이들의 비장애 또래에게 최선의 이익을 주지 못한다. 모든 학생이 동일한 표준에 도달하는 것이 기대된다면, 능력이 좋지 않은 학생을 위해 기대치가 낮추어지는 것에 대한 두려움이 있다. 만약 기대치가 낮아지지 않는다면, 장애학생은 일상적으로 표준에 도달하지 못할 것이다. 교사는 모든 학생이 요구되는 표준에 도달하는 것이 불가능하다고 믿고 있기 때문에 무력감을 느낄 것이다.

몇몇 교사는 장애학생이 표준화된 체계에 포함되어 제대로 수행하지 못할 때 오히려 자존심에 상처를 받을 것을 우려한다. 상당히 많은 시간이 필수적인 기능적 생활 기술 습득을 위해 집중되기보다는 학업 영역의 내용을 가르치는 데 소요될 것이다. 한 학생의 학업 기술을 숙달시키기 위해서 교사는 일반교실에서 학생을 데리고 나와야만 할 수도 있고, 이는 또래와의 통합교육을 손상하게 된다. 일반교육과 특수교육에서의 결과를 향상시킬 필요성에 대해 부정하지는 않지만, 장애학생은 비장애 또래와 동일한 성과를 낼 수는 없다. 사실 그들은 많이 뒤처질 수도 있다.

출처: Major portions of this debate forum are drawn from "Critical Issues in Public Education: Federal Reform and the Impact on Students with Disabilities," by M. Hardman & M. Mulder, In L. M. Bullock and R. A. Gable (Eds.). *Quality personnel preparation in emotional/behavior disorders* (pp. 12-36), Dallas, TX: Institute for Behavioral and Learning Differences. 허가받아서 수정함

Halpern 모델은 전환 과정에 대한 몇 가지 중요한 이슈들을 강조한다. 중등기 프로그램은 학생의 지역사회 적응에 대한 필요성을 포괄적으로 다루어야 한다. 학교는 이러한 요구가 충족되도록 하는 데 중요한 역할을 할 수 있고, 실제로 그러한 역할을 한다. 성공적인 전환은 학교뿐만 아니라 가족과 친구, 교사와 지역 사회 서비스 기관에도 도전이 되는 어려운 일이다. 효과적인 전환을 위해서는 학생이 지역사회 생활을 준비할 방법을 향상시킬 뿐만 아니라 가능한 모든 사적·공적 자원이 학생의 학령기 이후 목표를 성취하는 데 중점을 둘 수 있도록 해야 한다.

Kohler 모델

Paula Kohler(1996)의 모델인 '전환 프로그램을 위한 분류(A Taxonomy for Transition Programming)'는 전환계획이 교육의 모든 측면을 전반적으로 다루고 있다고 보고 전환계획하기를 위한 기반, 내용 평가, 프로그램 효과성 등을 포함한다. 이 모델에서는 모든 중등기 학교 교육을 전환을 위한 교육이라고 전제하고, 전환계획하기를 부가적인 활동이나 요구라기보다는 교육을 위한 기초로 간주한다. 이 모델은 ① 학생의 능력, 요구, 관심, 선호에 기초하여 학령기 이후 목표를 확인하기, ② 학생이 학령기 이후 목표를 준비할 수 있도록 교수적 활동과 교육적 경험을 개발하기 그리고 ③ 학생, 가족, 전문가들이 목표와 활동을 확인하고 개발하기 위해 협동과 협력하기(Kohler, 1996)를 요구한다. 이 모델은 다음의 다섯 가지 범주로 구성된다.

1. **학생 중심 계획하기** IEP 개발과 학생 참여, 계획하기 전략으로 구성
2. **학생 개발** 생활기술 교수, 진로 및 직업 교육과정, 구조화된 일 경험, 평가,

지원 서비스

3. **기관 및 영역 간 협력**   협력적인 틀과 서비스 전달

4. **가족 참여**   가족 훈련, 참여, 능력 강화

5. **프로그램 구조**   프로그램 철학, 프로그램 정책, 전략적 계획, 프로그램 평가, 자원 할당, 인적 자원 개발(Kohler, Field, Izzo, & Johnson, 1999)

요 약

지난 20년간 연방정부의 조치는 지적장애인이 학령기에서 성인기로의 전환 시 학령기 이후 성과를 향상시키기 위한 기초를 제공하였다. 연방정부법의 다양한 조항들의 장기적인 효과는 학생과 가족이 장기간 동안 가치 있는 성과를 성취하면서 경험하는 성공에 의해 평가될 것이다. 고등학교 전환 시기부터 성인기 삶에 이르기까지 장애인을 위한 양질의 서비스와 지원을 제공하기 위한 도전은 계속 변화하며, 다양하고 복잡하다. 우리는 1장에서 기본적인 정보를 제공하였으며, 이후 내용을 통해 21세기의 지적장애학생을 위한 전환계획에서 기대되는 성과와 새로운 가치에 대해 좀 더 깊이 있는 논의를 하고자 한다.

핵심질문 검토

핵심질문 1   IDEA의 전환교육 관련 조항의 요소들은 무엇인가?

- 학생의 학령기에서 학령기 이후 활동으로의 성공적인 전환을 도모하는 '잘 짜인 활동들'을 개발한다.
- 학교를 졸업한 후에도 필요한 서비스를 사용할 수 있는 가능성을 높이기 위해 전환활동을 지역사회 서비스 기관과 협력한다.
- 각 학생의 IEP에 포함된 전환에 대한 구체적인 서비스에 기초한다.

[핵심질문 2] 학교 교육개혁의 주요 요소와 지적장애학생을 위한
전환계획에 대한 그 영향력은 무엇인가?

- NCLB와 IDEA에서는 지적장애학생이 일반교육과정 접근과 학생 수행평가
를 위한 주정부 책무성 체계에 포함되도록 한다.
- 지난 20년 동안 연방정부의 입법 노력은 장애학생이 공교육을 받을 수 있도
록 하는 것에서부터 일반교육과정에서 학업성취를 향상시키는 것에 이르기
까지 확장되었다.
- 학교는 지적장애학생을 포함하여 모든 학생의 성취에 대해 책무성을 가져
야 한다.

[핵심질문 3] 연방정부의 법률은 학교에서 직장과 지역사회로의
전환계획에 장애인을 포함하기 위해 어떻게 변화되었는가?

- 몇몇 연방정부법(예: 「1973년 직업재활법」, 「장애인법」, TWWIIA, STWOA)은 특
히 장애학생의 전환 요구를 충족시키는 데 중점을 두고 있다.
- 연방정부법은 중도장애인이 고용, 대중교통, 통신 등의 차별에서 보호하고,
각종 시설과 정부 프로그램, 건강 보험 등을 이용할 수 있도록 보장하고 있다.

[핵심질문 4] 무엇이 효과적인 전환계획 체계의 요소들인가?

- 교육 프로그램은 학생이 지역사회에서 살고 일할 수 있게 준비할 수 있도록
설계되어야 한다.
- 학령기 이후 서비스는 각 개인이 자신의 요구와 선호를 반영하는 생활 방식
을 개발하고 성취하는 데 필요한 기회를 제공할 수 있어야 한다.
- 협력된 계획 체계에서는 교육과 지역사회 서비스 기관이 장애학생 개개인
이 가치 있는 성과를 성취할 수 있도록 협력해야만 한다.

2장
기대 성과와 새로운 가치

Margret A. Crockett
Michael L. Hardman

　역사적으로 지적장애학생에 대한 '교육적 성과'는 '교수적 접근'이나 교실 상황에서 학습되고 적용되는 기술에 주로 초점을 두었다. 그러나 이러한 교수적 접근과 교실기반 학습에 대한 강조는 학생이 개인적 독립성, 고용, 지역사회 및 가족 참여와 같은 학령기 이후의 가치 있는 성과를 성취하는 데 필요한 기술을 습득하게 하지 못했다. 결과적으로 많은 연구자들은 지적장애학생을 위한 교육 프로그램의 기대 성과는 지역사회에서 성공적으로 살아가는 데 필요한 실제적인 요구를 보다 광범위하게 반영하도록 정의되어야 한다고 제안하였다(Baer, Flexer, & Dennis, 2007; McDonnell, Hardman, & McDonnell, 2003; Neubert & Moon, 2006; Wehman, 2006). 학생이 보다 폭넓은 성과를 성취하기 위해서는 그들을 위한 서비스의 기초가 되는 가치의 근본적인 변화가 요구된다. 이 장에서는 지적장애학생을 위한 중등기와 전환 프로그램의 설계·실행·평가를 이끌어 내야 하는 기대 성과와 가치에 대하여 설명하고자 한다.

들여다보기 **2-1**

프랭크

프랭크(Frank)는 24세의 청년이다. 그는 직업이 있고, 친구와 함께 아파트에서 살면서 활동적인 삶을 살고 있다. 프랭크는 지적장애인이다. 말을 할 수는 있지만 많은 사람이 프랭크의 말을 이해하기는 어렵다. 제한된 학업 기술을 가졌으며, 때때로 생활에서 변화에 적응하는 데 어려움을 느낀다. 이러한 어려움이 있지만, 그의 삶은 장애가 없는 사람의 삶과 매우 유사하다.

프랭크는 편의점에서 일을 하는데, 샌드위치를 만들고, 선반을 정리하며, 자질구레한 청소 일을 한다. 시간당 6달러 15센트를 벌고 있으며 치과 · 의료 보험도 있다. 프랭크의 고용주는 그가 우수한 직원이며 지난 3년 동안 네 번에 걸쳐 임금이 인상되었다고 이야기한다. 프랭크는 믿음직스럽고 책임감 있는 직원 중 하나라고 여겨진다. 그는 친구와 함께 점심식사를 하고, 직원 파티에도 가며, 금요일에는 한 주 동안의 일을 마치는 것을 동료들과 함께 축하한다.

프랭크와 한 아파트에 사는 조시(Josh)는 메트로폴리탄 교통국(Metropolitan Transit Authority) 세탁부에서 일을 한다. 조시도 지적장애인이다. 프랭크와 조시는 청소와 식사 준비에 대해 책임을 나눈다. 그들은 종종 저녁식사에 친구들을 초대하고, 영화를 보거나 비디오 게임을 같이 한다. 프랭크는 헬스클럽에 등록했고 일주일에 두어 번 운동을 하거나 수영 연습을 한다. 또한 그는 부모와 형제들을 일주일에 한 번쯤 만난다. 프랭크는 더 좋은 스테레오 시스템을 사고 싶어 하고, 이번 여름에는 거주지에서 벗어나 휴가를 가려 한다. 프랭크는 자신의 삶을 즐길 뿐만 아니라 더 멋지게 살고 싶어 한다. 프랭크는 자신의 독립성과 지역사회에 대한 기여를 자랑스럽게 여긴다.

프랭크는 부모, 옹호자 및 전문가들이 학교에서 지역사회로 전환하는 지적장애성인에게서 보고 싶은 표본이 될 수 있는 삶을 살고 있는 사람이다. 프랭크는 자신이 선택한 곳에서 일하고, 자신의 직업이 삶에 주요한 기여를 한다고 생각하고, 자신이 원하는 사람과 함께 살며, 여가 시간을 어떻게 보낼지에 대해 스스로 결정한다. 프랭크의 삶은 개인적인 취향과 가치가 반영된 삶이다.

전환 프로그램의 기대 성과

핵심질문 1 지적장애학생을 위한 학령기 이후의 가치 있는 지역사회 생활과 고용을 가능하게 하는 전환 프로그램의 성과를 확인하라.

성공적인 지역사회 생활은 다양한 의미를 내포하는 광범위한 개념이지만, 다음과 같은 네 가지 일반적인 성과가 보편적으로 중요하다.

1. 친구와 지인으로 구성된 인적 네트워크를 형성한다.
2. 지역사회 자원을 일상생활의 구성 요소로서 활용할 수 있는 기술을 개발한다.
3. 지역사회 자원의 활용과 동료와의 상호작용을 지원할 수 있는 유급고용을 확보한다.
4. 생활 방식의 선택에서 독립성과 자율성을 갖는다.

친구와 지인

친구와 지인의 네트워크는 지적장애인을 포함한 모든 사람의 삶의 질을 향상시키는 데 필수적이다. 개인은 우정을 통해 일상적으로 필요한 지원을 받고 동료애를 느끼며 스트레스에 대한 이해와 정서적 지지를 받을 수 있다(Berndt, 2002; Rubin, 2004). 친밀한 친구가 부족하면, 자긍심이 낮아지고 자신감이 부족해지며 다른 사람이 끼치는 영향에 더 취약해진다. 연구에 따르면 장애가 없는 학생의 경우에는 안정적이고 지속적인 우정이 학교에서 지역사회로의 전환에 적응하는 데 도움이 된다(Berndt, 2005). 이는 장애학생에게도 동일하게 적용될 수 있다. 연구자들은 우정이 직업 수행과 직업 만족(Test, Carver, Ewers, Haddad, & Person, 2000; West, Wehman, & Wehman, 2005), 성공적인 고용(Phelps & Hanley-Maxwell, 1997; Test et al., 2000), 독립적인 생활(Walker, 1999), 여가활동 참여(Rynders, Schleien, & Matson, 2003; Terman, Larner, Stevenson, & Behrman, 1996)에 주요한 역할을 한다는 것을 발견하였다. 따라서 효과적인 전환 프로그램은 친구와 가족의 지원적인 네트워크를 형성하고 유지하는 데 도움이 되어야 한다. 장애학생에게 비장애 또래와 상호작용할 기회를 제공하고, 사회적 상호작용을 시작하고 유지하는 기술을 가르친다면 이러한 지원 네트워크를 형성하고 유지할 가능성은 더 높아진다. 지적장애학생의 우정 형성은 또래친구(peer buddies) 프로그램, 또래 지원 위원, 우정서클 등을 통해 촉진될 수 있다(Miller, Cooke, Test, & White, 2003). 이러한 다양한 접근의 주요한 목적은 장애학생과 비장애학생 간에 서로를 존중하는 상호적인 관계를 개발하는 것이다.

지역사회 생활 참여

개인이 지역사회 생활에 적극적으로 참여하기 위해서는 식료품점, 식당, 극장, 대중교통 시설, 은행과 같은 다양한 자원에 접근할 수 있어야 한다. 이러한 자원 접근을 더 잘하는 개인일수록 자신의 삶의 질을 높일 수 있는 더 많은 기회와 선택을 할 수 있다. 예를 들어, 다양한 유형의 상점(편의점, 백화점, 약품을 파는 슈퍼마켓 등)에 접근할 수 있는 능력은 우리의 개인적인 건강과 영양뿐만 아니라 우리의 외모와 위생에 영향을 준다. 또한 지역사회 자원에 접근하는 것은 개인이 그 지역사회 구성원으로서 어떻게 인식되고 받아들여지는지에도 영향을 준다. 개인의 능력은 직접적으로 다른 사람의 인식에 영향을 준다. 개인이 의존적으로 보일수록 부정적으로 인식되기 쉽다. 그런 면에서 지적장애인이 가정과 학교와 지역사회 환경에서 기본적인 자기 관리와 여가활동 기술을 갖추도록 전환 프로그램이 구조화되는 것은 중요하다.

들여다보기 2-2

양질의 지원고용 프로그램의 아홉 가지 가치

지원고용의 주요한 목적은 지적장애인이 유급의 지역사회 고용에 성공할 수 있도록 지원하는 것이다. 지역사회 고용은 사람이 자신의 삶의 질을 어떻게 정의하는지에 있어서 매우 주요한 구성 요소라고 볼 수 있다. 성공적인 지역사회 고용의 목적을 달성하기 위해서 지원고용 프로그램이 지녀야 하는 가치는 다음과 같다.

1. 고용의 가정: 양질의 지원고용 프로그램은 장애의 정도나 유형에 상관없이 모든 사람이 일을 할 능력을 가지고 있으며, 직업을 가질 권리가 있다고 가정한다.

2. 경쟁고용: 양질의 지원고용 프로그램은 지적장애인의 고용이 분리된 작업 환경이 아니라 일반적인 지역사회 사업장에서 이루어져야 한다고 믿는다.

3. 자기 결정: 양질의 지원고용 프로그램에 참여하고 있는 지적장애인은 자신의 독특한 요구와 선호도에 가장 잘 맞는 고용 지원과 서비스를 스스로 결정할 수 있어야 한다.

4. 동등한 급여와 혜택: 지적장애인은 동일한 작업을 수행하는 비장애 동료가 받는 급여와 혜택을 동등하게 받아야만 한다.

5. 능력에 대한 초점: 프로그램은 지적장애인이 가지고 있는 장애나 제한점보다는 그들의 능력, 강점 및 흥미에 초점을 두어야 한다.

6. 관계의 중요성: 지적장애인과 비장애 동료 직원 간의 수용과 상호 존중은 직장과 직장 밖에서의 지역사회 관계를 촉진하는 지원고용 프로그램에서 강화된다.

7. 지원의 위력: 양질의 지원고용 프로그램에 있는 지적장애인은 자신의 목적을 결정하고 그 목적을 성취하기 위해 적절한 지원을 받아야 한다.

8. 체계 변화: 지원고용의 전통적 체계는 지적장애인 스스로 고용에 대해 더 많이 통제할 수 있도록 변화되어야 한다.

9. 지역사회의 중요성: 지적장애인의 수용을 촉진하기 위해 지역사회의 공식적 · 비공식적 지원과 연계되어야 한다.

출처: "Competitive Empolyment: Has it become the 'First Choice' Yet?" by P. Wehman, W. G. Revell, and V. Brooke, 2003, *Journal of Disability Policy Studies, 14*, pp. 163-173. 허가받아서 수정함

지역사회 고용

지역사회 고용은 대부분의 사람이 자신의 삶의 질을 어떻게 정의하느냐에 영향을 주는 가장 중요한 요인 중 하나다(Kraemer, McIntyre, & Blacher, 2003). 첫째, 사람은 고용을 통해 수입이 생김으로써 자신의 삶의 기준을 향상시킬 수 있는 재화와 서비스에 접근할 수 있다. 대부분의 성인은 새 옷이나 라디오를 사거나 누군가에게 청소 비용을 지불할 수 있는 능력이 삶을 더 행복하고 만족스럽게 할 수 있음에 동의한다. 둘째, 고용은 사회적 관계를 발달시키는 데 주요한 자원을 제공한다. 성인이 직장 동료와의 우정을 통해 일로 인한 스트레스를 다룰 수 있

는 지원을 받을 수 있고, 퇴근 후 사회 및 여가 활동에 참여할 기회를 갖게 된다. 셋째, 고용은 개인의 독립성을 증진시키고 타인에 대한 의존성을 줄이는 데 필요한 자원을 제공한다. 고용을 통해 사람은 자신이 어디서 살지, 누구를 만날지, 자유로운 시간에 무엇을 해야 할지 등을 선택할 수 있게 된다. 마지막으로 고용은 지역사회에서 성인의 정체성을 정립하는 데 주요한 역할을 한다. 좋은 직장을 가진 사람은 종종 고용이 안 된 사람에 비해 더 긍정적으로 인식된다. 개인에 대한 사회의 수용도는 지역사회의 경제에서의 그 개인의 역할과 직접적인 관련이 있다.

지적장애인의 학령기 이후의 적응도 성공적인 고용과 밀접한 관계가 있다(West et al., 2005; White & Weiner, 2004). 유급고용된 사람은 보다 큰 재정적인 안정을 누릴 수 있으며, 가족에 대한 의존성을 줄이고, 자신의 삶에 대해 더 많이 통제할 수 있다(West et al., 2005). 만약 개인이 유급고용되고 그 고용 상태를 유지할 수 있다면, 지역사회 참여 및 동료와의 상호작용 수준은 매우 높아질 것이다. 따라서 전환 프로그램은 졸업생이 학교를 떠난 후 유급고용될 수 있도록 체계화되어야 한다(Kohler & Field, 2003; White & Weiner, 2004). 효과적인 전환 프로그램의 요소는 학생이 졸업 이전에 지역사회 환경에서 고용 훈련을 받을 기회, 지역사회 내 사업장에 취업할 기회를 높이는 고용 훈련, 졸업 즈음의 구체적인 직업 훈련 그리고 기관 간 지속적인 협력을 포함해야 한다(Martin, Woods, Sylvester, & Gardner, 2005).

독립성과 자율성

성공적으로 지역사회 생활에 참여하기 위해 성인은 자신이 누구와 함께 시간을 보낼 것이며, 어디에서 살 것이며, 어느 곳에서 일할 것이며, 선호하는 여가활동이 무엇인지 등에 대해 선택할 수 있어야 한다. 선택을 하기 위해서는 개인이 다양한 생활과 직업과 여가활동 유형을 이해하고 선택할 기회를 가져야 한다. 중등기 프로그램의 계획하기와 교수 절차는 학생이 스스로 선택하고 자신의 목표에 맞는 서비스를 선택할 역량을 갖추도록 고안되어야 한다. 중등기 프로그램의 효과성은 여러 측면에서 학생이 자신의 교육 프로그램에 자신의 가치와 믿음을 반영하는가와 학생이 학교를 졸업한 후에도 선택을 계속할 수 있도록 준비되는가에 달려 있다.

중등기 프로그램의 새로운 가치

핵심질문 2 지적장애학생을 위한 효과적인 전환 프로그램의
개발을 가능하게 하는 새로운 가치를 확인하라.

들여다보기 2-3

로레타

학교를 졸업한 후 로레타(Loretta)는 선택할 수 있는 기회를 갖는 데 있어서 자신의 중등기 학교 프로그램의 영향을 강하게 받았다. 로레타는 16세가 된 이후부터는 학교생활의 대부분을 지역사회 환경에서의 고용, 여가 그리고 개인 관리 활동을 완수하는 데 초점을 두고 학습하였다. 고용을 위해 로레타가 받은 훈련은 3년에 걸친 다양한 직업기회와 그녀의 흥미 및 능력에 맞추기 위해 지역사회에 있는 다양한 직종을 표본화하는 작업을 포함한다. 이러한 경험은 교사와 교직원, 교육 전문가, 직업재활 상담사 등의 직접적인 교수와 지원을 포함한다. 로레타가 19세가 되었을 때 개별화전환교육의 일환으로써 공항에 취업을 하게 되었는데, 그곳에서 그녀는 22세가 될 때까지 교직원뿐만 아니라 동료 직원들의 지원을 받았다. 또한 로레타는 공원, 극장, 상점, 식당 등과 같은 다양한 지역사회 환경에 접근하는 것에 대해 배웠다. 개인 관리 교수는 위생, 자신의 개인 일정 개발과 활용, 시간 관리 등과 같은 다양한 영역에 중점을 두었다.

지적장애학생의 교수 성과에 대한 명확한 기술이 성공적인 교육경험에서 중요했던 반면, 부모, 전문가, 옹호가, 정책가들은 미래를 위한 서비스와 지원 개발을 안내할 기본적인 가치를 형성했다(Kohler & Field, 2003; Test et al., 2004). 이러한 가치들은 개인의 필요 및 선호도 그리고 지역사회, 고용, 가족, 환경 요구에 적응하는 것의 중요성을 강조한다. Hardman, Drew와 Egan(2007)이 제안하였듯이 적응은 각 개인이 주어진 환경에 부응하기 위해 필요한 능력을 키울 수 있는 다양한 전략을 배우고 적용하는 것을 포함한다. 개인이 주어진 환경에서 성공하

기 위해서는 자신의 능력 이상이 요구되고, 학업적 · 행동적 · 신체적 · 감각적 · 의사소통적 차이 극복을 위한 지원이 쉽게 이루어지지 않는다는 것을 발견할 수도 있다. 그 결과 개인은 그 환경에 대해 부정적인 태도를 갖게 된다. 그러나 개인과 환경과의 적응을 위한 가치에 기반을 둔 전환 프로그램과 성인 서비스는 개인, 가족 및 지역사회에서 가능한 지원망 간의 협력을 강화한다. 이러한 가치 중에는 자기 결정, 지역사회와 가족생활의 모든 면에서의 완전 통합, 자연적 지원에 대한 강조, 참여자가 주도하는 학교 및 지역사회 프로그램의 개발 등이 있다.

자기 결정

자기 결정은 여러 선택 사항을 고려하여 적절한 결정을 내리며, 자유의지, 독립성 및 책임을 실천하는 개인 능력에 중점을 둔다(University of Illinois at Chicago National Reserch and Training Center, 2003). 자기 결정의 핵심 요소는 자신의 삶에서 이루어지는 결정에 자신이 참여할 능력이 있음에 대한 믿음과 자신의 강점과 제한점을 이해하는 것이다. 자기 결정 기술의 개발은 학생이 가치 있는 학령기 이후 목표를 결정하고 성취하는 데 주요한 역할을 하며, 자기 자신의 믿음을 옹호할 수 있도록 한다. 교육 프로그램은 학생이 자신의 학령기 이후 삶에 대한 정보가 충분히 제공된 상태에서 스스로 결정할 수 있도록 하며, 자신의 결정을 지원해 줄 수 있는 서비스를 선택하는 데 직접적으로 관여할 수 있도록 구조화되어야 한다(Kohler & Field, 2003; Test et al., 2004). 이것은 개별화 교육 프로그램 계획에 학생의 적극적 참여를 권장하고, 선택할 기회를 빈번하게 주며, 학생의 구체적인 요구에 맞는 지원을 제공함으로써 성취될 수 있다(Field & Hoffman, 2002).

들여다보기 **2-4**

자기 결정의 핵심 요소

지적장애학생은 자기 결정 기술을 통해 학령기 이후의 가치 있는 성과를 성취하기 위한 자신의 욕구, 선호도 및 흥미를 옹호할 수 있게 된다. 즉, 어디서 누구와 함께 살 것이며, 어떻게 시간을 보낼 것이고, 지역사회에 어떻게 참여하며, 자신이 필요하고 선호하는 지원은 무엇인지와 관련된 정보를 파악한 상태에서 스스로 결정을 할 수 있게 된다. 다음은 자기 결정 기술을 구성하는 주요 요소들이다.

선택하기 기술

선택하기 기술은 자기 결정의 핵심 요소다. 학생은 자신의 요구와 선호도를 확인하고 이에 대해 의사소통하기 위해서 '선택할 기회'를 가져야 한다. 이것은 학생에게 자신이 할 활동, 활동할 장소, 학습 과제, 과제를 수행할 순서 등에 대해 선택할 수 있게 함으로써 성취될 수 있다.

문제해결 기술

학생에게 문제해결 기술을 가르치기 위해서는 학생 스스로 문제를 확인하고 분석하여 잠정적인 해결책을 결정하고, 가장 적절한 해결책으로 문제를 해결하도록 해야 한다. 학생은 일상생활 문제를 해결할 능력을 향상하기 위한 지원과 편의를 제공받아야 한다.

의사결정 기술

의사결정 기술은 다양한 상황에서 잠정적인 해결책 중 어느 것이 가장 좋을지를 결정하는 것과 각각의 서로 다른 해결책의 결과에 대해 이해하는 것을 포함한다. 의사결정 기술 교수의 핵심은 선택하기 기술을 가르치는 것이다.

목표 설정 및 성취 기술

목표를 설정하고 성취하는 것은 학생에게 목표를 정의하고, 목표와 관련하여 현 위치를 파악하고, 행동을 위한 계획을 세우고, 목표를 향한 자신의 진전도를 평가할 수 있도록 가르치는 것을 포함한다. 목표 설정 기술은 학생이 자신의 학습에 좀 더 책임감을 갖도록 하는 데 매우 효과적이다.

자기 관리 기술

자기 관리 기술은 자기 점검, 자기 평가 및 자기 강화로 구성되어 있다. 자기 점검은 학생에게 자신의 행동에 대해 측정하고, 관찰하고 기록하는 것을 가르친다. 자기 평가는 학생에게 자신의 다양한 행동에서의 발전을 살피고 평가하는 것을 가르친다. 자기 강화는 학생에게 자신의 행동에 따라 결과가 달라짐을 가르친다.

자기 옹호와 리더십 기술

자기 옹호 기술은 학생에게 자신의 믿음을 옹호하는 능력을 제공한다. 자기 옹호와 리더십 교수는 학생에게 자신의 권리와 책임에 대해 가르치고, 그것들을 어떻게 옹호하는지, 크고 작은 집단 내에서 어떻게 의사소통하며 협상하는지에 대해 가르친다.

자기 효능

자기 효능은 자신이 특정한 목표를 수행하거나 성취할 수 있다고 믿는 것이다. 자기 효능은 직접적으로 가르치지는 않지만 다른 자기 결정 기술들을 성공적으로 적용하는 경험을 통해서 향상될 수 있다.

자기 인식이나 자기 지식

자기 인식이나 자기 지식은 한 개인이 자신의 강점이나 능력, 자신의 약점이나 제한점 등을 이해하는 능력을 말한다. 자기 인식과 자기 지식에 대한 교수는 학생에게 자신이 자신의 삶의 질에 영향을 주는 원인 제공자이며, 자신의 행동이 자신의 주변에 어떻게 영향을 미칠 수 있는지에 대해 이해하도록 가르치는 것을 포함한다.

출처: "Self-Determination and Quality of Life: Implications for Special Education Services and Support" by M. L. Wehmeyer and R. L. Schalock, 2001, *Focus on Exceptional Children, 33*(8), pp. 1-20과 "Promoting Student Self-Determination Skills in IEP Planning" by W. M. Wood, M. Karvonen, D. W. Test, D. Browder and B. Algozzine, 2004, *Teaching Exceptional Children, 36*(3), pp. 8-16. 허가받아서 수정함

자기 결정의 원칙은 서비스 제공자가 아닌 장애인 당사자가 자신이 어디서 누구와 함께 살 것이며, 어떻게 시간을 보내며, 어떻게 지역사회에 참여하며, 자신이 필요로 하고 선호하는 서비스가 무엇인지 결정할 권리를 갖고 있음을 강조한다. 역사적으로 볼 때 중도장애인은 종종 선택할 능력이 없다고 가정됨으로써 자신의 삶에 대한 결정에서 제한된 역할을 했다. 그러나 여러 연구에서 장애 수준과 상관없이 장애인에게도 자신의 삶과 학령기 이후의 성과를 좀 더 스스로 잘 통제할 수 있도록 자기 결정 기술을 가르칠 수 있다고 밝혔다(Test et al., 2004). 또한 자기 결정을 통해 지적장애인은 자신의 삶에 대한 책임을 갖고 학령기에서 성인기로 효과적으로 전환할 수 있는 능력을 향상할 수 있다.

효과적인 전환 프로그램은 학생에게 학교에서 성인생활로 전환할 때 필요한 자기 결정 기술을 발휘할 수 있도록 도와야 한다. 이것은 교육과정에서 자연스럽게 자기 결정 기술을 가르치고, 장애학생에게 적극적으로 자신의 개별화된 교육 프로그램과 전환계획을 개발하는 데 참여하게 하고, 다양한 선택 기회를 주고, 이들의 목표를 성취하는 데 필요한 지원과 편의를 제공하며, 자신을 옹호할 기회를 지속적으로 갖게 함으로써 성취될 수 있다(Field & Hoffman, 2002).

Wehmeyer와 Schalock(2001) 그리고 Wood, Karvonen, Test, Browder와 Algozzine(2004)은 몇 가지 자기 결정 기술의 주요 요소들을 제시하고 있다. 첫째, 학생이 자신의 선호도를 파악하고 이에 대해 소통할 수 있도록 선택 기회가 주어져야 한다. 이것은 교실에서 활동에 대한 선택, 활동 장소에 대한 선택, 완수할 학습 과제에 대한 선택, 과제 완수 순서에 대한 선택 등을 할 수 있게 함으로써 성취될 수 있다. 둘째, 학생은 문제를 확인하고 분석하고, 가능한 해결책을 결정하고 가장 적절한 해결책을 이용하여 문제를 해결하는 방법을 포함한 문제해결 기술에 대해 배워야 한다. 또한 학생은 결정하기 기술에 대해 배워야 하는데, 이는 서로 다른 상황에서 어떤 잠재적 해결책이 가장 적절한지에 대한 결론을 내리고 서로 다른 해결책의 결과에 대해 이해하는 능력을 포함한다. 학생은 목표를 정의하고, 목표와 관련하여 현재의 자기 상태가 어떠한지를 알고, 목표 성취를 위한 계획을 하고, 목표 성취를 향한 자신의 진전을 평가하는 방법을 배워야 한다. 자기 결정의 또 다른 요소는 자기 관리다. 이는 자기 점검, 자기 평가, 자기 강화를 포함한다. 학생은 자기 자신의 이익을 옹호할 수 있는 능력을 갖추기 위해 자기 옹호 기술을 배워야 한다. 마지막으로 학생은 자신의 강점과 능력, 약점과 제한점을 이해하고, 주변에 대한 자신의 영향력에 대해 이해하기 위해 자기 인식과 자기 지식을 배워야 한다. 지적장애학생은 이러한 자기 결정 기술의 개발을 통해 가치 있는 학령기 이후 성과에 접근할 수 있다.

완전 통합

지적장애인을 위한 교육과 지역사회 프로그램의 가장 의미 있는 변화 중 하나는 완전 통합을 향한 움직임이다. 역사적으로 볼 때 교육 및 지역사회 서비스 체계는 배치의 연속체 개념에 바탕을 두었다(Hardman et al., 2007). 연속체는 배치의 위계로서 인식되었으며, 통합된 학교와 지역사회 현장에서 기능하는 데 필요한 기술들을 할 수 있게 됨에 따라서 좀 더 '정상적인' 생활 유형을 향해 조금씩 이동하도록 하였다. 연속체의 첫 수준에 있는 서비스 프로그램에서는 가장 강도 높은 훈련과 지원을 하였으며, 최소한의 통합이 이루어졌다. 학교나 지역사회 생활의 모든 면에서 완전하게 통합된 궁극적인 목표를 가지고 지원의 강도는 배치

위계상 다음 프로그램으로 이동할 때마다 조금씩 줄어들었다. 그러나 실제로는 지적장애인의 대다수가 이러한 목표에 결코 도달할 수 없었다. 많은 전문가와 부모는 이러한 연속체가 궁극적으로 장애인을 학교와 사회생활의 주류에 포함되도록 할 것이라고 믿었다. 그러나 실제로는 대다수의 지적장애인은 좀 더 제한적이고 분리된 환경에 남겨지게 되었다. Bellamy, Rhodes, Borbeau와 Mank(1986)는 미국 노동청의 자료를 이용하여 장애인이 연속체의 한 가지 프로그램에서 다음 프로그램으로 이동하기 위해서 평균적으로 걸리는 시간을 계산하였다. 그 결과 연구자들은 지적장애인이 작업활동센터(work activity center, 연속체 내의 가장 제한적인 배치)에 22세에 배치된다면, 64세가 될 때까지 지역사회 내의 경쟁고용(가장 통합된 환경의 배치)이 되지 못한다는 것을 밝혔다. 지적장애인이 연속체의 제한된 환경에서 통합된 환경으로 이동하기가 매우 어렵다는 이 같은 사실은 분리된 프로그램이 상대적으로 더 많아졌다는 사실을 통해서도 알 수 있다. Rusch와 Braddock(2004)은 주간 프로그램이나 보호작업장과 같은 분리된 고용 서비스의 성장은 지원고용의 성장을 앞지르고 있음을 발견했다. 배치의 연속체는 지적장애인이 지역사회 생활에 통합되도록 하는 서비스와 지원을 개발하는 데 있어 오히려 장벽으로 작용한다.

최근에 들어 대안적인 서비스와 지원 모델이 완전 통합의 가치에 기반을 두고 개발되고 있다. 이러한 프로그램은 지적장애인을 분리된 환경에 배치하기보다는 개인이 가정과 학교와 지역사회 환경에서 필요한 지원을 받도록 고안되었다. 또한 지원은 그 개인이 성공할 수 있도록 개별화되고 지속적으로 제공된다(Hughes & Carter, 2000). 예를 들어, 지원고용 프로그램은 적응점(adaptive fit) 개념에 근거하여 개인이 자신의 흥미와 요구에 맞는 지역사회 고용을 찾을 수 있도록 돕고, 주요한 고용 기술을 배울 수 있게 하며, 직장에서 지속적으로 지원한다. 이러한 지속적인 지원은 개인의 선호도에 대한 추가적인 훈련과 점검, 개인에게 좀 더 효과적인 지원을 하거나 성공을 보장하는 데 필요한 다른 서비스와 지원을 할 수 있는 관리감독관과 동료 근로자와 함께 근무하는 것 등을 포함한다. 고용에 대한 연구들에서는 고용 연속체 프로그램을 통해 배치된 사람과 비교했을 때 지원고용에 등록된 사람이 더 많은 급여와 혜택을 받으며 근무 시간과 근무 시간 이후에 비장애 동료와 좀 더 빈번하게 사회적 상호작용을 하고 지역사회 서비스를 더 광범위하게 활용하는 것으로 나타났다(West et al., 2005; White & Weiner, 2004). 이러한 결과는 지원 거주(Stancliffe, Abery, & Smith, 2000)와 통합된 교육 프로그램 (Downing & Peckham-Hardin, 2007)에서도 유사하게 나타났다.

완전 통합은 지적장애학생을 위한 중등기 프로그램 발전에 의미 있는 영향을 주는 가치다. 완전 통합에 대한 신념은 장애학생도 비장애학생이 갖는 교육적 기회에 대해 동일한 접근권을 갖고 있음을 의미한다. 이것은 중·고등학교 프로그램에서 지역사회에서의 직업과 거주의 요구에 맞는 훈련을 위한 교육적 기회뿐만 아니라 일반교육과정에서의 광범위한 학업과 취업 준비 기회도 가져야 함을 의미한다. 또한 상급 학년의 학생에게는 비장애청년에게 중등기 이후에 제공되는 고용 훈련에 동일하게 접근할 수 있는 기회가 있음을 의미한다.

자연적 지원

대부분의 지적장애인은 가정, 학교, 직장, 지역사회 환경에서 부분적으로나 완전히 참여하기 위해서 지속적인 지원이 필요하다. 그러나 이러한 지원이 항상 유급 직원이나 직접적인 돌봄 서비스를 통해서 이루어질 필요는 없다. 여러 연구자들은 다양한 환경에서 이들의 참여를 지원하기 위해 유급 직원에 지나치게 의존하는 것에 대해 우려하고 있다(Gauston-Theoharis, & Malmgren, 2005; Giangreco & Broer, 2005; Mautz, Storey, & Certo, 2001). 유급 직원의 존재는 실제로 통합을 촉진하기보다는 개인의 사회적 수용을 방해하거나 동료에게서 가능한 자연적 지원을 방해할 수 있다. 통합학교에서도 유급 보조원의 존재가 학생이 비장애 또래와의 사회적 관계를 발달시키는 데 오히려 부정적인 영향을 미칠 수 있다(Giangreco & Broer, 2005).

자연적 지원 활용은 유급 보조원과 같은 공식적인 지원에만 의존하는 것에 대한 대안이다. 자연적 지원은 가정, 학교, 직장, 지역사회에서의 가족 구성원, 급우, 직장 동료, 이웃 등을 포함한다. 비장애 또래는 적절한 지원이 주어진다면 지적장애인의 훈련과 행동을 지원하는 데 필요한 기술을 개발할 수 있다(McDonnell, Mathot-Buckner, Thorson, & Fister, 2001). 통합학교 환경에서 비장애 또래는 매우 일상적인 것에서부터 학급활동에서의 성공을 증진할 수 있도록 하는 것까지 다양한 수준으로 장애학생을 지원할 수 있다. 고용 환경에서도 직장 동료가 지적장애인을 지원하는 데 활용될 수 있다. 직장 동료에게 장애를 가진 동료와 어떻게 상호작용하고 의사소통하며 지원하는지에 대한 훈련을 함으로써 자연적 지원이 가능하다. 자연적 지원은 장애학생이 통합학교와 지역사회 환경에 참여할 때 가장 우선적으로 제공되는 자원이어야 한다. 유급 직원은 주로 가족, 친구, 급우, 직장 동료, 그 밖의 지역사회 구성원이 제공하는 지원을 보충하는 데 활용되어야 한다.

개인 중심 학교와 지역사회 프로그램

효과적인 전환 서비스가 갖는 또 다른 요소는 개인 중심 학교 및 지역사회 프로그램의 개발이다. 전통적으로 지적장애인을 위한 학교 및 지역사회 프로그램 계획은 처방적 관점 모델에 기반을 두고 있었다(Meyer, Peck, & Brown, 1991). 이 모델에서는 개인의 특정한 결함이 확인되면, 이러한 결함을 감소시키거나 없애기 위한 구체적인 서비스가 개발된다. 결과적으로 교육과 지역사회 프로그램은 이들의 전반적인 삶의 질을 향상시키기보다는 장애인과 비장애인 사이의 차이를 개선하는 데 관심을 더 갖게 된다.

많은 전문가와 부모 및 옹호가들은 교육기관과 지역사회 서비스 기관에 의해 채택된 계획 절차가 장애인의 결함 대신에 그들의 개인적인 목표와 요구에 직접적으로 초점을 둘 것을 권장하고 있다(Holburn, Jacobson, Vietze, Schwartz, & Sersen, 2000; Kim & Turnbull, 2004; Menchetti & Garcia, 2003). 이러한 계획 접근법에서는 지적장애인은 그들의 학교, 이웃, 지역사회에서 소속감을 '얻을' 필요가 없다고 가정한다. 이 가정에 따르면 학생의 서비스와 지원에 포함된 장단기 목표들은 이러한 환경에서 참여를 위한 개인의 선호도를 충족시키도록 체계화되어야 하고, 더 나아가서 현재뿐 아니라 미래에 대한 각 개인의 목적에 맞아야 한다.

개인중심계획에서는 각 개인이 무엇을 배울지, 그것을 성공시키기 위해 필요한 지원의 수준은 어떠한지, 어디서 배울지, 누가(형식적이나 자연적인 지원망) 개입될지 등을 다룬다. 이러한 개인적이며 체계화된 지원은 다양한 자원을 통해 가능하기 때문에 계획 팀에는 친구, 가족 구성원, 급우, 직장 동료, 교사, 지역사회 서비스 기관 대표 등 다양한 사람들이 포함되어야 한다. 개인중심계획을 하게 됨으로써 전환계획의 초점은 지역사회에서 그 학생에게 제공될 수 있는 서비스를 확인하는 것에서 개인과 학교 졸업 후 삶의 질을 향상시키는 데 필요한 지원 간의 적응점을 확인하는 쪽으로 변경되었다.

들여다보기 2-5

개인중심계획의 원칙

개인중심계획은 전환계획의 초점을 지역사회에서 그 학생에게 제공될 수 있는 서비스를 확인하는 것에서 개인과 학교 졸업 후 삶의 질을 향상시키는 데 필요한 지원 간의 적응점을 확인하는 쪽으로 변경되었다. Schwartz, Holburn, Jacobson(2000, p. 238)은 다음과 같은 개인중심계획하기의 여덟 가지 원칙을 제시했다.

1. 개인의 활동, 서비스, 지원은 그의 꿈, 관심, 선호도, 강점, 잠재력을 근거로 한다.
2. 개인에게 중요한 사람들은 생활 유형 계획하기에 포함되어야 하고, 정보화된 결정과 통제할 기회를 가져야 한다.
3. 개인은 자신의 경험을 바탕으로 의미 있는 선택을 통해 결정해야 한다.
4. 개인은 가능할 때 자연적 지원과 지역사회 지원을 활용한다.
5. 활동 및 지원 서비스는 개인의 관계, 지역사회 통합, 존엄과 존중을 성취할 수 있는 기술을 키운다.
6. 개인의 기회와 경험은 최대화되어야 하며, 현재의 규범과 재정적인 제약 내에서 융통성이 발휘되어야 한다.
7. 계획하기는 협력적이고 순환하며, 지속적으로 개인에게 위임하는 것을 포함한다.
8. 개인은 자신의 관계, 가정, 일상적 일과에 만족해야 한다.

요 약

지적장애학생의 학령기에서 성인기로의 전환을 지원하는 교수공학 및 프로그램 모델은 지난 몇 십 년 동안 극적으로 발전해 왔다. 학교, 가족 구성원, 성인 서비스는 이러한 개인이 가정, 학교, 직장, 지역사회 환경에 완전히 통합되는 데 필요한 지원의 유형과 범위에 대해 더 많이 알게 되었다. 교수공학에서의 향상이 교육 프로그램의 성과와 가치를 명확하게 제시하는 법과 정책의 입안과 동시에 이루어졌다는 사실도 중요하다. 또한 교수공학은 지적 발달장애인의 삶의 질을 향상시킬 수 있는 기회에 대한 의미 있는 접근도 가능하게 하였다. 다음 장에서는 철학과 공학에서의 이러한 변화가 학교에서 지역사회로의 전환과 같은 지적 장애학생을 위한 교육 프로그램에 어떻게 실제적으로 적용되었는지 살펴본다.

찬반의견 2-1
개인중심계획인가 아니면 배치의 연속체인가?

개인중심계획의 실제를 통해 사람들은 지적장애인의 미래에 대한 관점을 변화시키고 있다. 개인중심계획은 각 개인이 무엇을 배울지, 그것을 성공시키기 위해 필요한 지원의 수준은 어떠한지, 어디서 배울지, 누가(형식적이나 자연적인 지원망) 개입될지 등을 다룬다. 개인중심계획은 전통적인 체계중심접근에서 벗어나서 개개인이 갖고 있는 능력과 선호도에 근거하여 서비스를 제공하는 것에 중점을 둔다. 그러나 이 두 접근법의 효과성에 대한 논쟁은 여전히 있다. 다음은 지적장애인을 위한 서비스 제공에 대한 서로 다른 두 관점이다.

찬성의견

지적장애인을 위한 개인중심계획을 찬성하는 입장에서 볼 때, 이러한 접근법은 개인에게 자신의 능력과 가치에 맞는 삶을 선택할 수 있는 능력을 강화할 수 있게 한다. 반면 체계중심접근법은 이들에게 제한된 서비스가 제공되거나 서비스에 대한 선택권이 없는 상황에 놓이게 한다(Schaller, Yang, & Chien-Huey Chang, 2004). 배치의 연속체는 이용 가능한 서비스에 기초하여 개인을 학교, 사회적 기관, 재활 기관 등 미리 정해 놓은 곳에 배치하는 전통적인 시스템이다(Garner & Dietz, 1996). 이러한 배치는 상당히 융통성이 없으며, 개인의 독특한 요구와 선호도를 충족시킬 수도 없다. 연방법이 최소제한환경에서의 무상의 적절한 공교육을 보장하고 있

반대의견

지적장애인을 위한 개인중심계획에 대해 비판하는 입장에서 볼 때 이 접근법은 만병통치약처럼 들리지만, 그 수행과 활용은 전혀 실용적이지 않다(Schaller et al., 2004). 비판가들은 개인중심계획 팀의 일원인 가족 구성원은 이 계획 과정을 지원할 자원이나 소망을 갖고 있지 않을 수 있다(Schaller et al., 2004). 또한 계획 과정에 포함된 개인에 대해 거의 알지 못하는 팀 구성원도 있을 수 있다. 그 결과, 개인의 요구를 충족시키기 더 어려워지고, 팀이 그 개인의 요구를 적절하게 다룰 수 없게 된다.

또 다른 우려는 개인중심계획은 실용화하기에는 지나치게 시간이 많이 소요된다는 점이다(Schaller et al., 2004). 그 결과, 계획

지만, 연속체에서의 배치 결정은 개인의 요구보다는 오히려 체계 안에서 제공 가능한 서비스와 이를 제공하기 위해 훈련된 전문가에 기반을 둔다(Schaller et al., 2004). 그 결과, 지적장애인은 더 제한적이고 분리된 환경에 배치되게 되었다.

반대로 개인중심계획은 지적장애인이 그들의 목적을 성취하도록 돕기 위해 이들의 요구, 선호도, 꿈을 확인하는 것에 초점을 둔다. 개인중심계획 팀은 친구, 가족 구성원, 급우, 직장 동료, 교사, 지역사회 기관 대표 등 다양한 사람들이 구성원이 될 수 있다. 개인중심계획의 목적은 지역사회에서 활용 가능한 서비스를 확인하는 것이 아니라 학생의 졸업 후 삶의 질을 향상시키는 데 필요한 서비스와 개인 간의 적절한 적응점을 결정하는 것이다. 성과는 지적장애인의 향상된 진로계획과 의사결정, 전반적으로 더 강화된 능력강화다(Menchetti & Garcia, 2003).

팀은 개인중심계획의 핵심 요인을 모두 따르는 데 실패하게 되고, 개인의 많은 요구를 다루지 못하게 된다. 따라서 팀은 개인이 원하는 성과를 성취하는 데 필요한 지원을 제대로 제공하지 못하는 계획을 세우게 될 것이다. 이에 비해 배치의 연속체 접근법에서는 다양한 서비스 전달 유형이 있는 하나의 체계 안에서 적절한 서비스를 받을 수 있도록 돕는 사례관리자의 역할을 하는 전문가가 있다.

핵심질문 검토

핵심질문 1　지적장애학생을 위한 학령기 이후의 가치 있는 지역사회 생활과 고용을 가능하게 하는 전환 프로그램의 성과를 확인하라.

- 친구와 지인들로 구성된 인적 네트워크를 형성한다.
- 정규적으로 지역사회 자원을 활용할 수 있는 능력을 개발한다.
- 지역사회 자원의 활용과 동료와의 상호작용을 지원할 수 있는 유급고용을 확보한다.
- 일상생활에서의 다양한 결정 사항에 대한 독립성과 자율성을 갖는다.

핵심질문 2 지적장애학생을 위한 효과적인 전환 프로그램의
개발을 가능하게 하는 새로운 가치를 확인하라.

- 자기 결정과 능력 강화
- 교육 및 지역사회 환경에서의 완전 통합
- 지원을 제공하기 위해 유급 직원에 의존하기보다는 교육 및 지역사회 환경에서 만날 수 있는 가족 구성원, 또래, 이웃, 친구의 도움을 받는 것
- 개인 중심의 학교 및 지역사회 프로그램

3장
전환교육에서의 중등교육의 역할

Margret A. Crockett
Michael L. Hardman

　1장에서 논의한 대로 현재의 전환교육 모델은 지적장애학생의 전환 지원을 위한 중등기 프로그램의 중요한 역할을 강조하고 있다. 여러 옹호가 및 전문가들은 중등교육이란 점증적으로 생활 기술을 개발하고, 필요한 자원에 접근할 수 있도록 하고, 고용과 독립된 생활로의 성공적인 전환에 필요한 개인적 지원을 하는 종단적인 과정으로서 개념화될 수 있다고 주장한다(Baer, Flexer, & Dennis, 2007; Bambara, Wilson, & McKenzie, 2007; McDonnell, 2003; Neubert & Moon, 2006; Rusch & Millar, 1998; Wehman, 2006a). 성공적인 전환 프로그램은 늦어도 중학교에서는 반드시 시작되어야 하고, 성인기에도 지속되어야 한다. 그러나 종단적인 과정으로서의 전환교육을 계획하기 위해서는 중등기 프로그램의 다양한 내용 영역에 걸쳐 잘 갖추어진 교육과정, 교수전략 및 프로그램이 필요하다. 이는 지적장애학생을 위한 중등교육에서의 중요한 변화를 의미한다.

데이비드

다운증후군이 있는 데이비드(David)는 18세이며 밸리 고등학교 4학년에 재학 중이다. 데이비드의 IEP에는 일반교육 수업과 지역사회기반교수 참여에 중점을 둔 목표들이 있다. 교사는 오전에 데이비드의 일반교육 수업 일정 계획을 위해 학교 상담가와 협력한다. 데이비드는 점심시간 후에는 지역사회기반교수를 받기 위해 학교에서 나온다.

데이비드의 일정은 비장애 또래의 일정에 맞추어져 있다. 많은 학생이 밸리 고등학교에서 수업을 들으면서 동시에 지역의 2년제 지역사회 대학에서 수업을 듣는다. 데이비드의 또래 중 많은 학생은 지역에서 자원봉사수업(service learning class)과 산학협력 프로그램(school to work program)에 참여한다.

월요일, 수요일, 금요일에 데이비드는 인근 공립도서관에 일자리 경험을 하러 간다. 그는 반납된 도서를 분류하고, 도서의 대여와 반납 기록을 위해 컴퓨터 바코드를 정리하며, 반납된 DVD 케이스에 DVD가 잘 보관되어 있는지 점검하는 등 다양한 일을 한다. 밸리 고등학교 소속의 보조원이 데이비드를 훈련하고 지원한다. 데이비드는 출퇴근을 위한 버스 타기, 할당된 일을 완수하기, 동료와 사회적 상호작용하기에 초점을 두고 훈련받는다. 데이비드는 상당한 진전을 보였고, 보조원은 데이비드가 이번 학기를 마치기 전에 거의 독립적으로 활동할 수 있을 거라고 기대한다.

데이비드는 화요일과 목요일 오후에 수영을 하거나 지역사회 레크리에이션 센터에서 운동을 한다. 또래 교수자인 스티브(Steve)의 도움을 받아서 활동을 선택하고, 그 활동에 맞는 옷을 갈아입기 위해 라커 룸을 사용하고, 장비를 적절하게 다루는 것을 배우고 있다. 데이비드와 스티브는 좋은 친구가 되었고, 방과 후와 주말에 함께 시간을 보내기 시작했다. 데이비드의 교사는 스티브에게 진로기반 중재 프로그램을 어떻게 진행하는지 보여 주었고, 스티브가 데이비드에게 적절한 촉진, 강화 및 오류 교정을 하고 있는지 확인하기 위해 정규적으로 점검하고 있다.

중등교육 정의하기

중등교육이라는 용어는 12세에서 22세까지의 학생을 위한 교육적 서비스를 포괄한다. 여기에는 중학교와 고등학교, 졸업 후 교육이 포함된다. 중학교 교육은 일반적으로 12세에서 15세까지의 학생에게 제공된다. 고등학교 교육은 일반적으로 15세나 16세부터 18세까지의 학생에게 제공되며, 졸업 후 교육은 19세 이상의 학생에게 제공된다. 우리는 지적장애학생을 위한 교육에 대해 언급하면서 이러한 용어와 연령 수준을 이 책 전반에 걸쳐 사용할 것이다.

앞서 언급하였듯이 학교의 효과적인 전환 서비스에는 연령 수준에 맞게 제공되는 교육과정과 교수전략이 필요하다. 그러나 중등교육의 구조는 각 연령 수준에서 학생의 다양한 발달적 요구도 반영해야만 한다. 안타깝게도 많은 교육청에서 중학교, 고등학교, 졸업 후 학생을 위한 교육이 거의 동일하다. 예를 들어, 학생이 졸업할 때까지 분리된 발달 및 학업 기술을 배우는 것은 흔한 일이다. 많은 연구자들이 교육의 중점이 기초 기술에서 벗어나서 학생이 나이가 든 후 필요한 고용 및 지역사회 생활 기술로 바뀌어야 한다고 주장하고 있다(Baer et al., 2007; Bambara et al., 2007; McDonnell, 2003; Neubert & Moon, 2006; Rusch & Millar, 1998; Wehman, 2006b).

> **핵심질문 1**   **지적장애학생을 위한 중등교육을 계획하고 실행하는 데 있어 전형적인 청소년 발달에 대해 이해하는 것이 왜 중요한가?**

학생에게 지역사회 생활을 준비시키기 위한 중등교육의 기능을 살피기 전에, 여러 연령 수준에 있는 학생의 발달적 요구에 대해 간략하게 논의할 필요가 있다. 청소년기와 청년 초기의 발달에 대해 이해함으로써 중학교, 고등학교, 졸업 후 학교 교육에 걸친 교육과정과 교수전략을 정하는 데 참조할 중요한 틀을 정할 수 있다.

대부분의 청소년에게 중학교 시기는 중요한 신체적 · 지적 · 심리사회적 성장이 이루어지는 시간이다(Arnett, 2000; Lichtenstein, 1998; Williams & Downing, 1998). 이 시기의 나이 어린 청소년은 자신의 정체성의 중요한 부분으로서 사회적 관계에 초점을 두기 시작한다. 또래의 수용은 사회적 · 지적 발달 형성에 핵심적인 요인이 된다. 또한 이 시기의 청소년은 성인의 감독 및 지원에서 벗어나서 자신의 독립성을 증가시키려 한다. 청소년은 인지적으로 자신을 더 큰 사회적 네트워크의 한 부분으로 보고, 그 사회적 네트워크에서의 책임감을 갖는다. 청소년은 좀 더 추상적으로 사고하고, 도덕적인 결정을 하며, 타인의 관점에서 사물을 볼 수 있는 능력을 키우기 시작한다.

사회적 발달과 사회적 네트워크 참여는 고등학교 시기의 학생의 발달에도 여전히 핵심적인 측면으로 남는다. 그러나 이 시기에는 학생이 고용과 생활에 대한 선택 사항들을 탐색하고, 자신의 강점과 약점을 이해하고, 성인기를 위한 포괄적인 목표를 정립할 시기이기도 하다(Arnett, 2000; Lichtenstein, 1998). 미국 사회에서 이러한 발달의 대부분은 학교에서 제공되는 교육적 경험과 또래친구 및 지역사회의 성인 멘토와의 상호작용을 통해서 이루어진다(Mortimer, 2003). 이러한 경험을 통해 학생과 그의 가족은 미래에 대한 현명한 결정을 할 수 있는 데 필요한 정보를 얻을 수 있다.

18세쯤 되면 대부분의 청년은 실제적인 생활목표를 정하고, 이 목표를 성취하기 위해 필요한 구체적인 활동을 시작한다(Arnett, 2000; Lichenstein, 1998). 한 학생이 더 이상 예술 분야에서 직장을 구하는 것에 대해 이야기하지 않고, 그래픽 전문가가 되기 위해 졸업 후 훈련 프로그램을 시작하는 것을 그 예로 들 수 있다. 어떤 학생은 차를 사거나 자신의 아파트를 갖기 위해 직장을 구할 수도 있다. 학생이 성인 사회의 구성원으로서 자신을 확립해 나가기 시작하는 시기도 바로 이때다.

연구자들은 19~22세의 지적장애학생을 위해 생활연령에 적합한 교육이 필요하다는 사실을 오래전부터 인식하고 있었다(Grigal, Neubert, & Moon, 2002). 이러한 교육은 학생이 자신의 집에서 살고, 친구와 사회적 관계를 형성하며, 자신의 삶에 대한 통제력을 갖기 위한 정서적·재정적으로 만족스러운 직업을 갖도록 돕는 교육경험을 제공하기 위해 구조화되어야 한다. 교육은 이들의 독특한 교육적 요구를 다루기 위해서 지역의 직업교육센터, 2년제 지역사회 대학, 4년제 대학, 지역사회기반 훈련 프로그램 등에 접근할 수 있도록 구조화되어야 한다(Grigal et al., 2002).

12세에서 22세 사이에 학생은 현상적인 성장과 발달을 경험한다. 그러나 이러한 발달은 학생 개인의 정체성, 자기 가치, 책임감, 독립감, 자율성에 대한 인식이 인지 및 사회적 기술의 발달과 동시에 누적적으로 성장하는 과정이다. 연구자들은 학생이 성인기로의 궁극적인 전환을 효과적으로 준비하기 위해서는 학교교육이 이러한 사실을 반드시 반영해야 한다는 점을 인식해 왔다. 교육청은 중등

교육과정에 적절하면서도 청소년기와 성인 초기의 독특한 발달적 요구에 맞는 교육을 개발해야 할 의미 있는 도전에 직면하고 있다.

이 문제에 대해서 중등교육은 학생의 요구를 충족시키는 교육이라는 관점으로 접근할 수 있다. 즉, 과연 무엇이 중학교, 고등학교, 졸업 후 학생의 교육의 공통된 조직 및 토대가 되어야 하는가? 이상적으로 이 토대는 지적장애학생의 졸업 후 성공적인 전환과 관련되어 있다고 알려진 요인들을 반영할 것이다. 이러한 토대가 확인되면 학교와 교사가 다양한 연령의 학생의 독특한 요구를 충족시키고, 확인된 토대를 유지하는 교육적 경험을 제공하기 위해 어떤 전략과 방법을 사용할 수 있는지에 대해 논의되어야 한다. 다음에서 무엇이 효과적인 전환교육의 공통된 토대가 되어야 하는지와 이것이 갖는 중학교, 고등학교, 졸업 후 프로그램에 대한 의미는 무엇인지에 대해 살펴본다.

효과적인 전환교육의 토대

지적장애학생을 위한 효과적인 전환 서비스를 개발하는 교육청은 여러 연구에서 졸업 후 성공적인 적응을 예견할 수 있다고 밝혀진 요소들에 근거하여 프로그램을 만들어야 한다. 이러한 요소들은 학생들을 위한 교육과정의 토대(foundations)가 되어야 한다. 일반적으로 연구들은 다음과 같은 요소들이 학생의 지역사회로의 성공적인 전환과 관련이 있다고 보았다. ① 자기 결정력 증진시키기, ② 체계적인 전환계획하기, ③ 학교와 지역사회에서의 학생 통합을 지원하기, ④ 교육과정과 교수법을 성인기 요구에 맞추기, ⑤ 진로 인식과 고용 준비 프로그램을 제공하기 그리고 ⑥ 사회적 능력 개발하기 등이다(Bambara et al., 2007; Flexer, Simmons, Luft, & Baer, 2001; McDonnell, Hardman, & McGuire, 2007; Sitlington, Clark, & Kolstoe, 2000; Wehman, 2006a).

핵심질문 2   학령기에서 성인기로의 지적장애학생의 성공적인 전환과
연관된 요소들을 확인하라.

자기 결정력

자기 결정력이란 '한 개인이 목적 지향적이고, 자기 규제적이며, 자율적인 행동을 할 수 있도록 하는 기술, 지식, 신념의 복합체'(Field, Martin, Miller, Ward, & Wehmeyer, 1998, p. 2)라고 정의된다. 자기 결정력의 원칙은 장애인은 자신이 누구와 어디서 살지, 시간을 어떻게 보낼지, 지역사회에 어떻게 참여할지, 어떤 서비스를 요구할지 등에 대하여 스스로 결정할 권리가 있다는 것이다. 중등교육에서 학생에게 고용, 개인 관리, 여가, 지역사회 접근 영역에서 목표를 성취하는 데 필요한 기술을 가르쳐야 하지만, 어떻게 자신의 선호에 따라 선택하며, 자신의 선택에 대한 결과를 어떻게 평가하고, 문제가 발생할 때 어떻게 해결해 나가야 하는지도 가르쳐야 한다. 이러한 자기 결정 기술을 배운 학생은 자신의 삶과 자신의 졸업 후 성과에 대해 더 큰 통제력을 가질 수 있으며, 지역사회 생활에 더 잘 적응하게 된다(Test et al., 2004).

Field와 Hoffman(2002)에 따르면 학교가 학생의 자기 결정 기술을 증진시키기 위해 사용할 수 있는 몇 가지 전략이 있다. 자기 결정 기술과 태도는 교육과정, 가족지원 프로그램, 직업교육 등 전반에 걸쳐 자연스럽게 교수되어야 하며, 이러한 기술들은 학교 환경 전반에서 모델링되어야 한다. 또한 학생, 부모, 직원이 IEP 계획 과정에 적극적으로 참여하고, 학교에서의 선택권이 제공되어야 하며, 결정에 대한 결과를 예상할 수 있어야 한다. 효과적인 교육은 학생, 교사, 직원이 적절한 위험을 감수하도록 격려하고, 지원적인 관계를 개발하도록 권장하며, 충분히 그들의 의견을 표현할 수 있는 기회를 주어야 한다. 성공적인 교육은 학생의 개별 요구를 충족시키기 위해 필요한 편의와 지원을 제공한다.

체계적인 전환계획하기

계획 없이 자신의 목적을 성취하는 사람은 거의 없다. 우리가 어떻게 살며 삶

에서 무엇을 성취하기 원하는지를 확인하는 과정은 교육, 직장, 가정 및 개인적 관계에 대한 결정에 영향을 준다. 이것은 지적장애학생에게도 마찬가지다. 포괄적인 전환계획은 그 학생이 원하는 목적을 성취하는 데 필요한 기술, 자원 및 지원을 누적적으로 개발하기 위한 기틀을 제공한다.

전환계획하기를 통해 학생, 부모, 전문가들은 졸업 후 성공적인 적응에 필요한 기술과 자원을 확인하고 개발하기 위해 서로 협력한다. 효과적인 계획 과정은 일반적인 기술 개발보다는 구체적인 졸업 후 성과를 위한 활동 계획에 초점을 두고, 지역사회에서 활용 가능한 자원보다는 학생의 선호도와 요구를 강조하고, 계획 과정에 교육 서비스와 지역사회 서비스 프로그램 둘 다를 포함하면서 졸업 후 적응에 필요한 기술과 지원을 누적적으로 개발하도록 이른 시기부터 시작된다.

통합교육

지적장애학생의 졸업 후 적응을 가장 강력하게 예견할 수 있는 요소 중 하나는 비장애 또래와 함께 일반교육 수업 및 비교과 활동에 참여하는 기회다(Baker, Wang, & Walberg, 1994-1995; Benz, Lindstrom, & Yovanoff, 2000; Phelps & Hanley-Maxwell, 1997; Salend & Garrick-Duhaney, 1999). 이러한 경험을 통해 장애학생은 지역사회에서 필요한 사회적 기술과 의사소통 기술을 배우며, 삶의 질에 결정적인 영향을 주는 사회적 관계를 발달시킬 기회를 갖는다(Carter & Hughes, 2005; Downing & Peckham-Hardin, 2007).

장애학생의 일반교육 통합은 비장애학생에게도 도움이 된다. 장애인에 대한 좀 더 긍정적인 태도를 형성하고, 학교와 지역사회에서 장애학생을 좀 더 긍정적으로 지원할 수 있는 전략을 배우고, 이들과 우정을 발달시킬 수 있다(Carter & Hughes, 2006; Cole, Waldron, & Majd, 2004; Copeland et al., 2004). 청소년이 이러한 태도와 기술을 갖추게 된다면, 미래의 직장과 지역사회 환경에서 장애인을 더 잘 수용하게 될 것이다. 전환교육의 궁극적인 목표가 장애인의 지역사회에서의 완전 통합이라면, 중등교육은 분명히 장애학생과 비장애학생 간의 정규적인 상호작용을 촉진할 수 있도록 구조화되어야 한다.

가치 있는 졸업 후 성과에 교육과정과 교수법의 초점 두기

중등교육의 가장 중요한 기능 중 하나는 가정, 학교, 직장 및 지역사회에 성공적으로 참여하도록 하는 기술을 학생에게 가르치는 것이다(Bouck, 2004; McDonnell, 2003; Patton, Cronin, & Jarriels, 1997). 학생이 지역사회의 자원을 활용할 수 있는 기술을 갖고 있지 않다면, 성인기에 성공적으로 적응하기 어렵다. 결과적으로 중등교육의 교육과정은 지역사회의 실제 요구에 맞추어져야 한다. 학생은 변화하는 경제 및 사회와 연관 있는 기술을 배울 기회를 가져야 한다.

능력의 개발은 단순히 교육과정 내용을 숙달했음을 증명해 보이는 것이 아니다. 그것은 실제 생활 맥락과 환경에 기술을 적용하는 능력을 포함한다. 학교는 효과적인 전환 서비스를 개발하기 위해서 학교에서 배운 기술과 가정 및 지역사회에서의 수행이 결부될 수 있도록 하는 교육에 집중해야 한다. 이를 위해서 중등교육을 하는 교사는 '상황' 교수 모델의 사용, 지역사회기반 평가 및 교수, 실습 프로그램을 통한 전통적인 '학업'과 '직업' 교육과정의 융합 등을 포함하도록 전통적으로 사용했던 교수법을 확장할 필요가 있다.

중등교육의 교육과정과 교수법은 학생이 학업 기술과 사회 기술을 개발하고, 연령에 적합한 개인 관리 및 여가활동을 수행하고, 직업 및 직업 관련 기술을 습득하는 데 중점을 두어야 한다. 교육은 특정한 지역사회에 사는 모든 성인에게 가능한 고용과 거주 유형을 다루어야 한다. 더 나아가 교수법을 통해 학생은 실제 수행 환경에서 기술의 숙달과 적용을 보여 줄 수 있어야 한다. 이러한 성과를 위해서 중등교육은 광범위한 전략과 방법을 적용해야 한다.

들여다보기 3-2

효과적인 통합학교의 특성들

지적장애학생의 졸업 후 적응에 대한 가장 강력한 예견 요소 중 하나는 비장애학생에게 가능한 교육적 기회에 대한 이들의 동등한 접근이다. 이것은 중학교와 고등학교 교육에서 일반교육과정에 포함된 다양한 학업 및 고용 준비 경험에 참여할 기회를 의미한다. 효과적인 통합학교가 보이는 특성은 다음과 같다.

1. 명확한 목적과 관련 있는 학생의 학습에 대한 높은 기대
2. 특수교육을 모든 학생의 요구를 충족시키기에 유용하며 이들의 진전에 대한 정규적인 감독을 포함한 일반교육 교실 서비스의 한 부분으로서 보는 강한 교육적 리더십
3. 다양성과 소속감의 가치 증진. 교육은 모든 학생이 환영받고 수용된다는 소속감을 정착시켜야 한다.
4. 일반교육 환경에서의 공식적 지원과 자연적 지원. 공식적 지원은 학생에게 중요한 교수를 제공하지만, 자연적 지원은 통합과 우정의 발달을 촉진한다.
5. 거주지에서 가까운 학교의 연령에 적합한 학급에서 제공되는 서비스와 지원. 이는 학생이 일반교육 수업에 참여하도록 하고, 또래와의 사회적 네트워크를 형성하는 데 도움이 된다.
6. 모든 학생의 독특한 요구를 충족시키면서도 일반교육과정에 접근. 모든 학생의 의미 있는 참여가 이루어지기 위해서는 차별화 교수, 협동학습, 보조공학 등을 포함한 효과적인 전략을 사용할 필요가 있다.
7. 모든 학생의 요구를 충족시키기 위한 일반교육 및 특수교육 자원을 사용하는 학교 차원에서의 지원 체계

출처: *Human Exceptionality: School, Family, Community* (9th ed.) by M. L. Hardman, C. J. Drew, & M. W. Egan, 2007. Boston: Houghton Mifflin. 허락받아서 수정함

진로 인식과 고용 준비

지적장애학생의 성공적인 전환과 관련된 또 다른 요소는 진로 인식과 고용 준비 프로그램의 제공이다(Benz et al., 2000; Phelps & Hanley-Maxwell, 1997). 프로그램은 학생의 요구와 강점을 평가하고, 학생이 실제적인 목표를 개발하도록 돕고, 학생이 자신이 원하는 졸업 후 성과에 맞는 진로를 발견하는 데 필요한 기술을 제공해야 한다(McDonnell, Mathot-Buckner, & Ferguson, 1996; Sitlington et al., 2000; Wehman, 2006a). 이러한 것들은 학생이 자신의 다양한 진로 선택을 이해하고, 다양한 진로 기회를 탐색하고, 자신의 진로 선택에 맞는 태도와 작업 습관을 형성하도록 돕는 데 중점을 두는 진로교육 프로그램을 통해 성취될 수 있다.

사회적 역량 개발하기

장애학생에게 우정은 직업 수행과 직업 만족(West, Wehman, & Wehman, 2005), 성공적인 고용(Phelps & Hanley-Maxwell, 1997), 독립생활(Walker, 1999), 여가활동 참여(Terman, Larner, Stevenson, & Behrman, 1996)에서 중요한 역할을 한다. 그러므로 효과적인 프로그램은 학생이 친구 및 지인과의 네트워크를 만들고 유지하는 것을 돕도록 고안되어야 한다. 이것은 학생에게 자신의 사회적 기술을 일반화할 수 있도록 고립된 환경보다는 통합된 환경에서 사회 기술을 교수함으로써 성취될 수 있다(Fisher & Meyer, 2002). 학생은 비장애학생과 상호작용을 할 때 사회적 기술을 사용할 기회를 빈번하게 제공받는다. 이를 통해 학생은 가정, 학교, 직장 및 지역사회 환경에서 좀 더 사회적으로 유능하게 될 것이다.

중등교육은 학교, 이웃, 지역사회의 자연적인 사회적 네트워크에 학생이 최대한 참여할 수 있도록 구조화되어야 한다. 동시에 학생의 생활연령을 고려하여 우정을 발달시킬 수 있는 기회를 주어야 한다. 예를 들어, 청소년기의 우정은 주로 학교에서 형성된다. 이에 비해 많은 청년의 우정은 직장에서 형성된다. 중등교육은 다양한 연령에 따라 학생이 우정과 사회적 네트워크를 형성하는 방법에서의 차이를 반영하도록 구조화되어야 한다.

다양한 연령에 걸친 중등교육에 대한 의의

비록 앞에서 살펴본 요소들이 중등기 학생을 위한 교육 프로그램을 개발하는 데 토대를 제공하지만, 이러한 요소들이 실천되는 방법에서는 각 연령 수준의 발달적 요구를 민감하게 반영해야 한다. 다음 부분에서는 이러한 요소들이 중학교, 고등학교, 졸업 후 학교 교육에서 갖는 의의를 살펴본다.

중학교 시기

핵심질문 3 중학교 시기에 효과적인 전환계획과 서비스의 개발을 위해 연령 적합성과 거주지에서 가까운 학교 교육이 왜 중요한가?

중학교 시기는 지적장애학생을 포함하여 모든 학생에게 많은 변화가 이루어지는 시간이다. 이 시기 동안 많은 학생은 가정과 학교에서 자신의 독립성을 증가시키려 한다. 이 시기는 학생에게 자신의 새로운 독립성을 키우도록 자기 결정 기술을 가르치는 데 중점을 두기에 이상적이다. 효과적인 교육은 초기에 자기 결정 기술을 가르치는 데 중점을 두어야 하며, 학생은 자신의 활동과 학교 진로와 관련하여 선택할 기회를 자주 가져야 한다(Test et al., 2004). 예를 들어, 학생은 소집단 과제를 할 때 누구와 함께 할지, 어떻게 학교 프로젝트에 접근할지, 어떻게 숙제를 완성할지 등에 대해 선택할 기회를 가질 수 있다(Test et al., 2004). 학생은 IEP 목표를 개발하고 계획하는 데 적극적으로 참여하도록 독려될 수도 있다. 가족은 자녀에게 누구와 시간을 보내고, 어디를 가고, 무엇을 할지를 선택하는 데 더 많은 자유를 주도록 권장되어야 한다. 가족은 중학교 시기의 자녀에게 가족의 요구와 가사 일에 더 많은 책임을 맡겨야 한다. 또한 가족은 교육 프로그램을 통해 초기부터 자녀가 성인이 되어 지역사회에 참여하는 것에 대한 가족의 희망과 두려움을 다룰 수 있도록 도움을 받아야 한다. 학생과 부모는 장기적인 기대와 목표에 대해 논의를 시작해야 하며, 학교는 이들에게 직업 및 거주 유형에 대한 정보를 제공함으로써 이러한 탐색을 지원해야 한다.

12~15세의 학생에게 전환계획은 학교와 지역사회 활동에서 연령에 적합한 활동 참여를 최대화하고, 자신의 일상적인 활동 관리에 대한 책임감을 증가시킬 수 있도록 수립되어야 한다. 장기적인 직업과 거주 목표를 교육계획에서 하나의 참조할 지점으로 봐야 하지만, 가정, 학교, 이웃 환경에서 학생의 즉각적인 참여를 촉진하는 데 우선적인 중점을 두어야 한다. 교육은 이러한 환경에서 또래, 가족, 그 밖의 사회 구성원 등의 자연적 자원을 중점적으로 확인하고 개발해야 한다.

학교는 중학교 시기의 학생의 통합을 다양한 전략을 통해 지원할 수 있다. 아마도 가장 중요한 논의점 중 하나는 장애학생에게 일반교육과 비교과 활동 참여를 증진시키면서, 거주지에서 가까운 학교에서 교육받을 수 있도록 하는 것이다. 장애학생은 만약 그들이 장애가 없었다면 다녔을 학교에 다녀야 한다(McDonnell, 2003; Williams & Downing, 1998). 거주지에서 가까운 학교 교육을 개발해야 하는 이유는 통합교육을 제공할 수 있는 학교의 능력과 관련되어 있다. 한 학교에서 많은 수의 장애학생을 교육하는 것은 성과에 대한 교직원의 강력한 헌신이 있더라도 통합교육에 어긋나는 상황을 만들 수 있다(McDonnell, 2003). 통합교육은 학교에 재학 중인 장애학생의 수가 총 인구에서 차지하는 장애인의 인구 비율과 같은 수준일 때 가장 효과적이다. 이러한 맥락에서 볼 때 강도 높은 요구를 갖고 있는 학생에게 필요한 편의와 지원의 수준은 대부분의 학교 자원 내에서 가능하다. 이에 비해 한 학교에서 많은 수의 장애학생을 교육할 경우에는 종종 학교의 물적 자원과 인적 자원 측면에서 과도한 요구를 초래한다. 이러한 학교의 일반교육 교사는 많은 수의 장애학생의 요구를 충족시키기 위해 노력하지만, 결과적으로 통합교육에 지치고 저항감을 느끼게 되는 것은 드문 일이 아니다.

거주지에서 가까운 학교 교육이어야 하는 가장 중요한 이유는 학생과 또래 간의 직접적인 관계 형성을 제공할 수 있기 때문이다. 거주지에서 가까운 학교에 다니지 않는 학생은 그러한 학교에 다니는 학생에 비해 전형적으로 방과 후에 학교 밖에서 또래와 상호작용을 적게 한다(McDonnell, Hardman, Hightower, & O'Donnell, 1991). 이들의 사회적 상호작용은 학교에 있는 6시간에 제한되기 쉽다. 반대로 거주지에서 가까운 학교에 다니는 학생은 방과 후에도 또래와 종종 상호작용을 즐긴다. 동네에서의 사회적 네트워크는 정서적·물적 지원의 중요한 자원이 된다. 거주지에서 가까운 학교 교육은 중학교 시기의 지적장애학생에게 이러한 네크워크의 발달을 촉진한다.

일단 학생이 거주지에서 가까운 학교에 들어가게 되면, 교육은 장애학생이 일반교육 수업과 비교과 활동에 최대한 참여할 수 있도록 구조화되어야 한다. 이러한 맥락에서 교사가 학생을 지원하는 데 도움을 줄 수 있는 다양한 전략들이 있다(Hunt & McDonnell, 2007). 이들을 일반교육 수업과 비교과 활동에 참여하게 함으로써 중요한 학업 기술과 사회성 기술을 배울 기회를 제공할 수 있다. 이러한 수업과 활동에 참여함으로써 우정과 사회적 네트워크를 형성하는 데 필요한 상황을 만들 수 있다는 것도 중요하다.

중학교 시기의 교육과정과 교수법은 학교의 핵심 교육과정의 맥락에서 개별 학생의 장단기 목표를 성취하는 데 중점을 두어야 한다. 예를 들어, 장애학생의 일반교육과정의 참여를 지원하기 위한 전략에는 학급교사가 사용하는 교육과정과 교수전략을 수정(Downing, 2002; Udvari-Solner, Villa, & Thousand, 2002), 차별화된 교수법 이용(Lewis & Batts, 2005; Tomlinson, 1999), 협동학습(Putnam, 1994; Sapon-Shevin, Ayres, & Duncan, 1994), 삽입 기술 교수(McDonnell, Johnson, & McQuivey, 2008) 등이 있다. 일반교육 수업 참여는 학생에게 핵심 학업 기술의 학습에 대한 표준 방식을 제공하고, 학교, 이웃, 지역사회 참여를 지원할 사회관계를 발달시킬 기회를 갖게 한다.

중학교의 고용 준비 프로그램은 진로 인식 및 탐색에 중점을 두어야 한다 (McDonnell et al., 1996; Wehman, 2006b). 이러한 프로그램에서는 학생에게 어떠한 직업이 있으며, 그 직업의 세계에서 어떤 역할을 할 수 있는지에 대한 정보를 제공한다. 학생은 학교 졸업 후 가능한 고용 유형에 대해 결정하기 위해 자신의 흥미와 능력을 탐색할 기회를 가져야 한다. 학생은 또한 졸업 후 취업하고 직장에 계속 다니는 데 필요한 작업 습관과 사회적 기술도 배워야 한다.

효과적인 중학교 교육은 학생에게 자신의 친구와 지인으로 구성된 사회적 네트워크를 형성하고 유지하는 것을 돕도록 고안되어야 한다. 이것은 친구 서클, 또래친구, 또래 지원 등과 같은 다양한 접근법을 통해 이루어질 수 있다(Carter & Kennedy, 2006; Hunt & McDonnell, 2007; Miller, Cooke, Test, & White, 2003). 우정은 지적장애인의 직업 수행과 직업 만족도, 성공적인 고용, 독립생활, 여가활동 참여에 중요한 역할을 하기 때문에 효과적인 교육은 학생이 친구와 지인으로 구성된 사회적 네트워크를 형성하고 유지하는 데 도움이 되어야 한다.

고등학교 시기

핵심질문 4 ── 지적장애학생을 위한 고등학교 및 학령기 이후 환경에서의 통합의 중점은 어디에 두어야 하는가?

고등학교 교육은 지적장애학생에게 고용, 개인 관리, 여가, 지역사회 접근 영역에서 그들의 목표를 성취하는 데 필요한 기술을 가르치도록 개발되어야 한다. 이들의 자기 결정 기술은 자신의 IEP 개발에 직접 참여함으로써 향상될 수 있다 (Field & Hoffman, 2002; Test et al., 2004). 고등학교 시기에도 자신의 거주지에서 가까운 학교에서 교육을 받고, 일반교육 수업과 학교의 비교과 활동 참여를 증진시킬 수 있어야 한다. 고등학교 학생에게 이러한 전략을 적용함으로써 얻는 이점은 중학교 학생의 경우와 같다. 그러나 고등학교에서는 또래뿐만 아니라 고용이나 지역사회 환경에서 만날 수 있는 연장자와의 사회적 관계를 형성하고 유지할 수 있도록 해 주어야 한다. 왜냐하면 고등학교 학생의 친구와의 사회적 상호작용의 본질은 지역사회에서의 연장자와의 관계에서의 상호작용의 본질과 상당히 다르기 때문이다. 대부분의 학생에게 이러한 관계는 부모나 또 다른 가족 구성원에 의해 중재되어 왔다. 고등학교는 대부분의 청소년이 다양한 사회적 맥락에서 성공적으로 기능하는 데 필요한 기술을 배우기 시작하는 시기다(Arnett, 2000; Lichtenstein, 1998). 연장자와의 상호작용 경험은 궁극적으로 학생이 직장과 사회에서 적응하는 데 중요하다(Mortimer, 2003). 따라서 고등학교에서 학생은 지역사회 환경에서의 통합에 도움이 되는 교육적 경험을 해야 한다. 앞서 언급하였듯이 이것은 실제 직장 및 지역사회 생활 맥락과 결부된 교수법을 사용하는 일반교육 수업을 통해서나 지역사회에서의 직접 교수를 통해 이루어질 수 있다. 어떤 교수법이 학생의 교육적 목표를 충족시키기 위해 사용되었든지 간에 학업 능력과 사회 능력 둘 다를 증진시킬 수 있어야 한다.

고등학교에서 교사가 사용하는 교육과정과 교수법은 학교 학습과 지역사회에서의 수행 간의 좀 더 직접적인 연계성을 갖도록 설계되어야 한다. 실제 생활 맥락에서의 '상황' 학습이 이루어지는 일반교육 수업 참여는 고등학교 학생의 교육적 요구를 충족시키는 데 유용하고도 중요한 도구다. 그러나 학생의 연령이 증가할수록 교육 프로그램의 강조점은 일반교육 수업 참여에서 직업과 지역사회에서의 직접적인 경험으로 옮겨져야 한다(9장 참조). 지역사회기반 교수법은 비장애학생의 중등교육을 우려하는 교육개혁자들의 의견과 일맥상통한다(Darling-Hammond, Rustique-Forrester, & Pecheone, 2005; DiMartino & Castaneda, 2007; Herman, 1997). 이들의 의견은 학교에서 배운 기술을 직장, 가정, 지역사회로 전이시킬 수 있는 비장애학생의 능력에 대해 의문을 제기하는 연구들에 근거를 둔다. 고등학교는 학생에게 성인기로의 전환을 효과적으로 준비시키기 위해서 직장과 지역사회에서의 직접 교수를 포함한 교육과정과 교수법을 채택해야 한다.

18세의 지적장애학생을 위한 교육이 이들의 졸업 후 목표에 초점을 두어야 한다는 점에 대해서는 일반적인 합의가 있다(Kohler & Field, 2003; Neubert & Moon, 2006; Neubert, Moon, & Grigal, 2002). 교육과정과 교수법은 졸업 후 지역사회에서의 학생의 삶을 구성할 일상적인 일과를 잘 확립하도록 설계되어야 한다. 이 과정은 학생이 중·고등학교에서 겪은 교육적 경험을 통해 만들어진다. 예를 들어, 고등학교 고용 훈련은 다양한 직업과 작업 환경을 '시험'해 볼 수 있으나, 전환교육은 학생 개인의 선호도와 요구에 맞는 유급 직장을 개발하는 데 중점을 두어야 한다. 고등학교 시기 동안 학생은 교육적 경험을 통해 졸업 전에 적절한 유급 직장을 발견하고 개발하는 데 도움을 받게 된다. 여가활동 영역에서도 이와 마찬가지로 일과가 될 수 있는 여러 가지 선택 방안을 개발해야 한다. 실제 수행 환경에서의 교수, '선수' 학업 기술이나 사회성 기술의 개발보다는 기능적 수행에 대한 강조, 직업의 재고안, 개인 관리, 학생의 참여를 최대화하는 여가활동 등을 포함하여 많은 교수전략이 이러한 성과를 성취하는 데 중요하다.

중등 이후 프로그램

장애학생이 19~22세가 되면, 통합교육과 지역사회기반 프로그램은 비장애청년에게 가능한 모든 기회와 선택안들에 대해 동등하게 접근할 수 있도록 해야 한다. 여기에는 의미 있고 만족스러운 고용이나 중등 이후 훈련 프로그램, 가정, 지역사회의 보편적인 자원과 서비스 사용 등에 대한 접근이 포함된다. 통합은 학교보다는 학생이 살아가는 좀 더 넓은 지역사회에 중점을 둔다. 중등 이후 프로그램은 이러한 환경에서의 각 학생의 수용과 참여를 촉진할 수 있어야 한다.

중등 이후 프로그램에서는 지역사회 서비스 제공자들 간에 밀접한 협력관계가 형성되어야 한다. 이를 통해 정보 공유, 전환계획에서의 교육기관과 지역사회 서비스 기관의 역할 정의, 각 학생의 지역사회로의 전환을 지원할 지역 수준에서의 자원을 함께 사용할 방법 찾기 등이 이루어진다(Grigal et al., 2002; Neubert & Moon, 2006; Neubert et al., 2002). 개인 중심 전환계획의 과정은 지역사회에서의 학생의 참여를 방해하기보다는 촉진시킬 수 있는 체계의 지원 개발을 돕는다.

중등 이후 프로그램의 전환계획은 지역사회 생활에 필요한 지원을 위해 활용 가능한 모든 자원이 졸업 전에 정착되도록 해야 한다. 학생이 자신의 생활에 대해 최대한으로 통제력을 갖고, 지역사회 서비스 프로그램에 대해 최소한으로 의존하도록 지원의 균형이 필요하다. 지역사회 서비스는 개인이 친구, 가족, 그 밖의 지역사회 구성원으로부터 받는 자연적 지원을 대신하기보다는 이를 보충하도록 설계되어야 한다. 더 나아가 학생의 목표를 활용 가능한 서비스에 맞추어 조정하기보다는 이러한 서비스가 학생의 목표에 맞도록 고안되어야 한다.

학교에서의 마지막 몇 년 동안에는 가족이 학생의 지역사회 생활을 지원하기 위한 자신의 역할을 분명하게 하는 것이 중요하다(Kohler & Field, 2003). 학생과 가족은 학생이 어디서 살 것인지, 어디서 일할 것인지, 일상생활에서 선택할 사항들에 대해 어느 정도 통제력을 가질 것인지 등을 포함하여 많은 감정적인 사안들에 대해 다루어야 한다. 앞서 언급하였듯이 부모와 가족은 많은 학생의 지역사회 생활로의 전환을 지원하는 데 있어서 중요한 역할을 한다. 따라서 전환 프로그램이 부모가 성인으로서 자녀를 지원하는 데 어떤 역할을 할지에 대해 정의하는 데 도움을 줄 수 있도록 구조화되는 것은 매우 중요하다. 이러한 사안을 다루는 데 효과적이라고 알려진 몇 가지 전략으로는 가족이 이러한 문제를 점검할 수 있도록 돕는 워크숍을 하는 것, 가족에게 학생의 요구를 다루기 위해 가족이 서로 지원을 주고받을 수 있는 기회를 제공하는 것 등이 있다.

찬반의견 3-1

고등학교 졸업장의 가치:
장애학생을 위한 단일한 졸업장 vs 다양한 졸업장

많은 학생에게 고등학교 졸업장을 받는 것은 성공적으로 고등학교를 마친 것을 의미하는 성인기로의 중요한 통과의례다. 졸업장은 종종 대학 진학이나 군입대, 급여 수준이 높은 직장으로의 취업 등을 위한 필수 요건으로 간주되기도 한다(O'Neill, 2001). 그러나 많은 장애학생들에게, 특히 지적장애학생에게는 전통적인 고등학교 졸업장은 도달하기 어려운 목표로 남는다. 따라서 어떤 경우에는 졸업장의 대안적인 유형이 이러한 학생에게 더 적절한 선택안이 되기도 한다. 그러나 어떤 사람들은 다양한 졸업장 유형은 혼동을 야기한다고 주장한다. 여기서는 장애학생을 위한 단일한 졸업장과 다양한 졸업장에 대한 서로 다른 관점을 살펴본다.

찬성의견

전통적인 단일한 졸업장은 대학이나 잠재적인 고용주, 그 밖의 사회 구성원에게 한 개인이 학교를 졸업하고 중등기 이후 교육을 받거나 직장생활을 할 수 있는 어느 정도의 지식과 기술을 갖추고 있음을 나타내 준다(Hardman, Drew, & Egan, 2007). 모든 학생에 대한 단일한 졸업장이 갖는 의도된 결과는 장애학생을 포함하여 모든 학생에 대한 높은 기대, 졸업장과 연관된 필수 요건의 의미에서 일관성, 모든 학생이 동일한 선택안이 주어졌고, 동일한 기준으로 평가받았다는 면에서 동등감 등을 포함한다(Johnson, Thurlow, & Stout, 2007). 다양한 유형의 졸업장으로 인해 졸업자의 자질에 대해 이해하고 실제로 장애를 가진 학생을 고용해야 할 고등교육기관과 고용주는 혼란스러울 수 있다. 왜냐하면 그들은 그 학생이 무엇을 성취했는지에 대해 정확하게 알 수 없기 때문이다(Johnson, Thurlow, Cosio, & Bremer, 2005).

반대의견

모든 학생에게 표준의 단일한 졸업장만 수여하게 된다면, 많은 장애학생들은 자신이 고등학교에서 무슨 기술과 지식을 배웠는지를 나타낼 기회를 잃게 될 수도 있다. 이들은 표준적인 졸업장의 필수 요건을 충족시킬 수 있는 능력이 없을 수 있고, 이에 따라 상당히 많은 수의 장애학생들이 학교에서 중도탈락을 하게 되기 때문이다(Johnson et al., 2005). 또한 이 때문에 중등기 이후 교육, 진로 선택, 자긍심 측면에서 오히려 더 큰 불이익을 받게 된다. 따라서 표준적인 졸업장, 성취나 완수에 대한 증명서, 특수교육 졸업장, 작업 졸업장 등을 포함한 다양한 졸업장 유형이 학생 능력에서의 다양성을 다루고 권장한다는 측면에서 교육청으로 하여금 융통성을 발휘할 수 있게 해 준다(Johnson et al., 2005). 다양한 졸업장 유형으로 인해 학교는 졸업률을 증가시키면서도 대부분의 학생에게 표준적인 졸업장을 타게 해야 한다는 압박감을 적게 받게 됨으로써 표준적인 졸업장을 위한 높은 기준을 유지할 수 있게 된다(Johnson et al., 2007).

요 약

이 장에서는 지적장애학생에게 지역사회에서의 삶을 준비시키기 위한 중학교, 고등학교, 전환 프로그램의 역할에 대해 다루었다. 모든 중등교육은 졸업 후 성공적인 적응과 관련되어 있다고 알려져 있는 요소에 기초하여 체계적인 목표를 세워야 한다. 이러한 목표는 중학교, 고등학교, 전환기 프로그램에 걸쳐 교육과정, 교수전략, 계획하기를 정하는 데 필수적인 틀을 제공한다. 교사가 이러한 체계적인 목표를 달성하기 위해 사용하는 전략은 연령 수준에 따라 달라져야 하므로 학생의 생활연령을 반영하여야 한다.

핵심질문 검토

핵심질문 1 지적장애학생을 위한 중등교육을 계획하고 실행하는 데 있어 전형적인 청소년 발달에 대해 이해하는 것이 왜 중요한가?

• 중등교육은 다양한 연령의 학생들의 발달적 요구를 반영하는 교육과정과 교수법으로 구성되어야 한다. 이러한 관점을 통해 교육청에서는 학생이 졸업 후 지역사회 생활에 성공적으로 적응하는 데 필요한 기술을 점차적으로 발달시킬 수 있는 교육을 정비할 수 있다.

핵심질문 2 학령기에서 성인기로의 지적장애학생의 성공적인 전환과 연관된 요소들을 확인하라.

• 학령기에서 성인기로의 지적장애학생의 전환을 지원하기 위해서는 자기 결정, 체계적인 계획, 학교 및 지역사회 환경에서의 통합, 성인기 요구에 맞는 교육과정과 교수전략, 진로 인식과 고용 준비 프로그램, 사회 능력 개발 등의 여섯 가지 요소가 중요하다.

핵심질문 3 중학교 시기에 효과적인 전환계획과 서비스의 개발을 위해 연령 적합성과 거주지에서 가까운 학교 교육이 왜 중요한가?

- 연령에 적합한 학교 교육은 학생에게 일반교육 수업에 참여할 기회를 주고, 또래와의 사회적 네트워크를 개발하고, 학교의 비교과 활동에 참여할 기회를 준다.
- 거주지에서 가까운 학교는 학생과 학생이 소속된 지역사회 간의 직접적인 연결고리가 된다. 학생은 또래와의 중요한 사회적 관계를 개발하고 일상적으로 활용할 수 있는 지역사회 자원 사용을 배울 수 있는 기회를 갖게 된다.

핵심질문 4 지적장애학생을 위한 고등학교 및 학령기 이후 환경에서의 통합의 중점은 어디에 두어야 하는가?

- 고등학교 환경에서 통합은 학생에게 일반교육 수업과 비교과 활동에 참여하는 것뿐만 아니라 직업과 사회생활의 다른 면들에 적응할 수 있도록 돕는 지역사회기반 교수에 중점을 두어야 한다.
- 고등학교 이후 환경에서의 통합은 학교보다는 학생이 살아갈 더 넓은 지역사회에 중점을 두어야 한다. 졸업 후 프로그램은 각 학생에 대한 이러한 환경에서의 수용과 참여를 증진시켜야 한다.

2부
교육과정과 전환계획

4장
교육과정

John McDonnell

　지적장애학생을 위한 교육과정은 지난 몇 십 년 동안 상당한 변화를 겪어왔다. 1960년대와 1970년대에는 이들을 위한 교육 내용이 전형적인 학령 전기나 초등 학령기의 학업 기술(예: 읽기, 산수, 쓰기), 발달 기술(예: 인지, 의사소통, 운동) 또는 기능적 생활 기술의 분석에서 도출되었다(Bellamy, Wilcox, Rose, & McDonnell, 1985; Brown et al., 1988). 옹호자와 연구자들은 학생의 삶의 질 향상에 있어서 이러한 교육과정이 갖는 유용성에 대해 의문을 제기하기 시작하였다. 이는 「전장애아교육법(EAHCA)」 통과에 의해 공립학교에 재학하게 되었던 장애학생의 전환 성과가 좋지 못했다는 점을 깨달았기 때문이었다(Hasazi, Gordon, & Roe, 1985; Wilcox & Bellamy, 1982). 이들은 특히 상급학년 학생이 배우는 기술의 연령 적합성(예: 17세 학생에게 색깔 변별을 가르치는 것)뿐만 아니라 학급에서 가르치는 기술을 실제 환경에서 일반화시키지 못하는 것(예: 학급에서는 돈을 셀 수 있으나, 식료품점에서는 물을 사지 못하는 것) 등에 대해 우려하였다.

　이러한 이슈는 1980년대와 1990년대 교육과정의 초점이 고립된 기술을 가르치는 것에서 학생들이 지역사회 생활에 좀 더 완전하게 참여할 수 있도록 고용, 개인 관리, 여가활동에서의 수행을 발달시키는 것으로 변화되도록 하였다(Falvey, 1989; Ford et al., 1989; Neel & Billingsley, 1989; Wilcox & Bellamy, 1987). 학생을 위한 교육 내용은 이들이 가정, 학교, 직장, 지역사회 환경에서 직면하는 요구에 근거하였다. 이러한 '생태학적인' 교육과정은 또래에 의해 수행되는 활동과 학생의 지역사회 내에서 있을 법한 기회들을 참조하였다. 교수는 교실에서 벗어나서 학생들이 일상적으로 경험할 것이라 예상되는 지역사회에서 이루어졌다.

최근에 들어서는 지적장애학생을 위해 교육과정을 어떻게 구성해야 할 것인가에 대한 인식은 표준기반개혁운동(1장 참조)에 영향을 받고 있다. 이 운동의 초점은 장애학생을 포함한 모든 학생을 위한 보편적인 내용 표준을 정착시키고 학생의 숙달 수준에 대한 포괄적인 평가가 가능한 책무성 체계를 개발하는 것이다(McGregor, 2003; McLaughlin & Tilstone, 2000). 표준기반개혁의 많은 부분이 연방법(예: Goals 2000, IAS, NCLB, IDEA 등)에 의해 진행되었으며, 다음과 같은 몇 가지 목적을 갖고 있다. ① 모든 학생에 대해 높은 기대를 갖기, ② 학교생활에 실패할 위험이 있거나 장애를 가진 학생도 일반교육과정에 동등하게 접근할 수 있게 하기, ③ 교육과정과 평가와 교수의 연계성을 위한 기틀을 제공하기, 그리고 ④ 모든 학생의 학습을 최대화하기 위해 학교 간 자원을 좀 더 효율적으로 할당하기 등이다.

표준기반개혁운동에 따라 특수교육은 또 다시 학생에 대한 기대를 점검하게 되었다. 이 운동에서는 효과적인 교수와 지원이 주어진다면 지적장애학생을 포함한 모든 학생이 도전적인 학업 내용을 배울 수 있다고 주장한다. 이 부분에서 학교에서의 성취나 졸업 후의 지역사회 생활에서의 적응에 대한 일반교육 교육과정에 대한 학생 참여의 영향력은 알려져 있지 않다. 그러나 일반교육에 대한 학생들의 접근과 진전에 대한 연방법의 요구는 당분간 지속될 것이다. 이 장에서는 일반교육과 생태학적 교육과정의 구조에 대해 논의할 것이며, 이러한 교육과정이 지적장애학생의 교육적 요구를 어떻게 충족시킬 수 있을 것인가에 대해 논의한다. 또한 학생의 IEP와 전환계획에 대한 이 두 교육과정 접근법의 의의를 다루고자 한다.

일반교육과정

일반교육과정의 구조

모든 주의 일반교육과정의 구조는 「아동낙오방지법(NCLB 2001)」의 요구를 반영하고 있다. NCLB는 학생이 배우는 내용과 학생이 그 내용을 숙달했는지를 결정하기 위해 사용하는 평가 그리고 교수가 동일선상에 있어야 한다고 가정한다. 따라서 NCLB는 모든 주가 읽기/언어, 예술, 미술, 과학 영역에서 학습내용기준과 학습성취기준을 마련하도록 하였다. 학습내용기준은 '모든 학생이 알고 있어야 하는 내용을 구체화하는 것, 일관성 있고 엄격하게 내용을 갖추는 것, 고성취 기술에 대한 교수를 권장하는 것'(U.S. Department of Education, 2007b, p. 2)을 말한다. 학습성취기준은 "최소한 두 가지 수준(능숙함과 우월함)의 기술을 포함해야 하는데, 이는 각 주의 학습내용기준의 내용 숙달을 반영해야 한다. 또한 성취의 세 번째 수준(기초)은 저성취 학생이 능숙하거나 우월한 수준으로 진보하는 것에 대한 정보를 제공할 수 있어야 한다."(U.S. Department of Education, 2007b, pp. 203) 학습성취기준은 주의 평가 체계 발달을 위한 기초를 제공하고, 이러한 체계는 학생이 각 능숙함 수준에서 획득해야 하는 '최저(cut off) 점수'를 정해 놓는다. 또한 각 주의 평가는 학습성취기준을 향한 학생의 '연간 적정 향상도(Adequate Yearly Progress: AYP)'를 확인할 수 있어야 한다.

IDEA 2004에서는 IEP 팀은 학생이 일반교육과정에 어떻게 참여하고 진보를 보일 것인지를 제시하도록 함으로써 교육과정과 평가에 대한 NCLB 규정을 강력하게 반영하였다. 또한 장애학생에게 주정부의 평가에 참여하거나 대안적 평가에 참여하게 하여 학습성취기준에 대한 학생의 AYP를 문서화할 것을 요구하였다. NCLB 규정에 따라서 각 주는 학생의 AYP를 추적할 수 있는 하나 이상의 대안적 평가 개발을 허용하였는데, 여기에는 ① 대안적 성취기준에 기초한 대안적 평가, ② 학년 수준의 수정된 성취기준에 기초한 대안적 평가가 포함된다(U.S. Department of Education, 2007b).

핵심질문 1   대안적 성취기준에 기초한 대안적 평가와 수정된 성취기준에 기초한 대안적 평가는 어떠한 차이가 있는가?

모든 주는 최중도 인지장애가 있는 학생을 위해 대안적 성취기준에 기초한 대안적 평가를 개발하고 실행하기 시작하였다. 법에서는 이러한 평가가 주의 내용기준에 적합해야 하지만 동시에 학생에 대한 다른 기대 수준을 확립할 것을 요구한다. 대안적 평가의 내용은 '범위나 난이도에서 제한이 있을 수 있거나 초급 혹은 선수 기술의 형태를 갖출 수 있지만, 명백하게 학년 수준의 내용과 관련성'(U.S. Department of Education, 2005, p. 26)이 있어야만 한다. 이것은 "이러한 집단의 학생에게 적절한 교수활동을 반영하도록 내용기준을 수정하거나 확장한다"(U.S. Department of Education, 2005, p. 26). 대안적 성취기준에 기초한 대안적 평가를 받는 학생의 수는 주나 교육청에서 평가받는 해당 학년 전체 학생 수의 1%를 넘지 않도록 한다.

이에 비해 수정된 성취기준에 기초한 대안적 평가는 IEP 팀이 판단할 때, 학생의 개별적 요구를 다루도록 고안된 특수교육 및 관련 서비스를 포함하여 적절한 교수에 대한 반응은 보이지만 해당 학년의 능숙한 수준까지 도달하기는 어렵다고 여겨지는 학생에게 중점적으로 실시된다(U.S. Department of Education, 2007b, p. 17). NCLB에서는 수정된 성취기준에 기초한 대안적 평가는 일반 평가와 동일한 학년의 내용을 다룰 것을 요구하고 있다(U.S. Department of Education, 2007a). 즉, 이 평가에서는 해당 학년에서 다루는 내용이 아니라 평가 문제의 난이도를 조정한다. 이러한 평가에 참여할 수 있는 학생 수는 주나 교육청에서 평가받는 해당 학년 전체 학생 수의 2%를 넘지 않도록 한다. 이와 함께 규정에서는 이러한 평가에 참여하는 학생의 IEP에서 학생이 속한 학년의 내용기준과 직접 연관되는 목표를 포함할 것을 요구하고 있다. 이는 학생이 일반교육과정에서 진보를 나타낼 수 있도록 교육받게 하기 위해서다. 이 책이 집필될 무렵에 이러한 대안평가에 대한 규정이 만들어졌기 때문에 얼마나 많은 주에서 대안적 평가를 선택했는지는 명확하게 알 수 없다(M. J. McLaughlin, personal communication, February 25, 2008). 따라서 학생의 교육 프로그램에 대한 이러한 대안적 평가의 영향력은 아직 알 수 없다.

핵심질문 2 대부분 주의 학습 내용기준 및 성취기준은
어떻게 체계화되어 있는가?

　　대부분 주는 학습내용과 성취기준을 세 가지 수준으로 체계화하고 있다 (Nolette & McLaughlin, 2005). 전형적인 체계의 틀은 〈표 4-1〉과 같다. 첫 번째 수준은 모든 학생의 숙달이 기대되는 일반적인 기술이나 지식 영역이 확인되는 광범위한 기준이다. 두 번째 수준은 각 학년에 구체적으로 해당되는 지식과 기술의

〈표 4-1〉 학습 내용기준의 일반적인 체계

요 소	예 시
기준	학생은 공간적 용어로 세계지리를 이해할 것이다.
기준목표	특정한 공간적 관점에서 정보를 얻기 위해 지도와 다른 지리학적인 도구를 사용한다.
지표	지도 투사도(map projections)의 주요 유형 간의 차이를 설명한다.

〈표 4-2〉 기준, 기준점, 지표의 일반적인 수정

확 장	
기준	학생은 원자 구조, 화합물, 화학 반응, 에너지와 물질의 상호작용에 대해 이해한다.
기준목표	학생은 힘과 운동 간의 관계를 이해한다.
지표	학생은 뉴턴의 법칙을 이해하고 시간변인, 위치, 속도, 가속도 개념을 사용하여 미립자의 위치와 운동을 설명할 수 있다.
확장된 지표	학생은 물체의 움직임을 조정하거나 설명한다.
대 안	
기준	학생은 개인과 지역사회의 건강에 대해 이해한다.
기준목표	없음
지표	성장, 발달, 개인의 안녕에 대한 영양적 균형의 효과를 탐색하고 설명한다.
대안적 지표	학생은 자신의 주된 의사소통 양식을 사용하여 개인과 사회의 건강에 대한 이해를 설명한다.
기 능	
기준	과학적 탐색, 설계, 실행의 과정에서 의사소통하고 평가한다.
기준목표	특정한 결론을 도출하는 과학적 사고에 대해 의사소통하고 평가한다.
지표	특정한 결론을 지지하는 증거를 확인하고 사용한다.
기능적 지표	보고, 듣고, 느낀 것에 대해 기술적 정보를 제공한다.

기준목표(benchmark)다. 마지막 세 번째 수준은 학생의 학년기준 숙달을 살필 수 있는 세부 지표(indicator)다. Kohl, McLaughlin과 Nagle(2006)은 16개 주의 대안적인 성취기준에 기초한 대안평가의 구조를 검토하는 연구를 하였다. 연구자들은 각 주의 내용기준과 대안평가를 광범위하게 검토하였다. 아울러 각 주에서 대안평가 프로그램 실행에 직접 관여하는 주의 대표자들을 면담하였다. 16개 주 중 12개 주의 대표들은 최중도 장애학생에게 일반교육의 내용기준을 적용하였다고 보고하였다. 그러나 이들도 두 번째와 세 번째 수준의 기준에 대해서는 몇 가지 일반적인 수정을 하고 있음을 발견하였다. 일반적으로 이러한 수정은 ① 지표를 확장하거나 확대하기, ② 대안적이거나 수정된 성취 지표를 제공하기, ③ 기능적 성취 지표를 제공하기를 포함하고 있었다(〈표 4-2〉 참조).

이제까지의 연구에 따르면 각 주는 주의 내용기준에 맞는 대안적 평가를 실시하는 데 어려움을 겪고 있다. 예를 들어, 연구자들은 ① 많은 주에서 내용기준과 대안적 평가 간의 빈약한 연관성을 보이고 있으며(Browder et al., 2004; Kohl et al., 2006), ② 대안적 평가는 주로 범위를 좁히고 수준을 낮춘 학습내용기준에 중점을 두고 있으며(Kohl et al., 2006), ③ 많은 주에서 대안적 평가는 단순한 성취 지표에 초점을 두며(Kohl et al., 2006), ④ 여러 대안적 평가에서 사용하는 측정과정의 신뢰도와 타당도 수준이 상당히 서로 다르다(Browder et al., 2004; Kohl et al., 2006)라고 보고하였다.

일반적으로 지적장애학생이 일반교육과정에 접근하고 참여함으로써 혜택을 볼 수 있다는 점에는 동의한다(Hunt & McDonnell, 2007). 그러나 일반교육에서의 이들의 성취를 효과적으로 측정하기에는 많은 어려움이 있다. 현실적으로 대안적 평가를 실시해야 하지만, IEP 팀이 학생의 교육 프로그램을 설계하기 위해 중거기반의 결정을 하는 데 이러한 평가가 유용할지는 의문이다(Lowrey, Drasgow, Renzaglia, & Chezan, 2007). 법률적으로 각 주에게 대안적 평가를 지속적으로 수정하고 정교화하기를 요구하고 있는 상황에서 대안적 평가의 유용성은 감소하고 있다(Kohl et al., 2006).

이러한 어려움에도 불구하고 교사는 장애학생의 졸업 후 목표에 기여할 수 있도록 일반교육 참여를 위한 교육계획 절차를 도입해야 한다(Bambara, Wilson, & McKenzie, 2007). 다행스럽게도 몇몇 저자들은 IEP 팀이 특정 주의 학습내용기준에

찬반의견 4-1

주의 내용기준에 대한 장애학생 평가하기

찬성의견	반대의견
"지적장애학생에게 주의 학습내용기준에 대해 평가하는 것이 타당한 정책인가? 교사가 우선순위를 두는 범위에 의해 제한되기는 하지만, 증거기반을 두고 볼 때 지적장애학생에게 학업적 내용을 습득할 기회를 주는 것이 공평하다고 본다. 학업 교육을 고수하는 것은 지적장애학생의 성취에 대한 높은 수준을 유지하는 방안이다"(Wakeman, Browder, Meier, & McColl, 2007, p. 147).	"오로지 일반교육 기준에 초점을 둔 대안적 평가는 성인기의 성공을 위해 개별적으로 적절하고 필요한 교육이 아니라 평가에 의해 좌우되는 교육에만 중점을 둠으로써 최중도 장애학생의 교육과정에 의도하지 않은 변화를 초래할 수 있다. 만약 우리가 중도장애인에게 학업에만 중점을 둔 교육과정을 가르치고 평가한다면 미래에 성인으로서 독립성이나 부분적인 독립성을 갖지 못할 것이다"(Lowrey, Drasgow, Renzaglia, & Chezan, 2007, p. 249).

학생들이 받을 교육을 맞출 수 있는 전략들을 제안하였다(Browder, Ahlgrim-Delzell, Courtade-Little, & Snell, 2006; Ford, Davern, & Schnorr, 2001; McGregor, 2003). 다음에서는 학생의 성과를 성취하는 데 교사가 사용할 수 있는 단계들에 대해 살펴본다.

내용기준을 학령기 이후 성과와 교육에 맞추기

내용기준과 교육을 일치시키기 위해 제안된 전략의 대부분은 다음의 3단계로 구성된 계획하기에 기초한다(Browder et al., 2006; Ford et al., 2001; Kleinert & Thurlow, 2001; McGregor, 2003; Thompson, Quenemoen, Thurlow, & Ysseldyke, 2001).

1. 일차적인 내용기준을 확인한다. 일반교육과정은 일반적으로 '사회교과'와 같이 광범위한 지식과 기술 영역으로 구분된다. 이 광범위한 영역은 더 나

아가 '미국역사' '지리' '세계문명'과 같은 하위 분야로 나뉜다. 내용기준은 각 하위 분야에서 확인되며, 이러한 기준은 학생이 특정 분야에서 숙달해야 할 것에 대한 '큰 그림'을 나타낸다.

Browder 등(2006)은 학생에게 적절한 구체적인 내용기준을 확인하는 방법 중 하나는 일반교육 교사에게 내용기준 중 모든 학생이 숙달하기 바라는 가장 대표적인 '큰 그림' 세 가지가 무엇인지 질문하는 것이라고 했다. 예를 들어, 지리에서 이것은 "학생은 공간적 용어로 세계지리를 이해할 것이다." 와 같은 내용기준을 포함할 수 있다. 그 내용기준에서 학생이 반드시 습득해야 한다고 보는 구체적인 기준목표나 지표를 확인하는 것도 도움이 된다. 지리의 예를 계속 들면, 학생을 위한 우선적으로 설정할 수 있는 기준목표는 "정보를 습득하기 위해 지도나 그 밖의 지리적 도구를 사용한다." 등이 있다.

2. **대안적인 성취목표를 확인한다.** 이 단계에서 교사와 IEP/전환계획 팀은 학생이 내용의 숙달을 증명할 수 있는 대안적인 방식에 중점을 두어야 한다. 앞서 언급하였듯이, 몇몇 주에서는 대안적인 평가를 받아야 하는 학생을 위해 확장되거나 수정된 성취기준을 개발하였으나 여타의 주에서는 그렇지 못했다. Kleinert와 Thurlow(2001)는 만약 이러한 확장되거나 수정된 기준이 확인되지 않는다면, 교사가 대안적인 성취목표를 개발할 때 기준이나 기준 목표의 핵심적인 기능에 초점을 둘 것을 제안한다. 예를 들어, "정보를 습득하기 위해 지도와 그 밖의 지리적 도구를 사용한다."라는 기준목표의 핵심적인 기능은 다른 장소에 대해 더 많이 알고, 더 독립적으로 여행할 수 있도록 지도를 사용하는 것이다. 그렇기 때문에 "여러 주요한 투사도 유형 간의 차이를 설명한다."와 같은 성취 지표에 초점을 두기보다는 교사와 IEP/전환교육 팀은 지역사회의 다양한 장소에 도달하기 위한 방법을 계획하고 선택한 장소에 도달하기 위해 지도를 활용하는 '적합한 유형의 지도(예: 버스경로도, 거리지도 등)를 선택하기'와 같이 대안적인 방법을 사용하여 학생에게 기준이나 기준목표의 핵심 기능을 성취했음을 증명할 수 있는 성취기준을 개발할 수 있다.

3. **내용과 성취목표와 학생의 기대되는 졸업 후 성과 간의 일치도를 평가한다.** 교사

와 IEP/전환계획 팀은 학생의 일반교육과정 참여의 혜택을 최대화하기 위해서 내용기준과 성취목표가 졸업 후 의미 있는 성과를 촉진하는지 검토할 필요가 있다(Bambara et al., 2007). 앞의 사례를 보면 직업을 구하고 자신의 가정을 관리하며 여가생활을 즐길 수 있는 학생의 능력은 자신이 거주하는 지역사회 지도를 사용할 수 있는 능력에 의해 향상될 것이다.

생태학적 교육과정

생태학적 교육과정의 체계

앞서 논의하였듯이 1960년대와 1970년대에는 학생을 위한 교육 내용이 주로 학업 전 기술이나 초등학년 기술 순서와 발달 기술 순서 혹은 기능적인 일상생활 기술의 분석에 의해 선택되었다. 교육은 전형적으로 교실이나 학교 환경에서 이루어졌고, 학생은 자신이 배운 기술을 실제 환경에서 사용할 수 있는지 증명할 필요가 없었다. 이러한 기술의 습득이 가정이나 학교, 지역사회에서 성공적인 수행을 이끌 것이라고 단순히 가정되었다. 그러나 연구들은 지적장애학생이 배운 기술을 일반화하기 위해서는 실제 환경에서의 체계적인 교육이 요구됨을 지속적으로 보여 주었다(Horner, McDonnell, & Bellamy, 1986; Rosenthal-Malek & Bloom, 1998). 학생은 학교에서 다양한 기술을 배우지만, 이러한 학습은 종종 그들의 삶의 질을 높이거나 학령기 이후 고용과 독립적인 생활에 적응하는 능력을 향상시키지 못했다(Brown, Branston, et al., 1979; Brown, Branston-McClean, et al., 1979; Wilcox & Bellamy, 1982).

핵심질문 3 생태학적 교육과정에서의 일차적인 교수목표는 무엇인가?

연구자들은 이러한 문제점에 대한 대응책으로 중등기 학생이 가정, 학교, 지역사회 환경에서 접할 수 있는 실제 요구에 근거하여 몇몇 '생태학적' 교육과정을 개발하였다(Falvey, 1989; Ford et al., 1989; Neel & Bilingsley, 1989; Wilcox & Bellamy,

1987). 이렇게 개발된 생태학적 교육과정들은 몇 가지 공통된 특성을 가지고 있다. 첫째, 직업이나 개인 관리와 여가 등과 같은 성인기 생활의 전형적인 요구를 반영하는 영역으로 구조화되어 있다(Wilcox & Bellamy, 1987). 이러한 영역에 대해서 학생이 성인기를 준비할 수 있도록 교육하는 데 중점을 둘 필요가 강조되었다. 둘째, 이러한 교육과정에서의 일차적인 교수목표는 '활동'으로 칭한다. Wilcox와 Bellamy(1982, 1987)는 활동을 다음의 세 가지 주요 특성을 가진 것으로 정의하였다.

- 활동이란 가정, 학교, 지역사회 환경에서 정규적인 수행을 반영하는 행동 연쇄다.
- 한 활동의 완수는 학생이 독립적으로 생활하고 지역사회에 참여할 능력을 향상시키는 의미 있는 성과를 산출한다.
- 활동을 구성하는 행동은 자연스러운 수행 요구를 반영하는 예견 가능하고 규칙적인 순서로 완수된다.

예를 들어, 생태학적 교육과정에 포함되는 공통된 활동은 '식료품점에서 물건 사기'다. 이것은 활동의 정의에 부합한다. 왜냐하면 ① 지역사회에서의 성인의 삶에 정규적으로 수행되는 것이며, ② 그들의 영양적인 요구를 충족시키고, 자신이 매일 먹을 것에 대한 선택과 자율성을 증진함으로써 의미 있는 성과를 낳고, ③ 식료품점에서 물건을 구입하는 데 필요한 기본적인 반응 단계는 그 활동을 하는 모든 사람에게 예견 가능하고 핵심적으로 동일한 순서(예: 상점에 들어가서, 카트를 가져와서, 물건 있는 곳으로 가고, 물건값을 낸 후, 상점을 나온다)로 진행되기 때문이다. 이에 비해 '동전 세기'와 같은 기술은 활동의 정의에 부합되지 않는다. 왜냐하면 동전을 셀 수 있는 능력은 그 자체로 의미 있는 성과를 낳지 않기 때문이다. 사실 이 기술은 식료품점에서 물건 사기와 같은 활동을 완수하게 하는 여러 다른 학업 및 발달 기술과 연합되는 것이 필요하다.

생태학적 교육과정의 세 번째 특성은 그 교육과정에 포함된 활동들이 '이웃과 지역사회 활동 목록화하기'에 기초하여 선택된다는 점이다. 이것은 학생에게 교수되는 활동의 실제 요구를 반영하기 위해서다. 예를 들어, 농촌에 사는 성인에

〈표 4-3〉 생태학적 교육과정에서의 활동 목록의 예시

영 역	가 정	학 교	지역사회
개인 관리	설거지하기 카드 요금 내기 관리비 내기 옷 입기	체육복으로 갈아입기 점심 먹기 사물함 사용하기	식료품 사기 ATM 사용하기 레스토랑에서 식사하기
여가	비디오 게임하기 스크랩북 만들기 정원 가꾸기	독서하기 농구하기 친구와 대화하기	수영하기 영화관 가기 클럽모임 참석하기
일	집안일하기	서비스 프로젝트에 참여하기	사업체에서 업무경험해 보기

게 가능한 취업 기회는 도시에 사는 성인에게 가능한 취업 기회와 다르다. 마찬가지로 농촌과 도시 각각에서 즐길 수 있는 여가생활도 다를 것이다. 교육과정에 포함된 활동들은 특정한 이웃과 지역사회의 전형적인 청소년과 성인에게 기대되는 활동에 기초하여 선택된다. 이것은 교육이 학생의 생활연령에 적합한 수행을 반영할 수 있도록 하기 위해서다. 따라서 특정 지역사회에 사는 청소년과 성인에게 전형적으로 요구되는 활동을 반영하는 활동 목록을 개발해야 한다. 학생의 교육 내용은 이 활동 목록에서 선택된다. 〈표 4-3〉은 생태학적 교육과정에서 각 영역에 포함될 수 있는 활동 목록의 예시다.

어떤 연구자들은 활동이 특정 학생에게 기능적이기 위해서는 '일과(routine)'에 결합될 필요가 있다고 주장하였다(McDonnell, Mathot-Buckner, & Ferguson, 1996). 예를 들어, 식료품점에서 물건 사기는 식사 계획하기 일과의 한 부분으로 고려될 수 있다. 이 일과를 완수하기 위해서 학생은 식단을 개발하고, 식품 목록을 만들고, 상점에 가고, 식료품을 사고, 집에 돌아오고, 식품을 보관하는 등의 다양한 활동을 완수할 필요가 있다. 이러한 유형의 일과는 매일 식료품점에 가는 것을 피하기 위해 주말에 하도록 할 수도 있다. 이와 유사하게 세탁하기 일과는 세탁물을 분류하고, 세탁을 하고, 건조시키고, 건조된 옷을 접고, 보관하는 등의 활동을 포함할 수 있다.

학생에게 가르치는 학업적 · 발달적 기술은 일과나 활동을 성공적으로 수행하기 위해 필요하다. 이러한 기술은 실제 수행 요구에 기초하여 선택된다. 예를 들어, 식료품을 사기 위해 학생은 식품 단어를 읽고, 구입해야 하는 물품의 개수를

세고, 더 많이 구입할지 아니면 더 적게 구입할지를 결정하고, 물건값을 계산할 필요가 있다. 생태학적 교육과정은 학업적 · 발달적 기술 교수의 중요성을 감소시키는 것이 아니라, 가르치는 기술이 가정이나 학교와 지역사회에서의 학생의 수행에 즉각적으로 적용될 것을 요구한다.

　McDonnell 등(1996)은 일과, 활동, 기술 간의 관계는 학생의 IEP/전환계획을 위한 목표를 선택하고 기술의 누적적인 발달을 지원하는 데 효과적인 틀을 제공할 수 있다고 하였다. 중학교 학생에게는 IEP/전환계획의 초점을 주요한 학업적 · 기술적 기술을 가르치는 데 두어야 한다. 이러한 기술은 일반화를 촉진하기 위해 가정, 학교, 지역사회 환경에서 정규적으로 완수할 수 있는 활동이나 일과에 기반을 둘 것이다. 고등학교 학생에게는 가정, 학교, 지역사회에서의 그들의 독립성을 향상시키는 활동을 가르치는 것으로 초점이 옮겨져야 한다. 또한 계획팀은 학생이 일과와 활동을 성공적으로 완수하는 데 필요한 교육을 위해 학업 및 발달 기술의 목표를 세워야 한다. 마지막으로 졸업을 앞둔 학생을 위한 교육은 학교를 졸업한 이후의 성인생활에 적응하는 데 필요한 중요한 일과의 활동을 잘

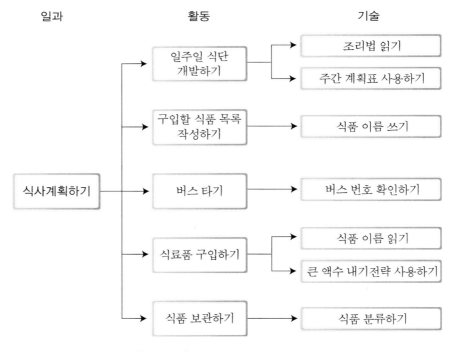

[그림 4-1] 일과, 활동, 기술 간의 관계

할 수 있도록 하는 데 중점을 두어야 한다. [그림 4-1]은 일과, 활동, 기술 간의 관계를 나타내고 있다.

생태학적 교육과정을 졸업 후 성과와 교육에 맞추기

중등기 학생에게 생태학적 교육과정이 주는 혜택은 즉각적이면서도 동시에 장기적으로 그들의 삶의 질을 향상시키기 위해 사용될 때 최대화된다. 따라서 교육과정은 학생에게 기대되는 학령기 이후 성과에 대한 성취도 가능하도록 구성되어야 한다. 학생과 IEP/전환교육 팀에게 도움이 될 수 있는 이를 위한 몇 가지 간단한 단계는 다음과 같다.

1. **우선적인 일과와 활동을 확인한다.**   학생이 생태학적 교육과정에서 배울 일과와 활동을 결정하기 위해서 다음과 같은 몇 가지 요인들을 고려하기 위한 학생과 팀 구성원 간의 상호작용이 필요하다.
   - **영향력**   생태학적 교육과정을 사용할 때의 첫 번째 고려점은 학생의 삶의 질에 그 일과와 활동이 끼치는 영향력을 평가하는 것이다. 이것의 주요한 측면은 해당 학생이 일과나 정규적인 활동을 실제 완수할 기회를 갖고 있거나 가질 것인가다. 식료품 구입하기나 직장에 버스 타고 가기와 같은 활동을 하도록 가르치는 것은 직원의 자원과 시간의 상당한 투자를 요구한다. 따라서 장기적으로 가정, 학교, 지역사회에서의 그 학생의 참여를 증진할 수 있는 일과와 활동을 선택해야 한다.
   - **포괄성**   성공적인 학령기 이후 적응은 학생이 지역사회 생활의 모든 측면에서 완전히 참여하는 것을 요구한다. 이것은 그/그녀가 그 지역사회에 공헌할 수 있는 기회를 가져야만 하고, 자신의 요구와 가사를 관리할 수 있고, 즐길 수 있는 여가/오락에 참여할 수 있다는 것을 의미한다. 교육계획 팀의 구성원은 우선적인 일과와 활동을 선택하는 데에서 학생의 요구의 모든 측면이 충족될 수 있도록 지역사회에서의 현재와 미래의 삶을 총체적으로 살펴볼 필요가 있다.

- **자기 결정**   학생의 교육계획을 위해 학생 자신의 삶에 대한 통제를 증가시킬 수 있는 일과와 활동이 선택되어야 한다. 이것은 학생에게 더 많은 선택권(예: 운동기구 자전거 사용하기, 요가하기, 근력기구 들기)을 주는 다양한 활동을 가르치는 것뿐만 아니라 좀 더 효과적인 선택을 하도록 가르치고, 자신의 요구를 옹호하며, 자신의 미래를 위한 계획을 세우는 데에서 좀 더 자율성을 증가시킬 수 있게 하는 일과와 활동을 선택하도록 하는 것을 의미한다.
- **통합**   학생을 위해 선택하는 일과와 활동은 학교 및 지역사회에서의 참여와 비장애 또래와의 상호작용을 촉진해야 한다. 학생이 타인과 상호작용을 할 수 있는 기회를 정규적으로 자주 갖지 못한다면 사회적으로 유능해질 수 없다. 더 나아가 학교, 직장, 이웃에서 자연스럽게 사회적 네트워크의 한 부분이 될 기회를 갖지 못한다면 삶의 질에 주요한 영향을 주는 우정을 형성하기 어렵다.
- **연령 적합성**   중등기와 전환기 교육의 성공은 지역사회에서 일하고 생활할 수 있는 학생의 능력을 누적적으로 개발하는 것에 달려 있다. 학교를 졸업할 즈음의 학생은 독립적으로 자신의 삶에 대해 책임을 질 수 있도록 교수되어 있어야 한다. 우리는 20세의 청년에게 15세의 학생과는 분명히 다른 기대를 하게 된다. 학생의 교육계획에 선택되는 일과와 활동은 일반적으로 동일한 연령의 또래에 대한 기대가 무엇인지를 참조해야 한다.
- **안전**   학생이 독립성과 자율성을 갖추게 될수록 잠재적인 위해의 위험은 증가할 수 있다. 성인으로서 하는 모든 일에는 내재된 위험이 있으며, 누구도 그것으로부터 완벽하게 보호받을 수는 없다. 그러나 Perske(1972)가 주장했듯이, 지역사회에서의 증가된 독립성 및 참여에는 위험도 공존함을 인정해야 한다. 만약 위험에 대한 두려움 때문에 지적장애인이 독립적으로 되는 것을 막으려 한다면, 지역사회에서 그들을 분리하고 소외시키는 또 다른 위험과 해악을 초래하게 될 것이다. 따라서 교육계획 팀은 학생의 안전과 지역사회 생활 참여를 최대화해야 하는 요구의 균형을 잘 잡아야 한다.

2. **학생의 수행 방법을 결정한다.**   모든 일과와 활동을 하기 위해서는 다양한 학

업 및 발달 기술이 필요하다. 중등기의 지적장애학생이 자신의 기술을 발달시킬 수 있는 범위는 매우 다양하다. 학생과 교육 팀이 해야 하는 결정 중 하나는 교육 시간을 이러한 기술을 가르치는 데 전적으로 소요해야 할 것인가 아니면 학생이 일과와 활동을 성공적으로 할 수 있도록 대안적인 수행전략을 가르칠 것인가다. 대안적인 수행 방법은 '일반적인 기능을 수행하기 위한 비전형적인 방식'을 말한다(McDonnell & Wilcox, 1987, p. 49). 이러한 전략들은 일과와 활동을 위한 인지적 · 언어적 · 육체적 · 학업적 요구를 단순화하여 이러한 기술들을 갖고 있지 못한 개인도 가정, 학교, 지역사회 활동에 참여할 수 있도록 고안된다. 예를 들어, 글을 읽을 수 없는 사람도 식료품점에서 원하는 식품을 찾기 위해 그림을 사용할 수 있다. 또 구어적 의사소통 능력이 부족한 사람은 자신의 요구나 바람을 표현하기 위해 의사소통 도구를 사용할 수 있다.

3. 우선적인 일과 및 활동과 학생에게 기대되는 학령기 이후 성과의 일치성을 평가한다.   교육 팀은 미래의 삶의 질에 끼칠 우선적인 일과와 활동의 잠재된 영향력을 평가해야 한다. 예를 들어, 교육 팀은 식료품 구입하기, 버스 타기, ATM 사용하기 등을 배우는 것이 졸업 이후 학생에게 도움을 주고 그들의 목표를 성취할 가능성을 향상시키는지에 대해 스스로 질문할 필요가 있다.

교육계획을 위한 함의

대부분의 지적장애학생을 위한 교육은 일반교육과정의 내용과 생태학적 교육과정의 내용을 혼합할 필요가 있다. 이러한 교육과정의 균형은 학생의 요구에 따라 조정되고 학령기 이후의 삶에 대한 장기적인 비전에 근거를 두어야 한다. 학생이 자신의 꿈을 분명하게 결정하기 위해서는 자신의 결정의 장점과 단점을 가늠해 볼 수 있도록 가족, 친구, 교사, 그 외 자신의 삶에서 주요한 타인과의 상호작용 과정이 필요하다. 아울러 학생은 자신의 꿈을 이루기 위한 진로를 결정해야 한다. 구체적으로 자신이 전통적인 고등학교 졸업을 할 것인가 아니면 대안적인 졸업이나 출석 증명을 추구할 것인가를 결정해야 한다.

핵심질문 4 개인중심계획은 IEP/전환계획에서 일반교육과정과
생태학적 교육과정의 균형을 어떻게 지원할 수 있는가?

진로를 결정하는 데 가장 효과적인 방법은 개인중심계획하기를 실시하는 것
이다(Keyes & Owens-Johnson, 2003; McDonnell et al., 1996; Wehman, 2001). 대부분
의 개인중심계획하기 전략은 학생의 꿈을 성취하기 위해 그 학생의 선택, 선호
도, 강점을 고려한다. 이러한 전략은 꿈을 성취하는 데 필요한 몇 가지 단계들로
구성된 구체적인 행동계획으로 체계화된다. 이러한 행동계획 단계가 제대로 진
행된다면, 개인중심계획은 학생의 IEP/전환계획의 개발의 기초를 제공할 수 있
다([그림 4-2] 참조).

개인중심계획이 학생의 현재와 미래의 삶의 질에 영향을 주는 모든 영역을 다
루어야 하지만, 특별히 몇 가지 핵심 영역에서의 학령기 이후 성과를 확인하는
것이 중요하다. 이러한 성과는 전형적으로 학생이 원하는 진로나 직업의 유형,
그들이 학교 졸업 후 거주할 장소, 자유시간을 보낼 방법 등을 포함하고 있다. 개
인중심계획은 또한 일반교육과정과 생태학적 교육과정에서의 학생 참여에 대해
결정하도록 한다.

전통적인 고등학교에서 졸업을 원하는 학생은 졸업을 위해 교육청에서 요구
하는 교과목 수업에 완전히 참여해야 한다. 대안적인 졸업장이나 출석증명서를
원하는 학생은 일반교육의 교과목 수업을 선택하고 그 교과목에서 특정한 내용

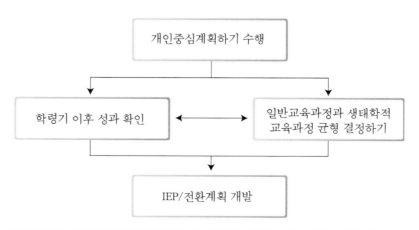

[그림 4-2] 성인기 성과를 위한 일반교육과정과 생태학적 교육과정의 균형을 잡는 과정

기준을 성취하는 것을 목표로 학습을 할 수 있는 융통성이 있다. 일반교육과정 참여가 모든 학생에게 바람직하지만, 대다수의 지적장애학생은 학교 졸업 후 독립적으로 일하고 생활할 수 있도록 준비시킬 수 있는 교육과정에 접근할 필요도 있다(Bouck, 2004; Johnoson, Stodden, Emanuel, Luecking, & Mack, 2002; Patton, Cronin, & Jarriels, 1997; Sitlington, 2003). 생태학적 교육과정은 학생과 교육 팀에게 지역사회 생활 요구를 탐색하는 데 필요한 일과, 활동, 기술을 확인하기 위한 체계를 제공한다. 학생과 교육 팀이 졸업 후 기대되는 성과를 성취하기 위해 이 두 가지 교육과정 간의 최적의 균형을 잡는 것은 쉬운 일이 아니다.

개인중심계획하기 과정에서 이루어지는 결정을 통해 전환계획의 요구가 IDEA 2004에 부합하도록 하는 기초 작업을 할 수 있다. 개인중심계획에 포함된 정보는 학생을 위한 측정 가능한 졸업 후 목표의 개발, 필요한 전환 서비스의 확인, 일반교육과 생태학적 교육에서 도출한 내용에 바탕을 둔 교육을 위한 IEP 목표 개발, 지역사회 생활로의 전환을 지원하는 데 필요한 지역사회 서비스 기관과의 연계 개발을 도울 수 있다. 포괄적이고 효과적인 IEP/전환계획을 개발하는 데 요구되는 구체적인 단계는 5장에서 다룬다.

요 약

이 장에서는 지적장애학생을 위한 교육과정에 대해 살펴보았다. 현재 연방정부법에서는 학생이 일반교육과정에 참여하여 진보를 보이고, 해당 주의 내용기준과 직접 연결되는 교육청과 주정부 평가나 대안적 평가에 참여할 것을 요구한다. 일반교육과정에서는 학생에게 지역사회에서 독립적으로 일하고 생활할 수 있는 능력을 향상시킬 수 있는 다양한 교육 기회를 제공할 수 있다. 이러한 경험이 의미 있는 경험이 되도록 하기 위해서는 내용과 성취기준을 학생의 졸업 이후 기대되는 성과와 일치시켜야 한다. 장애학생이 일반교육과정에 참여함으로써 혜택을 받을 수 있지만, 이들은 종종 가정, 학교, 지역사회 환경에서 자신의 수행을 직접적으로 향상시킬 수 있는 일과와 활동 개발에 초점을 둔 생태학적 교육과정에 접근할 필요가 있다. 학생과 교육 팀이 직면하는 어려움은 학생의 졸업 후 적응을 촉진하기 위해 이 두 교육과정 접근을 교육계획에 어떻게 조화시키는가에 있다. 개인중심계획은 학생에게 기대되는 졸업 후 성과를 탐색하고, 선호도와 강점에 근거를 두고 실행계획을 개발하는 데 효과적인 전략이다. 개인중심계획은 학생의 IEP/전환계획 개발을 위한 틀로서의 핵심적인 정보를 제공한다.

핵심질문 검토

핵심질문 1 대안적 성취기준에 기초한 대안적 평가와 수정된 성취기준에 기초한 대안적 평가는 어떠한 차이가 있는가?

- 대안적 성취기준에 기반을 둔 대안적 평가는 내용기준과 관련이 있어야만 하지만 확장되거나, 변경되거나 기능적인 지표를 가질 수 있다.
- 수정된 평가기준에 기반을 둔 대안평가는 교육청이나 주정부의 평가에서와 동일한 학업내용기준을 평가해야만 하지만, 평가에 포함된 질문은 복합적일 수 있다.

핵심질문 2 대부분 주의 학업 내용기준 및 성취기준은 어떻게 체계화되어 있는가?

- 모든 학생이 숙달해야 하는 기술이나 지식의 일반 영역을 확인하는 기준
- 각 학년 수준에 맞는 지식과 기술을 나타내는 기준목표
- 각 학년 수준의 기준목표의 숙달을 나타내기 위해 학생이 수행해야 하는 지표

핵심질문 3 생태학적 교육과정에서의 일차적인 교수목표는 무엇인가?

- 일과, 활동, 기술

핵심질문 4　개인중심계획은 IEP/전환계획에서 일반교육과정과
생태학적 교육과정의 균형을 어떻게 지원할 수 있는가?

• 계획하기 과정을 통해 학생에게 기대되는 졸업 후 성과를 확인하기 위한 논의와 일반교육과정과 생태학적 교육과정에서의 내용이 그러한 성과를 얻을 수 있도록 하는 방식을 만들어 나갈 수 있다.

• 실행계획에서의 결과는 측정 가능한 졸업 후 목표를 정하고, 필요한 전환교육 서비스를 확인하고, 각 교육과정에서 도출한 내용을 융합한 IEP 목표를 개발하고, 지역사회 서비스 기관과 연계할 수 있게 한다.

5장
개별화 교육 프로그램과 전환계획 개발하기

Shamby Polychronis
John McDonnell

　IDEA 2004에서는 학생이 16세가 되면 개별화 교육 프로그램(IEP)의 일부로서 포괄적인 전환계획을 개발하도록 하고 있다. 전환계획은 학생의 구체적이며 측정 가능한 학령기 이후 목표에 기초하여 졸업 후 활동에 성공적으로 전환할 수 있게 하는 데 중점을 둔다. 이러한 활동에는 중등기 이후 교육, 직업교육, 통합고용, 지원고용, 평생교육 및 성인교육, 성인 서비스, 독립 주거 또는 지역사회 참여 등이 포함된다. IDEA 2004의 전환 서비스에 대한 좀 더 심층적인 정의는 1장을 참조하기 바란다.

　IDEA에 규정된 전환계획은 회의에 누가 참석하는지부터 어떤 일정으로 학생의 교육계획을 세울 것인지에 이르기까지 IEP 절차의 구조화에 영향을 준다. 이 장에서는 졸업 후 성공을 가장 잘 예측하는 실제와 관련 있는 포괄적인 IEP/전환계획 개발 절차에 대해 다루고자 한다.

들여다보기 5-1

어떻게 우리는 자신의 미래에 대한 로드맵을 만들 수 있는가?

엘라(Ella)는 15세이고 마운틴 고등학교에 재학 중이다. 이 학교는 지방 소도시에 있으며, 약 210명 정도의 학생이 재학하고 있다. 엘라는 어린 시절부터 배우가 되는 것이 꿈이었기 때문에 성인기에 대한 미래계획을 의논할 때 매우 기분이 좋았다.

엘라는 네 살 때 거의 익사할 뻔한 사고로 뇌손상을 입었다. 엘라는 학교를 좋아하지만 종종 수업 내용을 이해하기 어렵고 장시간 동안 집중하는 데 어려움을 느낀다. 특수교육 팀은 엘라가 일반교육과정을 이수하도록 지원하였고, 그녀가 심하게 당황하거나 좌절할 때의 문제를 해결할 수 있는 기술을 배우도록 도왔다.

내년 초에는 엘라가 16세가 되기 때문에 첫 번째 전환계획 회의를 준비하기 시작했다. 엘라는 특수교사인 알렌(Allen)과 마주 앉아서 미래에 대한 개인적 소망과 그녀의 성공에 도움이 된다고 여겨지는 편의 제공에 대해서 함께 이야기했다. 엘라는 학교를 졸업하면 도시로 가서 연기 학교에 입학하는 데 관심이 있다.

알렌은 엘라가 원하는 졸업 후 활동 준비를 위한 목표에 대해 의논하기 위해 엘라와 그녀의 부모와 함께 계획에 앞서 사전회의를 하였다. 계획 기간 동안 엘라의 부모는 엘라가 스트레스 상황을 다루는 데 필요한 문제해결 기술과 새로운 사람에 대한 그녀의 판단력에 대해 우려를 나타냈다. 이러한 우려 때문에 그녀의 부모는 도시에 나가 자신의 아파트에서 살면서 연기 학교에 다니기를 원하는 엘라에 대해 걱정하였다. 또한 엘라가 졸업하면 그녀를 위해 거주 공간을 만들려고 지하를 개조할 계획을 가지고 있으며, 엘라가 가족과 함께 지내는 것을 좋아하므로 그녀가 언니의 자녀들을 돌보면서 지낼 수 있을 거라고 생각하였다.

계획 팀(엘라, 부모, 특수교사)은 엘라가 성인기를 위한 전환을 준비하고 자신의 목표를 성취할 수 있도록 협력해야 할 일들에 대해 논의했다. 또한 이번 가을에 있을 전환계획 회의를 준비하기 위해 각자 회의에서 논의된 사안들 중 몇 가지를 더 살펴보기로 하였다. 엘라와 알렌은 이번 학년의 나머지 기간 동안에 엘라의 요구와 흥미에 대한 더 많은 정보를 수집하기 위해 다양한 기술에 대해 평가하기로 했다. 엘라와 부모는 여름 동안 연기 학교 모집 행사에 참여해 보고, 도시에 있는 다양한 주거 유형과 지원 서비스에 대해 살펴보기로 하였다.

가을에 개학하면, 계획 팀은 이메일과 전화로 관련된 정보와 생각이나 관심사에 대해 서로 이야기를 나눌 수 있다. 알렌은 일반교사 중 누가 엘라가 듣는 수업을 진행하며, 회의에 참석할지를 결정하기 위해 학교교원위원회와 협력할 것이다. 전환계획 회의가 열리면 전체 팀은 엘라가 소망하였던 졸업 후 목표를 성취하도록 도울 수 있는 여러 활동과 지원 서비스를 결정하기 위해 계획 팀이 작성한 보고서를 활용할 것이다.

교육계획하기의 주요한 요소들

개인중심계획

학생의 요구와 선호도에 기반을 두고 개발된 전환계획은 졸업 후 성과(Benz, Lindstrom, & Yovanoff, 2000; Frank & Sitlington, 2000; Merchant & Gajar, 1997)와 교육에 대한 학생과 부모의 만족도(Collet-Klingenberg, 1998; Miner & Bates, 1997)를 높인다. 그럼에도 불구하고 많은 학생이 IEP/전환계획 회의에 참여하고 있지 않다(Grigal, Test, Beattie, & Wood, 1997; Test et al., 2004; Trach & Shelden, 2000). 학생이 참여한다고 해도 자신의 졸업 후 목표를 정하고 원하는 성과를 성취하는 데 필요한 전환 서비스를 선택하기 위해 자신의 의견을 제시하는 경우는 드물다(Abery & Stancliffe, 1996; Collett-Klingenberg, 1998; Cooney, 2002; Johnson & Sharpe, 2000; Thoma, Rogan, & Baker, 2001).

그러나 적절한 훈련과 지원을 받는다면 학생은 IEP/전환계획 회의 과정에서 적극적으로 참여할 능력을 개발할 수 있다(Test et al., 2004; 6장 참조). 이를 위해서 개인중심전환계획에 대해 학생을 훈련시키고, 학생과 가족이 졸업 후 선택할 수 있는 다양한 사안들을 살펴볼 수 있도록 미리 계획된 문서와 절차를 소개하고, 계획 과정의 통제권을 학생과 부모에게 주는 등의 전략이 필요하다(deFur, Todd-Allen, & Getzel, 2001; Hasazi, Furney, & Destefano, 1999).

> **핵심질문 1** 지적장애학생을 위한 IEP/전환계획 절차에서 가족이 참여하는 것은 왜 중요한가?

가족 참여

가족은 학생의 학령기에서 성인기로의 전환 지원에 중요한 역할을 한다(Kim & Morningstar, 2005). 예를 들면, 학생 가족의 특성과 구조에 따라 장애를 가진 청년의 진로와 고용에 대한 결정이 달라질 수 있다(Lindstrom, Doren, Metheny, Johnson, &

Zane, 2007). 또한 지적장애청년의 대다수가 부모나 다른 성인 가족과 함께 살고 있으며, 학교를 졸업한 후에도 지속적으로 이들에게서 재정적인 지원을 받고 있다(Wagner, Newman, Cameto, & Levine, 2005). 이러한 면에서 부모와 그 밖의 가족 구성원은 IEP/전환계획 회의에 적극적으로 참여할 필요가 있다(Turnbull & Turnbull, 2001).

그러나 많은 경우 부모와 가족 구성원은 자신들이 전환계획 과정에 참여하기에 충분한 정보를 가지고 있지 않다고 생각한다(Chambers, Hughes, & Carter, 2004). 따라서 IEP/전환계획 과정은 학생이 학교에 다니면서 졸업 후 지역사회 생활을 준비하는 데 필요한 결정을 하고, 졸업 후 지원받을 수 있는 성인 및 지역사회 서비스와 프로그램을 알 수 있도록 더 많은 정보를 제공하고, 학생의 부모도 자신의 성인 자녀를 효과적으로 옹호할 수 있는 방법에 대해 더 잘 알 수 있도록 진행되어야 한다(McDonnell, Mathot-Buckner, & Ferguson, 1996; Turnbull & Turnbull, 2001; Wehman, 2006). 중등기 학교 교육에서 다양한 방법을 통해 학생과 그 가족에게 전환과 관련된 사안에 대해 교육을 할 수 있다. 이들을 위한 전환계획 핸드북을 개발하고, 성인 및 지역사회 서비스 기관 프로그램에 대한 정보를 공유할 수 있도록 박람회를 주최하거나 부모 훈련 및 정보센터를 소개해 주고, 가족 간 지원 집단을 개발하는 등이 여기에 해당한다(Aspel, Bettis, Quinn, Test, & Wood, 1999; Johnson, Stodden, Emanuel, Lueking, & Mack, 2002; Rueda, Monzo, Shapiro, Gomez, & Blacher, 2005).

중등기 학교에서는 전환 과정 동안 학생의 목표 성취를 위해 부모가 더 수준 높은 참여를 할 수 있도록 권장할 수 있다. 예를 들어, 특수교사가 학생에게 성공적인 대학 생활을 하는 데 필요한 기술을 가르치는 동안 부모는 대학 여행을 계획함으로써 대학으로 전환하는 학생을 돕는 역할을 할 수 있다. 또한 부모는 자녀가 고용에 필요한 기술을 익히는 데 도움을 주는 지역사회 서비스 활동에 참여함으로써 고용 준비에 참여할 수 있다. 부모가 식당에서 필요한 기술과 유사한 기술을 배울 수 있는 무료 급식소(local soup kitchen)에서 자원봉사를 하거나 수의사의 보조 직무를 탐색할 수 있도록 지역사회 동물 보호소에서 자원봉사를 하는 것이 그 예다. 이러한 종류의 경험을 통해 부모와 가족 구성원은 학생의 선호도와 요구에 대해 좀 더 포괄적으로 이해할 수 있게 되고, 자녀의 미래에 대한 실제적인 기대를 할 수 있게 된다.

성인기 생활을 위한 학생 능력을 누적적으로 개발하기

전환계획은 한 번에 이루어지는 것이 아니다. 오히려 학생이 최소한 16세가 되기 전에 시작하여 졸업 후에도 계속되는 지속적이고 협력적인 과정으로 봐야 한다. 각각의 IEP/전환계획은 학생의 학령기 이후 목표에 직접적으로 관련이 있어야 하며, 지역사회에서 학생이 독립적으로 일하고 사는 데 필요한 지식과 기술을 누적적으로 배워 나가도록 지원을 계획해야 한다. IDEA는 학생이 16세가 되면 학교가 전환계획을 시작하도록 하고 있지만, 지적장애학생의 경우에는 더 이른 시기부터 전환계획을 시작해야 한다(Baer, 2008; Wehman, 2006).

IEP 및 전환계획 개발하기

[그림 5-1]은 학생을 위한 IEP/전환계획 개발의 일반적인 단계를 보여 준다. 이 단계들은 중학교나 고등학교, 졸업 후 학교 프로그램에서 모두 동일하게 적용

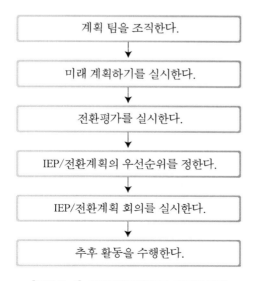

[그림 5-1] IEP/전환계획하기 과정의 단계

로버트의 미래계획하기

　　로버트(Robert)는 19세이고, 시티 지역사회 대학(City Community College)에서 중등기 이후 프로그램에 다니는 중도의 지적장애학생이다. 로버트는 의사소통을 할 수 있지만 다른 사람은 가끔 그의 발음을 이해하기 힘들 때가 있다. 로버트는 체격이 좋은 건장한 청년이다. 현재 그는 캐니언 마켓에서 직무 경험을 하면서 물건을 옮기거나 농산물 관리자를 돕는 역할을 한다. 로버트는 몇 가지 지역사회 대학 수업도 수강하고 있다. 그는 친구 잭(Zack)과 함께 수강하는 역도(weight lifting) 수업을 특히 좋아한다.

　　지난 봄에 로버트와 그의 부모, 밸리 고등학교에서 온 특수교사 로울레이(Rowley) 그리고 중등기 이후 프로그램 담당자 세바스찬(Sebastian)이 로버트의 미래계획을 세우기 위해 만났다. 회의에는 로버트의 또래 교수자였던 잭도 참여하고 누나 엘리슨(Allison), 로울레이의 프로그램에서 보조원으로 일하는 어빈(Irvin)도 함께 참여했다. 회의는 로버트의 졸업 후 목표를 확인하는 데 중점을 두었다. 로버트는 고등학교 2, 3학년 때 여러 사업체에서 다양한 직무 경험을 했다. 그는 특히 식료품점에서 일하는 것을 좋아했고, 이와 유사한 곳에서 직업을 갖고 싶다고 했다. 또한 그는 부모로부터 독립하여 친구와 함께 살고 싶어 했다. 계획 팀의 구성원 모두는 이러한 것들이 로버트를 위한 실제적인 목표라는 점에 동의했다. 로버트는 자신의 졸업 후 목표를 이루기 위해 가족과 친구에게서 지원을 제대로 받을 수 있을 것이다.

　　9월에는 로버트와 부모, 프로그램 담당자 세바스찬과 교육청 전환교육 전문가 히스(Heath)가 IEP/전환계획을 위해 회의를 했다. 세바스찬은 지난 봄에 했던 미래계획 회의 결과를 검토하였고, 로버트의 계획에서 우선순위를 알기 위해 로버트와 부모에게 실시했던 생태학적 평가 결과를 요약했다. 우선순위에는 식료품점의 농산물 코너에서 직업을 갖는 것, 버스 타는 방법을 배우는 것, 지역사회 대학에서 몇 개의 과목을 수강하는 것이 포함되었다. 로버트는 역도 수업을 잭과 함께 수강하기를 원했다. 세바스찬과 히스도 유사한 제안을 개발했지만, 자기 관리 체계 사용 방법, ATM 사용 방법, 부모, 직원 및 고용주에게 전화 걸기 등을 배우는 것도 포함했다. 몇 번의 논의를 거친 후 부모는 로버트에게 휴대전화를 사 주는 데 동의했다. 세바스찬은 로버트에게 단축 번호와 문자 사용을 가르치는 것을 돕기로 했다. 또한 세바스찬이 로버트의 일과 관련된 강점과 도움이 필요한 점 등을 파악할 수 있도록 초기에는 로버트를 작업 경험 장소에 배치하기로 하였다. 세바스찬은 거주 지역에서 로버트가 일할 수 있는 상점을 찾아보는 데 동의했다. 히스는 졸업 후 프로그램을 맡고 있는 직업재활 및 지적발달장애 상담가를 다음 IEP/전환계획 회의에 초대하기 위해 연락하기로 했다.

된다. 그러나 IEP/전환계획에 포함된 전환 서비스와 IEP 장기목표 및 단기목표는 학생의 연령과 구체적인 졸업 후 목표에 따라 다양해진다.

계획 팀 조직하기

한 학생의 미래를 계획하기 위해서는 그/그녀의 삶에 관여하는 다양한 사람들의 관점이 필요하다. IDEA 2004에서는 학생의 부모와 최소한 한 명의 일반교사(학생이 통합교육을 받고 있다면), 학생을 지도하는 특수교사, 교육청을 대표할 수 있는 사람, 학생의 평가 결과에 대해 교육적 차원에서 해석할 수 있는 사람, 그리고 관련 서비스를 포함하여 학생에 대한 지식이나 전문성을 갖고 있는 전문가를 계획 팀에 참여시킬 것을 요구하고 있다. 또한 학교는 IEP/전환계획 회의 목적이 학령기 이후 목표와 학생이 이 목표를 성취하는 데 필요한 전환 서비스에 대한 내용을 다루는 것이라면, 반드시 해당 학생을 회의에 참석시켜야 한다. 법문에는 학생이 자신의 전환계획하기에 실질적으로 참여할 수 있도록 모든 노력을 기울여야 한다고 명확하게 제시되어 있다. 학생이 회의에 참여하지 않는다면, IDEA 조항에 따라 학교는 그 학생을 계획하기 과정에 최대한 관여시켜야 하며 문서화된 장기·단기 목표에 그 학생의 선호도와 관심이 고려되어야 한다.

IEP를 계획하는 목적에 전환계획 개발이 포함되어 있다면, 가족도 자녀를 위한 교육 프로그램의 방향성을 잡는 데 도움을 줄 수 있도록 반드시 조언을 제공하여야 한다. 교육자는 가족이 전환 과정에 대한 자신의 생각과 느낌을 살펴보고 자녀의 미래에 대한 자신의 소망을 밝혀 보는 사전계획 활동에 참여하게 함으로써 이 과정에서의 자신의 역할에 대해 준비하도록 도울 수 있다. 가족은 자녀에 대해 상세하게 알고 있으며 성인 서비스 체계로 연계할 때 핵심 역할을 할 수 있기 때문에 전환계획 과정에 참여하는 것이 매우 중요하다.

앞서 언급하였듯이 IEP/전환계획 팀은 학생의 요구를 충족시키기에 적합한 다른 구성원도 포함해야 한다. 상담가, 관련 서비스 제공자, 직업교사, 행정가들이 학생의 요구에 따라 전환계획에 참여할 수 있다(deFur, 1999). 또한 전환 서비스를 제공하거나 재정을 지원할 성인 서비스 기관도 반드시 전환계획 개발에 참여하도록 해야 한다. 이러한 기관 간 협력을 통해 학교는 학생이 학교를 떠난 후에 받을 수 있는 서비스 수준을 최대화하고 이러한 서비스를 제공하기 위해 드는 비용을 줄일 수 있다(Johnson, Zorn, Tam, LaMontagne, & Johnson, 2003).

계획 과정의 효과와 효율성을 최대화하기 위해 적절하게 계획 팀을 조직하는 일은 중등교육이 직면하는 어려움 중 하나다. 여러 연구들은 일반적으로 지적장애학생을 위한 교육 프로그램을 계획하기 위해 협력 팀을 이용할 것을 권고하고 있다(Hunt, Soto, Maier, & Doering, 2003; Rainforth & York-Barr, 1997; Thousand & Villa, 2000). 교육계획을 위한 이러한 접근을 통해 각 팀 구성원은 학생의 학습 특성과 요구에 대해 지식과 이해를 공유할 수 있고, 학생의 학령기 이후 목표와 IEP/전환계획의 내용에 대해 인식할 수 있게 되며, 학생을 위한 가장 효과적인 교수법과 지원에 대해 익숙해지게 된다. 협력 팀은 학생의 IEP/전환계획을 개발할 뿐만 아니라 교수 설계와 실행 및 평가에 대한 책임도 함께 공유해야 한다.

> **핵심질문 2** **최대한 핵심 인물을 포함하고 효과적으로 계획하기 위해서 협력 팀을 어떻게 조직해야 하는가?**

협력 팀이 학생에게 많은 이점이 있지만, 다수의 인원이 계획 과정에 참여하는 것은 실제로는 일을 어렵게 만들기도 한다. 이러한 문제를 다루기 위해 핵심계획 팀과 확장계획 팀으로 두 개의 팀을 개발할 수 있다(Rainforth & York-Barr, 1997). 핵심계획 팀은 일상적으로 해당 학생에게 제공되는 서비스에 직접 관여하는 사람들로 구성된다. 일반적으로 여기에는 학생, 학생의 부모, 특수교사와 일반교사, 관련 서비스 제공자, 교육청의 대리인이 포함된다. 이러한 핵심계획 팀은 IEP/전환계획 개발, 실행, 평가의 일차적인 책임을 진다. 확장계획 팀은 핵심 팀 구성원과 학생의 교육 프로그램 성과에 영향을 줄 수 있는 사람으로 구성된다. 여기에는 학생의 친구와 가족 구성원, 교직원, 성인 및 지역사회 서비스 기관의 대리인 등이 있을 수 있다. 확장계획 팀은 교육 프로그램의 성공을 위해 필요하다면 미래계획 과정과 IEP/전환계획에 직접 관여할 수 있다. 핵심 팀과 확장 팀의 구성원은 시간에 따라 달라지는 학생의 요구와 학생이 졸업할 시기가 다가옴에 따라 다르게 구성될 수 있다.

미래계획 수립하기

IDEA에서는 IEP/전환계획은 학생의 학령기 이후 목표에 기반을 두도록 한다. 이를 위해 계획 팀은 학생의 선호도와 관심, 교육과 고용 활동에서의 경험, 지역사회 참여를 위해 지원 가능한 자원 등을 파악해야 한다. 이러한 내용은 공식적인 미래계획하기 과정을 통해 하는 것이 바람직하다. 다음은 미래계획 수립을 위해 가장 일반적으로 사용되는 몇 가지 도구들이다.

개인미래계획하기(Personal Futures Planning)   개인미래계획하기는 1988년 Mount와 Zwernick이 개발했으며, 현재의 개인중심계획(person-centered planning)에 대한 이해를 이끌어 냈다. 개인중심계획의 개념은 시스템 중심 서비스를 개인의 독특한 요구에 대한 반응으로 대체한 패러다임의 변화였다. 개인미래계획하기의 과정에는 개인의 프로파일을 개발하는 양식, 지역사회가 제공해야 하는 것들을 찾아내는 과정 그리고 개별 학생이 자신의 행동계획(action plan)을 수행하는 것을 돕기 위한 방법이 포함된다.

맥길 행동계획 체계(McGill Action Planning System: MAPS)   MAPS는 지적장애학생을 위한 효과적인 전환계획을 지원하기 위해 광범위하게 사용되는 개인중심계획 절차다(Falvey, Forest, Pearpoint, & Rosenberg, 1993; Forest, Pearpoint, & Snow, 1992; Vandercook, York, & Forest, 1989). 미래계획은 학생의 지역사회 생활로의 성공적인 전환을 지원하는 데 중요한 역할을 하는 핵심적인 사람들에 의해 개발된다. 그 과정은 학생의 개인사와 교육적 경험, 그의 꿈과 소망, 강점과 선호도, 졸업 후 성공에 필요하게 될 지원 등에 대한 다양한 질문들을 통해 진행된다. 이러한 정보는 IEP/전환계획 개발에 정보를 제공할 수 있는 행동계획을 개발하는 데 사용된다.

큰 그림 계획하기(Big-Picture Planning)   큰 그림 계획하기는 미래를 위한 계획하기에 학생과 학생의 삶에서 가장 중요한 사람들을 포함하도록 개발되었다(McDonnell et al., 1996). 이 도구는 학생의 학교 진로에서 초기에 활용될 수 있으며, 교사가 학생의 관심과 필요한 지원에 대해 고려하고 가족과 지원망 내에서 가능한 자연적 지원 등에 대해 검토하는 데 도움을 준다. [그림 5-2]는 로버트를 위한 큰 그림 계획하기 동안 수집된 정보에 대한 요약이다.

미래를 위한 계획

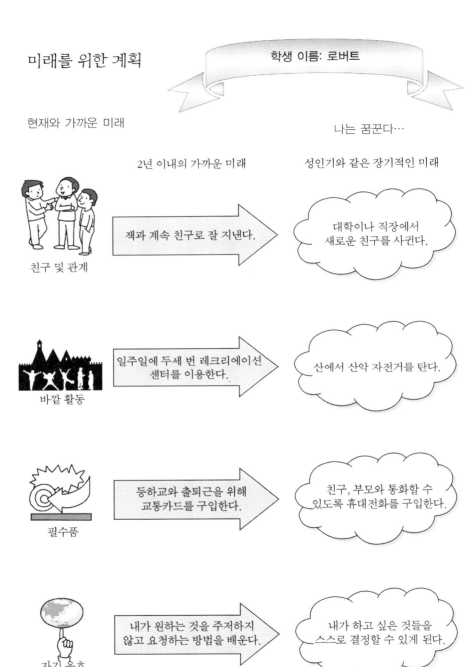

학생 이름: 로버트

현재와 가까운 미래

나는 꿈꾼다…

2년 이내의 가까운 미래

성인기와 같은 장기적인 미래

친구 및 관계

잭과 계속 친구로 잘 지낸다.

대학이나 직장에서 새로운 친구를 사귄다.

바깥 활동

일주일에 두세 번 레크리에이션 센터를 이용한다.

산에서 산악 자전거를 탄다.

필수품

등하교와 출퇴근을 위해 교통카드를 구입한다.

친구, 부모와 통화할 수 있도록 휴대전화를 구입한다.

자기 옹호

내가 원하는 것을 주저하지 않고 요청하는 방법을 배운다.

내가 하고 싶은 것들을 스스로 결정할 수 있게 된다.

미래를 위한 계획

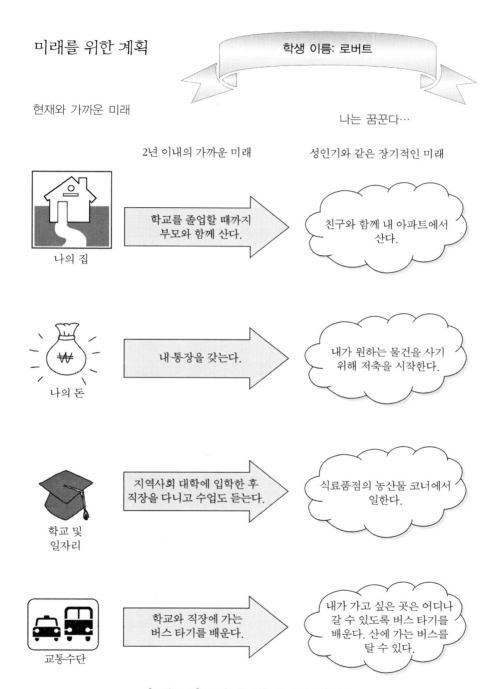

학생 이름: 로버트

현재와 가까운 미래

나는 꿈꾼다…

2년 이내의 가까운 미래

성인기와 같은 장기적인 미래

나의 집

학교를 졸업할 때까지 부모와 함께 산다.

친구와 함께 내 아파트에서 산다.

나의 돈

내 통장을 갖는다.

내가 원하는 물건을 사기 위해 저축을 시작한다.

학교 및 일자리

지역사회 대학에 입학한 후 직장을 다니고 수업도 듣는다.

식료품점의 농산물 코너에서 일한다.

교통수단

학교와 직장에 가는 버스 타기를 배운다.

내가 가고 싶은 곳은 어디나 갈 수 있도록 버스 타기를 배운다. 산에 가는 버스를 탈 수 있다.

[그림 5-2] 로버트를 위한 큰 그림 계획하기

학생 평가하기

IDEA에서는 측정이 가능한 학생의 졸업 후 목표를 세우고 전환 서비스 제공의 방향성을 잡기 위해 연령에 적합한 전환평가를 하도록 한다. 교사가 실시하는 전환평가는 ① 학생의 장애와 기능 수준에 타당해야 하고, ② 학생의 현재와 미래의 졸업 후 환경에 연관이 있어야 하며, ③ 학생의 강점에 초점을 두어야 하고, ④ 학생의 졸업 후 목표를 세우기 위해 개인 중심 접근법을 지원해야 한다. 그러나 안타깝게도, 전환평가를 정의하는 조항이나 규정은 없다. 어떤 평가를 할 것인가를 결정하는 것은 IEP/전환계획 팀에게 달려 있다.

일반적으로 전환평가 절차에 공식적 평가와 비공식적 평가를 모두 포함하는 것이 바람직하다(Miller, Lombard, & Corbey, 2007; Sitlington, Neubert, Begun, LeConte, & Lombard, 1996). 여기에는 진로개발, 자기 결정과 옹호 기술, 기능적 생활 기술에 대한 평가가 포함된다. 그러나 많은 연구자들은 표준화된 평가에 지나치게 의존하는 것을 경고한다. 이는 이러한 평가 도구들이 지적장애학생에게는 타당하지 않은 경우가 많고, 학생의 수행에 영향을 줄 수 있는 상황적 조건들을 고려하고 있지 않기 때문이다(Brown, Snell, & Lehr, 2006; Craddock & Scherer, 2002). 중도장애를 나타내는 학생에게 좀 더 적합한 접근법은 가정, 지역사회 및 직장에서 학생의 수행에 초점을 두는 생태학적 목록과 면담을 활용하는 것이다(Browder, 2001; McDonnell et al., 1996).

많은 학생에게 계획하기 과정은 그들의 전환 기술에 대한 포괄적인 평가를 할 수 있는 도구를 사용할 때 효과적으로 진행된다. 가장 광범위하게 사용되는 도구 중 세 가지는 ① 전환기술목록(Transition Skills Inventory: TSI; Halpern, Herr, Doren, & Wolf, 2000), ② 전환계획목록(Transtion Planning Inventory: TPI; Clark & Patton, 2007), ③ 생활중심진로교육(Life Centered Career Education: LCCE) Program(Brolin, 1997)이 있다. TSI(Halpern et al., 2000)는 학생이나 학생의 부모, 교사의 자기 보고(self-report)를 위한 도구다. 이 도구는 다양한 영역에서의 수행에 대한 학생의 지식과 인식 수준을 측정할 수 있는데, 개인생활, 직업, 교육 및 훈련, 거주 등이 포함된다. 또한 학생과 부모, 교사의 TSI에 대한 응답이 졸업 후 목표를 세우고 전환 서비스 제공에 대한 지침을 제공할 수 있도록 강점과 약점을 파악하기 위해 검증된다.

TPI(Clark & Patton, 2007)도 TSI와 유사하게 구조화되어 있고, 고용, 교육, 일상생활, 여가, 지역사회 참여, 건강, 자기 결정, 의사소통, 대인관계 영역에서 학생의 능력을 평가한다. 이 도구 역시 학생의 일반적인 선호와 관심을 결정하기 위한 몇 가지 개방형 질문을 포함하고 있다. 이 도구에서는 학생의 전환 서비스 선택에 도움이 되는 일반적인 학생 요구 영역을 확인하고, IEP 장단기 목표 개발에 기초 자료를 제공하기 위해 학생과 부모와 교사가 응답한다.

마지막으로 LCCE(Brolin, 1997)는 포괄적인 교육과정 프로그램이며 교육과정 영역과 연계되는 평가 도구를 제공한다. 교육과정은 3개의 교육과정 기반 측정을 포함한다. 즉, LCCE 지식 검사도구(LCCE Knowledge battery), LCCE 수행 검사도구(performance battery), 능력평가 척도(competency rating scale) 등이다. 이 평가 도구는 두 가지 양식으로 제공되는데, 경도장애학생용과 중도장애학생용으로 구분된다.

앞서 논의하였듯이 생태학적 평가와 목록은 주로 중도장애학생에게 적절하다

〈표 5-1〉 피트니스를 위한 여가 기술에 대한 점검 목록

활 동	숙 달	부분적 숙달	아직 시도하지 않음
줄넘기			
요가			
댄싱			
테니스			
하키			
소프트볼, 야구			
축구			
수영			
자전거 타기			
산책, 하이킹			
롤러스케이팅, 인라인스케이팅			
달리기, 조깅			
역도(무산소 운동)			
기타(구체적으로)			
기타(구체적으로)			

출처: *Curriculum and Assessment for Student with Moderate and Severe Disabilities*, by D. M. Browder, 2001, New York: Guilford. 허락받아서 수정함

(Browder, 2001; McDonnell et al., 1996). 이 평가는 학생과 부모 그리고 학생의 가정과 지역사회, 직장에서의 수행에 대해 잘 아는 그 밖의 주요한 사람들과의 면담을 통해 이루어진다. 〈표 5-1〉은 여가와 오락 영역의 생태학적 목록의 사례다 (Browder, 2001). 이 양식은 ① 학생이 현재 어떤 기술을 가지고 있으며 어떤 활동을 하고 있는지를 결정하고, ② 각 기술과 활동에서의 학생의 수행 수준을 파악하도록 설계되었다. 또한 면담을 하는 동안 학생이 가정과 지역사회에서 얼마나 자주 활동들을 하는지에 대한 정보를 수집하는 데도 유용하다. 이러한 정보는 학생이 졸업 후 목표를 성취하고 현재의 삶의 질 향상에 기여할 IEP 장·단기 목표를 파악하는 데 도움이 된다.

IEP/전환계획 우선순위 정하기

전환평가를 하는 동안 수집된 정보는 가정과 학교, 지역사회와 고용 환경에서의 학생의 현재 학업 및 기능 수행 수준을 기술하는 데 기초가 된다. IEP/전환계획 팀은 현재 수행 수준을 검토하여 학생의 현재 능력과 학령기 이후 목표를 연계시켜 줄 수 있는 장·단기 목표를 세운다. 또한 팀은 이러한 자료를 통해 학생의 수행을 향상시키는 측면에서의 교육 프로그램의 효과성에 대해 체계적으로 평가할 수 있다.

핵심계획 팀 구성원들이 IEP/전환계획 회의를 하기 전에 학생의 학령기 이후 목표에 대해 논의하고 이러한 정보를 우선순위를 정하는 데 사용한다면, 계획하기 과정이 더 효과적일 수 있다(McDonnell et al., 1996). 학생과 가족에게 학령기 이후 목표 성취에 필요한 전환 서비스와 중요한 일과와 활동 목표를 각각 파악하도록 요청해야 한다. 핵심 팀의 구성원인 학교 인사도 학생에 대한 자신들의 우선순위를 파악해야 한다. 이러한 정보들은 IEP/전환계획 회의에서 확장 팀의 구성원들과 함께 논의된다.

IEP/전환계획 회의하기

IEP/전환계획 회의의 목적은 학생의 학령기 이후 목표를 충족시키고 삶의 질을 향상시킬 수 있는 포괄적인 교육 프로그램을 개발하는 것이다. IEP/전환계획은 학생의 목표, 선호도, 필요를 존중하도록 고안된 표준 일정을 따르는 것이 바람직하다. 〈표 5-2〉는 회의의 표준 일정의 예다.

팀은 필요한 전환 서비스를 파악하고 장·단기 목표 개발에 대한 맥락을 제공하기 위해 학생의 학령기 이후 목표에 대해 논의해야 한다. 이러한 논의의 초점은 고용, 지역사회 참여, 여가와 오락, 중등기 이후 교육, 지역사회 생활 영역에서 학생의 선호에 맞추어진 측정 가능한 학령기 이후 목표를 명확하게 진술하는 데 두어야 한다. 그런 다음, 전환평가의 결과에 기초하여 학생의 현재 학업 및 기능 수준에 대해 요약한다.

그 다음 단계에서 학생과 부모는 필요한 전환 서비스와 IEP 목표에 대한 자신들의 우선순위를 제시해야 한다. 학생은 이러한 우선순위를 제시하고 자신의 학령기 이후 목표를 성취하는 것에서 이러한 것들이 왜 중요한지를 제시하는 데 리더의 역할을 할 수 있도록 격려되어야 한다. 학생의 우선순위는 문서나 도해 카드, 미래의 선호에 대한 블랙보드 등에 목록으로 제시되어야 한다. 학교 측 구성원도 학생에 대한 자신들의 우선순위를 제시하고 이렇게 순위를 정한 서비스와 목표가 어떻게 학생의 학령기 이후 목표를 성취하는 데 도움이 되는지에 대해 설명해야 한다. 학교 측이 제시한 우선순위도 학생이 제시한 우선순위 옆에 함께

〈표 5-2〉 IEP/전환계획 회의 표준 일정의 예

1. 환영하고 소개한다.
2. 고용, 지역사회 참여, 여가 및 오락, 학령기 이후 교육, 지역사회 생활에 대한 학생의 선호와 관심에 기반을 두고 학생의 학령기 이후 목표들에 대해 논의한다.
3. 학생의 학령기 이후 목표들과 관련하여 학생의 현재의 교육 수행 수준에 대해 논의한다. 학생의 요구와 강점을 강조한다.
4. 학생과 부모가 자신들의 IEP/전환계획 우선순위에 대해 말한다.
5. 교사가 학교 측에서 생각하는 IEP/전환계획 우선순위에 대해 말한다.
6. 필요한 전환 서비스와 IEP 장·단기 목표를 파악한다.
7. 필요한 전환 서비스에 대한 진술을 개발한다. 여기에는 다음과 같은 부분에서의 협력 활동들이 포함된다.
   ① 기관 간 연계와 책임
   ② 학교에서 학령기 이후 목표로의 이동
   ③ 지역사회 경험, 고용, 일상생활 기술, 학령기 이후 훈련 등과 관련된 교육

목록으로 제시되어서 비교되고 논의되어야 한다. 이렇게 하는 이유는 학생의 학령기 이후 목표를 성취하는 데 직접적으로 기여하는 전환 서비스와 장·단기 목표의 목록을 파악하고, 그것이 IEP/전환계획 팀 구성원 모두에게 수용될 수 있게 하기 위해서다. 또한 팀은 IEP/전환계획을 성공적으로 실행하는 데 필요한 활동을 파악해야 한다. 여기에는 학생이 출퇴근을 위해 버스 승차권을 갖게 하고, 일반교육 수업에 참여하도록 구체적인 조정이나 수정을 개발하고, 생활보조금 프로그램에 지원하는 것 등이 포함된다.

팀이 파악한 IEP 장·단기 목표는 학생과 부모에게 중요한 순서대로 우선순위가 정해져야 한다. 이렇게 함으로써 학교 측에서는 학생의 가장 중요한 요구를 우선 다루도록 교수적 자원을 할당할 수 있다. 마지막으로 팀은 학생의 목표 성취를 지원할 전환 서비스를 각각 어떻게 제공할 것인지를 결정해야 한다.

IEP/전환계획 완성과 추후 활동 회의

IEP/전환계획 회의 후에 교사는 IEP/전환계획을 마무리해야 한다(〈표 5-3〉 참조). 이를 위해 교사는 전환계획 개발을 위한 법적인 요구 사항이 IEP상에 모두 기록되어 있는지와 전반적인 연간목표 및 단기목표를 개발하였는지를 확인한다. IEP/전환계획은 마지막 검토를 위해 팀 구성원 모두에게 배포되어야 한다. 단기목표나 장기목표 기술에서의 약간의 수정은 교사가 마무리할 수 있다. IEP/전환계획 내용에서의 실제적인 변화를 하여야 한다면 팀이 다시 소집되어야 한다.

일단 IEP/전환계획이 개발되면 목표 성취를 향한 과정이 IEP/전환계획상에 진술된 평가 방법에 따라 팀에 의해 관리된다(20 U.S.C. § 1414[d][1][A]). 실시된 프로그램이 IEP 목표 성취에 효과적이었는지를 결정하는 데 진전도에 대한 점검은 매우 중요하다. 적절한 서비스 제공의 실패로 소송을 겪은 학교들에 대한 최근 판례들을 검토한 Etscheidt(2006)는 "이 학교들은 다른 어떤 것보다 IEP에 대한 이 요소(진전도 점검)가 제대로 이루어지지 않았다."(p. 56)라고 결론지었다.

교사 역시 진전도 점검을 통해서 실제 학생의 성취 수준에서 지속적으로 학생의 진전을 측정할 방법을 제공받는다. 이러한 절차를 가짐으로써 교사는 학생의 요구와 진전에 기초하여 보다 적합한 교수를 제공하고, 정보에 기초한 프로그램

상의 결정을 내리며, 책무성을 위해 학생의 진전을 문서화하고, 가족 및 다른 전
문가들과 상세한 정보를 공유할 수 있다. 특수교사는 진전도 점검을 함으로써 일

〈표 5-3〉 로버트를 위한 전환계획 사례

학생: 로버트 브라운
날짜: 2007년 9월 15일
졸업일: 2010년 6월

IEP/전환계획 팀 구성원: 로버트, 브라운 부부(로버트 부모), 조지 세바스찬, 레니 히스

전환계획 영역: 고용
학령기 이후 목표: 로버트는 식료품점의 농산물 코너 담당자로 일하기를 원한다.

현재 학업 및 기능적 수행 수준: 로버트는 식료품점을 포함하여 몇몇 일자리 체험 배치의 경
험이 있다. 일의 정확성과 속도는 우수하다. 할당된 업무를 완수하기 위해 자기 관리 체크
리스트 사용 방법을 배워야 하고, 혼자서 출퇴근을 하기 위해 버스 타기도 배워야 한다.

필요한 전환 서비스: 로버트는 학령기 이후 프로그램에서 직무 배치, 훈련, 추후 서비스를
받을 것이다. 또한 버스 타기를 배우기 위해 지역사회기반교수가 필요하다.

연간목표: 로버트는 캐니언 마켓에서 물품을 담는 일과 농산물 코너의 보조 역할을 하는
데, 다섯 번의 주중 수행 점검에서 다른 사람의 도움을 받지 않고 모든 할당된 업무를 완
수할 것이다.

단기목표
1. 로버트는 버스 승차권을 사용하여 연속해서 5번 교사의 도움 없이 15번 정류장에 가
   는 5번 버스를 탈 수 있다.
2. 로버트는 버스 승차권을 사용하여 연속해서 5번 교사의 도움 없이 23번 정류장에 가
   는 12번 버스를 탈 수 있다.
3. 로버트는 할당된 과제 목록에 대한 자기 관리 체크리스트를 사용해서 5번 연속해서
   아무런 촉구 없이 모든 과제를 시작할 수 있다.
4. 로버트는 쉬는 시간 동안 5번 연속해서 아무런 촉구 없이 식료품점에서 음료수와 간
   식을 구매할 수 있다.

추후 활동/담당자/날짜
1. 로버트를 위해 버스 월승차권을 구입한다/로버트의 아버지/2007. 9. 20.
2. 근로자 오리엔테이션 회의에 참석하도록 로버트의 일정을 계획한다/세바스찬/2007.
   9. 30.
3. 로버트의 다음 IEP/전환계획 회의에 직업재활 및 MR/DD 상담가를 초빙한다/히스/
   2008. 8. 1.

반교사 및 직업교사들과 학생의 학습 요구와 교수 프로그램을 다루는 데 효과적으로 협력할 수 있다. 수집된 정보는 학생의 향후 서비스 요구를 결정하기 위해 제공될 수 있다. 학생과 부모로부터 적법한 승인이 있다면 진전도 점검평가 정보는 관련된 지역사회 기관에 제공될 수도 있다.

지역사회 기관과의 협력은 전환목표 성취에 필요한 효과적인 서비스 전달의 중요한 부분이다. 그러나 기관 간 협력은 중등교육과 전환 서비스에서 직면하는 어려움 중 하나로 확인되었다(Johnson et al., 2002). 기관 간 협력은 정보를 공유하고 서비스를 향상하기 위한 추후 지도 날짜 제공에서의 어려움, 성인 관련 사안에 대한 적절하지 못한 집중, 효과적이지 못한 기관 간 동의 등의 문제들 때문에 어려움이 생기는 것으로 파악되었다. 효과적인 기관 간 협력에 대한 분석을 한 Johnson 등(2003)은 성공적인 협력과 관련하여 '헌신, 의사소통, 핵심 결정자의 강한 리더십, 협력하는 기관 문화에 대한 이해, 진지한 사전계획 참여, 협력을 위한 적절한 자원 제공, 자신의 영역 사안의 최소화'로 구성된 일곱 가지 요소를 발견하였다. 교사는 지역사회 서비스 제공자와 효과적으로 상호작용함으로써 학생의 서비스와 지원 요구를 파악하고 다룰 수 있다.

수행 요약서

IDEA 2004에서는 학교가 학생이 졸업하기 전에 특수교육에 대한 적격성에 대한 포괄적인 평가를 하도록 하였다. 이러한 평가의 의도는 학생과 가족에게 학령기 이후 서비스와 프로그램에 접근하기 위해 장애를 증명하고 필요한 지원에 대하여 문서로 제공하기 위해서다. 또한 IDEA 2004에서는 중등교육기관에서 평가를 하는 대신에 학교를 졸업하거나 연령 때문에 학교에서 나와야 하는 학생들 각각에 대한 수행 요약서(Summary of Performance: SOP)를 제공하도록 하였다.

지역교육기관에서는 학생에게 아동의 학업 및 기능 수행에 대한 요약을 제공할 수도 있는데, 이는 아동의 중등기 이후 목표를 성취하기 위해 학생을 어떻게 지원해야 하는지에 대한 제안도 포함한다(Sec. 614c[5]).

핵심질문 3 권장되는 수행 요약서의 요소는 무엇인가?

　　법에서는 주와 교육청을 위해 수행 요약서(SOP)의 내용이나 구조에 대한 부가적인 정의나 지침을 제공하고 있지 않다. 일반적으로 SOP는 ① 학생의 학령기 이후 목표 진술, ② 읽기, 산수, 쓰기 영역에서의 학생의 학업 수행에 대한 요약, ③ 사회적 기술 및 행동, 독립생활 기술, 자기 결정, 진로 및 고용 기술과 같은 영역에서의 학생의 기능적 수행에 대한 요약, ④ 학령기 이후 목표를 성취하기 위해 학생에게 필요한 조정, 수정 또는 지원에 대한 제안, 그리고 ⑤ 학생이 자신의 장애가 학교에서의 수행에 어떤 영향을 미치는지에 대한 인식을 나타내는 진술과 자신에게 가장 잘 맞는 조정 및 수정과 자신의 강점에 대한 진술을 포함한다 (Kochhar-Bryant & Izzo, 2006). 이와 함께 SOP에 포함된 정보는 「미국장애인법(ADA)」과 「직업재활법」의 제504조항과 같은 연방법에서 요구하는 장애 문서 요건에 맞도록 충분히 구체화되어야 한다. 이를 위해 학생이나 부모의 동의를 받아서 학생의 장애나 기능 제한성에 대한 문서를 제공하는 평가 프로토콜이나 보고서를 SOP에 첨부하는 것이 도움이 된다. 대부분의 주는 교사의 SOP 개발을 지원하는 정책과 절차를 개발하였다.

　　아직까지는 학생의 학령기 이후 적응에 대한 SOP의 영향력이 알려져 있지 않지만, SOP는 학생과 부모에게 지역사회 생활로의 성공적인 전환을 촉진하는 데 많은 잠재적인 이점을 갖고 있다. 적절한 서비스와 프로그램을 선택하는 데 도움을 줄 수 있는 학생의 현재 수행 수준에 대한 전반적인 진술을 제공하며, 성인 및 지역사회 서비스를 받을 적격성이 있는지를 결정하는 데 소요되는 시간을 줄여 주고, 중등기 이후 교육 프로그램에 들어갔을 때 학생에게 필요한 수정과 조정 사항을 파악하는 데 도움을 주며, 학생이 좀 더 자신에 대해 효과적으로 옹호할 수 있도록 돕는 것이 이러한 이점에 해당된다.

요 약

　최근 연방법에서의 변화는 학생의 IEP/전환계획 개발에 중요한 영향을 주었다. 이러한 변화는 학생이 자신의 학령기 이후 목표를 세우고 그 목표 성취에 필요한 서비스에 접근하는 데에서 주도권을 신장하도록 하였다. IEP/전환계획은 학생이 중요하게 생각하는 것, 선호하는 것, 요구하는 것들에 의해 추진되어야 한다. 학생의 선택을 존중하기 위해서 교사와 학교 측은 주도권을 어느 정도 내려놓고, 가능할 때마다 학생과 가족이 계획 과정을 이끌고 갈 수 있도록 힘을 실어 줘야 한다. 아울러 IEP/전환계획 과정은 한 번에 끝낼 수 있는 일이 아니다. 오히려 학생이 지역사회에서 성공적으로 일하고 살 수 있도록 점차적으로 준비시키는 누적적인 과정으로서 체계화되어야 한다. 마지막으로 이러한 과정에서 학생과 가족에게 향후 있을 어려움에 대해 교육하고 필요한 서비스와 지원을 그들 스스로 주장하는 데 필요한 기술을 개발하도록 도와야 한다.

핵심질문 검토

핵심질문 1　지적장애학생을 위한 IEP/전환계획 절차에서
　　　　　　　가족이 참여하는 것은 왜 중요한가?

- 부모와 가족은 학교를 졸업한 청년에게 필요한 지원을 위한 주요한 자원의 역할을 한다.
- 학생은 주로 졸업 후 부모와 함께 산다.

핵심질문 2　최대한 핵심 인물을 포함하고 효과적으로 계획하기 위해서는
　　　　　　　협력 팀을 어떻게 조직해야 하는가?

- 학생의 IEP/전환계획을 실시하는 데 일상적인 책임이 있는 사람들로 구성된

핵심 팀을 만든다.

- 학생의 미래계획하기와 필요 시 IEP/전환계획 개발에 참여할 수 있는 학생의 삶에 중요한 사람들로 구성된 확장 팀을 만든다.

핵심질문 3 권장되는 수행 요약서의 요소는 무엇인가?

- 학생의 학령기 이후 목표 진술
- 학생의 학업 수행에 대한 요약
- 학생의 기능적 수행에 대한 요약
- 학생의 학령기 이후 활동 접근과 참여를 촉진할 수 있는 조정에 대한 제안

6장
자기 결정력 증진시키기

Jayne McGuire

전환계획은 장애학생이 성인의 삶을 준비하는 데 핵심적인 단계다. IDEA에는 16세 이상의 모든 학생의 개별화 교육 프로그램(IEP) 회의 참석을 전환과 관련된 요건으로서 명시하고 있다. 또한 학생은 자신의 구체적인 요구, 선호도, 가치에 초점을 두고 계획 과정의 중심에 있어야 한다. 학생이 전환계획의 중심에 있도록 할 수 있는 방법 중 하나는 목표를 확인하고 개발하는 과정에 적극적으로 참여하도록 격려하는 것이다. 학생이 전환계획 과정에서 적극적인 참여자가 되기 위해 필요한 기술과 행동은 자기 결정력의 중요한 부분이다.

이 장에서는 자기 결정력을 정의하고 학생의 지역사회 생활로의 전환을 지원하는 데 있어서의 자기 결정력의 중요성에 대해 논의한다. 또한 IEP/전환계획 과정에서 자기 결정 행동을 촉진할 수 있는 전략도 다룬다. 마지막으로 학생이 가정, 학교, 지역사회 환경에서 자기 결정 기술을 배울 수 있는 기회를 삽입하는 방법에 대해 설명하도록 하겠다.

들여다보기 **6-1**

나의 미래입니다—말하지 말라고요?

통합교육을 실시하는 고등학교 3학년에 재학 중인 클레이(Clay)는 성인으로서 자신이 하고 싶어 하는 몇 가지에 대해 확고한 생각을 가지고 있다. 그는 경찰관이나 소방관과 함께 일하기를 원한다. 그는 운전면허를 따고 싶어 하며, 친구와 함께 아파트에서 살기를 원한다. 그는 취미로 농구를 하고 싶고, 자신이 속한 사회의 가치 있는 구성원으로서 존중받기를 원한다. 클레이는 지적장애가 있으며, 그의 목표는 많은 또래의 목표와 유사하지만, 그 목표를 실현하기 위해서는 더 많은 지원이 필요하다. 그는 교사와 가족과 함께 자신의 장점과 흥미를 발견하고 그것들을 자신의 전환계획을 개발하는 데 지침으로 사용한다. 클레이와 전환계획 팀은 지원이 필요한 영역을 그가 스스로 확인하는 것도 중요하다고 본다. 클레이의 전환계획은 그와 함께 협력적으로 구상되며, 자신이 선택한 길을 독립적으로 갈 수 있도록 돕는 데 중점을 둔다.

자기 결정력

자기 결정력은 한 개인이 자기 주도적이고, 자기 규제적이며, 자율적인 행동을 할 수 있는 기술과 지식, 신념의 결합체다(Field, Martin, Miller, Ward, & Wehmeyer, 1998). 한 학생의 행동은 그 자신의 강점과 약점에 대한 지식과 이해를 바탕으로 결정될 때 자기 결정적이라고 할 수 있다. 또한 자기 결정적인 학생은 실현 가능한 목표를 세우고, 결정을 하고, 대안을 살피고, 문제를 해결하고, 자기를 옹호하는 행동을 하고, 어떤 지원이 성공을 위해 필요한지를 이해한다. 그러나 자기 결정력은 학생이 모든 일을 자기 스스로 하는 것으로 오인되기도 한다(Wehmeyer, Palmer, Agran, Mithaug, & Martin, 2000). 자기 결정력은 주체(causal agency)라는 관점에서 봐야만 한다. 이는 한 개인이 목표 수행이나 필요한 지원에 대해 유일하게 책임지는 것을 의미하지 않고, 일이 일어나게 하는 원동력으로서의 주체로 간주되어야 함을 의미한다.

핵심질문 1 자기 결정적 행동의 네 가지 특성은 무엇인가?

자기 결정력의 특성

Wehmeyer, Agran과 Hughes(1998)에 따르면, 자기 결정 행동에는 네 가지 주요 특성이 있다. 첫 번째 특성은 필요할 때 결정하고 선택하는 학생의 능력에 중점을 둔다. 이것은 자율적인 행동이나 외부의 영향이나 간섭을 받지 않는 행동과 관련 있다. 두 번째 특성인 자기 규제는 학생이 자신의 행동에 대해 스스로 통제할 수 있을 때 나타난다. 자기 결정 행동의 세 번째 특성은 심리적 역량강화인데, 이는 자신이 할 수 있으며 능력이 있다고 느끼면서 행동하는 것을 의미한다. 마지막 특성인 자아 실현은 자신의 행동의 효과를 이해하는 것을 의미한다.

자기 결정의 특성들은 직접 학습될 수 있으며, 인생 전반에 걸쳐 형성되는 기술들에 의해 지지된다. 선택하기, 의사결정하기, 문제해결하기, 목표 설정하기, 자기 관찰, 자기 평가, 자기 강화, 자기 교수, 자기 옹호, 자기 인식이 이러한 기술들이다(Wehmeyer et al., 1998). 학생들은 이러한 기술을 활용할 수 있는 능력을 향상시킬수록 자기 결정력을 더 갖게 된다.

자기 결정력과 전환

장애인의 자기 결정력과 성인기 삶에 대한 그 영향력은 지난 수년 동안 특수교육계의 주요한 관심사였다(Wehmeyer et al., 1998). 특수교육에서의 자기 결정력 운동이 전환에 대한 법 규정과 함께 나타난 것은 우연이 아니다(Wehmeyer, Palmer, Soukup, Garner, & Lawrence, 2007). 자기 결정 기술은 성인기 성과 및 개인의 삶의 질에 대한 인식과 상관관계를 나타낸다는 증거들이 있다. 자기 결정력을 발휘하여 행동하는 장애학생은 고용과 지역사회 생활에서의 독립성을 포함하여 여러 성인기 삶의 영역에서 성공할 가능성이 더 높다(Wehmeyer & Palmer, 2003). 따라서 전환교육 팀이 할 수 있는 최선의 실제는 장애학생의 성과를 향상하는 방법인 자기 결정력을 촉진하고 향상시키는 데 중점을 두는 것이다.

자기 결정력은 성인기 성과뿐만 아니라 전환계획 과정에 대한 학생 참여에도 기여한다. Wehmeyer 등(2007)은 연구를 통해 지적장애학생을 위한 전환교육 계획에서의 자기 결정력의 중요성을 확인하였다. 이 연구에서 전반적인 자기 결정력과 특히 자기 규제와 자아 실현이 학생 자신의 전환계획과 연관된 지식 및 기술에 가장 중요한 요인으로 작용함을 알 수 있었다. 이 연구는 전환계획에 단순히 학생을 참여시키는 것이 아니라 가장 효과적으로 참여를 촉진하는 방법으로서 자기 결정력을 향상하는 것이 중요함을 제시하였다. 자기 결정력은 학생 참여를 증진시키는 중재에 의해 향상될 수 있다. 역으로 자기 결정력 증진은 학생의 교육계획에 효과적으로 참여하는 능력을 향상시킬 수 있다.

학생의 자기 결정 능력 향상은 의사결정하기, 문제해결하기, 목표 설정하기, 자기 관리 기술, 자기 옹호 능력 등의 발달을 포함한다. 따라서 자기 결정과 관련된 기술을 개발하고 연습한 학생은 자신의 미래를 더 잘 계획할 수 있고, 자신의 삶에 대해 더 의미 있는 결정을 하며, 이유 있는 위험을 감수하고, 자신이 처한 상황에 대해 평가하고 변화를 꾀할 수 있게 된다.

핵심질문 2 왜 자기 결정력은 '실제 세상' 혹은 지역사회 환경에서 가장 잘 학습되는가?

자기 결정 행동 학습하기

자기 결정력의 증진을 위해서는 학생의 교육적 경험의 다양한 활동이 복합적으로 이루어지는 과정이 필요하다. 이러한 활동에는 자기 결정력 요소들에 대한 구체적인 교수, 교육적 계획과 의사결정에서의 학생의 참여, 자신의 선호도를 표현하고, 선택을 하고, 자신의 강점과 약점에 대해 이해할 기회를 갖는 것 등이 포함된다(Wehmeyer et al., 2000). 개별화된 기술에 대한 교수를 통해서 학생이 할 수 있는 행동과 목표와 관련하여 선택할 수 있는 기회가 증가한다. 지원적인 환경에서의 상호작용을 통해 학생은 자기 결정 행동을 개발하고 지원받을 기회를 가질 수 있다. 또한 지원 체계와 조정을 확인하고 개발하는 과정에서 학생과 협력함으로써 자기 결정력을 발달시킬 수 있다. 학생이 자기 결정력을 갖추게 될수록 의사결정이나 문제해결, 자신에 대한 옹호, 목표를 세우고 성취하는 일은 증가한다.

자기 결정력에 필요한 기술들은 사회적 환경에서 가장 잘 학습될 수 있는데, 이는 맥락을 벗어나 학습하는 것보다 일반화의 가능성이 더 높기 때문이다(Langone, Clees, & Oxford, 1995). 이는 자기 결정을 위해 필요한 기술은 실제 경험을 통해 가장 잘 학습될 수 있다는 것을 의미한다. 이러한 경험을 통해 학생은 목표를 세우고, 선택을 하며, 결과를 평가하고, 과정을 성찰할 수 있게 된다. 지역사회 기반 환경에서 나타날 수 있는 가변성에 따라 지역사회는 통제된 전통적인 교실환경보다 학생이 자기 결정적인 행동을 하기에 좀 더 적합한 장소다.

자기 결정력 교수전략에 대한 선행연구들을 살펴보면, 생태학적 접근법을 통해 교수는 개선되며, 자기 결정은 개인이 환경과 상호작용할 때 나타나고 타인의 옹호에 의해 더욱 개발될 수 있음을 알 수 있다(Malian & Nevin, 2002). 실제 환경 참여는 특정한 기술의 개발뿐만 아니라 자기 결정의 심리적인 측면에서도 도움이 된다. 그러나 자기 결정력을 갖추도록 학생을 지원하는 것은 지역사회에서의 접근 이상을 의미한다. 그것은 학생이 자기 결정 행동을 연습하고, 자신이 선택할 수 있는 것들에 대해 인식하고, 자신의 미래를 위해 의미 있는 결정을 할 기회를 체계적으로 제공받는 것을 의미한다.

학생이 자신의 전환계획 과정에 의미 있게 기여하기 위해서는 자신에 대해 알고, 자신의 장애가 학습이나 관계, 고용과 지역사회 참여에 미치는 영향을 인식하며, 자신이 갖고 있는 지원에 대한 요구를 이해할 필요가 있다. 이를 통해 학생은 계획하고, 의사결정하며, 성인기 삶의 성공에 필요할 지원을 주장할 역량을 갖추게 된다.

전환계획 활동을 통해 자기 결정력 향상시키기

자기 결정력은 다양한 하위 기술과 행동 및 신념으로 구성된다. 교사는 전환 과정에서 학생을 지원하기 위해 자기 결정 기술과 신념의 발달을 지원하고, 목표설정 과정을 안내하고, 전환 과정에 대한 학생의 이해를 도우며, 지원적이며 총괄적인 전환계획을 세울 필요가 있다. Mason, Field와 Sawilowsky(2004)는 학생이 IEP에 참여하는 것과 관련하여 특수교사, 관리자, 관련 서비스 전문가들에게 설문조사를 하였다. 그 결과, 교사들은 학생의 참여를 매우 가치 있다고 보았지만, 28%만이 IEP 회의 전에 학생의 참여를 돕기 위한 교수적 전략을 제공한다고 하였다.

자기 결정력을 증진시키기 위한 교수전략

자기 결정력은 전환계획 활동에 자기 결정을 할 기회를 삽입하는 방식을 찾는 생태학적 접근법을 통해 가장 잘 학습된다(Sands & Wehmeyer, 1996). 또한 일과와 활동에 자기 결정 기술을 삽입하여 가르치는 방식을 통해 학생은 실제 맥락과 상황에서 이러한 기술을 연습할 기회를 많이 갖게 된다.

자기 결정력 증진을 위한 첫 단계는 학생에게 '선택'할 수 있도록 가르치는 것이다. 교사는 학생이 받아들일 만한 몇 가지 선택안이 있는 환경을 만들어 줌으로써 이러한 기술을 가르칠 수 있다. 이를 통해 학생은 자신의 특별한 요구를 지원할 수 있도록 구체적으로 선정된 몇 가지 선택안 중에서 선택을 할 자유를 갖게 된다. 일과활동시간표, 점심식사 메뉴, 지역사회 활동, 자유시간 활동, 비교과 활동 등이 이러한 선택을 할 수 있는 영역의 예다. 교사는 학생의 강점과 흥미를 기반으로 다양한 선택안을 만들 수 있다. 학생은 자신의 선택할 권리를 연습하고 자신이 선택한 이유를 탐색해 보도록 격려받아야 한다. 학생과 선택에 대하여 토의할 때, 교사는 선택하기에서의 학생 자신의 역할을 강조함으로써 미래의 선택하기를 위한 학생의 역량을 강화할 수 있다. 선택하기에 이어서 학생은 자신의 선택 결과에 대해 평가해야 한다. 학생은 자기 평가 과정을 통해 자기 결정 행동의 특성들, 자아실현, 자기 옹호, 자기 규제, 자율성 등을 발달시킬 수 있다.

자기 결정력 증진을 위한 구체적인 교수 모델들이 개발되었다. 그중 하나가 자기 결정 학습 교수 모델(Self-Determined Learning Model of Instruction)이다. 이 모델은 자기 규제된 문제해결과 자기 결정력을 증진시킬 수 있도록 개발되었다(Wehmeyer et al., 2000). 이 모델은 교사가 학생에게 어떻게 자신을 옹호하는지 가르칠 수 있는 체계로서 3개의 교수단계로 구성되어 있는데, 학생이 일련의 질문에 대답하고, 교사가 학생의 자기 지시된 학습을 지원할 수 있도록 돕는 교육적 지원의 목록을 포함하고 있다(〈표 6-1〉 참조).

〈표 6-1〉 자기 결정 학습 교수 모델

1단계: 목표 세우기-나의 목표는 무엇인가?

학생 질문 1: 내가 무엇을 배우길 원하는가?

교사 목표

　-학생이 자신의 강점과 교육적 요구를 파악할 수 있게 한다.
　-학생이 자신의 선호도, 흥미, 신념, 가치를 말할 수 있게 한다.
　-학생에게 자신의 요구를 우선순위를 매기도록 가르친다.

학생 질문 2: 내가 그것에 대해 알고 있는 것은 무엇인가?

교사 목표

　-학생이 교수적 요구와 관련하여 현재의 자신의 상태에 대해 파악할 수 있게 한다.
　-학생이 자신의 환경에서 기회와 장벽에 대한 정보를 수집하는 것을 돕는다.

학생 질문 3: 내가 모르는 것을 배우기 위해서 나는 어떤 변화가 필요한가?

교사 목표

　-학생에게 능력 강화나 환경 수정 혹은 둘 다에 중점을 둘지 정하도록 한다.
　-학생이 우선순위 목록에서 다룰 요구를 선택하도록 지원한다.

학생 질문 4: 이 일이 일어나도록 하려면 무엇을 할 수 있는가?

교사 목표

　-목표를 말하고, 그 목표의 성취기준을 확인하도록 가르친다.

2단계: 행동하기-나의 계획은 무엇인가?

학생 질문 5: 내가 모르는 것을 배우기 위해 나는 무엇을 할 수 있는가?

교사 목표

　-학생에게 현재의 상태를 자기 평가하고 목표 상태에 대해 자기 확인하게 한다.

학생 질문 6: 내가 행동하는 데 방해가 되는 것은 무엇인가?

교사 목표

　-학생에게 자기 평가된 현재 상태와 자기 확인된 목표 상태 간의 차이를 연결할 수 있는 행동계획을 결정하게 한다.

학생 질문 7: 이러한 장벽을 제거하기 위해 내가 할 수 있는 것은 무엇인가?

교사 목표

　-가장 적절한 교수전략을 확인하도록 학생과 협력한다.
　-학생에게 필요한 학생 주도 학습전략을 가르친다.
　-학생이 학생 주도 학습전략을 수행하도록 지원한다.
　-상호 동의된 교사 주도 교수를 제공한다.

학생 질문 8: 언제 내가 행동할 것인가?

교사 목표

   -학생이 자신의 행동계획을 위한 스케줄을 결정하게 한다.
   -학생이 자신의 행동계획을 수행하도록 한다.
   -학생이 자신의 진전을 자기 점검하도록 한다.

3단계: 계획 목표 수정하기-내가 무엇을 배웠는가?

학생 질문 9: 내가 어떤 행동을 했나?

교사 목표

   -학생에게 목표 성취를 향한 자신의 진전도에 대해 자기 평가하게 한다.

학생 질문 10: 어떤 장벽이 제거되었는가?

교사 목표

   -자신의 진전도를 희망했던 성과와 비교하도록 학생과 협력한다.

학생 질문 11: 내가 모르는 것과 관련하여 어떤 변화가 있었는가?

교사 목표

   -진전이 충분하지 않았다면, 자신의 목표를 재평가하도록 돕는다.
   -목표가 변해야 할지에 대해 학생이 결정하도록 돕는다.
   -수정되거나 유지된 목표에 대해 행동이 적절한지 아닌지 파악하도록 학생과 협력한다.
   -필요하다면 학생이 자신의 행동계획을 수정하도록 돕는다.

학생 질문 12: 내가 알기 원하는 것을 알고 있는가?

교사 목표

   -학생이 목표가 성취되었는지 혹은 진전도가 적절한지를 결정하도록 한다.

   자기 결정과 자기 옹호는 학령기에서 성인기로의 효과적인 전환에 대한 책임감을 갖는 것과 밀접하게 관련된 기술들이다. 최근에 Test, Fowler, Wood, Brewer와 Eddy(2005)는 다음과 같은 네 가지 요소로 구성된 자기 옹호의 개념적 틀을 개발했다. 즉, ① 자신에 대한 지식, ② 권리에 대한 지식, ③ 의사소통 그리고 ④ 리더십 등이다. 학생이 자신을 옹호하기 위해서는 반드시 자신의 권리에 대해 인식하고, 자신의 강점과 요구에 대해 인식하며, 이러한 강점과 요구에 대해 타인과 의사소통할 수 있는 능력을 갖추어야 한다. Izzo와 Lamb(2002)은 장애학생이 학습전략에서 직접 교수가 필요한 것처럼 자기 옹호에 대한 교수와 모델링도 필요하다고 하였다. 교사는 학생에게 의사소통과 자기 표현을 하게 함으로써 자기 옹호 능력을 증진시킬 수 있다. 학생은 교실, 학교, 지역사회와 같은 다양한 환경에서 자신을 표현할 기회를 가짐으로써 자기 옹호를 위한 의사소통 기술 향상에 도

〈표 6-2〉 학생과 장애에 대해 논의하기를 위한 전략들

- 장애에 대해 구체적으로 이야기하는 동안 학생의 장점과 능력에 중점을 둔다.
- 학생에게 연방의 재정을 받는 데 사용되는 장애와 관련된 구체적인 용어를 이해시킨다.
- 장애에 대해 이야기할 때 유명한 장애인에 대해서도 이야기한다.
- "비록 장애가 있을지라도 너는 자신을 위해 세운 실제적인 목표를 성취할 수 있다."라는 능력을 강화하는 데 도움이 되는 메시지를 전달한다.

움을 받는다. 자신의 강점과 요구에 대해 잘 파악하는 것도 자기 옹호의 중요한 요소이며 자기 인식이 향상된 결과로 볼 수 있다(Wood, Karvonen, Test, Browder, & Algozzine, 2004). 학생은 미래의 성취 가능한 목표를 세우기 위해서 자신의 강점과 요구를 이해해야 한다. 어떤 교사는 학생과 그의 장애에 대해 이야기하는 데 어려움을 느낀다. 〈표 6-2〉는 학생과 그의 장애에 대해 이야기하는 데 필요한 전략들이다.

학생에게 가능한 선택안을 탐색할 기회가 다양한 환경 안에 삽입될 수 있다. 학생은 선택이 가능하다고 인식할 때 더 잘 선택하고, 성과를 더 잘 평가하며, 실

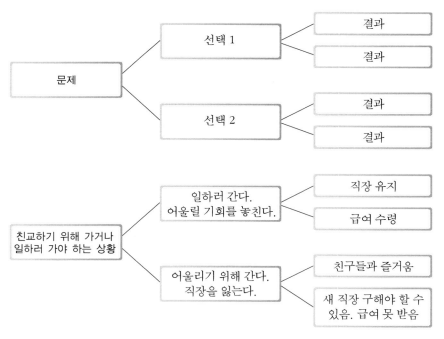

[그림 6-1] 문제해결 다이어그램

현 가능한 목표를 더 잘 세울 수 있다. 학생은 선택안에 대한 인식과 함께 실제 상황에 대한 문제해결 전략을 적용할 수 있어야 한다. 문제해결 기술은 학생과 관련된 상황을 활용하여 직접 가르쳐야 한다. 문제나 상황은 가능한 성과에 대한 학생의 이해를 돕도록 다이어그램으로 나타낼 수 있다. 문제해결 다이어그램은 선택안과 그 결과를 묘사함으로써 문제해결 기술을 가르칠 때 유용한 순서도를 보여 준다([그림 6-1] 참조).

IEP/전환계획 과정에 학생 참여시키기

IDEA가 IEP/전환계획 과정에서 학생을 중심에 두었음에도 불구하고, 많은 학생이 여전히 이 과정에서 배제되고 있다(Agran & Hughes, 2008; Mason, Field, & Sawilowsky, 2004). 학생은 ① 배경 지식 개발하기, ② IEP/전환계획 계획하기, ③ 졸업 후 목표 세우기, ④ 회의하기, ⑤ 계획 수행하기 등 IEP/전환계획 과정의 모든 단계에 직접 참여해야 한다(Konrad, 2008). 교사가 이 각 단계에 학생을 참여시키는 데 도움이 되는 몇 가지 간략한 전략들은 〈표 6-3〉과 같다.

IEP/전환계획의 목적이나 토론에 참여하는 방법에 대한 이해 부족, 성인 중 누구도 자신의 말에 귀를 기울여 줄 것 같지 않은 느낌 등 몇 가지 요소들이 학생이 IEP 과정에 참여하는 것을 어렵게 한다(Agran & Hughes, 2008; Martin, Van Dycke, Christensen, et al., 2006). 이러한 발견들을 통해 학생에게 전환 토론에 어떻게 참여하는지를 가르치는 것에 중점을 두는 것이 중요함을 알 수 있다. 학생이 IEP에 참여하도록 지원하기 위해 사용할 수 있는 프로그램이 몇 편 있다. 그중 하나가 자기 주도 IEP 교수 모델(Self-Directed IEP Instructional Model; Martin, Marshall, Maxson, & Jerman, 1997)이며, 이것은 학생이 IEP 계획 회의에 참여함으로써 자기 자신을 어떻게 옹호하는지를 배우도록 하는 교수적 도구다. 자기 주도 IEP 교수 모델은 학생이 어떻게 참여하는지를 보여 주는 비디오, 교사를 위한 매뉴얼, 학생 워크북 등의 요소를 포함한 11개의 요소로 구성된 멀티미디어 학습 패키지로서 적극적인 학생 참여를 유도하는 데 유용한 것으로 밝혀졌다(Martin, Van Dycke, Christensen, et al., 2006). 자기 주도 IEP 교수 모델의 성공적인 적용을 통해 학생의 IEP 회의에 대한 이해와 참여를 향상시킬 수 있다(Arndt, Konrad, & Test,

〈표 6-3〉 학생 주도적인 전환계획을 증진하기 위한 전략들

배경 지식 개발하기
- 학생이 도서, 웹 자료, 열린 토론 등을 통해 자신의 장애에 대해 인식하도록 돕는다.
- 학생과 함께 이전 IEP를 검토한다.
- IEP가 법에서 요구하는 모든 요소를 잘 갖추었는지 학생과 함께 자신들의 IEP를 평가한다.

IEP 계획하기
- 학생이 스스로 "나는 학교 졸업 후에, _____에서 살고, _____을 배우고, _____일을 하고, _____을 즐길 것이다."와 같은 자신의 꿈에 대한 말을 할 수 있도록 돕는다.
- 학생이 미리 글을 써서 회의를 준비하게 한다.

IEP 초안 만들기
- 학생에게 자신의 강점과 요구에 대한 문장을 준비하게 한다.
- 그들이 자신의 요구를 "나는 _____일 것이다."라는 문장으로 바꾸도록 돕는다.
- 학생이 부모와 함께 이 초안을 볼 수 있도록 가정에 가져가게 한다.

IEP 개발을 위한 회의하기
- 학생이 참여할 범위에 대해 기억한다. 여기에는 출석자, 접대를 하는 사람, 의제 관리자, 발표자 등이 포함된다.
- 학생에게 회의를 미리 연습할 수 있는 기회를 준다.

IEP 수행하기
- 학생이 일반학급 교사에게 보여 줄 자신의 IEP 요약 서류를 만들고, 여기에 그들의 장애, 강점, 요구, 서비스, 조정 등을 포함하도록 한다.
- 학생에게 자신의 IEP 목표를 성취하기 위한 자신의 진전도에 대한 자기 점검과 자기 평가를 하도록 가르친다.
- 학생이 부모와 IEP 팀과 공유할 진전 보고서를 만들도록 한다.

2006). 교사가 패키지로 된 교수 프로그램을 선택하든, 자기 학생의 독특한 요구에 부합되는 프로그램을 개발하든 간에, 초점은 학생이 적절한 졸업 후 성과를 선택하고, 측정이 가능한 목표를 개발하며, IEP를 계획하고 회의를 하면서 자신을 스스로 옹호할 수 있는 방법을 가르치는 데 두어야 한다.

졸업 후 성과 선택하기   졸업 후 성과는 학생의 강점, 선호도, 흥미에 기반을 두어야 한다. 자기 결정력과 자기 옹호 기술은 학생이 중심이 되도록 하는 것에 있어서 핵심 역할을 한다. 교사와 부모가 지속적인 토론과 평가 및 교수를 통해

학생이 졸업 후 목표와 그 목표를 성취하는 데 필요한 단계를 파악하도록 돕는 것이 중요하다. 이것은 학생과 계획 팀의 다른 구성원들 간의 향후 정규적인 계획하기를 통해 성취될 수 있다(5장 참조).

측정이 가능한 목표 개발하기 전환목표는 현재의 학업 성취 및 기능적 수행 수준을 고려하여 선택된 성과여야 한다. 학생은 자신의 장애, 강점, 필요한 조정 등을 말함으로써 자신의 강점과 현행 수행 수준에 대한 정보를 제공할 수 있다. 가족 구성원과 교사, 전환 팀의 다른 구성원들이 이 부분에 그 밖의 정보를 추가적으로 제공할 수 있다.

전환계획에서 개발된 목표들은 학생을 현재 위치에서 그가 성인으로서 원하는 위치로 안내할 것이다. 학생은 자신의 전환계획을 위해 현실적인 시간표를 가지고 성취 가능한 목표를 개발하는 데 지원이 필요할 수도 있다. 전환 팀은 학생과 함께 학생의 목표 성취를 이끌 수 있는 하위 목표들에 대해 토론함으로써 학생을 지원할 수 있다. 이러한 하위 목표들을 목표로 향한 여정 계획표에 표시함으로써 학생의 이해를 시각적으로 도울 수 있다.

> **핵심질문 3** 어떤 단계들이 학생 주도적인 IEP 회의에 포함되는가?

학생 주도 IEP/전환계획 회의 교사는 학생 주도의 IEP/전환계획 회의를 시작하기 전에 행정적 지원을 받아야 한다(Mason, McGahee-Kovac, & Johnson, 2004). 전국의 학교와 교육청은 매우 다양한 기반 시설과 행정적 절차를 가지고 있다. 행정적 승인을 얻기 위해서 교사는 부서장, 교장, 특수교육 책임자, 다른 슈퍼바이저 직원들 중 한 명 이상과 대화를 해야 한다.

학생이 IEP/전환계획 팀 회의에 적극적으로 참여하기 위해서는 IEP/전환계획의 목적에 대해 어느 정도 알고, 그 논리적 근거와 서류의 주요 구성 요소들에 대해 이해해야 한다(McGahee, Mason, Wallace & Jones, 2001). 교사는 학생의 IEP/전환계획 목적에 대한 이해를 돕기 위해, 그들의 독특한 장점과 요구에 초점을 둔 IEP가 모든 학생에게 필요한 것은 아님을 설명하는 것으로 시작해야 한다. 동시에 IEP/전환계획은 학생에게 도움이 되며, 그들이 IEP/전환계획을 계획하는 데 참여할 권리와 책임이 있음도 설명해야 한다. 학생은 자신의 IEP/전환계획을 교사의 설명을 통해 살펴봄으로써 이 서류의 다양한 영역에 대해 배울 수 있다. 특히 중점적으로 다루어야 할 가장 중요한 부분은 학생의 장애 특성, 학업 성취의 현재 수준, 긍정적 행동 지원에 대한 요구, 장기목표 및 단기목표, 조정, 수정, 그 밖의 지원 등이다.

장애학생은 IEP/전환계획 팀의 다른 구성원에게 지원을 받아서 회의에 적극적으로 참여한다. 학생은 실제 회의만이 아니라 회의를 위한 준비에도 참여할 수 있다. 회의를 위한 준비에는 IEP/전환계획의 초안 작성 돕기, 회의 안건 만들기, 회의에서 공유할 포트폴리오 제작하기, 참여할 사람 명단 만들기, 초대장 만들고 보내기 등이 있다. 회의 견본이나 의제를 참조하는 것은 계획하기 과정에 대한 체계를 잡는 데 도움이 되고, 모든 핵심 요소가 회의에 다 포함되었는지를 확인할 수 있게 하는 매우 훌륭한 방법이다(Mason, McGahee-Kovac, et al., 2004). 교사는 학생에게 회의에 대한 자신의 느낌을 토론을 통해 이야기해 보고, 학급에서 자기 주도 IEP/전환계획 회의에 대한 역할놀이를 해 보게 함으로써 그들의 준비를 지원할 수 있다. 또한 학생과 교사는 회의를 할 때 학생의 주의집중을 유지하는 데 도움이 될 전략과 촉구를 함께 개발할 수 있다.

학생은 다양한 수준에서 IEP/전환계획 회의에 참여한다. 학생 참여의 초기 수준은 회의에 참여하고, 미리 선정한 정보를 공유하는 것이다. 이 수준에서 학생은 기여가 기대되는 팀의 완전한 구성원으로 간주된다. 학생 참여의 두 번째 수준은 회의가 진행되는 동안 리더십을 공유하거나 발표를 하는 것이다. 학생은 팀을 이끄는 구성원과 함께 정보를 발표하는 책임을 공유한다. 학생은 IEP/전환계획에 포함될 정보를 읽거나 발표할 수 있다. 이 수준의 학생 참여는 회의 전에 책임에 대한 명확한 설명이 있을 때 가장 효과적이다. 학생 참여의 가장 높은 수준은 학생에게 주된 팀을 이끄는 역할을 맡기는 것이다. 학생은 회의 참석자들을 맞이하고, 소개를 하고, 회의 안건을 공유하고, 회의 전반에 걸쳐 대화를 주도한다. 학생이 되도록 최대한으로 참여하게 하는 것이 중요하다. 참여 범위는 이 과정에 대한 학생의 이해와 참여 수준에 따라 다양해진다. 모든 준비가 끝나면 회의를 주관하고 학생의 리더십을 지원하면 된다.

요 약

전환계획 과정에 학생을 참여시키는 것은 장애학생에게 성인의 삶을 준비시키는 데 매우 중요하다. IDEA에서는 전환계획이 학생의 강점, 선호도, 흥미를 기반으로 개발되어야 할 것과 16세 이상의 학생은 전환계획 회의에 초대될 것을 요구함으로써 학생 참여를 지지하고 있다. 우리는 자기 결정력 수준이 향상되면 장애학생의 성인 성과도 향상될 것이라는 점을 잘 알고 있다. 또한 학생의 자기 결정력은 전환 과정에 학생 참여를 촉진하는 중재들에 의해 향상되는 것도 명확하다. 교사는 전환계획과 관련하여 구체적으로 자기 결정에 초점을 둔 전략으로 학생을 가르치고, 학생을 전환계획하기 과정에 참여시키며, IEP/전환계획 회의에 적극적으로 참여할 기회를 제공함으로써 자기 학생의 자기 결정력 향상을 지원할 수 있다.

핵심질문 검토

핵심질문 1 자기 결정적 행동의 네 가지 특성은 무엇인가?

- 자율적인 행동
- 자기 규제
- 자아 실현
- 심리적 역량강화

핵심질문 2 왜 자기 결정력은 '실제 세상' 혹은 지역사회 환경에서 가장 잘 학습되는가?

- 지역사회는 가변적이며 위험을 부담할 기회를 제공한다.
- 실제 세상에서 더 강력한 일반화가 가능하게 한다.

• 자기 결정은 학생이 자신의 환경과 상호작용함으로써 나타난다.

핵심질문 3 어떤 단계들이 학생 주도적인 IEP 회의에 포함되는가?

• 행정적으로 승인받기
• 학생에게 회의와 목적, IEP의 영역 등을 가르치기
• 학생에게 IEP 회의에 참여하도록 준비시키기
• 학생의 리더십 수준을 결정하기
• 회의 동안 학생을 지원하기

7장
부모 및 가족 참여

Andrea P. McDonnell
Catherine Nelson

청소년기 혹은 아동과 성인의 중간에 있는 발달 시기는 양육이 가장 어려운 시기 중 하나다(Turnbull, Turnbull, Erwin, & Soodak, 2006). 이 시기에는 청소년과 가족 모두에게 중요한 많은 변화들이 있다(Hanley-Maxwell, Pogoloff, & Whitney-Thomas, 1998; Kim & Turnbull, 2004; Lichtenstein, 1998). 청소년기는 사춘기에서 시작해서 청년기까지 지속되는 기간이다(Elliott & Feldman, 1990; Levinson, Darrow, Klein, Levinson, & McKee, 1978). 역사적으로 볼 때 청소년기는 실제적으로 확장되었는데, 특히 중등교육과 중등 이후 교육이 일반적으로 실시되는 사회에서는 더욱 그러하다(Lichtenstein, 1998). 부모와 가족 구성원이 자녀가 청년기로 잘 접어들 수 있도록 정서적 지원 및 안내뿐만 아니라 재정적 지원을 계속하는 것은 흔한 일이지만, 동시에 청년기에 자율성과 독립성을 증가시키고자 하는 노력도 한다.

성인이 됨을 상징하는 연령이나 인생의 사건들에 대한 믿음, 이러한 사건들을 축하해 주거나 의식을 치르는 것, 가족 구성원인 청소년의 지원에 대한 가족에게 기대되는 역할 등은 다양한 종교와 문화적 전통에 따라 가족마다 다양하게 나타난다(Dehyle & LeCompte, 1994; Preto, 1999). 성별, 사회경제적 지위, 중등기 이후 교육에 대한 참여에 대한 결정은 청소년기에서 성인기로 이행하는 시간과 여정에 영향을 주는 또 다른 요인들이다(Koenigsburg, Garet, & Rosenbuam, 1994; Lichtenstein, 1998). 명확하게 청소년기와 학교에서 성인기 삶으로의 전환은 청년과 그들의 가족에게 중요한 변화이고, 다양한 청소년과 가족은 다양한 가치와 기대 그리고 어떻게 성공적으로 전환할 것인지에 대한 다양한 생각을 갖고 이러한 전환에 접근하게 될 것이다.

핵심질문 1 전환이 가족에게 어떤 영향을 주며, 전환계획 · 실행 · 평가에 가족이 참여하는 것을 방해하는 요소들은 무엇인가?

지적장애나 발달장애가 있는 청년과 그 가족은 학교에서 성인기로의 전환에 상당한 스트레스를 받는 경향이 있다(Ferguson & Ferguson, 2000; Jordan & Dunlap, 2001). 장애청소년과 그 가족은 일반적으로 전환과 관련된 모든 어려움과 결정뿐만 아니라 ① 친숙한 학교에서의 특수교육 서비스를 받을 자격을 상실하게 되고, ② 광범위한 생활 기능에 따라 필요한 서비스와 지원을 파악해야 하지만 막상 필요에 의해 선택한 서비스는 받을 수 없는 상황에 직면하게 된다(Sheehey & Sheehey, 2007; Turnbull et al., 2006).

가족은, 예를 들면 '출생, 결혼, 입양과 동거에 의해 관련된 두 명 이상의 사람들'과 같이 다양한 방식으로 정의되어 왔다(Turnbull et al., 2006). 이 장에서는 우리는 가족의 광의의 의미를 사용하고자 한다. "가족은 자신들을 가족이라고 여기고 가족이 전형적으로 하는 기능을 수행하는 두 명 이상의 사람들을 포함한다. 이러한 사람들은 혈연이나 결혼으로 관계를 맺었을 수도 있지만 그렇지 않을 수도 있다. 또한 일상적으로 함께 살기도 하지만 따로 살 수도 있다"(Turnbull et al., 2006, p. 7). 가족은 청소년의 성인기 삶으로의 전환을 지원하는 데 중요한 역할을 하며, '전환기 동안에 이루어지는 결정에 기반과 맥락'(Hanley-Maxwell et al., 1998, p. 235)을 제공한다. 이 장에서는 전환기 동안 부모와 가족에게 영향을 주는 사안들(issues), 가족 구성원의 핵심 역할, 청소년의 전환을 위한 설계 · 실행 · 평가에 대한 가족 참여를 격려하고 지원하기 위한 전략 등에 대해 전반적으로 살펴보고자 한다.

전환계획에 대한 부모 및 가족 참여에 영향을 주는 사안들

부모 및 가족 참여의 중요성

지난 30년 동안 실시된 연구들에서는 자녀 교육에 대한 가족 구성원의 참여는 좀 더 안정된 출석률과 재학률(Falbo, Lein, & Amador, 2001; Henderson & Berla, 1994), 학교에서의 향상된 행동(Gonzalez, 2002), 증가된 과제 완성률(Balli, Demo, & Wedman, 1998; Callahan, Rademacher, & Hildreth, 1998; Cooper, Lindsay, & Nye, 2000), 향상된 학업 수행(Chavkin, Gonzalez, & Rader, 2002; Finn, 1998; Keith et al., 1998; Shaver & Walls, 1998) 등의 긍정적인 결과를 가져온다고 보고하고 있다. 다양한 성과에 대한 부모 참여의 중요성을 입증하는 연구결과에도 불구하고, 많은 연구들이 장애학생과 그 부모를 연구에 포함하지 않았으며, 가족 참여와 관련된 연구들은 중등기보다는 주로 초등기의 학생을 대상으로 이루어졌다(SRI International, 2005). 그러나 최근 연구에서는 가족 참여는 다양한 수준의 배경과 경제적 수준을 보이는 아동뿐만 아니라 중등기 학생에게도 교육적 행동과 성과를 향상시킨다고 보고하고 있다(Turnbull et al., 2006).

장애아동 가족은 장애법, 정책, 교육 서비스, 지역사회 서비스 개발 시 중요하다(SRI International, 2005; Turnbull et al., 2006). 장애학생 및 그 가족과 관련된 연구자료가 제한되어 있긴 하지만, 가족 참여가 최소한 장애학생의 다양한 성과를 이루는 데 중요하다고 여길 만한 이유는 많다(Council for Exceptional Children, 2001). 예를 들어, 장애학생이 고용되고 그 고용 상태를 유지하는 것과 같은 성공적인 전환 성과를 위해서는 부모 참여가 매우 중요하다(Luft, 2008). 특히 성인기 삶의 모든 영역에서 독립성을 갖는 것이 현실적인 목표가 아닐 수 있는 지적장애인을 위해 지속적으로 이루어져야 하는 성인기 삶의 질과 관련된 다양한 결정을 위해서는 전환계획 과정에 가족이 참여하는 것이 매우 중요하다. 많은 지적장애청년은 향후 오랫동안 가족과 함께 거주할 수 있으므로, 이들이 서로 영향을 주는 삶의 질에 대해 고려하는 것이 더 중요하게 된다(Kim & Turnbull, 2004).

장애학생에게 훌륭한 교육과 사회적 서비스가 제공되더라도, 이들과 그 가족에게 궁극적으로 필요한 것은 사회적 지원과 우정이다. 물론 특수교육과 연방정부와 주정부가 제공하는 다양한 프로그램에서 받는 혜택도 중요하다. 그러나 가족과 친구의 지원이 없다면, 특히 학교와 직장에서 자연적인 지원이 없다면, 그러한 프로그램은 모두가 원하는 삶을 제공할 수 없을 것이다(Turnbull et al., 2006, p. 276).

가족 참여의 어려움과 장벽

청소년의 전환기 동안 가족 구성원의 참여가 중요함에도 불구하고 이들이 적극적으로 참여하기에는 많은 어려움과 장벽이 있다. IEP 회의와 학교 활동에서의 부모 참여는 장애 자녀가 나이가 들수록 줄어드는 경향이 있다(Smith, Gartin, Murdick, & Hilton, 2006). 중등기 장애학생 부모를 대상으로 전국적으로 설문조사를 한 결과를 살펴보면, 열 명 중 아홉 명의 부모가 이번 학년도나 이전 학년도의 IEP 회의에 최소한 1회 정도 참여하였으며, 학교에서 이루어지는 활동에 대한 전반적인 참여는 일반 중등학생의 부모보다 더 활발하게 이루어짐을 알 수 있었다(SRI International, 2005). 그러나 특수교육을 받기 위해 거주지 인근 학교에 배치되지 못한 장애자녀를 둔 부모의 학교 프로그램 참여율은 낮았다(SRI International, 2005). 가족 참여를 막는 장벽에는 일정이 맞지 않음, 교통수단의 문제, 가족 중 더 어린 자녀를 돌봐야 하는 사정 등 기본적으로 가족의 여건과 관련된 문제들이 있다. 또 다른 장벽으로는 전환 과정과 미래 프로그램 및 지원 유형 등에 대해 잘 알지 못하거나, 학교 측과 소통이 잘 안 되거나 혹은 지나치게 현재에만 집착하고, 미래계획은 너무 어렵고 심지어 미래계획을 지금 하는 것은 바람직하지 않다고 생각하는 것을 들 수 있다. 전환계획 과정에 가족 참여가 어려운 이유는 다음과 같다(Steere, Rose, & Cavaiuolo, 2007, p. 63).

• 아동의 미래에 대한 생각의 부족

- 학교 체계가 계속해서 자녀를 위해 제공될 것이라는 가정
- 미래에 대한 두려움
- 성인기 서비스 기관에 대한 정보 부족
- 부모와 아동의 갈등 분위기
- 전문가가 가장 잘 알고 계획 과정을 이끌고 나가야만 한다는 가정
- 전환계획 과정에서 비롯되는 결과에 대한 정보 부족
- 학생에게 거는 기대가 너무 낮음
- 학생에게 거는 기대가 너무 높음
- 계획에 쏟을 시간과 에너지가 부족
- 장기간의 미래가 아닌 하루하루의 삶에 집중

여러 연구에서 서로 다른 결과를 보이며, 주로 사회경제적 지위와 같은 요인들과 함께 나타나기도 하지만, 다문화적인 배경을 가진 가족이 주류 문화에 속한 사람보다 장애자녀에 대한 교육적 결정에 개입을 적게 하는 것으로 나타난다(Kalyanpur & Harry, 1999). 권위자나 전문가를 따르는 문화적 전통(Greene, 1996; Lynch & Hanson, 2004), 자녀에 대한 그들의 권리와 선택 가능한 사항들에 대한 지식 부족, 교육이나 그 밖의 기관의 전문가들과의 불편했던 경험, 특히 가족의 경험과 관점, 그리고 전환계획 과정에 대한 이들의 참여를 과소평가하는 전문가들을 만났던 경험 등이 방해 요인으로 파악된다(Harry, 2008).

> 학교 권위에 도전할 수 있다고 믿지 않는 부모는 참여에서 위축되기 쉽다.
> 그러나 권위에 대한 전통적인 존경을 하지 않고, 전문가의 권고를 참조하지도
> 않으며, 참여에 대한 권고에 응하지도 않지만 여전히 전문가들에게 맡겨 버리
> 기도 한다(Harry, 1992, p. 475).

전환계획 과정에서의 가족과 전문가의 역할에 대한 서로 다른 기대 때문에 오해가 쉽게 생길 수 있다. 따라서 가족의 의견을 경청하고 전환 팀이나 전환계획 과정 또는 필요한 지원 수준에 대한 평가를 통해 가족의 참여 유형이나 수준을 왜곡하지 않으려는 노력이 계속 필요하다.

가족 체계 모델과 전환계획하기

전환기 지적장애인을 위한 동반 관계를 개발할 방법에 대해 이해하기 위해서는 개별 가족의 강점과 어려움을 더 잘 이해하고 어떻게 이러한 강점과 어려움이 참여 및 지원과 전환계획 과정 동안에 이루어지는 의사결정에 영향을 줄 수 있는지를 이해할 필요가 있다. 가족과 가족 구성원에 영향을 주는 복잡성과 상호작용 요소, 동반 관계를 위한 고려 사항 등에 대한 이해를 돕는 전반적인 모델 중 하나는 가족 체계 이론(Family Systems Theory) 혹은 가족 체계 접근(Family Systems Approach)이다(Turnbull, Summers, & Brotherson, 1984, 1986; Turnbull et al., 2006). 체계 이론(Whitechurch & Constantine, 1993)과 가족 체계 이론은 세 가지 가정에 기반을 두고 있다. 첫 번째 가정은 특성들은 체계에 '투입'의 역할을 한다는 것이다. 가족 체계의 틀에서 보면, 이러한 투입에는 전체로서의 가족의 특성(예: 가족 크기, 구성원 자격, 사회경제적 지위), 장애를 가진 가족 구성원과 같이 개별 구성원의 특성, 한 명 이상의 가족 구성원이 직면한 특별한 어려움(예: 노숙, 약물남용 등)을 포함한다(Turnbull, Summers, et al., 1984, 1986; Turnbull, Turnbull, et al., 2006). 체계 이론과 가족 체계 이론의 두 번째 가정은 부분으로서가 아니라 전체로서만 이해될 수 있다는 것이다. 세 번째 가정은 이전의 상호작용과 지속적인 상호작용을 토대로 가족 구성원 간뿐만 아니라 가족 구성원과 외부의 관계 및 영향 간의 한계선이 변화된다는 것이다. 고등학교 교사나 전환 코디네이터로서 또는 그 밖의 서비스 제공자로서 당신은 이러한 변화하는 한계선을 많이 만날 수 있을 것이다.

이러한 요소들 모두 가족의 '산출물' 혹은 가족이 ① 정서, ② 자긍심, ③ 영성, ④ 경제적 지원, ⑤ 일상적인 신체적 관리와 건강 관련 요구(예: 조리, 세탁, 대중교통 이용), ⑥ 사회화, ⑦ 여가 그리고 ⑧ 교육 등에 대한 가족 구성원의 요구를 포함한 다양한 '가족 기능'을 얼마나 잘 충족시킬 것인가에 영향을 준다(Turnbull, Summers, et al., 1984, 1986; Turnbull, Turnbull, et al., 2006). 이러한 가족 기능은 중첩되기도 한다(조리는 일상적인 신체 관리, 여가, 사회화라고도 할 수 있다). 그러나 교사가 가족 구성원 간에 그리고 시간이 경과함에 따라 이러한 다양한 요구의 균형을 잡는 것이 얼마나 어려운지에 대해 숙고하는 것은 의미 있는 일이다. 특히 우리가 전환계획 동안 가족과 협력할 때 가족 구성원에게 이미 있는 시간적 부담을 고려하고, 가족 구성원에게 긴장과 문제 상황을 야기할 수 있는 지적장애인을 위해 무엇이 가장 적절할 것인가를 인지하는 것이 중요하다. 가족생애 주기 단계는 종종 전환 과정에 있는 청소년과 청년에 대한 가족 지원이 주는 다양한 부담뿐만 아니라 동시에 즐거움에 대해 의미하는 바가 크다. 만약 아동이 그 가정의 자녀 중 막내라면, 만약 연로한 조부모에 대한 돌봄과 지원의 요구가 있다면, 만약 어린 아동이 여전히 가정에서 양육되고 있다면, 이러한 것들이 전환계획 과정에 반드시 영향을 주게 된다.

가족 체계 이론과 가족에 대한 최근 연구의 중요한 내용 중 하나는 장애인도 다른 모든 구성원과 마찬가지로 시간에 따라 가족에게 긍정적·부정적·중립적 영향을 줄 수 있다는 것이다(Turnbull et al., 2006). 그 결과, 전환 과정 동안에 가족이 직면할 많은 어려움에 대해 인식하는 것도 중요하지만, 이 기간 동안 지적장애 청소년 및 청년이 가족에게 긍정적인 기여도 할 수 있다는 점을 인식하는 것이 중요하다.

가족 다양성과 전환계획에 미칠 수 있는 영향들

어떤 사람이 특정한 아동과 가족을 다문화적 배경을 가졌다고 인식한다면, 그 사람은 동시에 자기 자신도 그들 입장에서 보면 다문화적 배경을 가졌다는 것을 인식해야 한다. 자신을 문화적인 다양성에서 보지 못하면서 '그들'의 다양성만 본다면 다양성의 관계적 측면을 이해하지 못하는 것이다. 이는 힘의 위계 안에서 명명자만이 기준을 정할 권리가 있고 그 기준을 참조하여 타인을 명명할 수 있다고 보는 것을 함축한다(Barrera & Corso, 2003, p. 7).

미국은 세계에서 가장 문화적·언어적인 다양성이 나타나는 국가 중 하나이며(Vaughn, Bos, & Schumm, 1997), 이러한 다양성은 증가하고 있다(Luft, 2008). 예를 들어, 1970년대에는 미국 인구의 약 12%만이 백인이 아니었다. 2000년대에 이르러서는 거의 전 인구의 30%가 백인이 아니다(U.S. Census Bureau, 2000). 그리고 인구 성장은 소수 인구 집단, 아프리카계 미국인이나 인디언/알래스카 원주민, 아시아계 · 히스페닉계 · 라틴 아메리카계 인구에서 더 빠르게 나타나고 있다(Luft, 2008; U.S. Census Bureau, 2004). 앞서 Barrera와 Corso(2003)에서 인용하였듯이 다양성은 하나의 기준을 참조하며, 그 참조의 관점에 달려 있으므로 모든 사람은 다양한 문화적 배경을 갖고 있으며, 거대한 지역사회에서 타인과 여러 면에서 서로 다르다. U.S 인구 조사나 사회의 대규모 집단에서 '소수'로 파악된 개인은 사실상 지방이나 소규모 지역사회의 구성원으로서는 '다수'가 될 수도 있다. 앞서 인용한 Barrera와 Corso의 글에 함축한 또 다른 중요한 통찰은 형평성이 없는 힘의 관계와 '기준'을 정하는 능력이다. 청소년기에서 성인기로의 전환은 문화적으로 상당히 많은 영향을 받으며, IDEA와 미국의 여러 장애 관련 법과 정책은 '주류' 유럽계 미국인의 문화적 관점과 가치에 지나치게 의존하고 있다(Harry, 2008). 이에 따라 문화적으로 다르거나 다문화 배경을 갖고 있는 가족과 교사가 전환계획에 함께 접근할 때 문제가 생길 수도 있다.

Luft(2008)는 주류 문화의 지배성에 대한 관점이 IDEA 틀 안의 전환 절차와 관련되는 네 가지 '핵심 요인'을 밝혔다. 첫째, '아동의 요구, 강점, 관심, 선호를 고려'(p. 54)할 것을 요구하고 있다. 그러나 많은 문화 집단에서는 개인의 요구, 선호, 자기 신뢰, 독립성과 같은 가치만큼이나 혹은 그 이상으로 집단의 요구와 집단 구성원 간의 상호 의존성을 중요하게 여기고 있다(Harry, 1992; Joe & Malach, 2004; Lynch & Hanson, 2004). 두 번째 핵심 요인은 '성과 지향적 과정'(Luft, 2008, p. 54)이다. 사실 목표 지향적 방향성과 원하는 성과는 문화에 따라 매우 다르다(Nieto, 2000). 따라서 전환 팀 구성원이 가족과 장애청년의 가치에 어긋나는 성과나 성과를 향한 과정을 강요하지 않는 것이 중요하다. 전환계획의 세 번째 핵심 요소는 '협력적인 활동'(Luft, 2008, p. 54)이다. 사실상 IDEA에서는 교사와 학교 측이 지적장애를 가진 청년과 그 가족에게 지원을 제공할 수 있는 지역사회 및 성인기 서비스 관련 인사를 전환계획하기에 초빙할 것을 요구하고 있다. 그러나 많은 문화에서 가족 내에서의 미래에 대한 요구나 현재의 지역사회 내에서의 미래에 대한 요구에 부합하는 것을 더 선호하고 있어서 큰 규모의 전문가 집단에게 도움을 요청하는 것은 특히 힘든 일일 것이다(Luft, 2008). 네 번째 전환의 핵심 요인은 '학교로부터 학령기 이후 활동으로의 이동'이다(Luft, 2008, p. 56). 문화는 무엇을 바람직한 '학령기 이후' 활동으로 볼 것인가에 대해 영향을 끼친다. 사랑하는 확대가족의 구성원으로서 집에서 거주할 것인가 아니면 지역사회 내의 지원 거주 주거지에서 살 것인가? 가치뿐만 아니라 그 가치가 전환계획 활동에 영

찬반의견 7-1

에스텔라를 위한 서로 다른 미래계획

전환계획하기 과정에서 장애가 있는 개인의 미래 요구가 무엇일지에 대해 논의하는 중에 서비스 제공자와 가족 간에 갈등이 생기는 경우가 있다. 서로 다른 문화적 배경에서 오는 가치관의 차이가 이러한 갈등의 원인이 되기도 한다. 여기에서는 딸이 가족과 함께 살기를 원하는 멕시코 출신 가족과 중증장애인을 위한 고용과 지원 주거를 제안하는 교사 간의 문화적 갈등이 어떻게 나타나는지 살펴본다.

찬성의견	반대의견
에스텔라(Estella)는 19세이며 뇌성마비와 중도의 시각장애를 동반한 중복장애인이다. 그녀는 워커를 사용해서 이동할 수 있고 확대된 그림 상징을 이용해서 기본적인 요구에 대해 소통할 수 있다. 현재 부모와 동생 다섯 명과 함께 살고 있다. 에스텔라의 어머니 글로리아(Gloria)는 20년 전에 남편과 함께 멕시코에서 미국으로 이주했다. 에스텔라를 이제까지 돌봐 온 글로리아는 에스텔라를 집 밖으로 내보내는 것은 수치스러운 일이라고 이야기한다. 그녀는 에스텔라에게 직업이 필요하다고 생각하지 않는데, 가족이 그녀를 도와줄 수 있기 때문이다. 따라서 교사와 함께 전환계획을 하는 것에 대해서도 특별한 관심이 없다. 글로리아는 에스텔라가 가족과 함께 집에서 사는 것을 좋아하며 항상 행복해 한다고 한다. 동생들도 언니를 항상 돌볼 것을 약속했다. 글로리아는 교사들에게 감사하지만, 에스텔라가 학교를 졸업하면 그 다음부터 에스텔라를 돌보는 것은 가족의 몫이라고 느낀다.	에스텔라의 IEP/전환계획 팀은 글로리아에게 휴식 돌봄 및 지원 주거를 포함하여 성인기 서비스에 에스텔라가 서명할 것을 제안하였다. 이러한 서비스들은 현재 대기자들도 상당히 많기 때문에 에스텔라도 조속히 대기자 명단에 이름을 올릴 필요가 있다고 판단했다. 하지만 글로리아는 그런 서비스에 관심이 없다고 반복해서 말한다. 교사는 일자리에 대해서도 탐색해 보길 원하지만 글로리아는 어떤 가능한 일자리도 거부하고 있다. 에스텔라의 교사는 좌절감을 느끼고 에스텔라가 학교를 졸업하면 집에서 아무것도 안 하고 있을 것을 생각하면 걱정이 많이 된다. 또 에스텔라의 형제자매들에게 그녀를 책임지고 돌보라고 하는 것도 불공정하다고 생각한다. 교사는 글로리아가 최소한 에스텔라의 독립성을 촉진할 수 있는 선택 사안들을 살펴보기라도 했으면 한다.

향을 미치는 방식은 문화적 관점에 따라 다르기도 하지만 '동일한' 문화 내의 가족 간에도 다를 수 있다(Lynch & Hanson, 2004). 서로 다른 다양한 배경을 갖고 있는 가족이 어떻게 전환계획 과정에 접근할 것인지에 대해 가설을 세우는 것은 부적절하다. 그러나 가족 및 청소년과 협력할 때 전환계획 활동의 이러한 핵심 요인들과 문화적 차이를 고려하는 것은 중요하다.

> **핵심질문 2** 전환기 동안 부모와 다른 가족 구성원의 핵심 역할은 무엇인가?

전환에서의 부모와 가족 구성원의 핵심 역할

청년기를 거치는 청소년을 위한 지속력 있는 지원

지적장애인의 가족은 사는 동안 여러 차례의 전환을 경험한다. 가족은 종종 병원의 입원에서 집으로의 퇴원, 조기교육 서비스에서 유치원, 유치원에서 초등학교, 초등학교에서 중·고등학교, 중·고등학교에서 성인기 서비스로의 전환을 겪는다. 가족은 또한 영유아기에서 아동기, 아동기에서 청소년기, 청소년기에서 청년기로의 전환도 경험한다(Smith et al., 2006; Turnbull et al., 2006). 전환을 할 때마다 가족의 역할, 요구 및 자원에 대한 재평가와 재적응이 필요하다. 성공적인 전환은 조기에 시작되고 항상 미래를 주시한다.

청년기로 전환하는 많은 청소년에게 가족은 지원과 안내를 제공할 수 있는 주요한 자원이 된다. 교사와 성인기 서비스 제공자도 중요한 역할을 하지만, 가족 지원이야말로 장기간에 걸쳐 가장 지속력이 있다(Smith et al., 2006). 장애 유무와 상관없이 아동기부터 가족은 기대를 갖고 일과 관련된 경험을 제공한다. 가족은 아동과 청년이 외부 세계로 나아가고 자신을 기다리는 전환을 준비하는 데 안전한 기지를 제공할 수 있다. 외부 세계로 나아가는 것에 대해 지원을 제공하는 역할은 학교에서 직장으로 옮기는 것을 준비하는 데도 매우 중요하다.

교사가 학교에서 직장으로 전환을 지원할 때, 고용 기회를 파악하고 갖기 위해서 가족의 협력을 구하는 것이 중요하다(Ferguson, Ferguson, Jeanchild, Olson, &

뿌리와 날개

나는 여전히 30년 전 딸의 모습을 기억한다. 딸은 거실에 누워서 천장의 밝은 불빛을 응시하며 이상한 소리를 내고 있었다. 나는 '이 아이의 미래는 어떻게 될까?'라는 생각을 했었다. 딸은 두 살이 다 되었지만 걷지도 못했고 더 이상 큰 발전이 있을 것 같지도 않았다.

'학교는 갈 수 있을까? 간다면 어떤 학교? 말은 할 수 있을까? 어떻게 이 아이와 대화를 하지? 아이는 하루 종일 무얼 할까? 스무 살이 되어도 계속 누워 있지는 않을까?' 나는 이런 의문을 가졌던 것을 기억한다. 내 아내와 나는 아무 답도 없었지만 우리 자녀 모두에게 해당하는 기본 철학을 가지고 있었다. '뿌리와 날개'. '뿌리(roots)'란 합리적으로 잘 살기 위해 우리가 삶에서 만들어야 할 기초를 의미한다. '뿌리'는 아이들이 18~20세까지는 정착되어야 한다. 그런 다음 좀 더 나아가기 위해 그들은 '날개(wings)'를 퍼덕여야 한다.

이러한 철학은 이중으로 감각장애를 가지고 있으며 뇌성마비와 경련성 장애가 있는 딸에게도 해당되었다. 우리 딸들에게 너무나도 중요한 '뿌리'는 근무 윤리였다. 이것은 특별한 요구가 있는 우리 딸과 같은 사람에게는 쉬운 일이 아니다. 그러나 그녀의 능력과 상관없이 다음과 같은 기본을 가지고 시작할 필요가 있었다.

가사 책임 공유하기

그녀도 가사를 도왔다. 장난감 정리하기, 더러워진 옷 세탁 바구니에 넣기, 자신이 먹은 음식을 담은 식기를 싱크대에 갖다 놓기와 같은 간단한 일들이다(물론 많은 접시를 깨뜨렸다). 딸이 나이가 들자 책임감과 일의 범위가 늘어났다. 접시를 싱크대에 가져다 놓는 일은 접시를 설거지하는 일로 바뀌었다(물론 더 많은 접시를 깨뜨렸다).

정해 놓은 시간까지 일 마치기

그녀에게 할당된 일은 정해 놓은 시간까지 끝내야 했다. 이것 때문에 문제가 있었을까? 결코 아니다. 나는 가끔 '내가 해 버리면 훨씬 쉬울 텐데!'라는 생각을 하곤 했다. 만약 그랬다면 우리 딸이 무엇인가를 배울 수 있었을까? 절대로 아니다! 그러나 우리 딸은 결과를 겪으면서 배웠다(그날 저녁 TV 시청 금지, 일찍 자기, 디저트 없음 등).

태도

대부분의 경우에 우리 딸은 자신의 책임을 끝까지 완수하고 싶어 하지 않았고, 이 때문에 부정적인 태도를 형성할 수도 있었다. 불가피하게 이러한 부정적인 태도는 일을 잘 완수한 것에 대한 역효과로 나타나게 되었을 것이다. 우리는 그녀에게 우리도 그녀를 위해 하는 모든 일(식사, 세탁, 운전 등)에 대해 부정적인 태도를 갖게 된다면, 집에서 사는 것이 행복하지 않을 거라고 이야기해 줌으로써 이것을 극복하려고 노력했다. 결국 그녀는 불평만 늘어놓는 태도는 자신에게 또 다른 장애가 될 수밖에 없다는 이러한 메시지를 받아들였다.

처음에 최선을 다하라

이것은 가르치기에 상당히 어려운 근무 윤리 중 하나였다. 그녀의 '최선'은 항상 우리의 '최선'에 대한 기준에 맞지 않았고, 때때로 그녀는 시력 때문에 자세히 보지 못했다. 그녀가 십대일 때 우리는 그녀에게 매주 토요일마다 세차를 하도록 하였다. 그녀는 자신이 앞으로 운전을 할 일은 없을 거라고 생각했기 때문에 차를 관리하는 것에 대해 별다른 관심이 없었고 처음에는 최소한의 일만 하려고 하였다. 그러나 그녀는 자신이 바르게 하게 되어서야 자신이 그 이상을 해야 했음을 알게 되었다. 처음에 우리는 상당한 저항에 부딪혔지만, 그녀는 "처음에 바르게 하라. 그러면 끝낼 수 있다."라는 말을 이해하게 되었다.

일은 돈을 의미하고 돈은 힘을 의미한다

그녀의 언니들은 아이 돌보기 아르바이트를 통해서 이것을 배웠으나, 하이디(Heidi)는 십대 초기에는 아이 돌보기를 할 수준이 되지 않았다. 그러나 용돈을 벌 수 있는 다른 일이 있었고, 그녀는 곧 돈을 벌기 위해 일을 하면 자신이 원하는 것을 살 수 있는 힘이 생긴다는 것을 배우게 되었다.

근무 윤리를 가르치는 것이 쉬웠겠는가? 절대 아니다. 그녀는 오랫동안 저항했다. 그녀가 불평을 할 때마다 우리는 이럴 만한 가치가 있을까 의구심이 들었지만 우리는 그녀에게 도구를 주어야 한다는 것을 알았다. 너무나 많은 경우에 부모는 특별한 요구가 있는 우리 자녀를 '어린아이 취급'을 하는 경향이 있고, 근무 윤리를 배울 기회를 주지 않는다.

나의 아내와 나는 이 사안에 대해 많은 '토론'을 하였다. 아내는 종종 내가 너무 요구가 많다고 느꼈고, 나는 그녀가 너무 무르다고 불평을 했다. 결국 우리는 절충하는 방법을 배웠고, 둘에게 보다 중간 지점을 택하게 되었다. 결국 하이디는 자신이 취업을 하여 성공할 수 있을 정도로 근무 윤리를 갖출 수 있게 되었다.

—빌 올렌바흐(Bill Aulenbach), 아버지, 가족 전문가 CDBS

출처: "Roots and Wings" by B. Aulenbach, 1997, *reSources 9*(1), p. 1. 허락받아서 수정함. 캘리포니아 농-맹 서비스 *reSources* 소식지는 미국 교육부의 지원을 받는다(Award No. H32c030017). 그러나 이 소식지에 게재된 의견이 미국 교육부나 특수교육국의 정책이나 입장을 반영할 필요는 없으며, 어떠한 국가의 공식적인 승인이 필요하지도 않다. *ReSources*(제9권 제1호)의 완본은 http://www.sfsu.edu/~cadbs/Winter97.html 참조.

Lucyshyn, 1993). 가족은 자신의 자녀를 이해하고, 그들의 능력과 관심을 파악하고 있으며, 지역사회의 자원에 대해 많이 알고 있다. 가족은 종종 미래의 직업 배치와 관련이 있을 수 있는 집안일을 자녀가 어떻게 하는지에 대해 관찰할 기회가 있으며, 잠재적인 직업이 가족의 가치와 문화에 잘 맞는지를 판단할 수 있다. 또한 고용 기회를 파악하기 위해 자신들의 사회적 네트워크를 활용할 수 있다(Westling & Fox, 2008). 가족이 고용 선택에 참여하지 않는다면, 고용을 유지할 기회는 더 적어진다(Buckley, Mank, & Sandow, 1990; Salomone, 1996).

학령기 이후 고용이 중요하지만, 고용은 전환의 전체적인 틀에서 보면 일부분이다. 지역사회 참여와 여가, 사회화 기회도 중요하다. 이러한 부분에 대해서도 가족이 기회를 확대할 수 있는 자원을 파악하도록 도울 수 있다. 가족은 친밀하게 지내 왔던 또래를 잘 알고, 성공적으로 참여하였던 방과 후 사회활동을 파악하고 있으며, 자녀가 좋아하는 여가 및 오락 기회를 파악할 수 있다(Westling & Fox, 2008). 성공적으로 실행되었던 전략과 기회는 더 많은 기회와 더 큰 사회적 네트워크를 형성하는 데 기초가 된다.

Wehmeyer, Morningstar와 Husted(1999)는 "전환기 동안 가족은 꿈을 꾸어야 하며, 대화로 기여하기를 기대해야 하며, 학교 측에 좀 더 구체적이고 명확하기를 요청하고, 학생의 자기 옹호를 위한 노력을 지원하고, 학생의 결함보다는 강점에 초점을 두어야 하며, 직업 훈련과 진로 개발을 위해 노력하는 학교를 지원해야 한다."(pp. 39-40)라고 제안하였다.

더 넓은 지역사회와 서비스 맥락에서 개인을 이해하면서 가족 요구와 지원의 균형 잡기

전환 과정에 대한 가족 참여의 중요성을 인식하는 동시에 전환기 동안 가족이 청소년기 자녀를 지원할 때 딜레마를 겪는다는 사실도 인식해야 한다(Thorin, Yovnaoff, & Irvin, 1996). 비장애청소년의 전환기에는 그들이 가정으로부터 전환할 때 가족 참여가 일반적으로 감소하지만, 장애청소년의 경우에는 전환 시 가족의 강도 높은 참여가 증가되어야 한다(Thorin et al., 1996). 가족은 전환에 참여하기는 하지만 자녀의 직업의 미래에 대해서는 비관하기 쉽다(Kraemer & Blacher,

2001). 아홉 명의 중도장애인에 대한 Cooney(2002)의 질적 연구에서 가족이 청년 자녀를 지원하려고 할 때, 성인기 서비스 관점에서 볼 때 그들의 소망이나 기대와 실제로 가능한 것 사이에는 차이가 있음을 발견하였다. Cooney는 부모의 목표를 검토한 결과, 자녀가 지역사회를 위해 자신의 능력과 재능을 사용하고 기여할 수 있게 되기를 바라는 것을 발견하였다. 그러나 이 연구에서 학생과 부모 모두가 전환 회의에서 의미 있는 참여를 하지 못하고 있음을 발견하였다. 초점 집단 면담(focus group interview)을 활용한 또 다른 연구에서는 부모가 복잡하고 일관성이 없는 성인 서비스 체계에 대한 좌절을 토로하였다(Timmons, Whitney-Thomas, McIntyre, Butterworth, & Allen, 2004). 이 연구에서는 지방에 거주하는 가족의 경우에 학령기 이후에 선택의 폭이 좁아지기 때문에 생길 수 있는 어려움을 겪는다고 하였다.

개인-가족 상호 의존 계획하기

전환기 동안 스트레스를 받는 지적장애학생과 그 부모를 지원해야 할 필요에 부응하여 개별화된 지원과 계획을 할 수 있는 두 가지 긍정적인 접근법이 등장하였다. 첫 번째는 '삶의 질 운동'에서 진화하여 발전된 '개인중심계획'이다(Kim & Turnbull, 2004). 몇 가지 전략적 절차가 개인중심계획의 예로 제시될 수 있다(Hanley-Maxwell et al., 1998). 여기에는 생활유형계획절차(Lifestyle Planning Process; O'Brien & Lyle, 1987), 맥길 행동계획 체계(McGill Action planning system; Vandercock, York, & Forest, 1989), 개인미래계획하기(Personal Future Planning; Mount, 1992, 1995) 등이 있다. 이 모든 접근법의 공통점은 개인의 재능, 강점, 선호, 꿈에 중점을 두며, 집단 내에서 이루어지는 계획하기를 중요하게 여기기 때문에 자원 및 지원과 행동 단계에 대한 순차적인 파악을 통해 목표를 개발한다는 점이다(Butterworth et al., 1993). 이러한 전략들은 장애인은 지역사회에 참여할 권리가 있고, 이들이 할 수 있는 가치 있는 지역사회 역할이 있으며, 일상생활뿐만 아니라 삶에 더 큰 영향을 주는 사안에 대해서도 선택해야 한다는 가정에 기초한다(O'Brien & Lovett, 1992).

두 번째 접근법인 가족중심계획하기(family-centered planning)는 영유아 교육 분야에서 등장하였으며, 적극적인 의사결정자로서의 가족 구성원과 장애자녀 가족의 요구에 맞는 서비스와 목표 개발 및 제공에 중점을 두고 있다(Kim & Turnbull, 2004). 이 모델에서 가족은 궁극적인 의사결정자로 간주된다(Bailey et al., 1998). 이 접근법의 중심은 모든 가족이 요구, 선호, 자원, 비전뿐만 아니라 강점도 가지고 있다는 점이다(Saleebey, 1996).

그러나 지적장애인의 학교에서 성인기로의 전환에 접근할 때에는 Kim과 Turnbull(2004)이 제시한 개인-가족 상호 의존 계획하기 접근법(Person-Family Interdependent Planning Approach)이라는 이 두 가지 접근법의 강점을 결합한 접근법이 필요하다. 이러한 포괄적인 모델은 전환이 한 개인에게만이 아니라 오히려 가족에게 전체적으로 영향을 준다고 볼 때 중요하다. 가족 모두는 가족 구성원 중 하나가 제한된 성인기 서비스를 받을 수밖에 없을 때, 전환 과정에 영향을 받는다(Ferguson & Ferguson, 2000; Kraemer & Blacher, 2001). 자기 결정이 성공적인 전환과 삶의 질의 기초가 되지만(Wehmeyer & Schalock, 2001), 중도장애청년은 지속적으로 자신에게 진심으로 관심을 갖는 사람의 지원에 의지해야 하는데, 가족 구성원이 주로 그런 사람이라고 할 수 있다(Jordan & Dunlap, 2001; Turnbull & Turnbull, 2001). 또한 삶의 질에 대한 계획은 '삶의 질'의 의미에 대한 가족의 해석을 포함할 뿐만 아니라 영향을 받는다(Bailey et al., 1998). 그러므로 개인-가족 상호 의존 계획하기 접근법을 활용하는 전환계획 과정에서는 성인 자녀의 삶을 위한 지속적인 지원과 옹호의 자원이 될 가족 구성원의 요구뿐만 아니라 가족의 문화와 가치를 고려해야 한다.

개인 중심 상호 의존 계획 실천하기

가족은 전환에서 자신들이 지원의 역할 이상을 해야 함을 발견하는 시기가 있다. 바라던 지역사회 서비스가 없을 때 가족은 새로운 서비스를 제안하거나 연계할 뿐만 아니라 옹호하는 입장에 설 수 있다.

많은 지역사회에서 참여자가 주도하는 재정과 지원을 제공한다. 이를 통해 가족은 개인중심계획이나 개인 중심 상호 의존 계획에 기초해서 서비스를 받을 수 있도록 중간 역할을 하고 있다(Beach Center on Disability, 2008).

들여다보기 **7-2**

조, 리사, 제임스의 집

3년 전에 나는 나의 아들 조(Joe)와 두 친구인 리사(Risa)와 제임스(James)를 위한 주택을 마련하는 일을 했었다. 조는 키도 크고 잘 생겼으며, 대화가 많이 필요하지 않다면 진실된 친구가 될 수 있는 청년이다. 리사와 조는 그 당시 연애 중이었지만 지금은 좋은 친구로 남아 있다. 리사는 다른 남자친구가 생겼다. 조는 우연히 리사의 이전 룸메이트와 데이트를 하고 있다. 제임스는 멋진 미소를 갖고 있는 청년이며, 자신의 부모와 함께 있는 것을 정말 좋아한다. 제임스는 2인승 자전거 타기를 즐기며, 굴렁쇠 던지기, 말타기, 춤추기, 학교를 함께 다녔던 두 명의 소녀들과 데이트하기를 즐긴다. 조도 조깅과 자전거 타기를 좋아한다.

우리는 몇 가지 지원 주거 원칙에 끌렸다. 그러나 우리의 지역센터는 승인된 장소를 원했다. 그래서 우리는 지역사회관리자격(Community-Care Licensing)과 발달 서비스부(Department of Developmental Services)의 규칙에 따라 주택을 개인화하였다. 우리는 그곳에 도입한 다음과 같은 몇 가지 개혁에 자부심을 갖는다.

- 개인중심계획하기의 확장적이고 시대에 앞선 활용
- 서비스와 주택의 분리
- 관심을 갖는 가족 구성원의 가정에 대한 주인의식
- 시설의 공유에 대한 개인의 임차 계약
- 자신들의 재정적 문제에 대한 조, 리사, 제임스(JRJ)의 강화된 통제권
- 가족과 친구로 구성된 비영리사회단체인 소위원회(microboard)의 창립
- JRJ의 유급 지원고용
- 자원봉사자의 참여
- 삶의 질 지도 만들기의 사용

초기에 우리는 PATH(Planning Alternative Tomorrows with Hope)를 이용하여 세 명 각각을 위한 세 개의 분리된 계획 회의를 했었다. 우리의 목표는 단순히 세 사람의 삶이 계속 연결되는 방법을 찾아보는 것이었다. 그들은 2년 동안 같은 야구 팀에서 야구를 했다. 각각은 서로 다른 주거 유형을 원하거나 필요하다고 했다. 그 과정에서 우리는 독특한 요구뿐만 아니라 공통된 바람도 발견했다. JRJ의 동거의 가능성(사실은 소망)은 그러한 것들을 수집하는 과정을 통해 가능해졌다.

제임스와 조의 아버지는 우리 지역 주택 관련 행정담당 기관과 이야기를 했지만, 정부보조주택 프로그램이 해당되지 않았다. 이는 담당 기관이 서로 관계가 없는 성인을 위한 '공동주택' 유형의 적용을 허용하지 않았기 때문이었다. 우리는 가정집과 아파트를 살펴볼 때 선

호(예: 이웃에 살기, 적절한 뒷마당)에 대해 더 많이 알게 되었다. 결과적으로 투자와 인생설계, 안정성, 그 밖의 여러 이유로 해서 우리 중 여섯 명이 적당한 집을 한 채 구입하기로 했다. Willis Drive Partnership이 재산을 소유하기 위해 결성되었고, 어머니 중 한 명이 집세를 수합해서 그 밖의 자산 관리를 위한 역할(예: 수리, 세금연말정산 등)을 하기로 했다.

우리의 소위원회인 Options3 Inc.는 주택에 대한 인가를 갖고, 우리의 회계담당(조의 숙모)은 현금을 출납하는 동안, 우리는 현금의 일부를 재사용하기로 했다. 회계는 매달 세 명 각각에게 현금 500달러씩을 보냈다. JRJ는 지역 은행에 있는 자신의 계좌에 저금을 하고 매달 집세 275달러씩을 내고, 함께 네 가지 방식으로 공과금(PG&E, 쓰레기 수거비, 케이블 TV, 전화비)을 지불했다. Options3, Inc는 동거인을 위해 집세 325달러를 냈다. 공과금은 매달 75달러가 들었다. JRJ가 주의한다면(소등을 잘하고 온도 조절을 잘한다면), 각자 매달 150달러 정도를 재량껏 지출할 수 있었다. 가정에서의 음식은 가족 방식의 주식을 권장하기 위해 분리해서 기금을 모았다.

소위원회(micorboard) 개념은 브리티시 컬럼비아와 개별 기금(예: 개인 예산)과 서비스 중 개입이 이루어지는 도처에서 성장하고 있다. 소위원회는 서로의 곁에서 지원하기로 동의한 한 무리의 사람들인 Circle of Friends가 통합된 것과 유사하다. 하나의 집단으로서 우리는 JRJ가 어떤 삶을 살든 간에 Option 3, Inc가 서비스 전달 매개 역할을 하든 하지 않든 간에 이들에게 헌신한다. 우리의 소위원회는 새롭게 결성된 캘리포니아 비영리 공익단체. 여기에는 거주 인가가 있다. 우리는 리사에게 대표직을 맡으라고 권했으나 리사는 거절했고, 부대 표직을 맡기로 했다.

이 가정의 정말 중요한 특징은 JRJ가 유급 지원을 제공하는 사람들의 고용주라는 사실이다. 리사는 스스로를 옹호한다. 제임스와 조는 그들이 고용과 관련된 결정을 할 때 돕는 개인 대변인과 같은 기능을 하는 제한된 개인 후견인이 있다. 가족과 친구들은 지원자들을 검토했는데, 이들은 언제나 JRJ와 함께 이들의 지원 팀과 면담을 했다. 이 세 명을 위해 인가받은 주택은 재정적으로 관리하기 쉽지 않다. JRJ의 주택은 4G 서비스 수준에 해당되는데, 주당 55시간은 한 명의 인력이 더 지원된다는 것을 의미한다. 그 시간 동안 효과적인 직원 비율은 2:1 또는 1:1이고 이를 통해 상당한 개별화가 가능하다. 이들은 유급으로 일하며, 오직 일곱 명의 가족 구성원과 친구가 자원봉사자로서 다양한 행정 및 코디네이터의 기능을 나누어서 하고 있다. 자전거 타기(조에게는 달리기)가 이들이 좋아하는 활동이기 때문에, 우리는 이러한 관심을 함께 할 '유급 자원봉사자'를 찾았다. 우리는 시내의 헬스클럽에서 멋진 청년을 발견했다. 그는 한 달에 열다섯 번을 이들과 함께 자전거를 타거나 달리고, 약간의 수당을 받는다.

인가받은 4G 서비스 수준의 주택에서는 '자료를 갖는 것'이 전통적인데, 분기마다 지역센터에 보고하기 위해 정리한다. 초기 계획 회의에서 제임스의 어머니는 자신의 아들이 고용주라면 왜 그가 고용인들에게 자료를 갖출 것을 요구해야 하는지 질문하였다. 좋은 질문이다. 우리는 제안했고, 지역 센터에서는 '삶의 질 지도 만들기'라는 대안책을 승인했다. 개인, 가족, 친구들은 '성공적인 지표'를 파악하고 소집단으로 함께 모여서 모든 것이 잘 돌아간다면 그가 어디에 있어야 하며 실제로는 어디에 있는지에 대해 10점 척도로 플롯을 그려 본다. 이 두 점이 너무 어긋나 있으면 소집단에서는 그 두 점을 서로 가깝게 하기 위해서 어떻게 해야 할지 생각을 모은다. 내 아들의 경우, 집으로 이사하자마자 35파운드가 더 늘었다. 유급 자원 봉사자 모집은 그 사회적 차원의 중요성을 넘어서서 칼로리의 불균형을 시정하기 위한 계획의 부분이었다.

우리는 출발선에서부터 거주 형태를 만들었기 때문에 창의적일 수 있는 멋진 기회가 있었다. 물론 많은 일을 해야 했다. 우리는 모델(또는 탬플릿)을 믿지 않는다. 그렇지만 누구든지 자신들이 사랑하고 지원할 사람들에게 통할 무엇이든 우리의 경험을 통해 취할 수 있길 바란다.

-John Shea, 부모 옹호, Allen, Shea, & 협회

출처: "James, Joe, and Risa's House" by J. Shea, 1998, *reSource 10*(3), p. 1. 허가받아서 게재함. 캘리포니아 농-맹 서비스 *reSources* 소식지는 미국 교육부의 지원을 받는다(Award No. H32c030017). 그러나 이 소식지에 게재된 의견은 미국 교육부나 특수교육국의 정책이나 입장을 반영할 필요는 없으며, 어떠한 국가의 공식적인 승인이 필요하지도 않다. *reSource*(제10권 제3호)의 완본은 http://www.sfsu.edu/~cadbs/News.html 참조.

이 과정의 첫 번째 단계는 개인중심계획 팀을 소집하고 그 개인과 그의 삶을 지지하는 '동지'들의 꿈과 비전에 중점을 둔 계획을 개발하는 것이다. 그런 후 팀은 삶의 유형에 따른 비전을 성취하기 위해서 어떤 지원이 필요한지 결정하고 재정적 자원을 모은다. 자금을 관리할 재정적 관리자를 파악하고 동거인이나 직업 코치, 개인 보조원 등과 같은 인적 지원을 파악한다. 그런 다음 확인된 요구를 바탕으로 예산이 책정되고 꿈은 현실이 된다. 지속적인 성공과 법적인 요건 충족을 위해 이러한 계획은 정규적으로 재검토되어야 한다. 보고서는 적합한 공적 자금 집행과 실제적인 개인 요구 충족을 보장하기 위해 주정부와 지역기관에 제출된다. 이러한 과정을 위해서는 많은 시간과 자원이 소요되지만, 가족 및 개인 중심계획을 반영하는 새롭고 개별화된 서비스를 개발해야 하는 가족과 장애인의 요구를 충족시킬 수 있다.

후견인 제도와 가족

장애인 가족이 학령기 이후 전환에서 고려해야 하는 또 다른 역할이 후견인의 역할이다. 자녀가 18세가 되면, 그렇지 않다는 점이 증명되지 않는 한, 자신에 대한 모든 것을 스스로 결정할 수 있는 능력이 있다고 법적으로 가정된다. 만약 부모가 자녀가 18세가 된 이후에도 계속해서 권리를 갖기를 원한다면 후견인 임무를 위한 서류를 제출해야 한다(Resource Foundation for Children with Challenges, 2000; Varnet, 2006). 후견인 제도는 다섯 가지 유형이 있다. 사람에 대한 후견인 제도, 재산에 대한 후견인 제도, 총체적 후견인 제도, 제한된 후견인 제도 그리고 임시 후견인 제도 등이다. 이것에 대해서 〈찬반의견 7-2〉에서 다루었고, 교사뿐만 아니라 전환기의 가족을 지원하는 사람들은 각 유형에 대해 가족이 잘 이해할 수 있도록 도와야 한다. 이전에는 후견인이 필수적이라고 여겨지기도 했지만, 이제는 후견인의 역할이 자기 결정을 간섭할 수 있고 오히려 역효과가 있는지에 대해서 의문이 제기되고 있다(Harris, 2005; Hoyle, 2005). Payne-Christiansen과 Sitlington(2008)은 후견인과 관련된 사안은 전환계획단계에서 다루어져야 하고, '학생의 강점, 요구, 선호, 관심'(p. 17)에 대한 지속적인 평가를 기반으로 해야

찬반의견 7-2
후견인 제도

후견인 제도는 자신의 이익을 위한 결정을 스스로 하기가 어렵거나 자신을 돌보거나 자신의 자산을 관리하는 데 어려움이 있는 개인을 보호하기 위한 법적 방법이다. 많은 부모는 자신이 전 생애에 걸쳐 자녀의 후견인이 되어야 한다고 생각한다. 그러나 법적으로 성인은 그렇지 않다고 판단되지 않는 한 자격이 있다고 가정된다. 자녀가 18세가 되면, 장애에 상관없이 부모는 자녀가 자격이 없어서 후견인이 필요하다는 것을 분명하게 밝히는 법적 절차를 거치지 않는 한, 더 이상 자녀의 법적인 후견인이 아니다. 장애 자체는 개인의 무자격을 밝히는 데 충분한 이유가 되지 않는다. 오히려 장애는 자신의 결정을 하는 데서의 개인의 무능력함(incapacity)과 관련 있다. 최근에 TASH와 같은 장애인을 옹호하는 단체는 광범위한 후견인 제도 사용의 축소를 요구했다(Hoyle, 2005). 여기서는 후견인 제도가 장애인에게 중요하다는 관점과 후견인 제도는 마지막 방책으로만 사용되어야 한다는 관점을 살펴보고자 한다.

찬성의견

부모는 대개의 경우 중도장애가 있는 자녀의 의료 및 사적 관리에 깊이 개입되어 있으며, 그것은 18세가 된다고 해서 자동적으로 변하는 것이 아니다. 중도장애인은 상처받기 쉬운 사람이므로 신중하지 않은 사람에 의해 좌우되어서는 안 된다. 부모에게는 자신의 성인 자녀가 금전적 · 사적 · 성적으로 이용당하지 않는다는 것에 대한 보장이 필요하다. 최근에 후견인 제도 관련 법에는 후견인 제도가 쉽게 이용당하지 않도록 하는 조항이 있다. 모든 주의 법은 적법한 절차를 요구하고 성인 자녀가 후견인 제도 청문회에서 소송 후견인이라는 대변인을 갖도록 하고 있다.

대부분의 주에는 다음과 같은 여러 수준의 후견인 제도가 있다. ① 사람에 대한 후견인: 의료 처치나 거주 문제 등에 대한 동의와 같은 사람과 관련된 사안을 지원할 수 있는, 개인의 요구에 대해 위임된 권한을 가짐. ② 재산에 대한 후견인: 사람과 관련된 문제가 아니라 개인의 재산이나 유산에 대한 위임된 권한을 가짐. ③ 총체적 후견인: 개인의 인적 · 물적 사안에 대한 위임된 권한을 가짐. ④ 제한된 후견인: 개인에게 되도록 많은 권리가 남겨져 있고 후견인은 개인이 결정하기 어렵다고 증명된 영역에서만 결정할 권리를 위임받는 것. ⑤ 임시 후견인: 후견인의 임무가 개인의 삶에서 중요한 역할을 하는 사람에게 주어지는 것. 만약 부모가 후견인이라면 부모 사후에 어떻게 할 것인가에 대해 생각해야 한다(Resource Foundation for Children with Challenges, 2000).

반대의견

아직도 우리 사회에서 광범위하게 사용되고 있는 후견인 제도는 사실상 별로 필요하지 않을 뿐만 아니라 장애인의 권리를 심각하게 손상시킨다. 자기 결정의 원칙을 위반하며 개인이 어디서 살며, 무슨 일을 하고 어떻게 돈을 쓸 것이며 누구랑 지낼 것인지 등을 포함하여 헌법이 보장하는 개인의 권리를 무시한다(Harris, 2005).

교사는 후견인 제도를 대신할 다양한 대안책에 대한 이해도 없이, 부모에게 후견인 제도를 알아보라고 너무나 쉽게 권면한다. 부모는 앞으로 자신의 자녀의 교육 및 건강 기록에 접근할 수 없을 것이라 믿으며 과도하게 두려워한다. 그러나 부모가 후견인 제도를 위해 서류를 제출해도 양측의 관계에서 제3자를 설정할 수 있다. 정부나 법정이 후견인으로 선택되면 이들이 부모를 대신해서 권한을 갖게 된다(Hoyle, 2005).

장애인은 의사결정을 위해 종종 도움이 필요하지만, 그러한 의사결정에 대한 지원은 권리를 무시하지 않고 실행될 수 있다. 지원 집단과 개인중심계획절차는 후견인 제도를 대신할 수 있는 중심축이 될 수 있다. 지원 집단은 개인의 선호를 충분히 고려하여 장애인이 의사결정을 하도록 도울 수 있다. 다른 대안책으로는 ① 위임권을 사용하는 것으로 개인이 지명한 사람에게 위임권을 주고, 만약 결정이 만족스럽지 않으면 위임을 다시 회수할 수 있는 제도. ② 장애인이 받을 수 있는 공적 기금을 수령하고 지출하도록 지명된 수취 대리인 활용. ③ 은행 계좌의 병합. ④ 거주 상황과 지원이 안전한 수준에서 이루어지고 있는지 확인하기 위해 정기적으로 누군가가 방문하도록 구체화할 수 있는 재정적 신탁 등이 있다(Harris, 2005).

한다고 제안했다. 권리의 이양은 일종의 경고나 위협으로 사용되기보다는 전환계획에서의 관건으로 간주되어야 한다(Payne-Christiansen & Sitlington, 2008).

> **핵심질문 3** 어떤 전략이 가족과의 성공적인 의사소통과 전환계획에서의 그들의 참여를 지원하는가?

전환계획 과정에 대한 가족 참여를 지원하는 전략

가족 구성원에게 경청하고 다름을 존중하기

우리는 얼마나 자주 지적장애인의 가족 구성원을 만나서 전환에 대해 그들에게 필요한 정보를 제공하는가? 우리는 ① 그들의 아들이나 딸, 형제자매에 대한 그들의 꿈과 가치를 듣기보다는 우리의 가치와 꿈을 말하고, ② 그들의 꿈을 성취하기 위한 방법을 경청하기보다는 우리의 방법을 권면하거나, ③ 지적장애 자녀의 미래에 대한 가족의 우려에 대해 듣기보다는 그들에 대한 우리의 우려를 말함으로써, 비록 의도하지는 않았지만 얼마나 자주 가족 구성원을 공격하거나 소원해지는가? 전환기에 있는 지적장애 청소년과 청년의 가족은 자신의 전문성을 전달하려고 하지만, 가족에게 경청하고 배우는 방법을 모르는 전문가를 얼마나 자주 만나는가? 자녀에 대한 부모의 전문성이 부족하다고 여기며, 존중하기보다는 비난하면서도 전문가는 가족과 동반 관계를 만들려고 얼마나 자주 시도하는가?

"경청은 수용의 언어다"(Turnbull et al., 2006, p. 142). 또한 경청은 특히 지적장애 자녀에 대한 전문가와의 만남에서 이미 불신과 불화를 경험한 가족과의 동반 관계를 형성하는 데 매우 핵심적인 요소다. 경청에 실패한다면 갈등을 심화하고 심지어 조정 절차나 적법 절차를 위한 청문회를 하게 될 것이다(Lake & Billingsley, 2000). 가족에게 경청한다는 것은 단순히 그들의 관점에 동의하는 것만을 의미하는 것은 아니다. 그들의 의견, 가치, 생활 방식을 인정해 주고, 그들이 원하는 결정을 인정하고 존중하는 동반 관계와 향후 의사소통을 만들어 나갈 기반을 다지는 것이다.

첫 번째는 우리에게 경청하는 것이다. 우리가 우리의 아이들에 대해 누구보다도 더 잘 알고 있기 때문이며, 그들은 우리의 자녀이기 때문이다. 그들은 우리의 일부다! 당신들은 어딘가로 가고 그들은 양식을 작성하고 나면 그뿐이다 (Blue-Banning, Summers, Frankland, Nelson, & Beegle, 2004, p. 175).

Harry(1997)는 불협화음이 일어날 수도 있는 가족과 전문가 간의 신뢰와 가치의 네 가지 영역으로 장애의 의미와 원인, 양육 방식, 교육적 목표 세우기, 사람들의 집단에 대한 신뢰를 제시하였다. 문화적으로 민감한 프로그램은 서로 다른 사람과의 관계 유형, 태도, 행동, 믿음에 대해서 존경과 존중을 해야 하며(Roberts et al., 1990), 경청은 존경과 존중이 나타나는 중요한 부분이다.

효과적인 가족-전문가 동반 관계에 대한 이해 증진하기

학생, 가족, 교사 그리고 행정가 간의 관계를 규정하는 법률이 있지만, '책에서의 법'과 '거리에서의 법' 사이에는 거리가 있다. 책에서의 법은 법령과 규칙, 법원의 결정으로 성문화된 법률이다. 거리의 법은 성문화된 법의 실제다. 학생, 부모, 교사, 학교 행정가가 특히 서로에게 동반자가 되어 법을 실행하려 할 때 행하는 것이다. 어떤 법도 동반 관계를 규정할 수 없다. 모든 법이할 수 있는 것은 권리를 주고, 의무를 부여하고, 부모, 학생, 교사와 행정가가서로 관계할 수 있도록 체계를 만드는 일이다. 이러한 핵심 역할을 넘어서는법은 상대적으로 동반 관계를 고무하는 데 무능해질 수밖에 없다. 성문화된 법률에 생명을 불어넣고, 거리에서의 실제가 누군가에게는 유익하고, 진정한 동반 관계를 위해 노력하는 누군가에게 하나의 모델이 되게 하는 것은 온전히 사람의 몫이다(Turnbull et al., 2006, pp. 139-140).

효과적인 가족-전문가 동반 관계는 장애인을 위한 최선의 실제에 대해 공통의관심을 가질 뿐만 아니라 동반 관계는 모두에게 유익하다고 인식하는 것을 기초로 한다(Smith et al., 2006). 효과적인 가족-전문가 동반 관계를 특징짓는 주제나원칙은 다음과 같다(Blue-Banning et al., 2004; Smith et al., 2006; Turnbull et al., 2006).

- **의사소통**　긍정적이고 이해 가능하며, 협력된 의사소통과 동반 관계의 목표를 성취하기에 충분한 양과 질의 의사소통
- **헌신**　아동과 가족의 목표를 성취하기 위해 기꺼이 진심을 다하고자 하는 것을 포함한 헌신
- **동등성**　공유된 힘과 의사결정, 자신의 삶에 대한 통제력을 갖도록 모든 파트너의 능력이나 능력 강화를 촉진하는 것
- **기술 또는 능력**　서로에게 기꺼이 배우려 하고 새로운 지식 자원과 전문가의 실제로부터 배우려 하는 것
- **신뢰**　믿고 의지하며 타당한 판단을 하며 개인의 비밀을 유지하는 것
- **존중**　의사소통과 행동을 통한 자부심을 보이고 강점을 인정하고 지지하는 것

가족-전문가 간 동반 관계의 가치와 가족 참여의 가치는 잘 알려져 있다. 교사, 전환기 코디네이터, 그 밖의 다른 팀 구성원은 학생의 성과를 향상시킬 수 있는 협력관계를 성취하기 위한 지구력을 보여 주어야 한다.

문화 능력 증진하기

"문화란 단순히 누군가가 가지고 있는 무엇인가가 아니다. 우리 모두 우리의 현재 믿음과 가치, 행동에 영향을 주는 문화와 민족성, 인종과 언어 및 종교적 유산을 가지고 있다"(Lynch, 2004, p. 76). 문화는 복잡하고 역동적인 개념이다. 문화에 대한 주요한 이해를 생각해 보라.

- 문화는 특정한 지역사회의 구성원으로부터 공유되고 세대를 이어 내려오는 인식과 믿음과 평가와 행동에 대한 사회적으로 만들어지고 사회적으로 인정된 방식들로 구성되어 있다.
- 가장 쉽게 받아들일 수 있는 문화의 측면(예: 음식, 행동)은 문화의 표면적인 수준일 뿐이고, 문화의 주요한 수준은 더 심도 깊은 가치와 믿음, 세계관과 강력하게 연관되어 있으며 그것들로부터 만들어진 것들이다.
- 문화는 사람과 지역사회를 연계하고 분리하는 매개 역할을 하고, 개인과 집

단의 생존에 중요한 인식과 믿음, 평가, 행위 방식을 한 세대에서 다음 세대로 전달하는 기능을 한다.

- 모든 사람의 인식, 믿음, 평가, 행위의 방식은 어디서부터인가 생성된다. 즉, 모든 사람은 하나 이상의 문화에 참여하고 있으며, 이들 중 일부는 민족으로 구분되고, 누군가는 다른 것으로 구분되기도 하지만, 어떤 사람은 쉽게 구분될 수 없기도 하다(Barrera & Kramer, 1997, p. 222).

대부분의 개인은 시간과 맥락에 따라 다양한 수준의 영향력을 주는 수많은 서로 다른 소문화(micro cultures)에 속해 있다(Gollnick & Chinn, 2002). 예를 들면, 지적장애청년은 부모의 인종, 민족, 종교를 공유할 수 있다. 그러나 연령과 관심사에서의 다양성, 장애인을 위한 자기 옹호 단체 참여도 그들의 문화 관점을 형성하는 데 영향을 주는 수많은 경험과 상호작용, 세상을 바라보는 방식을 만들어 준다. 또한 문화적·언어적으로 다양한 배경을 가진 가족과 상호작용을 할 경우, 유럽계 미국인의 문화적 믿음과 가치에 대한 가족 구성원의 문화순응의 수준을 고려해야 한다. 이것은 출생지가 미국인지 아니면 외국인지 혹은 지방이나 도시의 배경을 갖고 있는지, 영어에 능통한지, 이민자를 위한 구역에서 거주하는지, 교육적 성취는 어떠한지 그리고 가족이 미국에서 함께 지낸 시간은 얼마나 되는지 등의 다양한 변인에 의해서 영향을 받는다(Pachter, 1994). 그러나 이러한 요소가 영향을 주지만 문화순응은 일종의 선택적 과정이다(Sturm & Gahagan, 1999, p. 353), 이뿐 아니라 가족 구성원을 포함하여 유사한 인구통계학적 특성을 지닌 사람들 간에도 다양한 수준의 문화순응이 나타난다.

최근 미국에 이민 온 사람들 중에는 자신의 나라에서 매우 어려운 경제적·정치적 상황을 겪었던 경우가 많다(예: 아프리카, 동유럽, 남아시아 등). 그 결과, 높은 수준의 스트레스, 반복된 상실, 사회적 고립, 경제적 어려움 등이 남아 있다(Sturm & Gahagan, 1999). 지적장애청년과 그 가족이 전환기 계획에 참여할 때 이러한 요소들과 새로운 나라에 대한 수많은 적응 때문에 여전히 고군분투하는 상황일 수 있다. 우리가 생존하고 적응하기 위해 분투하는 가족에게 때때로 너무 비판적이지는 않은지 반성해 볼 일이다. 또한 우리는 자신의 문화적 가치와 믿음과 생활양식을 고수하는 가족보다 주류의 문화와 가치와 언어에 최대한 빨리 동화된 가족에게 무의식적으로 더 공감하고 지원하고 있지는 않은지 생각해 봐야 한다(McDonnell & Hardman, 2003). 개인과 가족의 가치, 믿음, 행동은 문화에 따라 혹은 동일한 문화 안에서도 매우 다양하게 나타난다. 그러나 가족을 대할 때 하나의 문화적 집단으로 보기보다는 각 가족 구성원에게 접근하는 것이 중요하다(Lynch & Hanson, 2004). 그럼에도 불구하고 구체적인 문화에 기초한 정보가 지식을 넓히고, 사안을 이해하며 질문에 대해 생각하게 하며, 교사가 각 가족과 그 구성원을 존중하고 효과적으로 소통하기 위한 진실된 노력을 기울이는 데 도움이 되는 것은 사실이다(Lynch & Hanson, 2004).

문화적 능력은 다문화적인 상호작용에 접근하기 위한 틀로서 사용되기도 한다. 문화적 능력은 '(사회적) 문화와 언어적 다양성을 알고 존중하며, 그에 근거하여 생각하고 느끼며 행동하는 능력'(Lynch & Hanson, 1993, p. 50)이다. 또한 문화적 능력은 '문화와 언어적 불협화음의 이유를 알고 바람직한 의사소통과 학습을 재정립할 수 있는 창의적이고 직관적으로 지식과 기술을 적용하는 능력'(Barrera & Kramer, 1997, p. 225)이다. 또한 '능력은 믿음과 태도와 지향성을 행동과 행위로 변화시키는 데 도움이 되는 기술들'(Roberts et al., 1990, p. 1)이다. 좀 더 문화적으로 능력이 있기 위해서는 자신의 문화적 배경과 믿음과 가치와 편견을 검토하고, 그러한 것들이 자신이 문화적 차이를 해석하고 관련성을 갖는 데 어떤 영향을 주는지를 아는 것이 중요하다(Harry, 1992; Lynch & Hanson, 2004).

문화적 능력을 향상하는 또 다른 방법은 단지 서로 다른 언어로 말하는 것 이상의, 서로 다른 의사소통 방식에서의 미묘한 문화적 차이에 대해 이해를 넓히는 것이다. 어떤 문화에서는 대부분의 정보는 어휘를 통해 의사소통되지만, 어떤 문화에서는 상호 교환되는 맥락, 의사소통하는 개인 간의 관계, 그 밖의 의사소통 단서, 예를 들어 얼굴 표정이나 몸짓과 같은 것들이 상당한 역할을 한다(Hall, 1976; Lynch, 1998). Hecht, Andersen과 Ribeau(1989)는 "얼굴 표정, 근육 긴장, 움직임, 상호작용의 속도, 상호작용의 장소 그리고 그 밖의 미묘한 '느낌'은 맥락을 중요시하는 문화권의 사람들에게 더 많은 의미를 가질 수 있다"(p. 177). 아랍권, 아시아권, 인디언이나 라틴 문화권의 많은 사람이 이러한 맥락 위주의 의사소통을 한다(Lynch, 2004). 맥락 위주의 의사소통을 가장 잘 이해하는 방법은 가까운 동료, 친한 친구나 가족 구성원들이 굳이 언어로 자세하게 이야기할 필요조

차도 없이 혹은 아무 말이 없어도 자신의 공유된 과거와 현재에 기초하여 어떻게 의사소통을 할 수 있는지에 주의를 기울이는 것이다(Lynch, 2004). 맥락이 별로 중요하지 않은 의사소통은 대체로 언어적이고 지시적이며 논리적이고 상세하다. 이런 문화권의 사람은 상대방이 신속하게 핵심을 제시하지 못하는 것을 참기 어려워한다(Hecht et al., 1989; Lynch, 2004). 유럽계 미국인과 독일인이나 스칸디나비아 사람들이 대체로 여기에 해당된다(Hecht et al., 1989). 이들은 종종 비언어적이거나 상황에 따른 의사소통 단서를 읽는 데 익숙하지 않다(Lynch, 2004).

> 가족과 서비스 제공자들이 의사소통에서 사용하는 맥락의 수준이 서로 다르면 오해가 생기기 쉽다. 한편 많은 말들, 명백하게 구체적인 언어 지시 그리고 자세한 시범은 맥락이 중요한 문화적 배경을 갖고 있는 사람에게는 무감각하고 기계적으로 보일 수도 있다. 그들에게 말이 많다는 것은 사실은 자신을 실제로는 이해하지 못했다는 것을 증명하는 것이다. 이와 다르게 맥락이 별로 중요하지 않은 문화권 사람에게 장시간의 멈춤이나 침묵, 은밀한 문장이나 스토리텔링과 같은 간접적인 의사소통 분위기는 불편할 수도 있다. 그들에게 이러한 것들은 시간 낭비이며 저항의 의미로 보일 것이다. 이러한 상호작용은 압박을 느끼는 상황이나 이해할 수 없는 의사소통 방식을 접할 때 더욱 복잡하게 된다. 이런 경우에는 맥락이 별로 중요하지 않은 의사소통자는 더 많은 말들을 빨리 말하고 목소리를 높이는 반면, 맥락이 중요한 의사소통자는 더 적게 말하고 눈 맞춤도 피하며 상호작용에서 움츠려들게 될 것이다(Lynch, 2004, p. 62).

오랫동안 학교에 다닌 지적장애청년은 이 두 종류의 의사소통 방식 중 하나 혹은 둘 다를 사용할 수 있으며, 교사와 그 밖의 전환 팀 구성원들은 그들만의 방식으로 의사소통하는 가족 구성원이나 부모와 대화하는 데 어느 정도 준비가 덜 되어 있을 수도 있다. 팀 구성원들이 전환 과정 동안 가족과 관계를 잘 형성하고 효과적으로 의사소통할 수 있는 시간을 갖는 것이 중요하다.

좋은 관계 형성을 위한 시간을 갖고 효과적으로 의사소통하기

교사는 전환계획을 시작하기 전부터 청소년의 가족과 오랫동안 알고 지내며 좋은 관계를 형성하기도 한다. 그러나 서로에게 친숙하지 않은 성인기 서비스 제공자나 형제자매 혹은 조부모는 전환계획 과정에서 새롭게 만나게 되고, 전환계획을 진행하기 전에 새로운 가족 구성원과 좋은 관계를 형성하기 위해 시간이 좀 필요할 수도 있다. 전환 팀의 전문가도 다른 환경에서 전문가와 부정적인 경험과 갈등을 겪었던 가족과 협력해야 할 기회가 오기도 한다. 이러한 가족과는 신뢰를 쌓기 위해 더 많은 시간이 필요하다. '시간을 들이는 것'은 교사에게 힘든 일이지만, 전환계획을 본격적으로 논의하기 전에 가족과의 좋은 관계가 형성되지 않는다면 과연 무엇을 진정으로 할 수 있을까를 생각해 볼 필요가 있다. Joe와 Malach(2004)는 미국 원주민 가족과 협력할 교사와 서비스 제공자를 위한 지침을 제시하였다. 이 지침 중 많은 부분이 전환계획 과정 중 다양한 문화 배경을 가진 가족과 협력하며 좋은 관계를 형성하는 데 도움이 될 수 있다. 몇 가지 주요 지침은 다음과 같다.

- 누가 회의에 참여하면 좋을지 부모에게 질문한다. 그들이 참여하기를 원하는 가족 구성원 누구라도 환영한다고 이야기한다.
- 조부모가 회의에 참석하게 되면 대화를 부모나 통역자 혹은 대변인과 하는 것이 아니라 전 가족을 대상으로 해야 한다. 이것은 전 가족에 대한 존중을 나타낸다.
- 항상 존경을 나타내고 가족을 정서적으로 지지한다. 이것은 가족의 생각을 잘 듣고, 그들의 우려와 느낌을 잘 알고 있음을 나타내며, 관심을 갖는 가족 구성원을 참석시키는 것 등으로 실천될 수 있다.
- 가족과 첫 만남을 할 때 가족 구성원에게 편안한 속도로 진행한다. 가족 구성원들이 회의 장소에 오면, 인사를 나누는 시간을 갖는다. 인사를 하고, 날씨나 교통 상황에 대해 이야기를 나누며 간단하게 개인 경험(비가 와서 정원을 가꾸기에 좋다는 등)이나 공동 관심사에 대해 공유한다. 이러한 시간을 통해 가족이 당신을 알아 나갈 기회를 주고, 이를 통해 가족과의 좋은 관계를 만

들어 나가는 기반을 다진다.

- 많을 질문을 해야 할 상황에는 우선 가족에게 당신이 질문을 할 것이고, 그 질문은 어떤 질문이며, 그러한 질문을 통해 얻은 정보가 자녀에게 어떻게 도움이 될 수 있을지에 대해 설명한다. 가족에게 당신의 질문이 이해가 잘 되지 않거나 그 질문을 왜 받았는지 이해가 되지 않으면 언제라도 설명을 요청하길 부탁한다. 대답하기 전에 다른 가족 구성원과 의논할 필요가 있으면 그렇게 해도 된다고 알린다. 질문에 대해 잠시 생각하기 원하거나 대답 전에 다른 구성원과 의논하길 원하면 당신에게 알려 달라고 부탁한다(Joe & Malach, 2004, pp. 129-130).

문화와 언어가 다양한 가족과 일할 때 문화 매개자와 통역자가 가족과의 의사소통을 준비하는 데 중요한 역할을 하며, 그들도 회의를 하는 동안이나 전환계획을 포함하여 가족 구성원과의 다른 대화를 할 때 도움을 줄 수 있다(Ohtake, Santos, & Fowler, 2000). 통역자는 가족 구성원과 학교 측 인사와의 대화를 위해 통역을 한다. 문화 매개자는 통역자의 역할을 할 수도 있지만, 동일한 언어를 사용하지만 문화적 배경과 이해가 서로 다른 가족 구성원과 교사 간의 의사소통을 돕는 역할을 한다. 문화 매개자의 역할은 두 문화 혹은 언어를 서로 이해할 수 있도록 도와서 단순한 번역자나 통역자의 역할보다도 좀 더 광범위하다(Barrera, 2000).

능숙한 통역자는 전환계획에 대한 가족 참여의 효과 면에서 큰 차이를 만들어 낼 수 있다. 효과적인 통역자의 특성은 ① 가족의 언어와 서비스 제공자의 언어 둘 다에 능숙하고, ② 문화 간 소통에 대한 이해와 통역자로서의 역할 및 서비스 원칙을 잘 이해하고 있으며, ③ 관련 전문 영역에서 교육을 받았고, ④ 양쪽 문화를 존중하고 이해할 수 있으며 문화적 뉘앙스에 대해 민감하고 적절하게 소통할 수 있는 능력을 갖는 것이다(Lynch, 2004). 필요할 때마다 이러한 모든 특징을 지니고 있으면서 훈련을 충분히 받고 경험이 많은 통역자를 만날 수 있는 것은 아니지만, 가족 구성원이나 가족과 가까운 공동체 구성원에게 이러한 역할을 하도록 요청하는 것은 주의해야 한다(Lynch, 2004). 특히 가족이 장애 자녀가 있음에 대해 당혹감을 느끼고 있거나 민감한 사안을 함께 논의해야 할 필요가 있을 때는 가족이 사업이나 교회 혹은 유사한 경로로 알고 지내는 사람을 통역자로 활용하는 데 어려움이 있다. 가족 구성원을 활용하는 것도 그들 자신의 주제를 가지고 있거나 원래 전달되어야 하는 내용과는 다르게 진술하거나 부분적으로 생략함으로써 다른 구성원을 보호하려고 할 수 있으므로 잠재적인 문제점을 갖고 있다.

통역자 활용과 관련하여 다음과 같은 점들을 고려해야 한다.

- 당신 자신과 통역자를 소개한다. 각각의 역할을 설명하고 중립적인 기대와 만남의 목적에 대해 명확하게 제시한다.
- 상호작용 동안, 통역자가 아니라 가족에게 직접 의견을 말하고 질문한다. 가족이 말할 때는 그들을 바라보고 경청하며, 그들의 비언어적인 의사소통을 잘 살핀다.
- 공격적으로 보이거나 오해를 불러일으킬 수 있는 몸짓은 피한다.
- 가족에 대한 진실한 존중과 관심을 나타내는 긍정적인 음성과 어조를 사용하고 얼굴 표정을 짓는다. 서두르지 말고 침착한 태도로 가족을 대한다.
- 명료하게 말한다. 소리를 크게 낼 필요는 없지만 약간 천천히 말한다.
- 이해하기 어려운 은어나 구어로 된 어구, 비속어, 속담, 생략어 등을 사용하지 않는다.
- 중요한 설명에 대한 과도한 생략이나 축약은 하지 않는다.
- 명확하고 논리적인 순서로 설명한다. 핵심어나 중점을 강조한다. 특정한 제안을 할 때는 그 이유를 밝힌다.
- 가족의 이해와 통역의 정확성을 정기적으로 점검한다. 그러나 "이해되시죠?"와 같은 질문은 하지 않는다.
- 가능하다면 가족의 언어로 된 문서와 시각적인 보조 자료로 구어로 된 정보를 보완하고, 적절하다면 행동적 모델링도 한다.
- 인내심을 갖고 준비하고 세심한 통역을 위해 시간을 할애하도록 계획한다 (Lynch, 2004, pp. 71-72).

가능성을 보도록 가족을 돕기

Chambers, Hughes와 Carter(2004)는 중도장애학생의 부모와 형제를 면담하면서 이들이 학령기 이후 선택할 수 있는 사안들에 대해 잘 알지 못한다고 느끼며 장애가 있는 가족 구성원의 미래에 대해 긍정적으로 생각하지 않는다는 점을 발견하였다. 대부분은 장애 자녀가 분리된 환경에서 일을 하게 될 것이고 자신들과 함께 가정에 거주하게 될 것이라고 보았다. 2차 국가종단 전환연구(SRI International, 2005)는 지적장애인의 가족 36%가 자녀가 고등학교를 졸업하거나 그 이후의 고등교육을 받게 될 것이라고 기대하지 않았다. 자폐증을 보이는 아동의 부모 48%와 중복장애를 보이는 아동의 부모 52%가 이러한 생각을 갖고 있었다. 지적장애 자녀를 둔 부모의 42%는 자신의 자녀가 결국에는 독립적으로 살 수 없을 것이라고 생각했고, 41%는 그들이 관리감독을 받아도 독립적으로 살 수 있을 것 같지 않다고 보았다. 자폐증과 중복장애를 가진 자녀를 둔 부모의 경우 이렇게 생각하는 비율은 더 높았다. 자폐증 아동의 부모 63%와 중복장애 아동의 부모 64%가 자기 자녀가 독립적으로 살 수 있을 것이라고 보지 않았으며, 자폐증 아동의 부모 32%와 중복장애 아동 부모의 45%가 자기 자녀가 관리감독을 받아도 독립적으로 살 수 없을 것이라고 보았다.

가족 면담 양식은 가족이 다양한 선택 사항과 가능성을 볼 수 있도록 제작되며, 목표 설정과 전환계획에 중요한 정보를 제공한다(예: Giangreco, Cloninger, & Iverson, 1998; Hutchins & Renzaglia, 1998). 이것의 예는 5장을 참조하기 바란다.

정확하고 이해할 수 있는 정보를 받도록 가족을 돕기

일단 가족이 가능성을 보고 비전을 세우기 시작하면, 그들이 전환 과정과 가능한 자원에 대해 정확하고 이해할 수 있는 정보를 받는 것이 중요하다. 교직원은 가족과 밀접하게 협력해야 하며, 그들의 독특한 관심에 반응해야 한다. 지역사회 생활과 참여뿐만 아니라 가능한 고용 유형에 대한 정보는 가족이 이해할 수 있는 형식으로 제공되어야 하며, 최신의 정보로 항상 갱신되어 있어야 한다. '가족 교육'이 목표가 아님을 한 번 더 강조하고자 한다. 그보다는 우리는 서로 정보와 자원에 대해 교환하고 서로에게서 배울 수 있는 상보적 과정을 추구한다(Hanley-Maxwell et al., 1998).

잘 알아들을 수 없는 은어 사용, 가족과의 좋은 관계 형성의 부족, 소통을 촉진하기에는 부족한 시간, 전문가가 자신을 무시한다고 보는 가족의 인식 등이 가족과의 성공적인 의사소통을 방해하는 요소로 밝혀졌다(Hanline, 1993). 전환교육 팀이 제공하는 정보가 최신의 정보가 아닐 때에도 가족은 좌절한다. 더 이상 존재하지 않는 기관의 주소나 전화번호, 전자 우편 주소가 가족에게 제공되는 자원 목록에 있는 경우가 비일비재하다.

정보는 여러 차례에 걸쳐 공유되어야 하고 요구는 항상 변할 수 있음을 인지하기

길을 안내받았지만 막상 안내받은 대로 가려 하면 그 내용을 기억할 수 없었던 경험이 있는가? 의사가 처방을 내려 주었지만, 정확하게 무슨 처방이었는지 기억할 수 없었던 경험이 있는가? 가족도 마찬가지다. 짧은 시간 동안 엄청난 분량의 정보를 대하게 되면 그러한 경험을 하게 된다. 전환계획 팀 구성원은 정보가 단 한 번의 회의만으로 공유될 수 없고 오히려 여러 번 들어야 하고 여러 방식으로 제공되어야 함을 인식해야 한다. 누구라도 새로운 정보를 습득하려면 반복이 중요하다. 전환 팀은 가족에게 정보를 제공할 다양한 방법을 강구해야 한다. 어떤 가족은 안내서, 기사나 논문, 핸드북, 인쇄물, 소식지 등을 읽고 싶어 하고, 어떤 가족은 학교의 회의에 참석하거나 비디오테이프를 보기를 원할 것이다. 또 다른 가족에게는 성공적인 전환을 경험한 다른 가족을 소개받는 것이 도움이 될 수 있다(Westling & Fox, 2008). 전환에 대한 의사소통은 안내서, 안내지, 회보 등의 형식을 통해 이루어질 수 있다. 편지나 메모, 대화 일지(dialogue journal) 혹은 가족과의 전화통화, 인터넷, 회의 등을 통해서도 가능하다(Turnbull et al., 2006).

전환은 한 번의 행사나 활동이 아니며, 가족과 개인의 요구는 시간이 경과함에 따라 반드시 변화한다. 변화하는 요구에 따라 다른 정보나 확장된 정보가 필요하게 된다. 변화하는 요구와 새로운 정보를 제공할 적절한 시기를 인지할 수 있도록 가족과 지속적이고 신뢰할 만한 관계를 유지하는 것이 중요하다. 이러한 것들은 개별 가족의 역동성과 사회적 맥락, 환경 등에 의해 영향을 받지만, 전환 과정 동안 가족과 동반 관계를 통해 협력하는 목적 중 하나는 지적장애와 발달장애를 가진 구성원을 포함한 가족 구성원 간의 긍정적이고 지속 가능한 성인 관계 개발을 촉진하기 위해서다. 부모가 나이가 들고 형제가 자신의 삶에 대한 책임과 선택이 증가하는 청소년과 성인이 됨에 따라, 지적장애를 가진 가족 구성원의 잠재적인 영향력에 대해 좀 더 많은 정보를 받는 것이 유익할 수 있다. 많은 형제자매가 장애를 가진 형제자매가 있음으로써 더 유익할 수 있으나 어떤 형제자매는 다양한 문제나 부정 성과를 경험할 수도 있다(Turnbull et al., 2006). 여기에는 분노, 죄책감, 당황스러움과 같은 감정을 다루는 것에서의 어려움과 진로를 결정하거나 다른 사람에게 말하는 것, 자녀를 더 가질지에 대한 결정, 장애를 가진 성인 형제의 일상적인 지원과 결정에 얼마나 관여하고 싶어 하는지 등의 문제를 해결하는 데에서의 어려움이 있다(McHugh, 2003).

요 약

결론적으로 학령기에서 성인기로의 전환기에 지적장애를 가진 청소년과 그들의 가족을 지원하는 교사와 팀 구성원이 이해해야 할 가장 중요한 것 중 하나는 변화하는 요구와 꿈, 상황이 전환계획과 실행을 지원하기 위한 구체적인 전략의 변화를 가져올 수밖에 없다는 점이다. 전환 팀 구성원은 지적장애학생과 그 가족에게 다양한 기관의 서비스와 자연적 지원을 연계해 주고, 어려움과 장벽이 있을 때 실제적인 문제해결을 돕고, 장기적인 계획과 새로운 관심과 추구를 할 수 있도록 하며, 성인 가족의 관계 발전에 도움이 되는 정보와 지원을 제공함으로써 학령기에서 성인기로의 전환기 동안 이들을 지원할 수 있다. "Huli man daw at magaling, ay naibababli din(가치 있는 일이라면 설사 늦더라도 하지 않는 것보다 낫다)—필리핀 속담"(Santos & Chan, 2004, p. 298).

핵심질문 검토

핵심질문 1 전환이 가족에게 어떤 영향을 주며, 전환계획·실행·평가에 가족이 참여하는 것을 방해하는 요소들은 무엇인가?

• 모든 가족은 청소년기와 청년기로의 전환기에 어려움을 겪는다.
• 지적장애청소년과 그 가족은 이러한 전환기에 또 다른 어려움과 스트레스를 경험한다.
• 전환에 대한 가족 참여는 다양하고 중요한 방식으로 성과에 영향을 준다.
• 전환 절차에 대한 가족 참여를 방해하는 요소는 교통수단, 직장 스케줄과의 겹침, 전환 절차와 미래 프로그램 및 지원 유형에 대한 지식의 부족, 교직원과의 소통에서의 어려움 등이 있다.

핵심질문 2 전환기 동안 부모와 다른 가족 구성원의 핵심 역할은 무엇인가?

• 청년기 동안 밀접한 관계를 유지하며 지원을 제공하기
• 더 넓은 지역사회와 서비스 맥락에서 개인을 이해하면서 가족의 요구와 지원에 균형을 잡기
• 지적장애인을 위한 개인−가족 상호 의존 계획하기에 참여하기
• 후견인 제도와 관련된 다양한 선택 사안을 탐색하기

핵심질문 3 어떤 전략이 가족과의 성공적인 의사소통과 전환계획에서의 그들의 참여를 지원하는가?

• 가족 구성원에게 경청하고 다름을 존중하기
• 효과적인 가족−전문가 동반 관계에 대한 이해를 높이기
• 문화적 능력을 향상하기
• 가족과의 관계를 형성하고 효과적으로 의사소통하기 위한 시간을 갖기

- 가족이 자기 자녀의 미래의 가능성을 볼 수 있도록 돕기
- 가족이 정확하고 이해할 만한 정보를 제공받을 수 있도록 돕기
- 가족과 정보를 한 번 이상 공유할 필요가 있으며, 요구는 변화한다는 것을 인지하기

3부

교수전략 및 교육적 지원

8장
일반교육 수업에서의 통합

John McDonnell
Brigid E. Brown

1980년대 지적장애 고등학생을 위한 교육은 이들이 지역사회 생활을 성공적으로 할 수 있도록 준비시키기 위한 교육적 경험을 제공하는 데 중점을 두었다(Brown et al., 1979; Wilcox & Bellamy, 1982). 교육과정은 성인기 기대를 반영하는 고용, 개인 관리, 여가활동을 가르치는 데 중점을 두었다(Ford et al., 1989; Neel & Billingsley, 1989; Wilcox & Bellamy, 1987). 학생에게 졸업 전에 유급 일자리에 취업하고, 지역사회의 자원을 사용하고, 독립적으로 사는 데 필요한 기술을 발달시킬 수 있도록 교사는 학급에서 벗어나 지역사회로 나가서 가르칠 것이 권장되었다(Horner, McDonnell, & Bellamy, 1986; Sailor et al., 1987).

지역사회기반 교육과정과 교수법이 여전히 중등교육에서 중요한 요소이지만, 학생은 일반교육과정과 교과수업에 참여함으로써 교육적으로나 사회적으로 혜택을 받을 수 있다는 점에 대해 점차적으로 수긍되고 있다(Fisher, Sax, & Pumpian, 1999; Wehmeyer & Sailor, 2004). 지적장애학생에게 여러 가지 면에서 통합교육이 분리교육 이상 혹은 적어도 그만큼은 효과적이라는 실험적 증거는 명백히 있다

(Hunt & McDonnell, 2007). 또한 일반교육 수업에 참여한 학생은 이러한 경험을 가지고 있지 않은 학생에 비해 졸업 후 더 잘 적응한다는 연구결과도 있다(Baker, Wang, & Walberg, 1994-1995; Benz, Lindstrom, & Yovanoff, 2000; Phelps & Hanley-Maxwell, 1997; Salend & Garrick-Duhaney, 1999).

통합교육의 긍정적인 영향력에도 불구하고, 전형적인 고등학교 학급에서 지적장애학생의 독특한 교육적 요구를 충족시키는 것은 교사와 관리자들에게 여전히 어려운 일이다(Harrower, 1999; McDonnell, 1998). 다행히 지난 10여 년 동안 일반교육 학급에서의 교수활동과 사회적 네트워크에 학생 참여를 지원하는 전략들에 대한 연구가 상당히 이루어졌다(Hunt & McDonnell, 2007; Snell, 2007). 이 장에서는 일반교육과정과 교과수업에서 학생을 어떻게 효과적으로 지원하는지에 대한 연구들을 살펴보고자 한다. 또한 학생들을 위한 효과적인 통합교육 설계를 위해 권장되는 단계들에 대해 설명하도록 하겠다.

찬반의견 8-1

일반교육과정 참여

찬성의견	반대의견
"장애학생이 일반교육의 정규 교육과정에서 배우는 것은 가능하다. 여기에 있을 수 있는 장벽은 학생의 능력이 아니다. 종종 그것은 우리로부터다. 우리는 '누구도 고립된 존재가 아니다.'라는 것을 안다. 하지만 수정과 지원이 없다면 일반교육 교실에 있는 장애학생은 고립될 수밖에 없다. 우리는 대안과 수정의 차이를 안다. '그 안에 있음'이 곧 '함께 있음'을 의미하지 않는다는 것을 안다. 궁극적으로 우리는 교육과정 수정에 대해 더 이상 말하지 말고 통합된 교육과정 설계에 대해 말을 시작할 필요가 있다"(Shapiro-Barnard et al., 2005, p. 197).	"기능적 기술과 직업 기술에 중점을 두지 못하는 일반교육과정도 마찬가지로 문제다. 일반교육과정은 초등학교 1학년부터 장애학생의 요구를 충족시키지 못한다. 아무리 계획을 해도 어떤 장애학생의 교육적 관심은 일반교육과정에 대한 수정을 통해서는 충족될 수 없다"(Chesley & Calaluce, 2005, p. 202).

중등기 통합교육의 중요성

통합교육이라는 용어는 장애학생이 만약 장애가 없었다면 당연하게 다녔을 학교에 다니고, 생활연령에 적합한 일반교육 수업과 공동체에 참여하는 것을 말한다(McDonnell, Hardman, & McDonnell, 2003). 또한 통합교육은 모든 학생이 소중한 구성원이 될 수 있도록 학급과 학교를 개발하고, 그 학교와 학급에 장애학생이 자연스러운 인구 비율 수준으로 통합되어 있으며, 장애 유형이나 정도 때문에 전형적인 교육경험에서 누구도 배제되지 않는 무거부(Zero Reject) 정책을 준수하고, 모든 학생의 교육적 요구를 충족시킬 수 있도록 인적·물적 자원을 할당하며, 학습을 촉진할 수 있는 양질의 교육을 실시하는 특성을 공유한다(Giangreco, Cloninger, & Iverson, 1998; Halvorsen & Neary, 2001; Hunt & McDonell, 2007).

지적장애학생을 위한 초기 통합교육의 확장은 상당 부분 적절한 무상의 공교육에 장애학생이 동등하게 접근할 수 있도록 하는 연방법(예: IDEA)과 사회와 지역사회의 모든 면에서 완전 참여를 원하는 장애인과 그 가족의 요구에 의해 추진되었다(Lipsky & Gartner, 1997). 그러나 통합교육에 대한 지원은 점차 장애학생이 보여 주는 학령기와 그 이후의 삶의 질 향상에 대한 입증된 효과를 근거로 이루어졌다. 예를 들어, 여러 연구에서 교과수업에 중등기 학생이 통합됨으로써 얻을 수 있는 혜택을 다음과 같이 제시하고 있다.

- 학교의 비교과 활동에 참여할 기회가 증가함(Wagner, Newman, Cameto, Levine, & Marder, 2003)
- 특히 적절한 환경 정비와 지원이 제공된다면 비장애학생과의 사회적 상호작용 및 관계가 향상됨(Carter & Kennedy, 2006; Schwartz, Staub, Peck, & Gallucci, 2006)
- 일반교육과정에 대한 접근이 증진됨(Wehmeyer, Lattin, Lapp-Rincker, & Agran, 2003)
- IDEA 2004와 NCLB 조항에 따라 실시된 대안적 평가에서의 수행이 향상됨 (Roach & Elliot, 2006)

- 특히 일반 직업교육 수업을 한 학생의 경우에는 고용에 대한 학령기 이후 적
응력이 향상됨(Benz et al., 2000; Phelps & Hanley-Maxwell, 1997)

> **핵심질문 1** 어떤 요소들이 교과수업을 듣는 학생의 교육적 혜택을
> 증가시킬 수 있는가?

교과수업에 장애학생이 통합될 경우 얻을 수 있는 혜택은 그들의 참여가 다음
과 같은 원칙을 기반으로 이루어질 때 증가할 수 있다. 첫째, 4장과 5장에서 논의
하였듯이, 교과수업은 학생 자신이 진술한 학령기 이후 성과를 성취할 가능성을
높이도록 선택되어야 한다(Bambara, Wilson, & McKenzie, 2007). IDEA 2004에서는
학생의 IEP/전환계획 팀이 학생의 학령기 이후 성과를 확인하고, 학생 자신의 목
표를 성취할 수 있도록 돕는 구체적인 전환 서비스를 선정할 것을 요구하고 있
다. 일반교육과정에의 참여는 학생이 그 성과를 성취하는 데 사용할 수 있는 가
능한 서비스 중 하나다. 교과수업 참여의 잠재적 혜택은 학생의 IEP/전환계획에
명시된 목표가 학령기 이후 성과와 결부되고, 수업에서 다루는 내용기준에 부합
될 때 증가할 것이다. 둘째, 교사는 장애학생의 일반교육에서의 상호작용을 증진
시키고 학생의 독특한 학업 요구에 맞는 교수를 제공할 수 있는 전략을 사용해야
한다(Dymond et al., 2006). 마지막으로 교사는 학생의 학습활동 참여를 증진하고
비장애학생과 빈번하게 상호작용할 수 있는 기회를 갖도록 자연적인 사회 지원
을 구축해야 한다(Carter & Kennedy, 2006). 이 장의 나머지 부분에서는 교사가 이
러한 원칙들을 성공적으로 이행하는 데 도움이 되는 구체적인 전략들에 대해 살
펴본다.

효과적인 교수전략

장애학생이 교과수업에 통합됨으로써 얻을 수 있는 혜택은 교사가 학생의 독특
한 요구에 맞게 고안한 학생 수준의 중재와 학급의 수업활동에 참여할 능력을 향
상시키는 학급 차원의 전략을 함께 사용할 때 증진될 수 있다(Hunt & McDonnell,

2007; Snell, 2007).

학생 수준에서의 중재

특수교육의 기본적인 원칙은 교수를 학생의 독특한 요구에 맞게 개별화한다는 것이다. 학생의 능력과 중등기 교과수업에서 다루어지는 지식 및 기술 간의 불일치가 있으므로 교사는 학습을 효과적으로 촉진할 수 있는 다양한 전략을 사용해야 한다. 학생 수준에서의 다양한 중재가 문헌들에 제시되어 있지만, 주목받고 있는 세 가지 전략은 수정과 조정의 사용(Lee et al., 2006), 학생 주도 학습 (Wehmeyer, Field, Doren, Jones, & Mason, 2004), 삽입교수(McDonnell, Johnson, & McQuivey, 2008)다.

수정과 조정 보다 규모가 큰 중재의 한 부분으로서 교육과정 수정과 조정은 일반교육 수업에서 학생을 지원하는 데 매우 효과적이라고 알려져 있다(Coots, Bishop, & Grenot-Scheyer, 1998; Fisher & Frey, 2001; Janney & Snell, 1997; McDonnell, Mathot-Buckner, Thorson, & Fisher, 2001; Ryndak, Morrison, & Sommerstein, 1999; Udvari-Solner, 1996). Fisher와 Frey(2001)는 일반교육 수업에 대한 학생의 학습과 참여에 대한 교육과정 조정과 수정의 독특한 효과를 검증하는 연구를 실시하였다. 이 연구에서는 초·중·고등학교 학생들이 교육과정 조정 및 수정의 계획과 실행을 통해 일반교육에 접근하는 방식에 대해 조사하였다. 일반교육 수업에 참여하는 학생을 직접 관찰한 자료와 부모, 일반교사, 특수교사, 비장애학생을 면담한 자료를 분석한 결과, 초·중·고등학교의 학생들은 모두 일반교육 수업에 참여할 수 있도록 다양하게 개별화된 조정과 수정을 제공받았음을 알 수 있었다. 또한 조정은 학생에게 제시되는 자료의 수를 줄이는 것에서부터 교육과정 중복에 이르기까지 다양하다는 것도 발견했다. 연구자들은 특수교사와 일반교사 간의 협력이 학생을 위한 효과적인 조정과 수정을 개발하는 데 핵심적인 역할을 한다고 보고했다. 또한 비장애학생이 장애학생을 위해 교육과정이 어떻게 수정되거나 조정될 수 있는지에 대해 상당히 이해하고 있음도 관찰되었다. 마지막으로 연구자들은 가장 효과적인 조정은 수업에 맞추어 구체적으로 고안되고 학습과제가 학생에 의해 완수되는 것이라고 했다.

> **핵심질문 2** **왜 자기주도 학습전략이 교과수업에서의 학생 참여를 향상하는 데 중요한가?**

학생주도 학습   학생주도 학습전략의 목적은 교실활동 참여에 대한 학생의 자율성을 증진함으로써 성공을 위해 특수교사와 일반교사에게 받는 지원의 수준을 감소시키기 위한 것이다. 학생주도 학습은 문제해결하기, 학습계획하기, 목표 설정하기, 자기 점검하기 등을 포함하여 다양한 기술을 포괄한다(Agran et al., 2005; Gilberts, Agran, Hughes, & Wehmeyer, 2001; Hughes et al., 2002; King-Sears, 1999; Koegel, Harrower, & Koegel, 1999; Wehmeyer, Yeager, Bolding, Agran, & Hughes, 2003).

Agran 등(2005)은 여섯 명의 발달장애 중학생의 일반교사의 지시 따르기 능력에 대한 자기 점검 전략의 효과를 검증하였다. 학생들은 교사에 의해 지시를 받으면 고개를 끄덕이거나 언어적으로 확인하고, 지시받은 대로 수행하고 나서 자신이 그 지시를 올바르게 따랐는지를 자기 점검하도록 배웠다. 연구 결과, 연구에 참여한 모든 학생이 자기 점검 절차를 신속하게 습득하였으며, 교사의 지시에 대한 수행률이 상당히 증가하였다. 또한 학생들은 시간이 경과한 후에도 자기 점검 전략을 계속 사용할 수 있었다.

삽입교수   삽입교수(embedded instruction: EI)라는 용어는 일반적으로 계속 진행되는 수행 환경에서의 일과와 활동 안에서 교수적 시도가 이루어지도록 고안된 명시적이며 체계적인 교수를 말한다(Rule, Losardo, Dinnebeil, Kaiser, & Rowland, 1998; McDonnell et al., 2008; Schepis, Reid, Ownbey, & Parsons, 2001; Wolery, Ault, & Doyle, 1992). 삽입교수 중에 사용되는 구체적인 교수 절차는 개별 학생의 요구, 습득해야 할 기술, 교수가 제공되는 맥락에 따라 다양하다. 지난 10년 동안 삽입교수는 일반교육 수업에 참여하는 학생의 요구를 충족시킬 수 있는 전략으로서 점차적으로 더 권장되어 왔다(Harrower, 1999; McDonnell, 1998).

예를 들어, McDonnell, Johnson, Polychronis와 Riesen(2002)은 네 명의 발달

장애 고등학생에게 식품과 영양 수업, 건강 수업, 컴퓨터 수업에서의 어휘 목록에 포함된 단어를 읽거나 정의하는 것을 가르치기 위해 삽입교수를 하였다. 이 연구에서는 보조원이 수업에서의 학생 참여를 지원하는 자신의 책임의 일부로서 삽입교수를 성공적으로 수행할 수 있는지를 점검하는지도 실험하였다. 그 결과, 삽입교수를 통해 목표 기술을 습득하고 유지할 수 있는 것을 알 수 있었다. 또한 보조원도 매우 높은 절차적 타당도를 보이며 일반교육 수업에서 삽입교수 절차를 수행하였다. 연구에 참여한 일반교사와 보조원은 삽입교수가 일반교육과정에 장애학생의 참여를 지원하는 데 효과적이며 수용될 수 있는 전략이라고 보고하였다.

삽입교수는 또래에 의해 실시될 수 있다는 점에서도 유용하다. Jameson, McDonnell, Polychronis와 Riesen(2008)이 수행한 연구에서 세 명의 비장애 고등학생은 예술과 공예 수업 및 건강 수업에서 세 명의 발달장애 또래에게 삽입교수를 하도록 훈련되었다. 장애학생은 그 수업을 함께 듣는 비장애학생으로부터 제시되는 내용에서 핵심 개념을 정의하도록 학습되었다. 비장애학생은 연구 전에 삽입교수 실시에 대한 훈련을 30분 정도 받았고, 연구가 진행되는 동안 하나의 개념 세트에 대해 삽입교수를 할 때마다 지속적으로 피드백을 받았다. 연구 결과, 발달장애학생은 비장애학생으로부터 교수를 받았을 때 목표 기술을 학습하였고, 또래는 높은 수준의 절차적 타당도를 유지한 채 삽입교수를 실시할 수 있었다. 이 연구에서도 비장애학생과 일반교사는 삽입교수가 일반교육 수업에서 이루어지는 일과 속에서 장애학생에게 교수를 제공하는 데 효과적이며 수용될 수 있는 전략이라고 보고했다.

학급 차원의 전략들

몇 가지 학급 차원의 중재들도 중등기 교과수업에서 학생을 지원하도록 제안되어 왔다. 여러 연구에 기초해 볼 때, 특히 다음에 소개할 전문가 협력(professional teaming), 보편적 설계(universal design), 협동학습(cooperative learning), 또래 교수(peer-mediated instruction)가 유망하다.

전문가 협력   학생을 지원하기 위해 특수교사와 일반교사가 하나의 팀으로서 함께 일해야만 통합교육이 성공할 수 있다는 점은 일반적으로 수긍되고 있다 (Downing, 1996; Rainforth & England, 1997). 전문가 협력에 대한 내용의 대부분이 초등학교 수준에서의 협력에 초점을 두고 있는 반면, 중등 수준에서 수행된 사례 연구와 질적 연구들에서는 중·고등학교 학생의 통합교육의 장기적인 성공을 위해서 전문가 간 협력이 얼마나 중요한지를 확인할 수 있다(Fisher et al., 1999; Jorgensen, 1998; Park, Hoffman, Whaley, & Gonsier-Gerdin, 2001; Wallace, Anderson, & Bartholomay, 2002).

예를 들어, Wallace 등(2002)은 교과수업에서 지적장애학생을 포함하여, 장애학생의 통합이 성공적으로 이루어지고 있다고 확인된 고등학교 네 곳의 협력과 의사소통 전략에 대해 조사하였다. 연구자들은 특수교사와 일반교사 간의 성공적인 협력과 관련된 학교 및 학급 차원의 변인들을 밝히기 위해 교사와의 개별면담과 초점집단 면담 그리고 설문조사를 실시하였다. 그 결과, 계획을 위해 충분한 시간을 갖는 것이 성공의 열쇠였음을 알 수 있었다. 이 연구는 다양한 과목의 교사들이 학생을 지원하기 위해 함께 일하고, 함께 수업을 계획하고, 지식과 교재를 공유하고, 통합교육에 대한 합의된 비전을 정착시키고 성공적인 협력을 하는 데 필요한 관계를 개발하기 위해 전문가 개발 활동에 함께 참여하는 것의 중요성을 강조하였다.

보편적 설계   이 개념은 30여 년 전에 건축 분야에서 등장하였다(McGuire, Scott, & Shaw, 2006). 서로 다른 조건을 가진 모든 개인(예: 노인, 키가 서로 다른 개인, 장애인 등)의 요구에 맞게 물리적인 환경을 설계하는 것에 중점을 두었다. 우리 대부분은 보편적 설계가 가정, 학교, 지역사회 환경에 적용되는 것으로 알고 있지만(예: 휠체어 경사면, 경사로), 모든 학생을 위한 교육적 성과를 향상시키기 위해 교육과정과 교수법에 대한 보편적 설계를 적용하는 것에 대해서는 비교적 잘 알지 못하고 있다(McGuire et al., 2006). 그러나 일반교육과정에 대한 모든 학생의 접근을 지원하기 위한 보편적 설계의 잠재력은 직관적이며, 그렇기에 지적장애학생을 위한 통합교육 프로그램의 발달을 지원할 수 있는 잠재적인 전략으로써 특수교육 분야에서 점차 주목받고 있다.

핵심질문 3 교육과정과 교수법에 대한 보편적 설계 원칙의 적용은
어떻게 일반교육과정에서 학생 참여를 지원하는가?

보편적으로 설계된 교육과정과 교수법은 서로 다른 능력과 요구를 가진 학생이 동등하게 접근할 수 있도록 교육과정 내용을 표현하고 상호작용할 수 있는 대안적인 방법을 제공한다(Rose, Meyer, & Hitchcock, 2005). Dymond 등(2006)은 고등학교 과학 과목에 대해 보편적 설계 원칙을 적용한 연구를 하였다. 일반교사, 경도장애학생에게 과학 과목을 가르치는 특수교사, 발달장애학생을 가르치는 특수교사가 팀 협력을 통해 보편적 설계 원칙을 사용하여 과학 수업을 매회 재구조화하였다. 재구조화 과정은 교육과정 내용, 교수적 전달, 학생의 참여, 교수 자료, 평가에 대한 구체적인 질문을 담고 있는 채점 기준표(rubric)를 통해 진행되었다. 팀은 전통적인 수업 계획을 재구조화하여 발달장애학생을 포함하여 수업에 참여한 모든 학생이 접근 가능한 수업이 될 수 있도록 하기 위해 한 학기 동안 매주 만나서 회의를 하였다. 그 결과, 수업을 재설계하는 과정은 많은 시간이 소모되었지만, 장애학생과 비장애학생 모두에게 많은 이점이 있었다. 예를 들어, 장애학생은 이러한 과정을 통해 비장애학생과의 사회적 상호작용을 향상시킬 수 있었고, 교수 일과와 활동 참여를 증진할 수 있었으며, 비장애학생의 경우에는 수업 참여 행동, 개인적 책임감, 과제 완수, 성적, 학기 말 시험 점수가 향상되는 긍정적인 성과가 나타났다.

협동학습 협동학습은 '학생들이 자신과 타인의 학습을 최대화할 수 있도록 소집단을 교수적으로 활용하는 것'(Johnson, Johnson, & Holubec, 1993, p. 6)이라고 정의된다. 다양한 유형의 협동학습법이 있으며, 그 구조에 있어 다양성을 보이지만, 여러 연구들은 협동학습이 장애학생을 포함하여 학생의 학업 및 사회적 성과를 향상시킨다고 일관성 있게 보고하고 있다(Slavin, 1995). 협동학습법은 다음과 같은 특성을 공유한다. ① 소집단의 학생들(예: 다섯 명 미만)이 반드시 함께 완수해야 하는 집단 과제를 받는다. ② 학생은 서로 협력하는 데 필요한 기술을 직접적으로 배운다. ③ 교사는 서로의 학습을 지원하기 위해 집단 구성원 간의 '긍정적인 상호 의존성' 개발을 격려한다. ④ 집단에 소속된 각 개인은 자신이

배우는 내용에 대해 책임질 수 있어야 한다.

협동학습은 일반교육 수업에서 발달장애학생에게 제공되는 교수의 질을 향상시키는 방법으로서 광범위하게 연구되었다(Cushing, Kennedy, Shukla, Davis, & Meyer, 1997; Dugan et al., 1995; Hunt, Staub, Alwell, & Goetz, 1994; Jacques, Wilton, & Townsend, 1998; Kamps, Leonard, Potucek, & Garrison-Harrell, 1995; Putnam, 1993). Cushing 등(1997)은 8학년 영어 수업에 등록한 두 명의 발달장애학생과 비장애 또래에게 적용한 두 가지 유형의 협동학습의 효과에 대해 검증하였다. 첫 번째 조건에서는 모든 학생이 수업에서의 수행 수준에 기초하여 소집단에 배정되었다. 각 집단은 중위 수준의 학생 두세 명, 상위 수준의 학생 한 명, 하위 수준의 학생 한 명으로 구성되었다. 이 조건에서 각 집단은 집단활동 10분, 집단 구성원으로부터의 상보적인 또래 교수 18분, 집단활동 5분, 교사에 의해 주도되는 집단 정리활동 5분을 가졌다. 두 번째 조건에서는 교수활동의 순서는 첫 번째 조건과 동일하지만, 혼합된 소집단 배정 절차를 생략하였다. 그 대신 학생들은 2인 1조 팀으로 학습하기 위해 특정한 또래와 집단을 구성하였다. 연구자들은 두 가지 협동학습법 모두 장애학생과 비장애학생에게 효과적이었음을 발견하였다. 그러나 장애학생과 비장애학생 간의 사회적 상호작용의 양적인 측면에서의 차이는 나타나지 않았으나 수업 중 다룬 교과 내용에 대한 사후검사 점수는 2인 1조로 구성된 조건의 학생들에게서 조금 더 높게 나타났다.

또래 교수   또래 교수는 한 학생을 또 다른 학생을 위한 교수적 매개자로 역할하도록 하는 것이다(Harper, Maheady, & Mallette, 1994). 연구에서는 일반교육 수업에서의 또래 교수의 효과에 대해 명백하게 기록하고 있다(Kamps, Barbetta, Leonard, & Delquardri, 1994; McDonnell, Thorson, Allen, & Mathot-Buckner, 2000; McDonnell et al., 2001; Mootweet et al., 1999; Weiner, 2005). 예를 들어, McDonnell 등(2001)은 고등학교에 재학 중인 세 명의 지적장애학생의 학습 반응률과 부적절한 행동률에 미치는 학급 차원 또래 교수 프로그램(class-wide peer tutoring program)의 효과에 대해 연구하였다. 연구자들은 이 연구에서 장애학생을 또래 교수하는 세 명의 비장애학생에게 미치는 프로그램의 효과도 살펴보았다. 또래 교수는 수학, 체육 및 역사 수업에서 이루어졌다. 이 수업에 참여하는 모든 학생은 능력에서 차이를 보이는 장애학생이 포함된 교수 팀에 소속되도록 조직되었다. 팀의 각 구성원은 튜티, 튜터 및 관찰자 역할을 하도록 하였다. 각 학생의 역할은 매번의 교수 회기가 끝나면 서로 바꾸었다. 학급 차원 교수를 위한 내용은 일반교사가 제시하는 단원의 교재에 초점을 두었다. 그 결과, 학급 차원 또래 교수는 장애학생과 비장애학생의 모두의 학습 반응률을 높이고 부적절한 행동 비율을 낮추는 효과가 있는 것으로 나타났다. 또한 비장애학생의 경우 일반교사가 제시한 내용에 대해 매주 진행하는 사후검사 점수가 향상되는 결과가 나타났다. 이 연구에 참여한 일반교사는 학급 차원 또래 교수가 장애학생과 비장애학생 모두에게 효과가 있다고 보고하였다.

효과적인 사회적 지원전략

학생에게 적절한 교수적 지원을 제공하는 것과 함께 이들이 일반교육 수업에 성공적으로 통합되기 위해서는 사회적 지원을 지속해서 받을 수 있어야 한다. 이러한 전략의 주요 목적은 장애학생과 또래의 비장애학생 간의 사회적 상호작용을 촉진하는 것이다(Carter & Kennedy, 2006). 전형적으로 이러한 전략은 학생들과 특정 학생 간의 관계만 증진하는 것이 아니라 학급과 학교의 자연적인 사회적 네트워크에 연결되도록 계획된다. 이러한 지원전략들에는 비형식적인 또래 중재와 또래친구와 같은 구조화된 전략들이 있다.

또래 대 또래 전략

또래 대 또래 전략(peer to peer strategies)은 장애학생의 교과수업활동 참여를 돕기 위해 한 명의 비장애학생이나 학생 집단을 연결해 줌으로써 쉽게 조직될 수 있다. 또래 대 또래 전략을 정착시키는 것은 모든 연령대 학생의 성공적인 통합을 위해 필요하다(Hunt & McDonnell, 2007). 그러나 수업마다 학급 이동이 이루어지고, 다양한 사회 집단(social group) 참여가 요구되는 중·고등학교의 경우에는 더욱 중요하다(Cutts & Sigafoos, 2001). 일반적으로 교과수업의 성격상 또래와의 상호작용이 종종 제한될 수 있어서 자연스럽게 지원적 사회관계를 형성하기는 어려울 수도 있다(Carter & Kennedy, 2006). 따라서 교사는 교과수업의 학업 및 사회적 요구를 충족시킬 수 있도록 또래 대 또래 지원전략을 정착시킬 필요가 있다.

Kennedy, Cushing과 Itkonen(1997)은 네 과목의 교과수업에서 중·고등학교 장애학생의 참여를 돕기 위해 비장애 또래를 훈련시켰다. 또래 한 명이 각 수업에서 학생을 지원하도록 모집되었다. 우선 비장애 또래가 장애학생 옆에 앉을 수 있도록 좌석 배치를 변경하였다. 또래는 수업시간에 장애학생과 어떻게 적절하게 의사소통 및 상호작용하는지를 훈련받았다. 또한 이들은 장애학생이 수업에 참여할 수 있도록 수업활동과 과제를 수정하는 방법에 대해서도 배웠다. 이 연구는 장애학생과 비장애 또래와의 수업 중 상호작용과 수업 외 시간에 장애학생과 사회적 접촉을 하는 비장애학생의 수에 대한 또래 지원전략의 효과를 검증하였다. 그 결과, 연구 기간 동안 수업 중과 수업 이외의 상황에서 장애학생과 상호작용하는 비장애학생의 수는 의미 있는 증가를 보인 것으로 나타났다.

장애학생 한 명을 비장애학생 한 명과 짝을 지어 지원하는 전략이 상당히 효과가 있지만, 최근에는 교사가 교과수업에서 학생을 지원하기 위해 다수인 또래(multiple peers)를 활용하는 것을 권장하고 있다. 이 다수인 또래전략은 일반적으로는 사회 집단으로 알려져 있다(Cushing & Kennedy, 2004). 예를 들어, Carter, Cushing, Clark와 Kennedy(2005)는 중·고등학교에서 일반교육 수업에 참여하는 지적장애학생 세 명을 지원하기 위한 다수인 또래전략 효과에 대해 연구하였다. 이 연구에서 사용한 일차 종속변인은 장애학생의 일반교육과정을 수정한 학습활동 참여 정도, 전형적인 수업활동 참여 정도, 또래와의 사회적 상호작용의 정도였다. 연구 결과, 세 명의 학생 모두 한 명보다는 두 명의 비장애 또래에게 지원을 받았을 때 일반교육과정에 맞게 조정된 학습활동에 더 많이 참여하였으며, 전형적인 학습활동에 더 참여하였고, 또래와 더 높은 수준의 사회적 상호작용을 한 것으로 나타났다.

다수인 또래 지원전략은 한 명의 또래와 짝지어 지원하는 것보다 다양한 잠재적 이점이 있다. 첫째, 이 전략은 학교 내 다양한 사회적 집단에 접근할 수 있는 기회를 증가할 수 있는 여러 개인과 관계를 맺을 수 있도록 해 준다(Ryan, 2000). 둘째, 다수인 또래전략은 또래 한 명이 부재한 경우에도 또 다른 또래가 지원을 제공할 수 있다. 이처럼 수업에서 장애학생을 지원하기 위해 다수인 또래 지원전략을 사용함으로써 교과수업에서 학생에게 지속적인 지원이 가능하다. 마지막으로 다수인 또래 지원전략은 다른 방식으로는 만들기 어려운 학급 공동체로서의 정서를 촉진할 수 있다(Carter, Cushing, et al., 2005; Kennedy, Shukla, & Fryxell, 1997).

또래친구(peer buddies)   여러 연구자들은 비공식적인 또래 지원과 함께 중 · 고등학교는 조직화된 또래 지원 시스템 개발이 필요하다고 주장한다. 또래친구라는 프로그램은 지난 몇 년 동안 이러한 또래 지원 시스템으로서 주목을 받아 왔다(Hughes & Carter, 2006). 또래친구 프로그램은 일반적으로 일반교육과정 수업 중에 진행되며, 또래는 이 프로그램에 참여함으로써 학점을 받는다. 이 프로그램의 핵심은 성공적으로 수업을 위해 교실 이동하기, 점심식사하기, 비교과 활동 참여하기 등 학교에서의 일과와 활동에 장애학생이 참여하는 것을 돕기 위한 보다 폭넓은 수준의 지원을 정착하는 데 있다. 이것은 일반교육 학생에게 장애를 갖고 있는 친구를 비교수적 활동이나 사회적 상호작용, 여가활동 등에 어떻게 참여시킬 수 있는지를 훈련함으로써 촉진된다. 또래친구 프로그램을 활용한 수업은 장애학생의 지원 요구에 대한 정보와 적절하게 상호작용하는 전략을 제공하도록 설계된다. 그러나 이 수업은 또래가 친구의 '교사'도 아니고, 장애학생의 '담당자'도 아님을 강조한다. 또래친구는 장애학생의 삶에 권위자가 한 명 더 생기는 것이 아니라 효과적인 사회적 지원을 위한 자원이 생김을 의미한다. 또래친구 프로그램은 교직원이 또래친구에 대한 그들의 지원을 점차 줄여 나갈 때 가장 효과적이다. 이렇게 함으로써 장애학생과 그들의 또래는 상호작용과 지원을 위해 상호 의존하는 관계를 발전시킬 수 있으며, 이를 통해 또래 간의 자발적인 상호작용 기회가 증가하게 된다.

Carter, Hughes, Guth와 Copeland(2005)는 또래친구 프로그램이 고등학교에 재학 중인 지적장애학생의 학교생활 중 또래와의 상호작용에 미치는 영향에 대해 연구했다. 또래친구는 매일 50분 동안 이루어지는 교수 및 비교수 활동에서 장애학생과 상호작용을 했으며, 학교에서 수업시간 외에도 상호작용하도록 권장되었다. 또래친구는 장애학생과 어떻게 의사소통하며 상호작용하는지에 대한 정보를 제공받았다. 연구 결과, 장애학생과 또래친구 간의 사회적 상호작용은 증가하였으며, 또래친구가 장애학생과 물리적으로 가까운 위치에 있을 때 사회적 상호작용의 영향은 증가되었다.

다른 연구에서 Carter, Hughes, Copeland와 Breen(2001)은 또래친구 프로그램에 참여한 비장애학생과 참여하지 않은 비장애학생의 장애학생에 대한 인식과 태도를 비교하였다. 또래학생 프로그램에 자원봉사자로 참여하였던 학생은 참여하지 않았던 학생에 비해 장애인에 대해 더 긍정적인 인식을 하고 장애학생과의 상호작용에 대해 더 높은 호감 수준을 나타냈다. 한 학기 동안 또래친구 프로그램에 참여한 후 장애인에 대한 인식과 그들과의 상호작용에 대한 호감은 유의미하게 증가하였으나, 프로그램에 참여하지 않은 학생은 아무런 변화가 없었다. 이 연구에서는 또래친구 프로그램처럼 장애학생과 또래 간의 접촉과 상호작용을 증가시키는 체계화된 접근이 성공적인 통합교육을 촉진하는 데 중요하다고 제안하였다.

효과적인 통합교육 프로그램 설계하기

대부분의 통합교육 프로그램 개발에 성공적인 접근법에서는 모든 학생을 위한 교육의 질을 향상시키기 위한 학교 차원에서의 노력이 기초가 된다(Fisher et al., 1999; Jorgensen, 1998; Wehmeyer & Sailor, 2004). 이러한 체계 변화를 위한 노력은 다음과 같은 여러 원칙에 따라 이루어진다(Berry, 2006; Burnstein, Sears, Wilcoxen, Cbello, & Spagna, 2004; Sailor & Roger, 2005; Stockall & Gartin, 2002).

- 행정 직원과 교직원은 명백하게 모든 학생에 대한 높은 기준 및 기대에 대한 학교의 비전을 정착시킨다.
- 모든 학생의 가치와 다양성이 인정받는 학습 공동체를 만들기 위한 의미 있는 노력이 이루어진다.
- 교사가 보편적 학습 설계 원칙에 입각한 교육과정을 개발하기 위해 협력한다.
- 학교는 교사가 학습적·행동적·사회적 어려움이 있는 학생을 잘 지도할 수 있도록 기술적 지원 체계를 갖춘다.

• 체계 변화 노력에 대한 평가는 학생의 학업 성취 및 재학률(예: 출결, 중도탈락 등)에 대한 측정에 근거를 둔다. 교직원은 지속적인 체계 변화 노력을 안내하기 위해 평가자료를 사용한다.

교사는 학생 차원에서 학생의 일반교육과정에 대한 접근과 일반교육 수업에서의 성공적인 참여를 증진하는 다음과 같은 몇 가지 단계를 수행할 수 있다. ① 팀 기반 지원 실시하기, ② 학생 맞춤 및 학급 맞춤 조정과 적응 개발하기, ③ 학생을 위한 또래기반 교수와 사회적 지원 촉진하기, ④ 개별화된 교수 계획 개발하기, ⑤ 학생마다 개별화된 장·단기 목표에 맞는 교수 일정 계획하기

들여다보기 8-1

로버트의 과학 수업 참여

로버트(Robert)는 이스트 레이크 고등학교 10학년에 재학 중이다. 로버트는 어머니가 지역사회 대학의 과학 전공 교수이고, 아버지도 의과대학의 연구원인 것에 영향을 받아서 과학에 관심이 많다. IEP/전환계획 회의를 하는 동안 로버트는 자신도 아버지처럼 방과 후에 실험실에서 일을 할 수 있게 되면 좋겠다는 의사를 밝혔다. IEP/전환계획 팀은 로버트의 목표를 폭넓게 논의하고, 맞춤 일자리(customized job)를 통해 실험실 기술자로서 일하는 것은 그를 위한 실제적인 고용 성과가 될 수 있다는 결론을 내렸다. 로버트는 실험실 환경에서 보다 많은 경험을 해야 하며, 과학 실험실에서 주로 다루는 도구들에 익숙해져야 할 것이다. 팀은 로버트가 이러한 경험을 할 기회를 갖기 위해서는 10학년의 과학 시리즈에 참여하는 것이 가장 좋은 방법이라는 결론을 내렸다.

로버트의 특수학급 교사인 힐(Hill)은 10학년 과학 시리즈를 가르치는 블레이크(Blake) 교사를 만나서 첫 학기 동안 로버트가 배울 수 있는 기술들을 확인하였다. 두 교사는 로버트가 생태계에 대한 첫 단원에 나오는 몇 가지 핵심 단어를 읽고 정의하는 것을 배워야 한다는 점에 동의하였다. 또한 로버트는 친구들과의 대화를 먼저 시작하는 것을 배워야 하고, 한 활동을 끝내고 다음 활동을 시작하는 것을 알리는 학급 일정표 사용 방법을 배워야 하는 것에 동의하였다.

블레이크, 힐 그리고 보조원 달톤(Dalton)은 과학 수업에서 로버트를 위한 포괄적인 지원 계획을 함께 개발하였다. 달톤은 로버트가 읽어야 하는 내용을 녹음하여 로버트가 필요한 정보에 접근할 수 있도록 지원하는 것을 전담하기로 하였고, 블레이크는 목표 어휘를 하이라이

트로 강조하여 수정한 교재와 연습지를 개발하는 것을 돕기로 하였다. 로버트는 힐과 달톤의 감독하에 두 명의 또래친구[제이콥(Jacob)과 리지(Lizzie)]의 도움을 받아 목표 어휘를 읽고 정의하는 것을 삽입교수를 통해 배우기로 했다. 제이콥과 리지는 로버트가 그 밖의 수업 일과와 활동에 참여할 수 있도록 필요한 지원을 제공할 것이다.

블레이크, 힐, 달톤은 매주 만나서 로버트를 위한 지원계획을 검토하고 수업에서의 진전도를 살펴보기로 했다.

팀기반 지원 과정 수행하기

학생의 IEP/전환계획 개발 후 특수교사, 일반교사, 보조원, 관련된 서비스 전문가들이 일반교육 수업에서의 학생의 요구를 충족시키기 위해 지속적으로 협력할 수 있도록 하는 절차를 확립해야 한다. 성공적으로 통합교육이 이루어지기 위해서는 이러한 전문가 협력 팀의 역할이 매우 중요하므로 여러 연구자들이 학교 내 이러한 활동을 공식적으로 지원할 수 있는 방법에 대해 연구하여 왔다(Giangreco, Edelman, & Nelson, 1998; Hunt, Doering, Hirose-Hatae, Maier, & Goetz, 2001; Hunt, Soto, Maier, & Doering, 2003; Hunt, Soto, Maier, Muller, & Goetz, 2002). 이러한 전문가 협력 팀 접근의 구체적인 단계는 다양하지만, 다음과 같은 공통된 요소들을 포함하고 있다. ① 학생의 변화하는 요구를 다루기 위해 정규적으로 실시하는 회의, ② 팀 구성원에 의한 학생의 사회성 및 학업적 지원에 대한 협력적 개발, ③ 학생의 교육 프로그램의 효과를 평가하기 위한 구체적인 책무성 체계 등이다.

Hunt 등(2003)은 일반교육 수업에서의 학생 통합을 지원하기 위해 통합된 지원계획(Unified Plans of Support: UPS) 절차를 설명했다. 이 절차의 핵심은 학생을 위한 교육계획에서 일반교육과정과 일반교육 수업의 일과 및 활동에 맞는 학습 성과를 확인하는 데 있다. 그러나 UPS 절차는 IEP/전환계획이 성공적으로 실시되는 데 필요한 지원 개발을 위해 학습 성과를 단순히 확인하는 것 이상의 것을 포함한다. UPS 절차는 다음의 네 가지 핵심 단계에 기반을 둔다.

1. 각 학생의 학습 및 사회성 프로파일을 확인한다.

2. 프로파일에 기초하여서 협력 팀은 일반교육과정의 각 영역에 성공적으로 참여할 수 있도록 교육과정 및 교수법 전략, 사회적 지원전략 등에 대해 브레인스토밍한다.

3. 각 지원전략이 확인되면, 협력 팀의 구성원은 각 전략이 적절한 때 적용되도록 하고 그 전략을 실시하는 데 있어 다른 팀 구성원의 활동에 협력하기 위한 책임을 나눈다.

4. 협력 팀이 학생의 요구를 충족시키기 위한 UPS 효과를 평가할 수 있도록 책무성 체계가 개발되고 시행된다. 이 단계에서 팀 구성원이 각 전략의 영향력을 평가하고 UPS를 재정비하도록 하는 정규적인 팀 회의를 한다.

〈표 8-1〉은 과학 수업에 등록한 학생을 위한 UPS의 사례를 보여 준다. 이 계획은 일반교육 수업에서 학생을 위해 시행될 조정, 수정, 사회적 지원, 학생 맞춤 학습계획 등을 구체화하였다.

학생 및 학급 맞춤 조정과 수정

교과수업에서의 학생 지원의 핵심 요소는 모든 일과와 활동에 학생의 참여 능력을 최대화하기 위한 조정과 수정을 개발하는 것이다. Janney와 Snell(2000)은 조정은 교육과정, 교수법, 환경을 포함한 세 가지 영역에서 필요할 수 있다고 하였다.

교육과정 조정은 학생에게 무엇을 가르칠 것인가에 대한 변화이며, 보완 교육과정, 단순화 교육과정, 대안적 교육과정을 포함한다. 보완 교육과정은 학생에게 수업에서의 기준에 도달하도록 기술과 지식을 보충한다. 예를 들어, 학생에게 제시되는 내용을 더 깊이 이해하거나 더 빨리 학습하도록 다양한 학습전략을 가르칠 수 있다(Schumaker & Deshler, 2006). 이것은 문장 속의 중요 내용을 확실하게 이해할 수 있도록 읽고 있는 내용에 대해 스스로 질문을 만들어 보도록 하는 자기 질문하기 전략이나, 핵심 개념 또는 생각 목록을 기억할 수 있도록 돕는 기억 전략을 가르치는 것을 포함한다. 단순화 교육과정은 핵심 교육과정에 직접 언급

〈표 8-1〉 통합된 지원계획(UPS)의 예

통합된 지원계획(UPS)

학생 이름: 로버트

협력 팀 구성원: 블레이크, 힐, 달톤

수업: 지구과학

날짜: 2007년 9월 15일

교육적 지원
(적응, 교육적 수정, 대안적 교수 형식)

지원	책임자	수행 수준
어휘 읽기에 대한 삽입교수	힐	•⟨완전⟩ • 부분 • 미정
해당 단원을 오디오테이프에 녹음	달톤	•⟨완전⟩ • 부분 • 미정
주요 어휘에 강조 표시를 한 학습지 수정	힐 달톤 힐 달톤	• 완전 •⟨부분⟩ • 미정

사회적 지원
(지원동아리, 또래친구 프로그램, 사회적 촉진)

제이콥과 리지 또래 지원하기	블레이크 달톤	• 완전 •⟨부분⟩ • 미정
		• 완전 • 부분 • 미정
		• 완전 • 부분 • 미정

논의해야 할 다른 사안: 로버트의 책상을 학급 앞의 제이콥과 리지의 책상 옆에 둔다.

출처: "Across-Program Collaboration to Support Students with and without Disabilities in General Education Classroom", by P. Hunt, K. Doering, A. Hirose-Hatae, J. Maier, & I., Goetz, 2001, *Journal of the Association for Persons with Severe Handicaps. 26*, pp. 240-256. 허가받아서 수정함

된 수정된 기준을 확인한다. 예를 들어, 로버트의 경우를 살펴보면, 블레이크와 힐은 로버트가 구체적인 생태계에 영향을 주는 무생물적 요인이나 생물적 요인이 어떻게 변화하는지를 예측하기보다는 핵심 어휘(예: 생태계, 먹이사슬, 생물권 등)의 언어적 정의를 읽고 제시할 수 있도록 학습할 것을 결정했다. 마지막으로 대안적 교육과정은 핵심 교육과정을 직접 참조하지는 않지만 지역사회에 성공적으로 전환하기 위해서 필요한 지식과 기술을 가르치는 데 중점을 둔다. 로버트의 경우에 이러한 기술에는 또래와 대화 시작하기와 학습의 일정표 사용하기가 포함된다. 그러나 친구와 의사소통하기 위해 전자 의사소통 도구를 사용하거나 휠체어에서 일반 의자로 옮겨 앉기 등과 같은 기술도 포함될 수 있다.

교수적 조정은 교수활동 중 투입(예: 자극 교재)이나 산출(예: 학생이 완수해야 하는 행동)에서의 변화에 초점을 둔다. 학생이 받는 투입에 대한 조정은 문장을 읽게 하기보다는 CD나 오디오테이프에 녹음하여 들려주는 것, 또는 교사에게 강의를 들을 때 필기를 해야 하는 주요 개념의 목록을 제공하는 선행 조직자(advanced organizer)를 사용하는 것 등을 포함한다. 학생의 산출에 대한 조정은 기대되는 반응—예를 들어, 어휘검사 중 정의를 쓰게 하기보다는 플래시카드를 가리키게 하거나 연습지의 모든 문제를 풀기보다는 두 문제 당 한 문제씩만 풀게 하는 등의 기대되는 반응에서의 변화에 초점을 둔다.

마지막으로 생태학적 조정은 학생을 학급의 어느 위치에 배치할 것인지와 일과표 조정이나 함께 학습할 친구 조정하기 등을 포함한다. 학급 배치에서의 변화는 학급에서 좀 더 조용한 곳으로 이동하여 학생이 과제를 수행하는 데 방해를 덜 받도록 하거나 PPT 자료를 더 잘 볼 수 있도록 앞자리로 이동하는 것을 포함한다. 학생의 일과표를 조정하는 것은 과제를 완수하는 데 좀 더 시간을 갖도록 수업시간보다는 자습시간을 이용하여 과제를 하도록 하거나 피로감을 풀고 문제행동을 방지하기 위해 과제 중 정기적인 휴식시간을 갖게 하는 등을 말한다. 이와 유사하게 집단학습보다는 1:1 수업을 받게 하거나 보조원보다는 또래 교수자에게 학습에 도움을 받도록 하는 등의 지원에서의 변화도 포함된다.

협력 팀이 수업에서의 학생의 성공을 촉진하기 위해 다양한 교육과정적 · 교수적 · 환경적 조정을 할 수 있다는 점을 유념해야 한다. 더 나아가 앞서 논의하였듯이 조정은 전형적인 수업 일과와 활동에서의 학생의 요구를 충족시키기 위해 맞춤식으로 개발되는 것이 중요하다(Fisher & Frey, 2001). 수업에서 학생을 지원하는 사람은 자신이 하는 수정이나 조정에 대해 인식하고 정확하게 수행할 수 있도록 훈련을 받아야 한다.

> **핵심질문 4** 일반학급 수업에서 또래 지원이 보조원의 지원보다 선호되는 이유는 무엇인가?

또래기반 교수 및 사회적 지원 촉진하기

일반교육 수업에서 학생에게 교수 및 사회적 지원을 제공하기 위한 가장 보편적인 방법 중 하나는 수업 일과 및 활동을 완수할 수 있도록 보조원을 배치하는 것이다(French, 2003b; Giangreco, Broer, & Edelman, 2002). 초기에는 보조원의 역할이 제한되었지만, 전국의 많은 학교에서 보조원은 해당 지식이나 기술을 갖고 있지 않음에도 불구하고, 학생을 위한 계획이나 교수설계에서 책임이 점차 증가하고 있는 실정이다(Giangreco & Broer, 2005). 이에 따라 학생이 일반교육 수업에서, 특히 교사가 특정 과목(예: 수학, 과학, 역사)에서 전문화된 지식을 갖고 있어야 하는 중학교 교과 교육 수업에서 받는 교육 프로그램의 전반적인 질에 대한 의문이 제기되었다. 더 나아가 연구들은 일반교육 수업에서 보조원이 존재하는 것이 실제로 일반교사의 학생에 대한 관심의 감소와 비장애 또래학생과의 사회적 상호작용의 감소 등의 의도하지 않았던 부정적인 영향을 갖고 있음을 지적하고 있다(Downing, Ryndak, & Clark, 2000; Giangreco, Edelman, Luiselli, & MacFarland, 1997; Marks, Schrader, & Levine, 1999; Shukla, Kennedy, & Cushing, 1998; Young, Simpson, Smith-Myles, & Kamps, 1997). 연구자들은 보조원의 지원이 절제되어 사용되어야 하며 또래전략이 학생의 요구를 충족시킬 수 없는 상황에서만 사용되어야 한다는 데 인식을 같이 하고 있다(Giangreco & Broer, 2007). 여기에는 학생의 안전이 우려되는 상황, 일상생활 기술 수행에 개인적인 도움이 필요한 상황, 강도 높은 지원이나 타인과의 의사소통을 위한 지원이 필요한 상황 등이 해당된다.

보조원의 지원이 신중하게 이용되어야 하는 반면, 보조원은 그들의 역할이 제대로 정해지고 필요한 훈련을 받으며 자신의 역할을 수행하는 데 필요한 지속적인 도움을 받는다면, 교과 수업에서 학생을 위한 지원의 핵심 자원이 될 수 있다 (Broer, Doyle, & Giangreco, 2005; Carter, Cushing, et al., 2005; Causton, Theoharis, & Malmgren, 2005; Devlin, 2005). 일반교육 수업에서의 보조원의 역할을 준비시키는 데 필요한 절차에 대한 구체적인 설명은 이 장의 범위를 벗어나는 것이지만, 교사와 학교 측이 이 부분을 다루는 데 중요한 자원을 제공할 수 있는 현장 검증된 프로그램들이 있다(예: Doyle, 2002; French, 2003a).

일반교육 수업에서 교수 및 사회적 지원을 받기 위해 가장 적절하고 손쉽게 적용할 수 있는 자원은 바로 또래다(Carter & Kennedy, 2006; Hunt & McDonnell, 2007). 이 자원은 교사가 협동학습이나 또래 교수전략을 사용할 때뿐만 아니라 IEP/전환계획 팀이 교실과 학교에서 형식적/비형식적 또래 지원전략을 개발할 때도 사용될 수 있다. 또래는 다음과 같이 수업에서 지적장애학생을 지원하는 데 여러 역할을 할 수 있다. ① 교육과정과 교과수업 및 생태학적 조정을 시행하기, ② 해야 할 과제를 수행하는 데 도움이나 피드백 제공하기, ③ 적절한 의사소통 및 사회적 기술 모델링하기, ④ 학생과 다른 친구들 간의 사회적 상호작용 촉진하기, ⑤ 일반교육과정이나 IEP/전환계획에 제시된 특정 기술에 대한 삽입교수 제공하기 등이다. 성공적인 또래 지원 프로그램을 개발하고 수행하기 위한 단계는 다음과 같다.

- 해당 학생을 지원할 수 있는 동일한 수업을 듣는 한 명 이상의 또래를 선택한다(Carter & Kennedy, 2006). 이들이 제공해야 할 지원의 유형이나 또래를 훈련하고 감독할 사람, 학생의 개별적인 요구 등 여러 요소들이 지원 역할을 할 또래를 선택하는 데 고려된다.
- 또래가 할 구체적인 지원 역할에 대해 훈련한다(Carter & Kennedy, 2006). 훈련은 해당 학생에게 수행될 절차에 중점을 두어야 한다. 이러한 절차는 교사나 보조원에 의해 각 또래에게 모델링을 통해 훈련되어야 하고, 또래는 해당 학생에게 수행하기 위해 안내된 연습을 제공받아야 한다. 또래에게 자신이 해당 학생의 '교사'가 아니라 수업 일과와 활동에 참여할 수 있게 돕는 역할을 한다는 것을 확실하게 알도록 훈련을 구조화하는 것이 중요하다.
- 해당 학생이 점점 더 능력과 자신감이 생기면 또래 지원을 점차 줄여 나간다

(Carter & Kennedy, 2006).

- 해당 학생이 필요한 지원을 받고 있는지 또래의 지원을 정규적으로 감독한다. 감독 절차의 중요한 부분은 잘 진행되고 있는지 지원을 할 때 별다른 문제는 없는지 등에 대해 또래와 대화를 나누는 것이다. 연구에 따르면 또래는 종종 학생에게 제공되는 지원을 어떻게 향상할 수 있는지에 대한 중요한 안목을 갖고 있다(Fisher & Frey, 2001).

개별화된 교수 계획 개발하기

학생은 일반교육과정의 내용을 배우거나 IEP/전환계획의 목표를 달성하기 위해 분명하고 체계적인 교수를 필요로 한다. 지난 몇 십 년 동안 연구들은 지적장애학생을 위한 교수공학의 큰 발전을 이끌어 냈다(Snell & Brown, 2006; Westling & Fox, 2009). 일반교육 수업에서의 지적장애학생의 개별적인 요구에 초점을 둔 교수법은 분리된 교육 환경에서 교수를 이끄는 다음과 같은 동일한 원칙에 따라 계획되고 실행되어야 한다.

- 교수는 해당 학생의 의도된 학습 성과에 대한 명확하고 구체적인 진술에 기반을 두어야 한다.
- 효율적인 학습을 촉진하기 위해서는 충분한 횟수의 교수가 시도되어야 한다.
- 교수적 사례에 대한 신중한 선택과 제시 순서는 목표로 한 기술의 일반화와 유지를 증진하도록 연습되어야 한다.
- 교수가 이루어지는 동안 오류를 최소화화기 위한 반응 촉구와 용암 절차가 사용되어야 한다.
- 학생 오류가 발생하면 체계적으로 교정되어야 한다.
- 전형적인 수행 환경에서 발견되는 수준으로 강화 일정을 용암시키는 것을 포함하여 학생 학습을 지원하도록 자연적 강화가 사용되어야 한다.
- 학생 수행 자료는 정규적으로 수집되어야 하고, 그 정보는 학생의 학습을 최대화하는 데 필요한 교수적 절차를 수정하는 데 사용되어야 한다.

〈표 8-2〉 삽입교수 계획의 예

학생 이름: 로버트

교수목표: 서로 다른 형식의 프린트가 제공될 때, 로버트는 두 번 연속해서 80% 정확하게 생태계에 관한 단원에서 도출된 5개의 일견어를 읽을 수 있다.

보충적 교수 기회	자연적 교수 기회
활동 전이	교재
실험실에서의 휴식시간	활동지
독립된 학습지 활동	실험실 요약지

제시 순서(프린트마다 서로 다름)

1. 체계	2. 생태계
3. 체계 혹은 생태계	4. 생물의 다양성
5. 체계, 생태계, 생물의 다양성	6. 대기
7. 체계, 생태계, 생물의 다양성, 대기	8. 생물 자원
9. 멸종	10. 6개 단어 모두

지원전략

Ⅰ. 단어를 제시. "이 단어를 읽어 보렴." 0초 지연과 단어 모델링하기

Ⅱ. 단어를 제시. "이 단어를 읽어 보렴." 3초 지연과 단어 모델링하기

강화 절차

사회적 칭찬을 함: "맞았어. (단어)이지."

오류 수정 절차

1. "아니야, 이것은 (단어)라고 해."
2. 단어를 다시 제시함. "이 단어를 읽어 보렴."
3. 단어를 모델링함
4. 기술적 피드백을 제공. "그렇지, (단어)라고 읽는 거지."

〈표 8-2〉는 일반교육 수업에서 삽입교수를 시행하기 위한 교수 계획 양식의 예다(McDonnell et al., 2008). 이 양식은 효과적인 교수 계획들이 보이는 핵심 요인들을 담고 있으며, 일반교육 수업에서 개별화된 교수 양식에 사용되도록 용이하게 수정될 수 있다. 이 예에서는 로버트에게 일반교육 과학 교육과정에서 도출한 중요 어휘를 읽도록 가르치기 위한 교수적 절차를 보여 준다. 〈표 8-3〉에서는 한 주 동안 로버트의 수행을 관찰하는 데 사용된 자료수집 양식의 예를 보여 준다.

〈표 8-3〉 삽입교수 자료수집 양식의 예

삽입교수 자료지											
날짜	지원전략/ 어휘제시순서	1	2	3	4	5	6	7	8	9	10	%
9/20	I 1	+	+	+	+	+	+					100
9/21	I 1	+	+	+	+	+						100
9/22	II 1	0	+	0	+	+	+	+	+	+	+	80
9/23	II 1	+	+	+	+	+						100
9/24	I 2	+	+	+	+	+						100
9/27	I 2	+	+	+	+	+						100
9/28	II 2	0	+	+	+	+	+	+	+	+	+	90

출처: *A Data Based Classroom for the Moderately and Severely Handicapped,* by H. D. Fredericks, V. L. Baldwin, D. N. Grove, C. Riggs, V. Furey, W. Moore, et al., 1975, Monmouth, OR: Instructional Development Coperation. 허가받아서 수정함

개별화된 교수 계획에 대한 일과표 교수

학생의 개별화된 교수 계획이 개발되면, 교사는 이 계획이 일관성 있게 실행될 수 있도록 일과표를 개발해야 한다. 이를 위해 가장 많이 사용되는 방법 중 하나는 일과표 매트릭스를 사용하는 것인데, 원래 특수학급의 일과와 활동 중 학업 및 발달적 기술에 대한 삽입교수의 일정을 짜기 위해 사용되는 것이다(Guess & Helmstetter, 1986). 최근에는 일반교육 수업에서의 보완, 단순화, 대체 교육과정 목표를 위한 교수를 계획하기 위한 전략으로써 제안되고 있다(Downing, 1996; Giangreco, Cloninger, et al., 1998; Ryndak & Alper, 2003).

일과표 매트릭스의 개발은 매일 교사와 학생에 의해 수행되는 전형적인 일과와 활동에 대한 분석에서부터 시작된다. 교사가 다루는 내용은 매일 달라지지만, 교사는 대개 수업을 조직하기 위해 정해 놓은 유형을 사용한다. 예를 들어, 교사는 수업을 시작할 때 과제 점검을 맨 처음에 하고 나서 대집단 강의로 새로운 정보를 제시하고, 협동학습 활동을 위해 소집단으로 학생을 나누는 등의 순서로 수업을 진행한다. 이러한 일과와 활동은 학생에게 삽입교수를 제공할 기회를 찾거나 학생에게 1:1 교수나 소집단 학습을 병행하기 위한 기회를 찾기 위해 분석된다.

〈표 8-4〉 일과표 매트릭스의 예

학생: 로버트					
수업: 지구과학					
	일과/활동				
목표	도입	과제 검토	강의/시범	실험활동	실험활동 요약
친구와 대화 시작하기	✓			✓	✓
단어 읽기	✓	✓		✓	
수업 일과표 사용하기	✓	✓	✓	✓	✓

　　분석을 하고 난 후 특수교사는 전형적인 일과와 활동의 목록과 그 수업 내내 학생에게 다루어질 목표를 포함한 매트릭스를 개발한다(〈표 8-4〉 참조). 그런 다음 교사는 각 목표가 일어나는지 교수 내의 일과와 활동을 점검한다. 매트릭스는 이러한 특별한 목표를 갖고 학생을 가르치는 누구에게라도 지침이 될 수 있다.

요 약

　　많은 연구들이 중등기 학생이 일반교육과정과 일반교육 수업에서 혜택을 볼 수 있다는 연구 결과들을 제시하고 있다. 이상적으로 학생을 위한 통합교육 기회를 지원하기 위한 노력은 모든 학생에게 제공되는 교육의 질 향상을 위한 학교의 보다 큰 교육개혁 노력의 일부분이다. 그러나 교사는 다음과 같은 부분에서 일반교사와 협력함으로써 더욱 성공적으로 학생의 통합교육을 지원할 수 있다. ① 일반교육 수업에 적절하게 참여할 수 있도록 돕는 지원계획을 세우기, ② 학생 맞춤식 혹은 수업 맞춤식 조정과 수정 전략 개발하기, ③ 또래 지원 체계 만들기, ④ 핵심 교과 및 IEP의 목표에 맞게 신중하게 교수 계획하기, ⑤ 학생이 성취할 수 있도록 체계적인 교수 제공하기 등이다. 학생이 수강하는 교과수업이 해당 학생의 학령기 이후 목표와 직접 연관된다면 일반교육과정에 참여하는 것의 잠재적인 혜택은 증가할 것이다.

핵심질문 검토

핵심질문 1 어떤 요소들이 교과수업을 듣는 학생의 교육적 혜택을
증가시킬 수 있는가?

• 수업 내용을 학생의 졸업 후 성과에 결부시킨다.
• 학생은 과목 내용과 상호작용할 수 있는 교수적 지원을 받고, 그들의 독특한
요구에 적합한 개별화된 교수를 받는다.
• 학생은 수업의 일과와 활동에서 참여하도록 또래로부터 지원을 받는다.

핵심질문 2 왜 자기주도 학습전략이 교과수업에서의 학생 참여를
향상하는 데 중요한가?

• 자기주도 학습전략은 수업 일과와 활동에 참여할 때 학생의 자율성을 증가
시킨다.
• 자기주도 학습전략은 특수교사와 일반교사로부터의 지원을 감소시킬 수
있다.

핵심질문 3 교육과정과 교수법에 대한 보편적 설계 원칙의 적용은
어떻게 일반교육과정에서 학생 참여를 지원하는가?

• 모든 학생이 수업에서 다루는 내용에 접근할 수 있도록 한다.
• 학생을 위해 지식과 기술에 대한 시범을 보이는 대안적 방식을 제공한다.

핵심질문 4 일반학급 수업에서 또래 지원이 보조원의 지원보다 선호되는
이유는 무엇인가?

• 또래 지원은 학생에게 좀 더 자연스러우며 연령에 적합한 지원의 자원이 된다.

• 여러 연구에서 보조원의 지원이 종종 보조원에 대한 의존과 또래와의 사회
 적 상호작용의 방해 등을 포함하여 의도하지 않았던 부정적 결과를 낳는다
 고 보고하고 있다.

9장
지역사회 환경에서의 교수

John McDonnell

많은 연구자들은 상당히 오래전부터 비장애학생을 위한 교수가 실제 생활과 연관성이 있어야 하며, 직장인으로나 시민으로서 직면하게 될 적용문제를 다루어야 한다고 보았다(Darling-Hammond, Rustique-Forrester, & Pecheone, 2005; DiMartino & Castaneda, 2007; Herman, 1997). 그들은 실제 생활 맥락과 환경을 다루는 앵커드 교수(anchoring instruction)는 두 가지 주요 목적을 갖는다고 주장한다. 첫째, 학생이 학교에서 배운 것과 졸업 후 할 것들을 연결함으로써 학교 교육과정의 관련성을 증가시킨다. 둘째, 지역사회 요구를 다루는 상황교수(anchored instruction)는 학교에서 배운 기술을 실제 수행 환경에서 일반화하도록 돕는다.

이러한 두 가지 생각은 지적장애를 가진 학생에게도 동일하게 적용된다. 연구자들은 이들이 독립적으로 수행하기 위해서는 실제 수행 환경에서 직접적인 교수를 받을 필요가 있다고 확신해 왔다(Horner, McDonnell, & Bellamy, 1986; Rosenthal-Malek & Bloom, 1998). 그 결과, 지역사회기반교수는 학생들이 학령기에서 성인기로의 전환을 효과적으로 준비하는 데 중요한 부분이 되었다(McDonnell, Mathot-Buckner, & Ferguson, 1996; Wehman, 2006). 이 장에서는 지역사회에서 학생이 학습하는 것을 지원하는 것과 관련된 주제들을 다룬다. 이와 함께 교수설계에 대한 지침을 제공한다. 마지막으로 우리는 교사가 지역사회기반교수를 하면서 직면하게 되는 주요한 문제들을 다룬다.

지역사회기반교수의 중요성

지역사회기반교수(community based instruction: CBI)는 지적장애학생을 위한 효과적인 중등교육에서 매우 중요하다. CBI는 1980년대와 1990년대에 이들을 위한 중등교육이 고립된 학업 및 발달 기술 교수에서 매일의 일상에 기반을 둔 활동과 일과의 완수로 변화되면서 채택되었다. 이러한 교육과정 중점의 변화는 학교에서 지역사회 생활로의 전환 시 학생의 적응을 향상시키고, 학령기 이후 성과를 개선하기 위해서였다. 또한 IDEA 2004에서도 CBI의 중요성이 나타나는데, 이 법에서는 지역사회교수를 교육청이 학생에게 제공해야 하는 주요한 전환 서비스의 하나로 밝히고 있다.

다음은 CBI가 갖는 이점이다.

- 학교에서 배운 기술에 대한 가정, 직장, 지역사회 환경으로의 일반화 향상 (Horner, McDonnell, et al., 1986; Rosenthal-Malek, & Bloom, 1998)
- 적응 행동에 대한 표준화 검사 점수 향상(McDonnell, Hardman, Hightower, & Drew, 1993)
- 학교 졸업 후 고용에 대한 적응 향상(Bambara, Wilson, & McKenzie, 2007; Phelps & Hanley-Maxwell, 1997)
- 학교 졸업 후 비장애 또래와의 사회적 관계 향상(Chadsey, 2007)

CBI의 학생 참여는 다음과 같은 몇 가지 원칙을 따를 때 더욱 촉진될 수 있다 (McDonnell et al., 1996; McDonnell & McGuire, 2007). 첫째, CBI에서의 기대 성과는

학생과 그 가족의 가치, 선호도 및 기대를 반영해야만 한다. 전반적인 목적은 지역사회에서의 학생의 현재와 미래의 삶의 질을 향상하는 방식으로 CBI를 활용하는 것이다. 이것은 CBI를 위해 선택된 활동과 일과가 가정과 지역사회 환경에서 좀 더 독립적으로 기능할 수 있도록 학생의 능력에 직접적인 영향을 줄 때 성취될 수 있다. 둘째, CBI는 학교보다는 이웃과 지역사회에서 행해질 때 가장 효과적이다. 이러한 접근은 학생이 CBI에서 목표로 하는 일과와 활동을 완수할 정기적인 기회를 가질 가능성과 시간이 지나도 안정된 수행을 유지할 가능성을 증가시킨다. 더 나아가 학생의 이웃과 지역사회에 중점을 두는 것은 이러한 일과와 활동을 부모와 가족이 지원하도록 하는 데 좀 더 실제적이다. 셋째, CBI의 효과

찬반의견 9-1
통합교육 vs 지역사회기반교수

지역사회기반교수(CBI)는 지적장애학생의 학령기 이후 성과를 향상하기 위해 광범위하게 수용되는 전략이다. 그러나 어떤 사람은 CBI도 통합교육의 목적과 갈등을 겪을 수 있다고도 한다. 이에 대한 찬반의견을 통해 중등기 학생을 위한 지역사회교수에 대한 다양한 관점을 탐색할 수 있다.

찬성의견	반대의견
CBI는 완전한 학업적·사회적 통합에 대한 장벽을 만들고, 학생과 지역사회에 혼란스러운 메시지를 준다. 재구조화 운동에 참여하는 많은 학교가 모든 학생을 위한 지역사회에서의 교육적 경험들(예: 지역사회—봉사 요구, 인턴십, 견습연수 등)을 수용하는 반면, 많은 학교가 아직도 CBI를 실행하고 있지 않다. 따라서 학령기 동안 오직 장애학생에게만 제공되는 분리된 CBI의 실제는 지양해야 한다(Tashie, Jorgensen, Shapiro-Barnard, Martin, & Schuh, 1996, p. 20).	많은 학교의 울타리 안에서 특정 기술을 가르치기 위한 맥락을 제공하는 것은 매우 어렵다. 길 건너기 또는 연령과 문화에 맞는 옷을 골라서 구매하기, 세탁소나 할인매장에서 안내원으로 일하기 등이 바로 그러한 경우의 예다. 확실히 이러한 기술에 대한 상황은 학교 환경 안에서 개발될 수 있으나, 학교 환경 밖에서만이 요구되는 요소들을 전반적으로 연습할 수 있으며, 실제로 요구되는 환경에서 다루어질 수 있다. 기능적 기술의 일반화를 효과적으로 가르치고 촉진하기 위해서는 어느 정도의 CBI는 필수적이다(Billingsley & Albertson, 1999, p. 300).

성은 또래가 멘토나 튜터로서 지원을 할 때 증가한다. 또래는 지역사회에서 적절한 의사소통과 사회적 행동의 예를 보여 줄 수 있는 또래 모델로서 역할을 할 수 있으며, 그들은 장애학생이 사회적 네트워크에 참여할 수 있도록 도움을 준다. 또래에 의해 제공되는 CBI는 학생에게 좀 더 동기화될 수 있는데, 연령에 적합한 사회적 상호관계 기회와 우정을 개발할 기회를 증가시키기 때문이다. 넷째, CBI의 복잡성과 중요한 요구에 의해 필요한 교수 시간과 직원 자원은 학생의 가정과 지역사회 생활에 중요한 일과와 활동의 안정된 수행을 정착하는 데 초점을 두어야 한다. 마지막으로 CBI는 또래, 가족 구성원, 직장 동료, 지역사회 구성원 등의 자연적 지원에 기초하여 설계되어야 한다. 이 장의 나머지 부분에서는 교사가 이러한 원칙을 지켜서 CBI를 설계하고 실행하기 위해 사용할 수 있는 단계들을 설명한다.

지역사회기반교수 설계하기

[그림 9-1]은 CBI 프로그램을 개발하기 위해 권장하는 단계를 보여 준다.

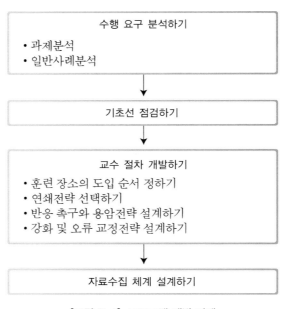

[그림 9-1] 프로그램 개발 단계

핵심질문 1 교사는 일과나 활동에 대한 일반사례분석을
언제 해야 하는가?

수행 요구 분석하기

일과와 활동은 일정한 순서로 일어나는 행위의 복잡한 연쇄다. 학생에게 일과
나 활동을 가르치는 것의 첫 번째 도전은 ① 그 연쇄를 구성하는 구체적인 반응
과 ② 어떻게 그러한 반응들이 다양한 맥락과 환경에서 변화하는지 확인하는 것
이다. 예를 들면, 식료품점에서 구매하는 활동을 하기 위해서 학생은 미리 기술
된 순서대로 여러 단계를 완수해야 한다. 학생은 다양한 항목, 다양한 상점, 다양
한 상태(예: 가게에 있는 사람 수, 하루 중 시간)에 걸쳐 믿을 만한 수준으로 완수할
수 있을 때 이 활동에 대한 능력을 보여 준다고 할 수 있다. 수행 요구 분석의 범
위는 학생이 궁극적으로 일과나 활동에서 수행되도록 기대되는 환경의 수에 따
라 달라진다. IEP/전환계획 팀은 어떤 학생의 경우에는 한 장소에서 일과나 활동
을 완수해야 한다고 결정할 수 있다. 예를 들어, 학생이 자신의 집 근처의 특정
식료품점에서만 구매를 할 필요가 있을 수도 있다. 그러나 또 다른 경우에 IEP/
전환계획 팀은 학생이 자신의 이웃이나 지역사회의 몇 군데 상점에서 구매하는
것을 배울 필요가 있다고 결정할 수도 있다.

학생의 수행이 한 곳의 환경에 제한될 때는 과제분석(task analysis)이 권장된다
(Cooper, Heron, & Heward, 2007; McDonnell et al., 1996). 그러나 만약 다양한 장소
에 걸쳐 수행할 것이 기대된다면, 활동에 대한 일반사례분석(general case analysis)
이 권장된다(Albin & Horner, 1988; Albin, McDonnell, & Wilcox, 1987).

과제분석 과제분석의 목적은 ① 일과나 활동을 가르칠 수 있는 행동 단위의
순서로 분석하고, ② 학생이 각 단계를 언제 어떻게 완수할지를 통제해야 하는
자극을 확인하기 위함이다. 〈표 9-1〉은 식료품점에서 구매 활동에 대한 과제분
석이다.

과제분석을 위해 실험적으로 타당한 하나의 규칙은 없다. 목적은 한 학생이 행
동하도록 기대될 수 있는 것을 기능적으로 묘사하며, 교사가 활동에 대한 학생의

학습 진전도를 신뢰할 만한 수준으로 추적할 수 있는 가장 적은 수의 단계를 확
인하는 것이다. 과제분석의 단계를 확인하는 방법 중 하나는 활동을 어떻게 완수
하는지를 묘사하기 위해 단순한 문장으로 어떻게 표현할 것인가를 생각해 보는

〈표 9-1〉 과제분석의 예

> **학생 이름:** 브래드(Brad)
> **활동:** 림스(Reams)에서 물건 사기
> **수행 조건**
>   언제: 오후
>   무엇: 간단한 인스턴트 음식
>   어떻게: 각 식품의 그림카드와 지불할 20달러를 이용

자극	반응
1. 건물의 서쪽에 있는 문	1. 들어가는 문으로 들어간다.
2. 줄지어 있는 카트. 줄 끝에 있는 카트	2. 카트를 뒤로 당겨 뺀다.
3. 식료품 코너	3. 식료품 코너로 카트를 밀고 가기
4. 캔으로 된 식품 진열대	4. 캔으로 된 식품 진열대로 카트 밀고 가기
5. 구매할 식품 그림, 구매할 식품 진열대	5. 구매할 식품 진열대로 카트 밀고 가기
6. 구매할 식품 그림, 선반 위 구매할 식품	6. 구매할 식품 잡아서 꺼내기
7. 구매할 식품, 카트	7. 구매할 식품을 카트에 넣기
8. 냉동식품 진열대	8. 냉동식품 진열대로 카트 밀고 가기
9. 구매할 식품 그림, 구매할 식품 진열대	9. 구매할 식품 진열대로 카트 밀고 가기
10. 구매할 식품, 카트	10. 구매할 식품을 카트에 넣기
11. 소량 계산대	11. 소량 계산대로 카트 밀고 가기
12. 모니터, 시작 버튼	12. 시작 버튼 누르기
13. 모니터, 촉구-물품을 스캔하기	13. 첫 번째 물품을 스캔하기
14. 봉지 걸이, 봉지	14. 봉지에 구매한 식품 넣기
15. 모니터, 촉구-물품을 스캔하기	15. 두 번째 물품을 스캔하기
16. 봉지 걸이, 봉지	16. 봉지에 구매한 식품 넣기
17. 모니터, 지불 버튼	17. 지불 버튼 누르기
18. 모니터, 현금 버튼, 지폐 투입구	18. 지폐 투입구에 20불짜리 한 장 넣기
19. 잔돈 지급통	19. 잔돈 챙기기
20. 영수증 출력기, 영수증	20. 영수증 챙기기
21. 봉지	21. 봉지 잡기
22. 건물의 동쪽에 난 출입문	22. 나가는 문으로 걸어 나가기

것이다. 예를 들어, 당신은 식료품점에의 구매 활동을 다음과 같이 묘사할 수 있을 것이다. "상점의 로비로 들어간다." "카트 보관소로 간다." "로비 쪽으로 카트를 밀고 간다." "상점으로 들어간다." "첫 번째 식품코너 통로로 카트를 밀고 간다." 등. 이러한 각 단계는 더 자세하게 분석될 수도 있지만(예: "상점으로 들어간다."는 문 손잡이에 오른손을 올려놓는다, 잡아당겨 문을 연다, 문을 통과하여 걸어 들어간다, 손잡이를 놓는다), 이 정도의 상세함은 학생의 수행을 가르치거나 점검하는 데 필요하지 않을 수도 있다. 또한 과제분석의 각 단계는 관찰과 측정이 가능해야 한다. 즉, 학생이 활동을 수행하는 것을 관찰하는 누구라도 그 학생이 그 단계에서 묘사되는 활동을 하고 있는지 볼 수 있고, 정확하게 혹은 부정확하게 했는지 여부를 결정할 수 있어야 한다.

교사는 학생에게 언제 어떻게 각 단계를 수행해야 하는지를 알도록 하는 자극을 확인해야 한다. 예를 들어, 식료품점에서 계산원에게 돈을 주는 것에 대한 자극은 계산대 화면에 가격이 제시되고 계산원이 총액을 요구하는 것 등이 될 것이다. 자극은 환경에 있는 사물이나 사람이다(예: 문, 계산대, 구입물품 목록, 계산원 등). 또는 그 단계에서 일관성 있게 진행되는 사건이나 행위(예: 자동으로 문이 열리는 것, 점원이 "시리얼은 6번 통로에 있어요."라고 말하는 것, 사람이 줄을 서서 앞으로 나아가는 것 등)가 될 수도 있다. 이러한 정보는 학생이 활동을 배울 때 할 수 있는 실수의 수를 최소화하는 교수 절차를 설계하는 데 활용된다.

과제분석은 타당해야 한다. 이것은 동일한 환경에서 일과나 활동을 수행하는 다른 사람을 관찰하거나 그 활동을 직접 해 봄으로써 확인할 수 있다. 중복되고 불필요한 단계는 과제분석에서 제거되어야 한다. 어떤 경우에는 학생이 그 단계의 기능적인 요구를 충족시키도록 하기 위해 대안적인 수행전략을 확인해야 한다. 예를 들어, 학생은 구체적인 액수를 세기보다는 20불짜리 지폐를 사용하여 물건값을 지불할 수도 있을 것이다.

일반사례분석　일반사례분석은 단계에서의 변이와 다양한 수행 환경에서 나타나는 자극들을 확인하기 위해서 전통적인 과제분석 절차를 확장한 것이다 (Horner, Sprague, & Wilcox, 1982). 예를 들어, 물품의 위치나 계산대 화면은 식료품점마다 다를 수 있다. 상점 수에 따라 단계에서의 변이와 자극은 매우 광범위할 수 있다. 실제적인 관점에서 보면 학생이 이러한 변이를 다루도록 배우는 것을 돕기 위해 교사가 이웃에 있는 모든 상점이 아니라 두세 곳의 상점에서 교수할 수 있다면 훨씬 쉬워질 것이다. 이것이 정확하게 일반사례분석 절차가 근거로 두는 논리다. 이 절차는 지적장애학생에게 식당 탁자 정리하기(Horner, Eberhardt, & Sheehan, 1986), 길 건너기(Horner, Jones, & Williams, 1985), 전화 이용하기(Horner,

〈표 9-2〉 일반사례분석의 예

학생 이름: 브래드
활동: 식료품 구매하기
수행 조건
    어디서: 림즈, 스미스, 댄, 세이프웨이, 앨버트손즈
    언제: 오후
    무엇: 간단한 인스턴트 식품
    어떻게: 목표 물품 그림카드와 지불할 20달러 지폐 활용

자극	자극 유형	반응	반응 유형
1. 출입문	① 자동회전문 ② 자동미닫이문 ③ 여닫이문	1. 상점에 들어간다.	① 걸어서 들어간다. ② 문을 밀고 걸어서 들어간다.
2. 카트 보관소, 카트	① 로비에 있는 보관소 ② 앞면 벽 ③ 계산대 양 옆	2. 카트를 가져온다.	① 카트 줄 뒤에서 당긴다. ② 카트 줄 앞에서 당긴다.
3. 진열대, 그림카드	① 캔 식품 ② 냉동식품	3. 목표 식품을 찾기 위해 진열대를 살핀다.	① 앞쪽 진열대 ② 중간 진열대
4. 그림카드, 물품 진열대	① 상단에 위치-선반, 냉동고 ② 중간에 위치-선반, 냉동고 ③ 하단에 위치-선반, 냉동고	4. 목표 식품을 꺼낸다.	① 상단 선반에서 꺼내기 ② 냉동고를 열고 상단 선반에서 꺼내기 ③ 중간 선반에서 꺼내기 ④ 냉동고를 열고 중간 선반에서 꺼내기 ⑤ 하단 선반에서 꺼내기 ⑥ 냉동고를 열고 하단 선반에서 꺼내기
5. 소량 자동 계산대	① 일렬로 있는 계산대 ② 통과하는 계산대	5. 열려 있는 계산대로 간다.	① 열려 있는 계산대로 카트를 밀고 간다. ② 카트를 밀어 줄을 통과한다.

6. 모니터, 스캔대	① 눈높이의 모니터 ② 카운터 높이의 모니터	6. 식품을 스캔한다.	① 옆면의 바코드를 스캔한다. ② 밑면의 바코드를 스캔한다.
7. 봉지 걸이, 봉지	① 스캔대의 오른쪽 ② 스캔대의 왼쪽 ③ 종이봉지 ④ 비닐봉지	7. 봉지에 구매품을 넣는다.	① 열려 있는 봉지를 잡아당긴다. ② 봉지를 잡아당긴 다음 봉지를 연다.
8. 터치 스크린, 지폐 투입구	① 지불, 현금 ② 마침, 현금 ③ 모니터 옆면 ④ 영수증 출력기 옆면	8. 지불한다.	① '지불'과 '현금'을 터치한다. ② '마침'과 '현금'을 터치한다. ③ 투입구로 가서 지폐를 넣는다.
9. 지폐 잔돈대, 동전 잔돈대	① 모니터 옆면 ② 모니터 아래 ③ 영수증 출력기 옆면	9. 잔돈 챙기기	① 잔돈대로 간다. ② 손을 뻗쳐 잔돈을 잡는다.
10. 봉지 걸이, 봉지	① 스캔대 오른쪽 ② 스캔대 왼쪽 ③ 종이봉지 ④ 비닐봉지	10. 봉지를 챙긴다.	① 손잡이를 잡아서 봉지를 걸이에서 뺀다. ② 바닥에서 봉지를 들어올린다.
11. 문	① 자동회전문 ② 자동미닫이문 ③ 여닫이문	11. 상점을 나간다.	① 걸어서 통과한다. ② 문을 밀고, 걸어서 통과한다.

Williams, & Stevely, 1987), 자동판매기 이용하기(Sprague & Horner, 1984)와 같은 다양한 일상생활 활동의 일반화를 가르치는 데 성공적으로 사용되어 왔다.

〈표 9-2〉는 식료품 구입하기 활동을 위한 일반사례분석의 예다. 일반사례분석은 다음과 같이 6단계로 이루어져 있다.

1. **학생이 활동할 환경을 확인한다.** 이 단계에서 교사는 학생이 특정 활동을 할 것이라고 기대되는 모든 환경을 확인해야 한다. 일반적으로 확인된 환경의 수는 학생이 사는 이웃 및 지역사회와 학생의 특별한 요구에 따라 달라진다. 학생이 넓은 도시에 위치한 모든 식료품점에서 물건을 살 필요는 없다. 그 학생의 지역사회에 위치한 상점에서의 교수에 중점을 두는 것이 더 기능적이다. 앞에서 제시한 사례에서는 IEP/전환계획 팀은 브래드가 그의 집 주변의 상점 다섯 곳에서 학습해야 한다고 결정했다. 이러한 환경에서 수집된

정보는 교사가 훈련을 위한 장소를 선정하는 데 사용될 것이다.

2. 그 활동에서의 학생의 수행 범위를 정한다. 활동을 완수하기 위해 학생에게 기대되는 행동은 그의 구체적인 요구에 따라 매우 다양할 수 있다. 예를 들어, 어느 학생은 간식을 구매하는 것을 배우거나 가정생활을 유지하는 데 필요한 모든 식품, 가정용품, 위생용품 등을 구매하는 것을 배울 수 있다. 브래드의 사례에서는 IEP/전환계획 팀이 브래드가 집에 혼자 있을 때 점심이나 저녁을 준비할 수 있도록 캔 수프와 냉동식품과 같은 간단한 식품을 구매하는 것을 배워야 한다고 결정했다. 여기서 결정해야 할 중요한 사항은 학생이 일반 또래와 동일한 방법으로 이러한 활동을 할 것인지 아니면 활동 중 몇 개의 단계에서는 대안적인 수행전략을 사용할 것인지다. 브래드의 경우 글을 읽거나 계산을 할 수 없기 때문에, IEP/전환교육 팀이 그가 상점에서 사기를 원하는 물품 목록을 기억할 수 있도록 그림카드를 사용할 수 있으며, 잔돈까지 계산하는 것을 피하기 위해 20달러짜리로 물건값을 지불하는 전략을 사용하기로 하였다.

3. '일반적인' 활동 단계를 확인한다. 교사는 기대되는 수행 환경 모두에서 공통적인 활동 단계를 확인해야 한다. 예를 들어, 학생이 각 상점에서 카트를 가져오기 위해 필요한 구체적인 단계를 기술하는 것 대신 카트의 위치나 카트를 상점에 가지고 들어오는 방법 등의 다양성을 포괄하는 '카트 가져오기'와 같은 일반적인 단계를 분석에 포함한다. 이러한 일반적인 활동 단계는 모든 훈련 장소에서 학생을 가르치고 진전도를 파악하는 데 사용된다.

4. 각 활동 단계에서의 '일반적인' 자극을 확인한다. 교사는 학생이 각 활동 단계를 언제 어떻게 수행할지를 통제하는 일반적인 자극을 확인해야 한다. 예를 들어, '카트 가져오기' 단계에 대한 일반적인 자극은 보관 장소와 카트를 포함한다.

5. 기대되는 수행 환경을 조사한다. 교사가 각 기대되는 수행 환경에 가서 일반적인 활동 단계에서 관찰할 수 있는 다양성(변이)과 자극을 기록하는 것이 바람직하다. 일반적인 자극에 대해서는 교사는 각 환경에서 발견되는 각 활동 단계에서의 물건이나 일에서의 차이를 기록해야만 한다. 예를 들어, 댄 상점에서의 카트 보관소는 입구 앞에 있지만, 스미스 상점에서는 로비에 근

접한 구역에 카트 보관소가 있다. 다음으로 장소마다 자극의 차이로 달라져야 할 학생의 행동 방식이 양식에 목록화되어야 한다. 댄에서 브래드는 한 줄로 놓인 카트에서 맨 앞에 있는 카트를 잡아끌어야 하지만, 스미스에서는 한 줄로 놓인 카트의 맨 뒤에서 카트를 빼서 상점의 로비 쪽으로 가야 한다. 일반적인 자극과 활동 단계에서의 변이 목록은 교수 기간 동안 훈련 장소에서 해야 할 행동을 선택하는 데 사용된다.

6. **훈련 장소를 선택한다.** 이 단계의 목적은 모든 기대되는 수행 환경에서 발견할 수 있는 자극과 단계의 모든 범위에서 학생에게 가르칠 가장 적은 수의 장소를 확인하기 위해서다. 브래드의 예에서는 교사가 훈련 장소로서 림즈, 스미스, 댄 상점을 활용함으로써 수행을 위한 다섯 곳의 식료품점에서 파악된 자극과 단계의 전 범위에 대해 훈련할 수 있도록 하였다. 훈련 장소가 모든 범위를 대표할 수 있는지 확인하기 위해 사용할 수 있는 간단한 절차는 다음과 같다.

- 가장 가까운 상점을 훈련 장소로 선택하여, 그 장소에서 학생에게 제시될 자극과 훈련 단계를 점검한다. 훈련 장소로 가장 가까운 곳을 선택하는 것은 이동 시간을 최소화하고 학습에 활용할 시간을 최대화하기 위해서다. 브래드의 예에서 보면, 교사는 림즈를 첫 번째 훈련 장소로 선정하였는데, 이 상점이 학교에서 단지 한 블록만 떨어져 있기 때문이었다. 교사는 일반사례분석 양식에 따라 림즈에서 볼 수 있는 자극과 단계의 유형을 점검하였다.

- 첫 번째 선택한 장소와 가장 다른 곳을 선택하여 그 학생에게 제시될 자극과 단계의 유형을 점검한다. 훈련을 위해 선택된 장소들은 학생에게 광범위한 자극과 활동 단계의 유형들을 접할 수 있도록 해야 한다. 첫 번째 선택한 훈련 장소와 가장 다른 곳을 선택함으로써 교사는 훈련될 유형에 포함할 수 있는 하위 훈련 내용을 증가한다. 브래드의 예에서 보면, 교사는 스미스 상점을 두 번째 훈련 장소로 선정하였는데, 이는 카트 보관소, 상점 안의 물품 진열대, 계산대 등에서 림즈와 가장 다른 유형을 보이는 곳이기 때문이다.

- 마지막으로 나머지 자극과 단계 유형 학습에 필요한 최소한의 장소들을

선택한다. 브래드의 교사는 댄 상점을 훈련 장소에 포함함으로써 나머지 유형들을 학습시킬 수 있다고 보았다.

핵심질문 2 기초선 점검에서 어떤 정보를 반드시 파악해야 하는가?

기초선 점검하기

학생 수행에 대한 기초선 점검을 통해 교사는 학생의 특별한 요구에 맞는 교수 절차를 개발할 수 있다. 기초선은 일단 교수가 완성되면 학생에게 기대되는 수행 수준을 측정하는 데 초점을 두어야 한다. 브래드의 경우, 브래드의 목표는 두 개의 간단한 식품을 구매하기 위해 물품 그림과 20달러를 사용해서 물건값을 지불하는 것이다. 그 결과 그의 기초선은 이러한 요구를 반영하도록 설계되었다. 기초선 점검에서는 ① 학생이 과제 수행 단계나 일반 단계 분석을 정확하게 혹은 부정확하게 수행하는지를 확인하고, ② 그가 정확하게 수행하지 못한 단계를 완수하는 데 필요한 도움의 수준을 확인하는 데 초점을 두어야 한다.

브래드의 예를 다시 살펴보자. 브래드는 림즈, 스미스, 댄의 상점을 정확하게 들어갈 수 있었다. 그러나 그 나머지 단계를 완수하기 위해서는 도움이 필요했다. 교사는 브래드가 각 단계를 완수하는 데 필요한 도움의 양을 기록했다. 2단계에서 브래드는 카트를 가져오도록 언어적 지시와 상점 세 곳에서 줄지어 있는 카트를 끌어당겨 오는지에 대한 모델링이 필요했다. 1단계를 완수하는 데 필요한 촉구 유형은 학생의 수행 실패 뒤에 제시되는 도움의 수준을 증가시켜 봄으로써 결정할 수 있다. 브래드가 카트를 바로 가져오려고 하지 않을 때, 교사는 "무엇을 해야 할까?"라고 질문을 했다. 브래드가 카트를 가지러 가지 않자, 교사는 "카트를 가져와야지."라고 언어적 지시를 했다. 그가 여전히 카트를 빼내지 않자, 교사는 언어적 지시를 반복하고, 카트들이 세워진 줄에서 카트를 어떻게 빼내는지 시범을 보였다. 이런 수준의 도움을 받고 나서 브래드가 카트를 가져온 뒤, 교사는 기초선 점검 요약 양식에 2단계에서 브래드는 언어적 지시와 모델링이 필요하다고 기록하였다. 이러한 절차는 과제 혹은 일반사례분석의 매 단계에서 지속된다. 학생이 여러 환경에 걸쳐 활동을 완수할 것이 기대된다면, 이러한

〈표 9-3〉 CBI 기초선 점검 요약 양식의 예

학생 이름: 브래드 활동: 식료품 구매하기		I–간접 언어 지시 D–직접 언어 지시 M–모델링	G–몸짓 P–신체 촉진 F–완전 신체 촉진	+ 도움 없이 수행함	
			날짜/장소/과제		
		9/15 림즈 스튜, 미트파이	9/16 스미스 수프, 마카로니	9/17 댄 칠리, 피자	
자 극	반 응				
1. 문	1. 상점으로 들어간다.	+	+	+	
2. 카트 보관소. 카트	2. 카트를 가져온다.	D/M	D/M	D/M	
3. 진열대. 그림카드	3. 목표 식품 진열대를 살핀다.	D	D	D	
4. 그림카드. 물품 구역	4. 식품을 선택한다.	D/P	D/G	D/G	
5. 소량 자동 계산대	5. 이용 가능한 계산대로 간다.	D/G	D/G	D/G	
6. 모니터. 스캔대	6. 식품을 스캔한다.	D/G	D/G	D/G	
7. 봉지 걸이. 봉지	7. 봉지에 구매품을 넣는다.	D	D	D	
8. 터치 스크린. 지폐 투입구	8. 지불한다.	D/G	D/G	D/G	
9. 잔돈대	9. 잔돈을 챙긴다.	D/G	D/G	D	
10. 봉지 걸이. 봉지	10. 봉지를 챙긴다.	D	+	D	
11. 문	11. 상점을 나간다.	+	+	+	

기초선 점검은 훈련이 이루어질 모든 환경에서 이루어져야 한다.

교수 절차 개발하기

지적장애학생을 위한 효과적인 교수 절차에 대해서는 광범위하게 논의되어
왔고, 이 장의 범위를 벗어나는 것이다(Cooper et al., 2007; Snell & Brown, 2006;
Westling & Fox, 2004; Wolery, Ault, & Doyle, 1992). 그러나 McDonnell 등(1996)은
CBI 요인을 설계하는 데 교사에게 훈련 장소 도입의 순서, 활동 단계를 교수하기
위해 사용되는 연쇄전략, 반응 촉구와 용암 절차, 강화 절차, 오류 교정 등의 몇
가지 구체적인 사항을 권장한다(〈표 9-4〉 참조).

훈련 장소 도입하기   학생에게 실시되는 CBI의 난이도는 교수를 위해 도입되

〈표 9-4〉 CBI에 권장되는 절차들

도입을 위한 훈련 장소 순서

1. 모든 훈련 장소와 과제가 등교하는 주중(월~금)에 학생에게 제시될 수 있다면 동시적 도입 방법을 사용하지만, 그럴 수 없다면 누적적 도입 방법을 사용한다.
2. 학생이 동시적 훈련 장소 도입 방법을 사용했을 때 적절한 진전을 보이지 않는다면 누적적 도입 방법으로 바꾼다.

연쇄전략 선택하기

1. 대부분의 학생과 활동에 대해 전체 과제 제시법으로 훈련을 시작한다.
2. 학생이 적절한 진전을 보이지 않는다면 후진연쇄전략을 실행해 보고, 활동 마지막 부분에 강화를 더 집중적으로 제공하도록 한다.

촉구(도움)전략 설계하기

1. 교수의 습득 단계에서는 최대촉구체계나 시간지연법을 사용한다.
2. 학생이 촉구에 지나치게 의존하는 성향이 있다면 시간지연절차를 사용한다.

강화 절차 고안하기

1. 초기 습득 단계 동안 활동 중 각각의 정반응에 대해 칭찬을 하고 활동의 마지막 부분에서 강력한 강화제를 제공한다.
2. 학생의 수행이 향상되기 시작하면 활동 중 간헐적으로 칭찬을 제공하고 되도록 빨리 모든 칭찬을 용암시킨다.
3. 학생이 그 활동을 독립적으로 하게 되면 활동 마지막에 사용했던 강화제 제공을 늦추기 시작한다.
4. 수행 환경에서 자연스럽게 제공되고 교수된 활동 결과로서 제공될 수 있는 강화제를 사용한다.

오류 수정 절차 고안하기

오류 수정 절차는 다음과 같이 고안되어야 한다.

1. 오류에 즉각적으로 개입한다.
2. 활동의 다음 단계를 하기 전에 정반응을 수행하도록 요구한다.
3. 정반응을 하는 데 필요한 수준의 도움을 제공한다.
4. 정반응에 대해 낮은 강도의 피드백을 제공한다.

는 훈련 장소의 수와 순서에 의해 조절될 수 있다. 이를 위해 사용되는 전략은 크게 세 가지로 대별되는데, 연속적 도입, 동시적 도입, 누적적 도입이다(McDonnell et al., 1996). 연구들에서는 일반적으로 지적장애학생에게는 동시적 도입이나 누적적 도입이 효과적이라고 보고한다(Albin & Horner, 1988; Carnine & Becker, 1982;

Ferguson & McDonell, 1991; Panyan & Hall, 1978; Waldo, Guess, & Flanagan, 1982).

동시적 도입 전략에서는 학생에게 모든 훈련 장소에서의 훈련이 동시적으로 시작된다. 훈련을 하는 동안 훈련 장소들이 학생에게 무작위로 제시된다. 훈련은 학생이 모든 훈련 장소에서의 활동을 완수할 수 있을 때까지 지속된다. 브래드의 교사는 이 전략을 사용하여 훈련 날짜에 림즈, 스미스, 댄 상점을 무작위로 선택하여 브래드를 훈련하였다. 이 전략을 사용하면 학생은 모든 훈련 장소에 걸쳐 요구되는 수행활동을 일반화할 수 있음을 증명해야 한다. 그러나 이렇게 동시에 모든 훈련 장소에서의 훈련을 시작하는 것은 어떤 학생에게는 매우 어려울 수 있으며, 결과적으로 활동을 배우는 데 시간을 더 소요하게 된다.

누적적 도입 전략에서는 학생에게 한 번에 한 장소씩 훈련이 시작되지만, 학생에게 이전에 훈련을 시작한 장소에서 수행할 수 있는 능력을 정기적으로 증명할 것을 요구한다. 훈련은 한 장소에서 시작된다. 학생이 그 장소에서의 활동을 완수할 수 있게 되면, 훈련할 새로운 장소가 도입된다. 이 시점에서 교수를 위해 두 장소가 무작위로 선택되어 훈련되기 때문에 학생은 두 장소에 걸쳐 활동을 완수할 것을 요구받게 된다. 도입 순서에서의 이러한 단계를 통해 학생에게 두 장소에서 파악된 자극과 단계 유형에 맞는 활동을 수행하는 데 적응하게 함으로써 일반화된 반응을 개발할 수 있게 해 준다. 이후 훈련 장소의 도입도 학생이 모든 장소에서의 활동을 완수할 수 있을 때까지 같은 방식으로 진행된다. 브래드의 사례에서 보면, 교사는 림즈에서 상점 훈련을 시작했다. 그러고 나서 림즈에서 모든 단계의 수행을 정확하게 할 수 있게 되자 스미스 상점에서의 훈련을 시작했다. 브래드가 스미스에서 수행 기준에 맞게 수행할 수 있게 되자, 교사는 브래드에게 두 장소에서의 모든 활동을 완수할 수 있을 때까지 무작위로 두 곳 중 한 곳에서 물건을 사도록 하였다. 마지막으로 브래드는 댄 상점에서 교수를 받았다. 그가 거기서도 일정한 기준에 도달하자 이제 림즈, 스미스, 댄 상점을 무작위로 선택해서 물건을 사도록 하였다. 브래드가 이 세 곳 모두에서 정확하게 활동을 완수할 때까지 훈련은 계속되었다.

연쇄전략 선택하기   연쇄전략도 훈련 초기에 학생을 위한 활동의 난이도를 조절하기 위해 사용된다. 연쇄전략에는 전진연쇄법과 후진연쇄법이 있다(Snell &

Brown, 2006; Westling & Fox, 2004). 또한 전체 과제 제시법도 CBI에서의 전진연쇄전략이나 후진연쇄전략에 대한 대안으로 제시되고 있다(McDonnell et al., 1996).

전진연쇄법에서는 수행의 자연스러운 순서대로 행동 단계가 누적적으로 도입되어 훈련이 이루어진다. 예를 들어, 식료품 구매를 가르칠 때, 첫 번째 단계(상점에 들어가기)에 대한 교수가 이루어지고, 그 나머지 단계를 학생이 완수할 수 있도록 도움이 제공된다. 초점은 학생이 아무 도움 없이 첫 단계의 행동을 완수하도록 가르치는 데 있다. 교수의 초기 단계 동안에는 교사가 학생이 활동의 첫 단계를 완수할 수 있도록 도움을 제공하지만, 되도록 빨리 그 도움을 용암시킨다. 학생이 첫 단계의 행동을 아무런 도움 없이 할 수 있게 되면, 활동의 두 번째 단계(카트 가져오기)를 도입하고, 교수는 이 두 단계(상점 들어가기, 카트 가져오기)에서 학생이 아무런 도움 없이 정확하게 수행할 수 있을 때까지 실시된다. 이후 활동 단계들은 학생이 아무런 도움 없이 활동의 모든 단계를 수행할 수 있을 때까지 유사한 방식으로 훈련에 도입된다. 후진연쇄법도 핵심적으로 동일한 접근을 하지만 훈련을 위해 도입되는 단계는 그 활동의 마지막 단계로 시작되며, 활동의 마지막 단계에서 첫 단계 순서로 누적적으로 도입된다. 교수는 학생이 아무런 도움 없이 모든 단계를 수행할 수 있을 때까지 지속된다.

전진연쇄법과 후진연쇄법 대신 동시에 활동의 모든 단계를 수행하도록 가르칠 수 있다. 이 전략을 전체과제교수법이라고 한다. 이 접근법에서는 교사는 학생에게 모든 단계에서 필요할 때 도움을 제공하고 학생이 좀 더 독립적으로 할 수 있을 때 각 단계에서의 도움을 체계적으로 용암시킨다. CBI에서 전체과제제시법은 전진연쇄법이나 후진연쇄법에 비해 상대적으로 효율적이다(Kayser, Billingsley, & Neel, 1986; McDonnell & Laughlin, 1989; McDonnell & McFarland, 1988; Spooner, Weber, & Spooner, 1983).

핵심질문 3 **CBI에서 반응 촉구를 용암시키는 가장 효과적인 방법은 무엇인가?**

반응 촉구와 용암전략 설계하기 교사는 일반적으로 교수 초기에 학생이 활동의 각 단계를 완수할 수 있도록 도움을 제공한다. 이러한 도움은 일반적으로 언어적 지시, 모델링, 신체적 촉구(손 위의 손)와 같은 반응 촉구의 형태로 제공된다(〈표 9-5〉 참조). 그러나 이러한 반응 촉구는 학생이 독립적으로 활동을 수행하는 것을 배울 수 있도록 점점 줄여 나갈 필요가 있다. 다양한 반응 촉구와 용암 절차가 여러 문헌에 소개되어 있으나, CBI에서 가장 많이 활용되고 있는 세 가지 전략은 최소촉구체계, 최대촉구체계 및 시간지연법이다(Wolery et al., 1992).

최소촉구체계는 학생이 특정 단계를 정확하게 수행하게 될 때까지 수행 오류

〈표 9-5〉 촉구의 유형

촉 구	설 명
간접 언어 촉구	학생에게 반응이 기대된다고 말하는 것 (예: "지금 무엇을 해야 될까? 다음에는 무엇일까?")
직접 언어 촉구	기대되는 반응을 명시적으로 말하는 것 (예: "문을 열어라. 소량 자동 계산대로 가야지.")
몸짓 촉구	기대되는 반응을 가리키는 교사의 비언어적 행동 (예: 학생이 문으로 들어가도록 손으로 움직임을 나타내기, 선반에 있는 물품을 가리키기)
모델링	학생에게 기대되는 반응을 시범 보이기 (예: 학생에게 카트 줄에서 카트를 어떻게 당겨서 빼는지를 보여 주기, 학생에게 롤에 말려 있는 비닐봉지를 어떻게 잡아당겨서 사용하는지 보여 주기)
신체 촉구	기대되는 행동을 가리키기 위해 학생과 가볍게 신체적 접촉하기 (예: 카트가 바른 방향으로 가도록 학생의 손을 밀어 주기, 학생이 줄을 서서 앞으로 움직일 수 있도록 뒤에서 살짝 밀어 주기)
신체 도움	학생이 기대되는 반응을 완수할 때까지 지속적으로 신체적으로 접촉하는 것 (예: 학생이 문을 밀어서 열 때 학생의 손 위에 손을 올려놓기, 학생이 똑바로 카트를 미는 것을 돕기 위해 학생의 팔뚝에 손을 올려놓기)
그림이나 상징	학생에게 기대되는 반응을 알려 주는 그림, 상징, 단어 (예: 학생이 상점에서 해야 할 일들을 기억하는 것을 돕기 위한 글로 쓰인 자기 관리 점검표. 상점에서 물품의 위치를 찾기 위한 물품 위치 그림)

에 대해 도움의 수준을 체계적으로 증가하여 제공하는 것이다. 브래드의 예에서 보면, 브래드는 훈련 동안 소량 계산대를 스스로 사용할 기회를 가질 수 있다. 만약 그가 이 단계를 스스로 시작할 수 없다면, 교사는 "지금 뭘 해야 될까?"와 같은 간접 언어 촉구를 제공할 수 있다. 만약 학생이 여전히 소량 계산대로 가지 못한다면, 교사는 "소량 계산대 줄로 가야지."와 같은 직접 언어 촉구를 제공할 것이다. 만약 이러한 촉구로도 정확한 반응을 이끌어 낼 수 없다면, 교사는 브래드가 소량 계산대로 갈 수 있도록 신체적으로 안내할 것이다. 최소촉구체계의 논리는 학생이 과제의 단계나 일반사례분석을 통해 학습이 진행되면서 점점 더 도움을 적게 요구하게 될 것이라는 점이다.

최대촉구체계는 학생이 오류를 범하기 전에 도움을 제공하도록 설계된다. 초기에 학생은 자동적으로 정확한 반응을 이끄는 촉구를 제공받는다. 이 촉구는 기초선 점검 동안 확인된다. 교사는 이 촉구로 용암 절차를 시작하고 훈련 기간 동안 학생에게 체계적으로 도움의 수준을 감소시킨다. 앞의 예로 적용해 보면, 브래드가 소량 계산대로 가야 할 때 교사는 직접 언어 촉구("소량 계산대 줄로 가야지.")를 하고 정확한 장소를 지적해 줄 수 있다(〈표 9-3〉 참조). 이 두 가지의 촉구만으로 해당 줄에 갈 수 있게 되면, 교사는 언어 촉구("소량 계산대 줄로 가야지.")만 함으로써 도움의 수준을 낮춘다. 브래드가 언어적 촉구만으로 익숙하게 소량 계산대 줄에 설 수 있게 되면, 교사는 간접 언어 촉구("어디로 가야 할까?")로 도움의 수준을 용암시킨다. 마지막으로 브래드는 교사로부터 어떤 도움도 없이 소량 계산대로 가서 줄을 설 수 있게 될 것이다.

CBI에서 성공적으로 사용되는 세 번째 전략은 시간지연법이다. 대부분의 촉구 체계와 같이 시간지연법도 교수가 진행되는 동안 학생의 오류를 방지하기 위해 구조화된다. 그러나 학생에게 제공되는 촉구의 유형을 바꾸기보다는 자연스러운 자극의 제시와 교사의 촉구 사이의 시간을 체계적으로 증가함으로써 촉구를 용암시킨다.

시간지연법에는 점진적 시간지연법과 지속적 시간지연법이 있다(Wolery et al., 1992). 점진적 시간지연법은 자연스러운 자극의 제시와 학생의 정반응을 이끄는 촉구(기초선 점검 시 판별한)를 함께 제시하는 것으로 시작한다. 이러한 시간지연법을 일반적으로 0초 지연 단계라고 한다. 학생이 즉각적으로 제공되는 촉구와 함께 정확하게 그 단계를 수행하면, 자극과 교사의 촉구 간의 시간 길이는 점차적으로 증가된다. 전형적으로 지연 기간은 학생이 촉구 없이 그 단계를 수행할 수 있을 때까지 1초 간격으로 증가된다. 브래드의 예에서 보면, 교사는 소량 계산대의 표시판이 보이는 즉시 촉구("소량 계산대 줄로 가자."라는 말과 지적)를 함으로써 교수를 시작할 수 있다. 즉각적으로 제공되는 이러한 촉구를 받아서 브래드가 줄을 설 수 있게 되면, 교사는 1초 동안 그의 촉구를 지연시키는 것으로 절차를 변경할 것이다. 그렇게 해서 계산대 표지판이 보일 때 교사는 스스로 (1초, 2초 등) 초를 센다. 만약 브래드가 1초 간격의 촉구에서 정확하게 그 계산대 줄 쪽으로 가기 시작하면, 교사는 그를 칭찬할 것이다("맞았어, 바로 그 줄이야." "줄을 잘 섰네."). 만약 브래드가 그 줄 쪽으로 가지 않거나 다른 계산대 줄로 간다면 교사는 촉구("소량 계산대로 가야지."와 지적)를 제공하게 될 것이다. 교사가 촉구를 지연하는 시간은 브래드의 수행이 향상됨에 따라 1초 간격으로 체계적으로 증가된다.

지속적 시간지연에서는 촉구가 지연되는 시간의 길이가 모든 교수 시도와 기간 동안 동일하다. 교수는 자연적 자극과 함께 즉각적으로 촉구가 제공되는 0초 지연에서 시작된다. 학생이 0초 지연에서 그 단계를 수행할 수 있게 되면 촉구는 미리 정해 놓은 시간 간격에 의해 지연된다(예: 3초). 지연 간격은 교수 회기 동안 동일하다.

일반적으로 연구들에서는 최대촉구체계와 시간지연법이 교수의 초기 단계에서는 학생에게 가장 효과적이라고 보고하고 있다(Bennett, Gast, Wolery, & Schuster, 1986; McDonnell, 1987; Zane, Walls, & Thvedt, 1981). 최대촉구체계와 시간지연법의 전반적인 효율성을 비교한 연구에서는 시간지연법이 더 우월하다고 보고하고 있다(Schuster et al., 1998). 몇몇 연구자들은 시간지연법이 도움 없이 목표한 반응을 시작하도록 훈련하므로, 촉구에 의존적인 학생에게 더 적절한 절차라고 제안한다. 마지막으로 연속적 시간지연법은 CBI에 권장되는데, 훈련자가 자연적인 자극이 제시됨과 동시에 촉구를 제공하거나 일정한 간격 동안에 촉구를 지연시키는 것만 기억하면 되기 때문이다.

강화와 오류 교정 절차 새로운 행동을 안정되게 수행하도록 하기 위한 차별강화의 중요성은 잘 알려져 있다(Cooper et al., 2007). 차별강화는 학생이 정반응을 하면 긍정적인 피드백을 제공하고 오반응을 할 때는 아무런 피드백을 제공하지 않는 것으로 구조화된다. 차별강화가 CBI의 핵심 요소이지만, 학생의 수행이 오랫동안 유지될 수 있도록 강화를 자연스러운 수준으로 용암시키는 것이 중요하다.

교수 초기 단계에서는 강화가 학생이 정확하게 수행하는 활동의 모든 단계에서 제공된다. 그러나 그의 수행이 향상됨에 따라 강화는 용암된다. 학생이 아무런 도움 없이 모든 단계에서 정규적으로 수행하게 되면, 강화는 활동의 맨 마지막 단계에서만 제공되어야 한다. 그다음으로 강화는 점점 더 긴 시간 동안 지연되어야 한다(학생이 학교로 돌아가면 혹은 교수 회기 동안 번갈아 가며). 목표는 학생의 수행을 유지시킬 가장 낮은 수준으로 강화를 감소하는 것이다. 마지막으로 CBI 동안 사용되는 강화 체계에서는 최대한으로 활동 자체를 통해 제공될 수 있는 강화제를 활용해야 한다.

연구들에서 교사가 교수 동안 오류를 최소화하도록 CBI에서 반응 촉구와 용암 절차를 사용해야 한다고 제안하고 있지만, 어떤 교수도 간단한 것은 없으며, 학생의 오류는 CBI의 자연스러운 한 부분이다. CBI의 오류 교정의 핵심 요소는 ① 오반응에 즉각적으로 개입하여 학생에게 피드백을 제공하기(“아니야, 거긴 네가 서야 할 줄이 아니야.”), ② 활동에서 움직이기 전에 정반응을 완수할 것을 학생에게 요구하기, ③ 학생이 다음 시도에서 정반응을 할 수 있도록 필요한 수준의 도움을 제공하기(“소량 계산대로 가렴.”이라고 말하고 그 계산대 줄을 가리켜 주기), 그리고 ④ 학생이 자신의 수행을 수정한 후 저강도의 묘사적 피드백을 제공하기(“여기가 소량 계산대란다.”) 등이 있다.

CBI 자료수집 체계 개발하기

정규적으로 학생 수행 자료를 수집하는 것은 CBI의 효과를 확인하기 위해 매우 중요하다. 자료수집을 통해 학생의 학습을 기록하고 학생의 요구에 맞도록 교수적 절차를 수정하는 데 필요한 구조를 제공받는다. 〈표 9-6〉은 교수 기간 동안 학생의 수행에 대한 정보를 수집하는 데 사용될 수 있는 양식이다. 이 양식은 교수 프로그램의 핵심 요소를 포함하도록 고안되었는데, 훈련 장소, 학생이 수행

〈표 9-6〉 CBI 자료수집 양식의 예

학생: 브래드
활동: 림즈에서 물건 사기

자극	반응	촉구	날짜/장소/과제 10/1 림즈 스튜, 마카로니
1. 문	1. 상점으로 들어간다.	없음	+
2. 카트 보관소. 카트	2. 카트를 가져온다.	1. 0초 지연-"카트 가져오렴"+모델링	1
		2. 3초 지연-"카트 가져오렴"+모델링	✓
3. 진열대. 그림카드	3. 목표 식품 진열대를 살핀다.	1. 0초 지연-"_____를 찾아보자."	1
		2. 3초 지연-"_____를 찾아보자."	✓
4. 그림카드. 물품 구역	4. 식품을 선택한다.	1. 0초 지연-"넣으렴" + 가리킴	2
		2. 3초 지연-"넣으렴" + 가리킴	+
5. 소량 자동 계산대	5. 이용 가능한 계산대로 간다.	1. 0초 지연-"개장된 계산대"+가리킴	2
		2. 3초 지연-"개장된 계산대"+가리킴	+
6. 모니터. 스캔대	6. 식품을 스캔한다.	1. 0초 지연-"스캔하렴"+스캔대에 손 올림	2
		2. 3초 지연-"스캔하렴"+스캔대에 손 올림	0
7. 봉지 걸이. 봉지	7. 봉지에 구매품을 넣는다.	1. 0초 지연-"봉지에 넣으렴"	2
		2. 3초 지연-"봉지에 넣으렴"	✓
8. 터치 스크린. 지폐 투입구	8. 지불한다.	1. 0초 지연-"여기에 놓자"+가리킴	2
		2. 3초 지연-"여기에 놓자"+가리킴	✓
9. 잔돈대	9. 잔돈을 챙긴다.	1. 0초 지연-"잔돈 챙기렴"	2
		2. 3초 지연-"잔돈 챙기렴"	+
10. 봉지 걸이. 봉지	10. 봉지를 챙긴다.	1. 0초 지연-"봉지 챙기렴"	2
		2. 3초 지연-"봉지 챙기렴"	+
11. 문	11. 상점을 나간다.	없음	+

강화제	오류 교정
1. 단계마다 칭찬	1. "아니야." 라고 말하고 반응을 중단시킴
	2. "다시 해 보자." 라고 말함
	3. 즉각적인 촉구를 제공함
	4. 맞았어. 네가 _____했구나.

해야 할 과제, 반응 촉구와 용암 절차, 강화와 오류 교정 절차 등이 포함된다. 학생에게 제공되는 촉구의 수준과 시간지연 간격은 활동의 각 단계 자료 박스의 오른쪽 상단에 제시되어 있다. 이러한 양식을 사용함으로써 교사는 각 교수 회기 전에 학생에게 제공할 촉구를 계획할 수 있을 뿐만 아니라 누가 훈련을 실시하더

라도 올바른 촉구를 할 수 있다. 교수 동안에 학생의 수행은 세 개의 기호 체계를 사용하여 활동의 모든 단계에서 기록된다. '+' 기호는 학생이 해당 단계에서 혼자서 올바르게 수행했다는 것을 나타낸다. '✓' 기호는 학생이 해당 단계를 올바르게 수행했지만 계획된 촉구나 시간지연법이 적용되었다는 것을 나타낸다. 마지막으로 '0' 기호는 학생이 그 단계에서 오반응을 했음을 의미한다.

교수 기간 동안 수집된 원자료는 교사가 사용한 촉구 수준에서의 변화를 점검하고 학생에게 수행이 어려운 단계가 무엇인지를 확인할 수 있도록 요약 기록지로 전환된다(〈표 9-7〉 참조). 원자료를 요약할 때 교사는 학생이 올바르게, 독립적으로 수행한 활동 단계의 박스에 색칠을 한다. 만약 학생이 그 단계를 계획된 촉구를 통해 올바르게 수행했다면, 적절한 촉구의 수가 그 박스에 기록될 것이다. 만약 학생이 오류를 했다면 그 박스는 빈 칸으로 놔 둔다. 이 양식은 학생이 해당 활동을 성공적으로 완수하는 것을 방해하는 어려운 단계들을 확연하게 드러낸다. 교사는 이러한 정보를 이용하여 학생의 학습을 촉진하는 데 필요한 과제나 일반사례분석에서의 어려운 단계에 대한 교수 절차를 수정한다.

〈표 9-7〉 CBI 자료 요약 기록지의 예

반 응	날짜/장소/과제					
	9/26 림즈 스튜, 미트파이	9/27 림즈 수프, 햄버거	9/28 림즈 칠리, 피자	9/29 림즈 수프, 피자	9/30 림즈 수프, 미트파이	10/1 림즈 스튜, 햄버거
1. 상점으로 들어가기						
2. 카트를 가져온다.				1	1	1
3. 목표 식품 진열대를 살핀다.					1	1
4. 식품을 선택한다.	1	1	2	2		
5. 이용 가능한 계산대로 간다.			1	1	2	
6. 식품을 스캔한다.	1		2	2	2	
7. 봉지에 구매품을 넣는다.			1	1	2	2
8. 지불한다.		1	1	2	2	2
9. 잔돈을 챙긴다.	1	1	2	2		
10. 봉지를 챙긴다.	1	1	2	2		
11. 상점을 나간다.						

지역사회기반교수 실시하기

CBI는 주로 몇 가지 물류적인 문제로 시행에 어려움을 겪는다. 물류적인 문제에는 학생의 학습을 최대화하기 위해 충분한 교수 제공하기, 직원 활용하기, 교통수단 사용하기 그리고 직원 책무성이 포함된다. 이러한 문제들에 대한 보편적인 해결책은 없으나, 교사는 학생이 CBI의 이점을 최대한 누릴 수 있도록 다음과 같은 몇 가지 전략을 사용할 수 있다.

CBI의 효과성 증진하기

학생의 일과와 활동 수행을 촉진하기 위한 전략들에 대한 초기 연구들은 교실이나 학교기반의 '모의' 활용에 초점을 두었다(Bates, 1980; Coon, Vogelsberg, & Williams, 1981; McDonnell, Horner, & Williams, 1984; Page, Iwata, & Neef, 1976; van den Pol et al., 1981). 모의는 수행 환경에서 발견될 수 있는 자연스러운 자극이 훈련 동안 약간의 대안적인 형식이나 매체를 통해 표현되는 훈련 양식이다(Honer, McDonnell, et al., 1986). 예를 들어, McDonnell 등은 학생에게 액수를 나타내기 위해 종이로 된 플래시카드와 계산대 위의 계산기 사진 슬라이드를 사용하여 넥스트 달러(next-dollar) 전략(계산대 계산기에 표기된 액수의 달러보다 1달러 더 많이 계산하는 것. 예를 들어, 2.45달러라고 표기되면, 학생은 3달러를 지불하도록 가르치는 것)을 가르쳤다. 플래시카드 조건에서는 학생과 교사가 책상에 마주보고 앉아 실시하는 전형적인 일대일 교수를 하였다. 슬라이드 조건에서는 학생에게 제시되는 액수는 지역사회에서 볼 수 있는 현금 계산대와 유사한 크기로 벽에 이미지가 비춰지도록 하였다. 또한 학생과 교사는 상점에서 물건값을 계산하는 상황의 전형적인 고객과 계산원의 역할 놀이를 하였다.

교실 모의수업이 근거를 두고 있는 논리는 교사가 실제로 지역사회를 다니면서 소요되는 시간을 절약함으로써 학생에게 더 많은 교수를 제공할 수 있다는 것이다. 또한 CBI에서 소요되는 경비를 절약할 수 있고 가장 중요한 것은 학교에서 배운 기술의 일반화를 지역사회 환경에서 촉진할 수도 있다는 것이었다. 그러나 불행하게도 초기 연구들은 교실 모의수업에서 지역사회 환경으로의 학생 수행의 일반화 수준은 매우 낮으며, 종종 학생마다 다르게 나타난다고 했다(Horner, McDonnell, et al., 1986; Rosenthal-Malek & Bloom, 1998). 더 나아가 학생은 CBI를 제공받기 전까지는 실제 환경에서의 일과와 활동을 신뢰할 만한 수준으로 수행하지 못한다고 보고되었다.

그 결과, 연구자들은 학생의 일반화된 수행을 향상시키기 위해 교실에서의 모의수업과 CBI를 결합하여 활용하는 연구를 하였다(Branham, Collins, Schuster, & Klienert, 1999; Coon et al., 1981; Gaylord-Ross, Haring, Breen, & Pitts-Conway, 1984; Marchetti, McCartney, Drain, Hopper, & Dix, 1983; Marholin, O'Toole, Touchette, Berger, & Doyle, 1979; McDonnell & Horner, 1985; Morrow & Bates, 1987; Sarber & Cuvo, 1983; Sarber, Halasz, Messmer, Bickett, & Lutzker, 1983). 일반적으로 이러한 연구들에서는 이러한 접근이 훈련받지 않은 지역사회 환경에서의 일과와 활동에 대한 학생의 일반화 수준을 실제로 향상시켰음을 발견하였다. 이것은 교실에서의 모의수업이 실제 수행 환경에서 발견되는 자극 조건과 되도록 더 유사하게 제시되었을 때 특히 더 그러했다. 교사를 위한 이러한 연구가 함의하는 점은 지역사회 환경에서의 학생 수행은 CBI를 보충하기 위해 학급 혹은 학교 기반의 교수를 체계적으로 사용함으로써 향상될 수 있다는 것이다.

컴퓨터와 비디오 공학 기술에서의 진보는 실제 수행 환경에서의 학생 수행과 CBI의 효과를 촉진하기 위해 교실 또는 학교 기반 교수를 어떻게 활용할 수 있을 것인지에 대한 새로운 관심을 불러일으켰다. 예를 들어, Mechling과 Cronin(2006)은 지적장애학생 세 명에게 패스트푸드 식당에서 음식과 음료 주문을 위한 보완대체 의사소통 도구 사용을 일반화하기 위해 컴퓨터 기반 비디오 교수를 실시하였다. 다른 연구에서는 컴퓨터 기반 비디오 모의학습을 통해 학생이 식료품점에서 필요한 물품의 위치 찾기(Hutcherson, Langone, Ayres, & Clees, 2004; Mechling, 2004), 구매를 위한 넥스트 달러 전략 사용하기(Ayres, Langone, Boon, & Norman, 2006), 작업 과제 완수하기(Mechling & Ortega-Hurndon, 2007) 등에서의 수행력을 향상시켰다.

그러나 비록 컴퓨터와 비디오 공학 기술의 진보를 통해 학생에게 지역사회 기반의 일과와 활동을 가르치는 데 있어서 모의학습의 잠재적 유용성은 증가되었지만, 아직까지도 모의학습 설계 원칙에 대해 아는 바는 거의 없다(Wissick, Gardner, & Langone, 1999). 다만 선행연구들을 통해 교사가 이러한 공학 기술을 효과적으로 사용하도록 돕는 몇 가지 지침을 다음과 같이 제시할 수 있다(Horner, McDonnell, et al., 1986; Wissick et al., 1999).

1. **교수의 예를 선택하기 위해 일반사례분석을 사용한다.** 컴퓨터 기반 모의학습의 가장 강력한 장점 중 하나는 학생에게 여러 환경에 걸친 일과와 활동의 자극 및 단계의 다양한 범위를 제시할 수 있다는 것이다. 교사는 일반사례분석을 활용하여 다양한 자극 및 단계의 범위를 확인하고 교수를 위한 사례를 선택할 수 있다.

2. **학생에게 되도록 실제 환경에서 수행되는 반응과 유사하게 반응하도록 가르친다.** 컴퓨터 기반 공학 기술이 다양한 잠재적인 반응 양식(예: 터치 스크린, 음성 인식 등)을 가능하게 하지만, 연구에서는 학생의 반응은 실제 수행 환경에서 요구되는 반응과 가능한 유사해야만 한다고 제안하고 있다(예: 실제로 돈 세기, ATM에 번호를 입력할 때 스크린 위의 숫자를 터치하기 등).

3. **학생이 다양한 자극의 예에 대해 일반화된 반응을 할 수 있도록 교수의 예를 계열화한다.** 컴퓨터 기반 모의학습은 학생에게 극도로 많은 분량의 사례를 제시할 수 있는 잠재력을 갖고 있기 때문에 교수 사례를 체계적으로 계열화할 필요가 있다. 선행연구에서는 잠재적 사례의 수가 극도로 많을 경우에는 사례의 누적적 도입이 가장 적절하다고 밝히고 있다(McDonnell et al., 1996).

4. **컴퓨터 기반 모의학습을 CBI와 연계한다.** 컴퓨터와 비디오 기반 모의학습이 지역사회에서의 일반화를 향상시키지만, 연구들에서는 CBI와 연계될 때 가장 효과가 있다고 보고하고 있다(Branham et al., 1999). 모의학습과 CBI를 연계하는 최상의 접근법은 알 수 없지만, 최근까지 수행된 몇몇 연구에서는 모의학습과 CBI를 동일한 날에 연계하여 시행하는 것이 여러 날에 걸쳐 번갈아 시행하는 것보다 더 나은 일반화를 보였다고 보고하였다(Cihak, Alberto, Kessler, & Taber, 2004; Nietupski, Clancy, Wehrmacher, & Parmer, 1985; Nietupski, Hamre-Nietupski, Clancy, & Veerhusen, 1986).

5. **컴퓨터 기반 멀티미디어 모의학습에서 또래를 활용하여 교수를 지원받는다.**

이러한 공학의 잠재적인 위험 중 하나는 학생이 교실과 학교에서 더욱 더 고립될 수 있다는 것이다. 교사는 학생의 컴퓨터 시뮬레이션과 상호작용을 또래가 지원하도록 함으로써 이 문제를 다룰 수 있다. 오늘날 대부분의 청소년이 이러한 기술에 능숙하다고 볼 때, 컴퓨터 기반 멀티미디어 모의학습은 우정을 형성하고 발전시킬 수 있는 잠재적으로 강력한 매개를 제공할 수 있다.

교사 대 학생의 비율

CBI를 할 때 학생과 직원의 비율은 되도록 낮게 유지하는 것이 바람직하다 (Baumgart & Van Walleghem, 1986; McDonnell et al., 1996; Sailor et al., 1989). CBI에서 이상적인 교사 대 학생의 비율은 1:1이다. 이는 지역사회 환경에서 교수를 할 때 일반 또래를 교수자로 활용한다면 가능하다. 또래 교수자는 여가/오락이나 개인적 관리와 관련된 일과와 활동에 대한 CBI를 실행할 때 가장 적절하게 활용될 수 있다. 그러나 지역사회기반 고용과 관련된 일과와 활동에서는 일반 또래를 활용하지 말 것을 권고하고 있다. 경험에 따르면 일반 또래가 장애학생을 지원할 만큼 성숙한지에 대해 고용주가 우려를 나타내기 때문이다.

1:1 직원 비율이 불가능하다면 소집단도 활용될 수 있다. 그러나 한 집단에 학생이 세 명 이상이 되어서는 안 된다. 왜냐하면 한 학생에게 제공될 수 있는 교수의 기회가 현격하게 감소되기 때문이다. 또한 신체적 혹은 행동적 지원이 필요한 학생은 CBI를 위해 소집단으로 교수되어서는 안 된다. 이런 경우에는 교사가 목표로 한 일과나 활동에서의 교수를 제공하기보다는 학생의 독특한 요구를 지원하기 위해 더 많은 시간을 할애해야 할 가능성이 높아진다.

교통수단

훈련 장소로 이동하는 문제 때문에 CBI를 실행하는 데 어려움을 겪기도 한다. 불행하게도 이 문제에 대한 단일한 해결책은 없다. 대부분의 중·고등학교에서는 학생의 요구에 맞추기 위해 다양한 교통수단 방법에 의존할 수밖에 없다. 걷기, 자전거 타기, 대중교통 이용하기, 장애인을 위한 교통수단 서비스 이용하기, 학교 버스 이용하기 또는 CBI로 직원이 데려다주기 등이 활용될 수 있을 것이다. 교사는 기본적으로 졸업 후에도 학생이 계속해서 사용할 교통수단을 이용하는 전략을 사용해야 한다. 직원이 학생을 데려다주는 것은 다른 교통수단이 가능하지 않은 상황에서 졸업 후 이들의 지원을 대신할 수 있는 대안이 있을 경우에만 활용해야 한다.

> **핵심질문 4** 교사는 CBI 실행 시 직원과 또래 교수자의 잠재된 위험 부담을 어떻게 최소화할 수 있는가?

책임 소재

CBI 실행에 대한 교사와 관리자의 마지막 우려는 또래 교수자와 직원에 대한 책임 소재 보호에 대해서다. 대부분의 교육청에서는 학생과 직원을 위한 현장학습과 교외 작업 훈련 프로그램을 다루는 보험 정책을 가지고 있다. 일반적으로 직원은 학생의 IEP/전환계획이 CBI를 요구하는 구체적인 장·단기 목표를 포함하고 있다면, 현재의 보험 정책이 적용된다. 또래 교수자도 학점기반 또래 교수 수업(credit-based peer tutoring class)에 등록되어 있다면 일반적으로 보험 적용을 받는다. 그러나 교사와 관리자는 교육청의 정책을 검토하여 두 경우 모두 CBI에서 보험이 적용되는지 확인해야 한다. 만약 직원과 또래 교수자가 CBI를 실행할 수 있도록 훈련을 받았으며, CBI 실행에서의 그들의 수행이 정규적으로 점검되고 있고, 학생들의 진전에 대한 정보가 수집되는 것에 대해 기록되며, 교육청이 프로그램을 개발하여 직원이 응급 상황에서 학생의 요구를 충족시킬 수 있도록 훈련될 수 있다면, 책임 소재에 대한 위험 부담은 감소될 것이다.

요 약

CBI는 학생이 학교에서 배운 기술의 실제 수행 환경에서의 일반화를 촉진하고, 그들의 삶의 질을 개선하고, 성인기에 대한 학령기 이후 적응을 돕는 데 사용될 수 있다. 이러한 성과를 위해서는 지역사회에서 학생의 현재와 미래의 요구를 충족시켜 줄 수 있는 일과와 활동을 목표로 선택하는 것이 중요하다. 또한 CBI는 체계적으로 설계되고 실행되어야 한다. CBI를 실시하는 개인은 훈련을 받아야 하며 프로그램의 효과에 대해 면밀하게 검토해야 한다.

핵심질문 검토

핵심질문 1 교사는 일과나 활동에 대한 일반사례분석을 언제 해야 하는가?

- 학생에게 세 곳 이상의 환경에서 특정한 일과와 활동을 완수하기를 기대할 때 일반사례분석을 해야 한다.

핵심질문 2 기초선 점검에서 어떤 정보를 반드시 파악해야 하는가?

- 학생이 정확하게 완수할 수 있는 과제의 단계분석이나 일반사례분석
- 학생이 오류 단계를 정확하게 수행하는 데 요구되는 도움의 수준

핵심질문 3 CBI에서 반응 촉구를 용암시키는 가장 효과적인 방법은 무엇인가?

- 최대촉구체계나 시간지연법이 최소촉구체계보다 효과적이다.
- 일반적으로 최대촉구체계보다 고정 시간지연의 사용을 선호한다.

핵심질문 4 교사는 CBI 실행 시 직원과 또래 교수자의 잠재된 위험 부담을 어떻게 최소화할 수 있는가?

- 시간지연법은 촉구에 의존적인 학생에게 좀 더 효과적일 수 있다.

- 직원과 또래 교수자에게 학생과 CBI 수행에 대한 직접 훈련을 제공한다.
- 정규적으로 직원과 또래 교수자의 CBI 수행에 대해 점검한다.
- 학생 수행에 대한 자료를 수집한다.
- 응급 상황 절차를 수립한다.

4부

주요 교육 영역

10장
가정과 지역사회 생활

J. Matt Jameson
John McDonnell

    학교에서 지역사회 생활로의 전환은 청소년과 그 가족에게 가장 즐거우면서도 가장 어려운 시기 중 하나로 인식되어 왔다. 이 시기에는 아동기와 청소년기에 받았던 많은 지원이 사라지고 자신과 자신의 가정을 스스로 돌봐야 하는 책임이 요구되기 시작한다. 우리는 이러한 요구들을 해결할 수 있는 능력에 따라 삶의 질 전반에 걸쳐서 큰 영향을 받는다. 더 나아가 일상생활의 요구를 다룰 수 있는 우리의 능력은 부모, 교사, 친구, 그 밖의 지역사회 구성원들로부터 우리가 어떻게 인식되는가에 영향을 준다. 지적장애학생은 이러한 영역에서의 능력이 부족하기 때문에 지역사회에 완전히 참여할 기회가 제한되어서 삶의 질에 부정적인 영향을 받게 된다(Nisbet, Clark, & Covert, 1991).

    이 장에서는 가정과 지역사회 생활을 준비하는 학생과 IEP/전환교육 팀이 직면하는 몇 가지 사안들에 대해 살펴본다. 이러한 사안에는 ① 가정과 지역사회 생활에 대한 학생 능력 개발에서의 가족 참여의 중요성, ② IEP/전환계획 팀의 가정과 지역사회 생활목표 선택에서 고려해야 할 사항들, ③ 가정과 지역사회 환경에서의 학생의 능력을 신장시키기 위해 교사가 사용할 수 있는 교수적 접근법, ④ 학생의 독립성과 자율성을 지원하기 위한 대안적 수행전략의 중요성 등이 있다.

가정과 지역사회 생활 교육과정

성공적인 가정과 지역사회 생활을 하기 위해서 학생은 자기 관리를 할 수 있어야 한다. 또한 자신의 물건과 가정을 잘 관리하고, 자신의 영양학적 요구를 만족시키며, 자신의 안전과 건강을 챙기고, 금전 관리를 할 수 있어야 하며, 지역사회에서의 이동이 자유롭고 지역사회의 다양한 자원을 활용할 수 있어야 한다. 모든 학생의 요구나 선호도에 맞출 수 있는 가정 및 지역사회 생활의 단일한 일과나 활동, 기술은 없다. 학생의 IEP/전환계획의 목표는 해당 학생의 졸업 후 목표를 성취하고 현재의 요구를 충족시킬 수 있도록 팀에 의해 선택되어야 한다(Browder, 2001; McDonnell, Mathot-Buckner, & Ferguson, 1996; Wehman, 2006).

들여다보기 **10-1**

졸업 후 목표와 IEP/전환계획 목표 연결하기

마샤(Marsha)는 20세이고, 캐니언 지역사회 대학의 중등 이후 프로그램에 다니는 중도의 지적장애인이다. 마샤는 연구개파열로 심한 조음장애를 보이지만 보완대체 의사소통 도구를 사용하여 효과적으로 의사소통하고 있다. 마샤는 학교 전환교육 직원의 도움을 받아서 호텔에서 객실 청소부로 일하고 있다. 개인 중심 및 생태학적 평가를 통해 IEP/전환교육 회의에서 마샤와 그녀의 가족, 고용주는 마샤가 졸업 후에도 계속 그 직장을 다니기를 바란다는 의사를 밝혔다. 또한 마샤는 이번 여름에 부모가 사는 집 근처의 지원 주거 아파트로 이사 가기를 희망했다.

IEP/전환계획 회의에서 마샤와 IEP/전환계획 팀은 마샤가 직장을 유지하고 자신의 아파트에서 거주하기 위해 필요하다고 생각되는 몇 가지 지역사회 관리 일과, 활동, 기술을 확인했다(다음 목록 참조). 특별히 마샤가 직장을 혼자서 출퇴근하기 위해서 대중교통수단을 이용하는 방법, 자신의 통장을 관리하는 방법 그리고 ATM기 사용 방법을 배워야 한다고 판단했다.

이렇게 배워야 할 기술의 우선순위를 확인함으로써 마샤의 IEP의 장·단기 목표를 세울 수 있었다.

일과	대중교통 이용하기 (버스/전철)	금전 관리하기
활동	• 직장에 갈 때 버스/전철 타기 • 가족/친구 만날 때 버스/전철 타기 • 여가활동 갈 때 버스/전철 타기	• 봉급을 통장에 넣기 • 현금 인출 및 구매를 위해 ATM/직불카드 사용하기 • ATM기와 영수증을 이용해서 현금 출납 상태 확인하기
기술	• 적절한 버스/전철 정류장 찾기 • 필요하다면 환승하기 • 내릴 장소를 확인하고 하차 알리기 • 목표 장소까지 이동 완수하기	• 입금 용지 기입하기 • 현금 인출 및 구매를 위해 ATM/직불카드 사용하기 • 영수증 보관 후 매주 컴퓨터 가계부 프로그램을 사용하여 기록하기

학생과 IEP/전환계획 팀은 졸업 후 목표를 IEP/전환계획의 장·단기 목표에 연결하는 데 여러 가지 어려움을 겪게 된다(Steere & Cavaiuolo, 2002). 여기에는 불분명하고 비현실적인 졸업 후 목표 개발과 구체성이 결여된 IEP/전환계획상의 장·단기 목표도 포함된다(〈표 10-1〉 참조). 전부는 아니지만 이러한 문제의 대부분은 학생의 IEP/전환계획 개발 전에 학생과 가족, 학생의 삶에 관심이 있는 중요한 타인과 함께 공식적인 개인중심계획을 세움으로써 해결될 수 있다. 다른 우려들은 IEP/전환계획의 구체적인 장·단기 목표를 선택할 때 몇 가지 요소를 신중하게 고려함으로써 해소될 수 있다. 다음에서는 이러한 요소들에 대해 논의하고자 한다.

〈표 10-1〉 장·단기 목표와 전환성과 연계의 문제점과 해결전략

문제점	전략
성과가 지나치게 불투명하다.	성과는 객관적으로 정의되고 관찰이 가능해야 한다. 학생은 성과를 명료화하기 전에 경험이 필요하다. 구체적인 성과를 확인하기 위해 개인중심계획하기를 활용한다.
성과가 비현실적인 것으로 인식된다.	성과를 위한 실제적인 요구 사항을 철저하게 검토한다. 지역 사회 환경에서 경험을 제공한다.
장·단기 목표가 지나치게 불투명하다.	대안적인 수행전략을 고려한다. IEP를 위한 목표 행동, 조건, 기준을 객관적으로 정의한다.
장·단기 목표와 성과 간의 연관성이 불분명하다.	의미 있는 성과를 확인하기 위해 개인 중심 및 생태학적 평가를 사용한다.
성과가 재정비되고 개정되지 않는다.	교수한 자료를 수집하고 교수 프로그램을 수정하기 위해 정규적으로 검토한다.
학생 수행에 대한 기대가 제한되었다.	학습된 무기력과 자기 충족적 예언을 피하기 위해 높은 기대를 갖고 가르친다.
성인 서비스 기관과의 행동계획이 부족하다.	전환 성과를 성취하기 위해 구체적인 단계와 필요한 기관 연계를 정의한다.

출처: "Connecting Outcomes, Goals, and Objectives in Transition Planning", by D. E. Steere & D. Cavaiuolo, 2002, *Teaching Exceptional Children, 34*(6), pp. 54-59. 허가받아서 수정함

가족 참여의 중요성

가족은 학생이 지역사회 생활을 준비하는 데 중요한 역할을 한다(Schalock et al., 1986; Schalock & Lilley, 1986; Turnbull & Turnbull, 2001; Turnbull, Beegle, & Stowe, 2001). 또한 전환계획 과정에 적극적으로 참여한 부모는 그렇지 않은 부모에 비해 자녀의 교육 프로그램 성과에 더 만족한다(Miner & Bates, 1997). 몇몇 연구들은 전환계획에서의 가족 참여는 매우 중요하기 때문에 자녀가 초등학교에 입학하자마자 부모와 가족 구성원은 자녀의 전환 과정을 위한 준비를 시작해야 한다고 제안한다(Dunst, 2002; Wehman, 2006). 전환계획을 일회성 행사가 아니라 종단적인 과정이라고 볼 때, 가족이 충분한 정보를 가지고 자녀의 미래에 대한 결정을 할 시간을 가질 수 있고 전환계획 과정에 효과적으로 참여할 수 있다(Turnbull & Turnbull, 2001).

핵심질문 1 전환계획을 할 때 가족이 가정과 지역사회 생활의 적절한
목표를 세울 수 있도록 전문가가 도움을 제공하는 데
적용할 수 있는 다섯 단계를 설명하시오.

최근에 여러 연구자와 옹호자들은 전문가가 학생의 교육 프로그램을 개발할
때 개인-가족 상호 의존 계획하기(Person-Family Interdependent Planning) 관점을
취해야 한다고 제안하고 있다(Kim & Turnbull, 2004). 이러한 접근법에서 가족에
대한 관점에는 세 가지 공통된 주제가 있다. 첫째, 학생과 가족 구성원은 학생의
현재와 미래의 요구와 관련된 선택을 해야 하는 당사자다. 둘째, 모든 가족에게
는 강점이 있지만, 성공적으로 지역사회 생활을 하기 위해서는 지원도 필요하다.
마지막으로 가족은 대부분의 학생에게 재학과 졸업 후 하나의 '기능적인 사회적
지원 집단'(Kim & Turnbull, 2004, p. 55)이며, 지속적으로 학생의 삶에 개입할 필
요가 있다. Turnbull과 Turnbull(2001)은 가족이 좀 더 효과적으로 전환계획 과정
에 참여할 수 있도록 전문가가 다음과 같은 다섯 가지 전략을 사용할 수 있다고
제안하였다.

- 장애를 가진 개인에게 중요한 것이 무엇인지 확인한다.
- 개인의 가치와 선호도, 요구를 충족시키기 위해 이미 제공되고 있는 지원을
  확인한다.
- 현재의 지원을 개인과 가족의 가치, 선호도, 강점에 더 잘 맞추기 위해서는
  어떤 변화가 필요한지 결정한다.
- 개인과 가족의 삶의 질 기준에 영향을 줄 수 있는 것으로 확인된 지원과 서
  비스 실시를 위한 행동계획(action plan)을 개발한다.
- 삶의 질 기준이 성취될 수 있도록 자원을 가지고 지원을 실현한다.

핵심질문 2 '성인기로의 성공적인 전환'에 대한 개념화가
가족과 지역사회의 신념과 가치에 따라 어떻게
달라질 수 있는지 설명하시오.

성인기로의 성공적인 전환이 문화적 기반에 따른 가족의 신념과 가치에 의해
영향을 받는다는 점은 중요하다(Geenen, Powers, & Lopez-Vasquez, 2001). 예를 들
어, 대부분의 전환과 자기 결정 개념은 개인주의에 대한 서구의 가치관에 기반을
두고 있다(Turnbull & Turnbull, 2001). 반면 여러 다른 문화권에서는 가족이나 공
동체의 최대한의 이익에 기반을 둔 집단주의와 선택을 더 강조한다. 학교와 전문
가들은 이러한 차이점에 대해 민감하게 인식해야 하며, 이러한 차이가 전환계획
및 교수의 과정과 성과에 어떻게 영향을 줄 것인지에 대해 이해해야 한다. 전문
가가 가족의 문화 및 언어의 다양성에 대해 보다 민감하게 대처할 수 있을 때 이
들이 졸업 후 목표와 필요한 전환 서비스를 확인하는 것을 효과적으로 도울 수
있다(Geenen et al., 2001).

핵심질문 3 학생을 위한 가정과 지역사회 생활목표를 선택하는 데
고려해야 할 네 가지 중요 사항은 무엇인가?

장·단기 목표 선택하기

학생과 IEP/전환계획 팀은 적절한 가정 및 지역사회 생활목표를 세우기 위해
일과와 활동에 대해 ① 연령 적합성, ② 누적된 학생의 능력, ③ 학생의 선택과
선호도에 대한 지원, ④ 비장애 또래와의 상호작용 촉진과 같은 몇 가지 요소들을
고려해야 한다(Browder & Snell, 1993; McDonnell et al., 1996; Spooner & Test, 1994;
Wilcox, 1988).

연령에 적합한 일과와 활동

자신의 연령에 맞지 않는 행동을 하는 지적장애학생에 대해 또래와 지역사회 구성원들의 인식은 별로 좋지 않다(Calhoun & Calhoun, 1993). 모든 청소년과 청년들의 행동에 대한 기대는 시간이 경과함에 따라 변화한다. 그러므로 학생에게 생활연령에 적합한 일과, 활동 및 기술을 가르치는 것이 중요하다. 이것은 또래에게 기대되는 것을 반영한 장·단기 목표를 세움으로써 가능한 일이다(McDonnell et al., 1996). 예를 들어, 중학생에게 자신의 돈을 독립적으로 관리하는 데 필요한 모든 일과, 활동, 기술을 모두 수행하기를 기대하는 것은 적절하지 않다. 그러나 이들이 자신의 용돈을 관리하는 데 필요한 간단한 계산을 할 수 있도록 계산기를 사용할 수 있기를 기대하는 것은 적절하다고 할 수 있다.

가정과 지역사회 환경에서 누적된 능력

청소년과 청년들은 연령이 증가할수록 좀 더 독립적으로 자신의 삶을 통제할 수 있게 되기를 기대된다. 예를 들어, 많은 학생이 하는 첫 번째 집안일은 자신의 방을 치우는 일이다. 학생이 나이가 들수록 자신과 자신의 물건, 가족이 함께 사는 가정에 대한 책임이 늘어나게 된다. IEP/전환계획을 통해 조금씩 더 독립적으로 살 수 있는 능력을 개발하도록 도울 수 있다. 계획하기 과정의 중요한 단계는 학령기와 학령기 이후의 학생 요구를 지속적으로 평가하고, 연속적으로 IEP/전환계획에 조금씩 더 복잡한 성과를 목표로 세우는 것이다. 예를 들어, 중학교 시기의 학생의 가사 수업을 위한 목표는 조리하지 않아도 되는 간단한 음식을 준비하는 데 초점을 둘 수 있다(예: 샌드위치나 샐러드). 고등학교에 들어가게 되면, IEP/전환계획 목표는 그림 조리법을 이용하여 전자레인지나 가스레인지를 사용하여 음식을 데워서 식사를 준비하는 것이 될 수 있다. 또한 졸업 시기가 다가오면 일주일 단위로 영양이 있는 식사를 계획하고 준비하는 것이 목표가 되어야 할 것이다. 이러한 접근법을 통해 팀은 학생에게 연령에 적합할 뿐만 아니라 졸업 후 목표를 성취할 능력을 점차적으로 개발할 장·단기 목표를 세울 수 있게 된다.

선택과 선호도

지역사회 시설에 거주하는 지적장애성인, 특히 중도의 지적장애인은 또래의 비장애인에 비해 자신의 삶에서 선택할 기회가 현저하게 적은 편이다(Smith, Morgan, & Davidson, 2005). 여러 연구에서 이들이 스스로 선택하고 자신의 선호도를 표현하는 방법을 배울 수 있음을 입증했음에도 불구하고 이러한 일들은 여전히 일어난다(Browder, Cooper, & Lim, 1998; Hughes, Pitkin, & Lorden, 1998; Lancioni, 1996; Schwartzman, Martin, Yu, & Whiteley, 2004). 선택하기 기술 습득은 가정 및 지역사회 환경에서 개인이 경험하는 독립성의 수준과 밀접하게 관련이 있다(Heal, Rubin, & Rusch, 1998; Wehmeyer & Palmer, 2003). 학생, 가족, 전문가들은 선택하기 능력을 증진하고 지원을 받을 일과와 활동을 선택해야 한다. 학생이 매일 수행하는 일과와 활동에 이들이 선택하고 선호도를 표현할 수 있는 기회를 삽입하여야 한다(Wehmeyer, Palmer, Agran, Mithaug, & Martin, 2000).

또래와의 상호작용

의미가 있는 사회적 관계는 모든 사람이 가치 있게 여기며, 전환계획의 바람직한 성과다. 안타깝게도 장애학생과 비장애학생 간의 우정은 여러 요소들에 의해 방해받고, 제한된 상호작용에 그치고 마는 경우가 많다. 지적장애학생은 장애를 갖고 있는 또래보다는 장애를 갖고 있지 않은 또래와 함께 있을 때 더 많이 행복해 한다는 연구 결과에 비추어 볼 때, 이러한 점은 문제가 있다(Logan et al., 1998). 게다가 이들을 위한 IEP/전환계획의 장·단기 목표는 일과나 활동 단계를 얼마나 정확하게 수행하는가에 지나치게 초점을 두는 경향이 있다. 이러한 일과와 활동 참여의 사회적 측면은 계획 과정에서 종종 무시된다. 다양한 가정 및 지역사회 생활의 일과와 활동을 하기 위해서는 사회적 상호작용이 필요하며, 그 경험의 질은 또래와의 상호작용에 의해 향상될 수 있다. 예를 들어, 우리는 식당에서 식사를 하기 위해 종업원과 상호작용을 한다. 그러나 외식의 기쁨은 친구와 함께 대화를 할 기회를 가질 때 더 커지기 마련이다. 그러므로 IEP/전환계획 팀은 가능할 때마다 비장애 또래와 상호작용을 할 기회를 만들고, 이를 지원할 수 있도록 장 · 단기 목표를 체계화해야 한다.

> **핵심질문 2** 지적장애학생의 개인 관리 일과, 활동, 기술 습득을
> 지원하기 위해 사용되는 세 가지 교수법을 열거하시오.

교수적 접근법

교사가 가정 및 지역사회 생활목표를 가르치면서 직면하는 어려움 중 하나는 어디서 가르칠 것인가에 대한 결정이다. 교사는 지역사회기반교수(CBI), 일반교육 수업에서의 통합, 전형적인 학교, 가정, 지역사회 일과 중 삽입교수 실시 중 선택할 수 있다(Horner, McDonnell, & Bellamy, 1986; McDonnell et al., 1996; McDonnell, Johnson, & McQuivey, 2008).

지역사회기반교수

중등기 지적장애학생을 위한 교육과정에서는 실제 상황에서의 일과와 활동 수행에 관심을 가져야 한다. 이를 성취하기 위해서 다양한 가정 및 지역사회 생활 일과와 활동을 실제 환경에서 가르치고, 비장애학생들이 동일한 일과와 활동을 할 때 사용하는 재료들을 사용한다(Horner et al., 1986; Rosenthal-Malek & Bloom, 1998). 지역사회기반교수의 계획과 실행, 그 효과성 평가를 위해 고려할 점은 9장에서 이미 언급하였다.

일반교육 수업

지적장애학생도 적절한 지원과 조정이 주어진다면 일반교육 수업에 성공적으로 참여할 수 있다(Hunt & McDonnell, 2007; Turnbull, Turnbull, Shank, & Smith, 2004). 일반교육과정에는 학생에게 중요한 가정 및 지역사회 생활에서의 일과, 활동, 기술을 가르칠 수 있는 과목들이 있다. 건강 생활, 개인 재정, 성인 역할 및

책임감 등에 대한 수업이 여기에 해당된다. IEP/전환계획 팀은 학생이 희망하는 졸업 이후 가정 및 지역사회 목표를 성취하기 위해 최대한 일반교육과정을 이용해야 한다.

지적장애학생이 학교에서 배운 기술을 실제 수행 환경에 일반화하는 데 어려움이 있지만(Horner et al., 1986; Rosenthal-Malek & Bloom, 1998), 교사는 다음과 같이 학생이 가정과 지역사회 환경에서 완수할 일과와 활동에 일반교육 수업에서 다루는 교육 자료를 결부함으로써 이러한 제한점을 극복할 수 있다.

- 교수 상황과 실제 수행을 해야 하는 상황에서 공통된 자료를 사용한다. 예를 들어, 학생은 음식 준비 수업에서 집에서도 사용할 수 있는 그림 조리법을 이용하여 할당된 음식을 준비하도록 학습할 수 있다.
- 학생에게 학교에서 가정이나 지역사회 환경에서 해야 할 반응과 동일하게 반응하게 한다. 예를 들어, 개인 재정 수업에서 금전 출납에 대해 배우는 학생은 은행에서 사용하는 용어(입금, 출금, 자동이체 등)로 기입하는 것을 미리 제시된 단계를 통해 배울 수 있다. 그런 다음 가정에서도 동일한 단계를 사용하여 가계부를 쓸 수 있다.
- 실제 수행 환경에서 보충적인 교수를 한다. 학교 환경에서의 교수는 실제 환경에서의 교수와 함께 진행된다면 더 효과가 있을 것이다. 예를 들어, 학생이 교육공학 수업에서 전자 스케줄 프로그램을 사용하는 것을 배웠다면, 교사는 학생의 일자리 체험 장소에서 고용주가 제시한 실제 스케줄 과제를 이 프로그램을 사용하여 작성하도록 직접 가르칠 수 있다.

삽입교수

삽입교수를 통해 지적장애학생에게 실제 일어나는 일과와 활동 속에서 가정 및 지역사회 생활 기술을 하도록 가르칠 수 있다. 예를 들어, 등하교 시간, 친구와 함께 학교 밖 식당에서 점심을 먹을 기회, 일자리 체험을 위해 학교를 나가는 시간, 그 밖의 CBI를 실시할 때와 같은 학교 일과 중 자연스럽게 생기는 기회에 코트의 지퍼를 올리고 내리는 자조 기술을 가르칠 수 있다. 마찬가지로 구매 기술도 식당에서 점심을 사 먹거나 학교 매점에서 과자나 학용품을 살 때 혹은 점심시간이나 쉬는 시간, 자습시간에 자동판매기에서 음료수를 사 먹을 때와 같은 활동을 하는 중에 자연스럽게 가르칠 수 있다. 삽입교수의 효과는 가정과 학교, 지역사회 환경에서 해당 기술이 필요한 순간과 장소에서 직접 가르치는 것에 달려 있다.

삽입교수를 실시할 수 있는 또 다른 방법은 가정과 지역사회에서의 일과, 활동, 기술에 대해 부모와 가족 구성원이 직접 삽입교수를 실시하는 것이다(Algozzine, O'Shea & Algozzine, 2001; Berry & Hardman, 1998). 부모와 가족이 삽입교수를 실시할 수 있는 능력은 가족 구성, 학교와 직장의 스케줄, 자원 등의 여러 요소에 따라 달라진다(7장 참조). 가장 효과적인 접근법은 부모와 가족 구성원의 독특한 요구에 교수 프로그램을 맞추는 것이다. Beakley와 Yoder(1998)는 교사가 다음과 같이 부모가 가정 및 지역사회 생활에서의 일과, 활동, 기술을 가르치는 데 참여하도록 지원할 수 있다고 하였다.

- IEP/전환계획 과정에서 장·단기 목표 수립에 가족이 적극적인 참여자임을 확신시킴으로써 프로그램에 대한 주인의식을 갖도록 권장한다.
- 자연스럽게 가족의 전형적인 일정에 따라 가르칠 기회를 확인할 수 있도록 부모와 협력한다.
- 부모와 가족 구성원의 능력에 맞게 교수 절차와 자료수집 절차를 개발한다.
- 장·단기 목표에 대한 학생 진보를 평가하기 위해 부모와 가족이 제공하는 정보를 활용한다.

대안적인 수행전략 개발하기

지적장애학생이 항상 모든 가정 및 지역사회 생활에서의 일과와 활동을 성공적으로 수행할 수 있는 학업, 의사소통, 사회성, 운동 기술을 가지고 있지는 않다. 그러나 이들은 그러한 기술이 없어도 일과와 활동에 참여할 수 있다.

핵심질문 5   지적장애학생을 위한 대안적인 수행전략을 세우고
실시하는 데 고려해야 할 다섯 가지 사항을 기술하시오.

〈표 10-2〉 잠재적인 대안 수행전략

기 술	대 안
동전 세기	특정 활동(자판기 사용)에 필요한 만큼의 동전을 넣은 봉투
	특정 액수만큼의 동전이 그려져 있는 동전 카드 사용
지폐 세기	특정 활동에 필요한 만큼의 지폐가 들어 있는 봉투
	지불할 때 큰 액수의 지폐(예: 20달러짜리) 사용
	넥스트 달러(Next-dollar) 전략
	직불카드나 신용카드 사용
요구하기/주문하기	특정한 주문 사항이 적혀 있는 의사소통 카드나 종이 (예: "콜라를 작은 컵에 주세요.")
	의사소통판 사용
	전자 의사소통 기구 사용
구매 물품 열거하기	원하는 물품에서 오린 상품명
	원하는 물품 사진
	구매 전에 미리 작성된 물품 목록표
매일 일정표 작성하기	교사나 부모가 만든 그림 일정표
	특정한 시간대를 확인할 수 있고 학생에 의해 다양한 활동 사진을 배치할 수 있는 그림 일정표 템플릿
	컴퓨터 일정표 프로그램

이를 위해 전문가는 대안적 수행전략을 개발하고 학생을 가르쳐야 한다. 이러한 전략으로 가정과 학교, 지역사회 환경에서 일과와 활동을 완수하는 데 요구되는 학업 및 발달 기술을 충족시킬 수 있는 또 다른 방식을 제공할 수 있다. 〈표 10-2〉는 학생이 가정 및 지역사회 생활에서의 일과와 활동을 하는 데 사용할 수 있는 대안적인 수행전략의 예를 보여 준다. McDonnell, Wilcox와 Hardman(1991)은 전문가가 대안적 수행전략을 개발하거나 선택하는 데 고려해야 할 다섯 가지 사항을 다음과 같이 제시하였다.

• 대안적인 수행전략이 개인의 현재 강점과 기술을 활용하는가?
• 대안적인 수행전략이 개인 자신과 가족, 그 밖의 지역사회 구성원에게 수용

될 수 있는가?

- 이 전략이 최소한으로 제한된 대안책인가?
- 대안적 수행전략을 유지하기 위한 비용과 요구되는 조건은 무엇인가?
- 대안적 수행전략을 다른 활동과 일과 환경에도 적용할 수 있는가?

이러한 다섯 가지 사항에 대해 주의 깊게 살펴봄으로써 전문가는 학생이 자신의 가정과 지역사회에서 더 높은 수준의 독립성과 자율성을 누릴 수 있도록 하는 대안적 수행전략을 확인할 수 있다.

요 약

중등기 지적장애학생은 학령기 이후 목표를 성취하기 위해 가정 및 지역사회 생활에서의 일과와 활동에 대해 배워야 한다. 이러한 교육의 효과는 가르치기 위해 선택한 일과와 활동이 학생의 현재와 미래의 요구에 적합할 때 최대화될 수 있다. 이것은 학생과 그 가족이 계획과 교수 절차에 적극적으로 참여할 때 가장 용이하게 이루어진다. 부모는 학생이 요구와 선호도를 표현하도록 학생을 돕고, 가정에서의 일과와 활동을 배우고 참여하는 기회를 지원하고, 지역사회 생활의 성공적인 적응에 필요한 지속적인 지원을 제공할 수 있다. 학생의 IEP/전환계획은 학생이 능력을 점차 갖추도록 고안되어야 한다. 또한 계획에서는 학생의 가정과 지역사회 목표가 연령에 적합해야 하며, 학생 스스로 선택할 기회를 증진하고, 비장애 또래와의 상호작용을 촉진해야 한다.

이러한 성과를 이루기 위해서 교사와 전문가는 CBI와 일반교육 수업에의 통합, 가정과 학교, 지역사회 환경에서의 삽입교수를 활용할 수 있다. 또한 학생은 다양한 가정과 지역사회 생활의 일과에서 요구되는 기술에 맞는 대안적인 수행전략이 필요한 경우도 있다. 학생의 교육 프로그램은 졸업 전과 이후에 가정과 지역사회 생활 참여를 최대화할 수 있도록 하는 것에 중점을 두어야 한다.

핵심질문 검토

핵심질문 1 전환계획을 할 때 가족이 가정과 지역사회 생활의 적절한
목표를 세울 수 있도록 전문가가 도움을 제공하는 데
적용할 수 있는 다섯 단계를 설명하시오.

- 장애인에게 중요한 것이 무엇인지 확인한다.
- 개인의 가치와 선호도, 요구를 충족시키기 위해 이미 제공되고 있는 지원을 확인한다.
- 현재 존재하는 지원을 개인과 가족의 가치, 선호도, 강점에 더 잘 맞추기 위해서는 어떤 변화가 필요한지 결정한다.
- 개인과 가족의 삶의 질 기준에 영향을 줄 수 있는 것으로 확인된 지원과 서비스 실시를 위한 행동계획을 개발한다.
- 삶의 질 기준이 성취될 수 있도록 자원을 가지고 지원을 실현한다.

핵심질문 2 '성인기로의 성공적인 전환'에 대한 개념화가
가족과 지역사회의 신념과 가치에 따라 어떻게
달라질 수 있는지 설명하시오.

- 전환계획의 목표와 성과는 고용에서 지역사회와 사회 참여, 가족과 성역할, 사회 기능에서의 기대 등에 이르기까지 문화적 기반에 따른 신념과 가치에 의해 결정된다.

핵심질문 3 학생을 위한 가정과 지역사회 생활목표를 선택하는 데
고려해야 할 네 가지 중요 사항은 무엇인가?

- 일과와 활동의 연령 적합성
- 학령기 이후 목표를 달성하기 위해 점차적으로 학생의 능력을 갖추도록 일

과와 활동을 활용

- 학생 스스로의 선택과 선호도를 지원하도록 고안된 목표
- 비장애 또래와의 상호작용을 촉진할 수 있는 일과와 활동 범위

핵심질문 4 지적장애학생의 개인 관리 일과, 활동, 기술 습득을 지원하기 위해 사용되는 세 가지 교수법을 열거하시오.

- 지역사회기반교수
- 일반교육 수업 통합
- 가정과 학교, 지역사회 일과에서의 삽입교수

핵심질문 5 지적장애학생을 위한 대안적인 수행전략을 세우고 실시하는 데 고려해야 할 다섯 가지 사항을 기술하시오.

- 대안적인 수행전략이 개인의 현재 강점과 기술을 활용하는가?
- 대안적인 수행전략이 개인 자신과 가족, 그 밖의 지역사회 구성원에게 수용될 수 있는가?
- 이 전략이 최소한으로 제한된 대안책인가?
- 대안적 수행전략을 유지하기 위한 비용과 요구되는 조건은 무엇인가?
- 대안적 수행전략을 다른 활동과 일과 환경에도 적용할 수 있는가?

11장
여가와 레크리에이션

Tessie Rose

여가 및 레크리에이션 활동 참여는 장애 유무에 상관없이 모든 사람에게 삶의 질의 중요한 부분으로 널리 인식되고 있다(Hawkins, 1997; U.S. Department of Health and Human Services, 1999, 2000). 대부분의 사람은 여가 및 레크리에이션을 즐기기 위해 하는 정규적인 신체활동이 주는 건강상의 이점을 생각한다. 1980년대 초에는 연방정부가 비만이나 심장질환, 그 밖의 대사성 증후군에 대처하기 위해 하루에 최소한 30분씩 하는 신체활동의 중요성을 강조하였다(U.S. Department of Health and Human Services, 2005). 정규적인 신체활동은 가정과 직장에서 독립적으로 활동하는 데 중요한 눈-손 협응력, 소근육 및 대근육 기술, 민첩함, 근육 강도도 증가시킬 수 있다(Dunn, 1997). 예를 들어, Walter와 Harris(2003)는 건강과 관련된 체력 수준이 근로자가 인식하는 근로의 즐거움과 근로 습관에 영향을 주는 것을 발견했다. 여가활동은 일반적인 신체 건강과 심혈관계 지구력을 증가시킬 뿐만 아니라 사회 참여, 스트레스 해소, 부담감 해소, 전체적인 정신 건강에도 영향을 준다(Dattilo, 1999; Russell, 2002).

여가와 레크리에이션 교육은 중요하지만 전반적인 중등기 전환 서비스의 요소로서는 간과되는 경향이 있다(Bedini, Bullock, & Driscoll, 1993; Dattilo & St. Peter, 1991; Rose, McDonnell, & Ellis, 2007). 전반적인 여가 및 레크리에이션 교육이 결여된 전환 프로그램은 학령기 이후 부정적인 성과를 가져오고 삶의 질을 떨어뜨릴 수 있다. 지적장애성인은 특히 여가 시간이 부족하고 신체적 운동이 부족하며 예방적 건강 관리에 대한 접근이 어렵기 때문에 비만의 위험이 있고 건강 상태가 좋지 않으며 신체 노화가 빨리 나타난다(Draheim, Williams, & McCubbin, 2002; Graham & Reid, 2000; Lennox, Green, Diggens, & Ugoni, 2001; Rimmer, Braddock, & Fujiura, 1993). 이들은 또한 비장애인으로부터 소외되기 쉽고 자유시간 동안 의미 있는 활동에 거의 참여하지 못한다(Halpern, 1993; Yu et al., 2002). Roth, Pyfer와 Huettig(2007)은 지적장애청년이 부모나 지원을 위한 유급 직원에 의존한 상태에서는 학령기 이후 여가활동을 스스로 선택하고 참여하지 못하는 것을 발견했다. 대부분의 부모가 자녀가 고등학교에서 다양한 여가활동을 경험했다고 하지만, 학생은 고등학교 이후의 환경에서 그러한 여가활동을 추구하는 데 필요한 기술을 훈련받지 못했다.

교사는 학생에게 전반적인 여가와 레크리에이션 전환교육을 통해 건강한 삶과 적당한 영양 상태를 유지하고 정규적인 운동을 하는 데 필요한 지식과 기술을 가르칠 수 있다. 학생은 효과적인 여가 교육에서 다양한 여가활동에 대해 인식할 기회를 얻고, 여가 및 사회성 기술을 개발하고, 자기 결정력을 신장시키며, 정신과 신체의 건강을 증진시킬 수 있다(Dattilo & Hoge, 1999; Dattilo & St. Peter, 1991). 또한 교사는 중등기 전환 여가 교육을 실시함으로써 자기 결정력과 사회성 기술이나 구매 기술과 같은 또 다른 핵심적인 학령기 이후 생활 기술을 가르칠 수 있는 자연스러운 기회를 얻는다. 이 장에서는 지적장애학생을 위한 여가 및 레크리에이션 교육과정과 일과를 개발하는 데 있어서의 중등기 교육의 역할에 대해 알아보고자 한다. 우선 현재 훈련 프로그램에서 사용하고 있는 서비스 전달 모델에 대해서 살펴보고 IEP/전환계획 팀이 여가 및 레크리에이션 교육을 위한 적절한 IEP 장·단기 목표를 개발할 때 고려해야 할 점들에 대해 논의하고자 한다. 마지막으로 교사가 개별화 프로그램을 개발할 때 고려해야 하는 연구기반 교수법과 대안적 수행전략에 대해 살펴본다.

여가 및 레크리에이션 훈련의 접근법

여가 및 레크리에이션이란 무엇인가? 여가는 '사람들이 자유로운 시간에 자신들이 원해서 스스로 재미와 즐거움 혹은 자기 발전이나 선택을 목적으로 하는 활동'(Argyle, 1996, p. 17)으로 정의될 수 있다. 레크리에이션이란 좀 더 적극적으로 여가를 추구할 때 사용되는 용어다. 여가 및 레크리에이션 개념은 핵심적으로 개인의 자유시간 활동에 대한 선택을 내포하고 있다. 자유시간이란 자기 관리나 삶을 유지하기 위해 의무적으로 필요하지 않은 시간을 말한다. 교사는 흔히 자유시간을 여가 시간으로 잘못 이해하고 있다. 그러나 구조화되지 않은 자유시간은 어떤 사람에게는 지루하고 외로우며 부적절한 행동을 유발하는 부정적인 경험을 하는 시간이 되기도 한다(Weissinger, Caldwell, & Bandolos, 1992). 어떤 활동이 여가와 레크리에이션인지 아닌지는 바로 그 활동을 자기 자신을 위해 스스로 선택했는가에 달려 있다. 이는 왜 어떤 사람은 암벽 타기를 레크리에이션 활동으로 보는 반면 다른 사람은 두려움을 느끼는지, 또는 어떤 사람은 우표 수집을 즐기지만 다른 사람은 지루함을 느끼는지를 잘 설명해 준다.

여가와 레크리에이션 교육은 일반적으로 가정에서 시작되고 생애 전반에 걸쳐 지속된다. 대부분은 친구나 가족과 함께 보드게임이나 비디오를 했던 기억이나 극장이나 놀이공원에 갔었던 기억 혹은 가족과 함께 휴가를 즐겼던 기억들이 있다. 공식적인 교육의 일부는 아니지만, 이와 같은 경험들을 통해 우리는 여가 및 레크리에이션에 대해 인식하게 된다. 친구와 가족과 함께 했던 관찰이나 경험, 학교 경험 등이 반복됨으로써 원하는 활동을 독자적으로 추구하고 선택하는 데 필요한 여가 기술을 습득하게 된다. 이러한 경험을 통해 우리는 스스로 어떤 유형의 활동을 선호하는지도 발견하게 된다. 어떤 사람은 독서나 TV 시청, 친구와 돌아다니기나 컴퓨터 조작과 같은 좀 더 수동적인 여가활동을 선택할 것이고, 어떤 사람은 스포츠 클럽이나 댄스 강습, 야외활동과 같은 좀 더 능동적인 여가활동을 선택할 것이다. 대부분의 주에서 학령기 아동은 학교의 체육 교육을 통해 신체 건강이나 영양 그리고 테니스, 골프, 달리기와 같은 일생에 걸쳐서 할 수 있는 여가 레크리에이션 활동을 위한 기술을 배울 수 있다.

안타깝게도 많은 지적장애인은 여가와 레크리에이션을 위한 기회를 비장애인과 동일한 수준으로 갖지 못한다. 장애학생의 방과 후 활동이나 비교과 활동에 대한 참여는 무시되는 경향이 있다(Heyne & Schleien, 1996). 어떤 경우에는 여가 및 레크리에이션 교육이 다른 영역의 교육보다 불필요하거나 중요하지 않은 영역으로 간주되기도 한다(Rose et al., 2007). 지적장애인에게 여가활동을 위한 기술교육과 개인적인 선택이 이루어지지 못하는 것은 흔한 일이며, 이에 따라 여가를 추구하는 것이 별로 행복하지 못한 일이 되고 만다(Green & Reid, 1996, 1999; Yu et al., 2002). Braun, Yeargin-Allsopp과 Lollar(2006)는 지적장애인이 비장애인 또래에 비해 여가활동에 참여하는 비율이 매우 낮고, 따라서 다양한 여가 기술을 습득하고 여가 경험을 할 기회를 비장애인과 동등한 수준으로 갖지 못하는 것을 발견했다. 또한 많은 지적장애인은 그룹홈이나 생활지원센터와 같이 일반인으로부터 분리된 환경으로 전환된다(Yu et al., 2002). 이런 곳에서는 주로 서비스 전달 코디네이터가 선택한 여가활동을 하며 집단으로 앉아서 하는 활동을 하는 경향이 있다(예: TV나 영화 보기, 저녁 먹기, 커피 마시기). 그 결과, 의미 있는 자유시간을 보내고 사회적 참여가 이루어지는 여가 경험을 오랫동안 하지 못함으로써 심각하게 삶의 질이 떨어질 수 있다(Sands & Kozleski, 1994).

교사는 전환기 동안 강도 높고 질 좋은 여가 프로그램과 교육을 제공함으로써 학령기 이후 성과를 향상시킬 기회를 갖는다. 오늘날 분리된 집단에서 이루어지는 레크리에이션 프로그램이 주로 실시되고 있다고 하지만, 점차적으로 개인 중심 서비스 전달 접근법으로 변화하고 있는 것도 사실이다(Bullock & Mahon, 2001). 최근에는 레크리에이션을 위한 기구들과 보조공학의 발달에 의해 학생이 여가 및 레크리에이션 활동에 접근하고 참여하는 방식이 극적으로 변화하였다. 많은 공원 및 레크리에이션과(parks and recreation departments)에서는 접근성 높은 다양한 프로그램과 조정된 스포츠나 활동을 제공하며, 지역의 여가 프로그램은 장애인이 비장애인과 함께 참여할 수 있는 방향으로 변화하였다. 새로운 기술공학을 적용하여 지적장애인도 책과 인터넷에 독립적으로 접근할 수 있게 되었으며, 친구나 가족과 여행을 하고, 지역의 일반적인 여가활동에 참여하게 되었다. 보조공학 도구의 발달도 전통적인 스포츠나 도전적인 스포츠에 대한 이들의 접근과 참여를 증진시켰다. 지난 몇 십 년에 걸쳐 우리는 능력 수준에 상관없이 모든 사람이 여가 및 레크리에이션 프로그램을 경험할 기회가 증가하였음을 목격하였다. 이제까지는 이러한 프로그램들이 대단위 집단의 장애인의 접근과 경험을 가능하게 하는 것에 초점을 둔 반면 기술을 가르치는 것은 제한이 있었다. 오늘날 많은 스포츠와 야외 레크리에이션 프로그램은 자신이 희망하는 여가활동에 독립적으로 참여할 수 있도록 구체적인 기술 개발에 초점을 둔다. 지적장애인도 이전에는 가능하다고 보지 않았던 알파인 스키나 크로스컨트리 스키, 승마, 암벽 타기, 래프팅, 등산 등에 참여하고, 필요한 기술을 익힐 수 있다.

핵심질문 1 여가 및 레크리에이션 프로그램에서 일반적으로 사용하는 네 가지 서비스 전달 모델은 무엇인가?

서비스 전달 모델

모든 사람은 다양한 기술 수준과 여가 환경이 필요한 통합된 여가 및 레크리에이션 활동에 대한 권리를 가지고 있다. 여기서는 장애인을 위한 여가 및 레크리에이션 프로그램을 진행하는 데 사용되는 일반적인 서비스 전달 모델들을 살펴본다. 어떤 서비스 전달 모델을 선택하더라도 프로그램의 목적은 지역사회 통합과 삶의 질을 향상하는 것이다. IEP/전환계획 팀은 학생의 개별적인 요구와 선호도를 고려해야 한다. 교사는 각 서비스 전달 모델의 이점과 제한점을 논의함으로써 가장 적절한 서비스 전달 모델을 선택하는 데 도움을 받을 수 있을 것이다. 대부분의 경우, 서비스 전달 모델을 복합적으로 활용할 때 학생에게 돌아가는 혜택이 가장 크다고 볼 수 있다.

특수 프로그램(Special Programs) 특수한 또는 적응된 레크리에이션 프로그램은 지적장애학생에게 제공되는 가정 보편적인 서비스 전달 모델이다. 특수 레크리에이션 프로그램은 특정한 장애인 집단의 독특한 요구에 맞춰 고안된다. 스페셜 올림픽(Special Olympics)이 가장 유명하고도 논쟁의 여지가 있는 이 전달 모델 중 하나라고 볼 수 있다. 스페셜 올림픽은 1960년대에 몇 개 종목으로 제한한 소규모 프로그램으로 시작하였으나 약 250만 지적장애인을 위한 국제적인 행사로 진화하였다(Special Olympics, 2008). 이 프로그램에서는 30여 개 종목의 하계 및 동계 스포츠에 대한 연중 훈련이 진행된다. 특수 프로그램의 또 다른 예로는 특정한 장애인(예: 자폐인, 지적장애인)을 위해 특별히 고안된 지역사회 레크리에이션 프로그램이나 특수체육 교사와 특수교사, 레크리에이션 치료사에 의해 제공되는 분리된 학교기반의 프로그램을 들 수 있다.

특수 프로그램은 여러 서비스 전달자와 부모에게 바람직할 수 있다. 일반적으로 자원과 직원이 한정된 장소에 집중적으로 투입된다. 예를 들어, 수정된 레크리에이션 프로그램을 지역사회 센터 다섯 곳 중에 두 곳에서만 집중하여 장애인에게 서비스를 제공할 수 있다. 이렇게 하면 보다 적은 장소에서 특수화된 장비가 필요하게 됨으로써 비용이 상대적으로 적게 든다. 서비스의 집중화를 통해 흔치 않은 이 분야의 전문성을 갖춘 직원이 보다 많은 장애인에게 서비스를 제공할 수 있다. 일반적으로 특수 프로그램에는 수정된 여가 및 레크리에이션에 대해 훈련된 직원이 있어서, 이들을 통해 보다 다양한 특수화된 여가 레크리에이션을 즐길 기회를 제공할 수 있다. 부모가 특수 프로그램을 선호하는 이유는 안전과 관

찬반의견 11-1

스페셜 올림픽 참여

찬성의견	반대의견
"스페셜 올림픽에 참여하는 지적장애 아동 및 성인은 신체적인 건강과 운동 기술을 향상시키고, 자신감과 긍정적인 자아상을 갖게 된다. 이들은 지적 · 사회적 · 영적 성장을 하게 되며, 이러한 활동을 통해 끝없는 용기와 열정을 보이고 우정을 나누고, 궁극적으로 새로운 능력과 재능을 발견할 뿐만 아니라 '자신의 목소리'를 찾게 된다"(Special Olympics, 2008).	"스페셜 올림픽 기간 동안에 이루어지는 장애인과 비장애인 간의 사회적 상호작용은 단기적이며, 우정이나 사회적 네트워크로 발전하기 어렵다. (…) 기술 습득이 부족하며, 기능적 활동을 가르칠 수 있는 귀중한 시간을 상실하게 된다. (…) 스페셜 올림픽에 참여하는 성인은 종종 아동처럼 인식되는데, 이는 아동과 성인이 동일한 활동에 참여하기 때문이고, 이에 따라 장애성인을 어린애 취급하는 경향이 생기게 되곤 한다"(Storey, 2004, pp. 35-36).

런된 몇 가지 요소들 때문이다. Roth 등(2007)은 어떤 부모는 자녀가 관리·감독이 이루어지는 분리된 활동에 참여할 때 더 편안함을 느끼는데, 이는 자녀들이 활동 중 지속적인 관리·감독과 지원이 필요하다고 보기 때문이다.

많은 사람은 이 접근법에는 내재된 문제점이 있다고 본다(Johnson, 2003; Storey, 2004). 특수 프로그램에 대한 우려 중 하나는 비장애인과의 의미 있는 상호작용을 제공하지 못한다는 점이다. 사실상 이러한 유형의 모델들은 실제로 지적장애인에 대한 부정적인 고정관념을 강화하며, 마치 '분리'가 수용될 수 있으며 심지어 필요한 것처럼 보인다(Smart, 2001). 어떤 프로그램은 활동에 참여하는 장애인을 돕고 이들과의 상호작용과 우정을 나눌 수 있도록 비장애 자원봉사자와 직원을 둔다. 그러나 이러한 상호작용이 장기적인 관계와 미래의 지역사회 활동을 위한 자연적인 지원이 되는 경우는 거의 없다(Storey, 2004). 또 다른 우려는 특수 프로그램에서는 주로 집단활동을 이용한다는 점이다. 학령기 이후 독립적인 여가 참여를 위해 필요한 기술을 가르치기보다는 현재의 신체적 기능을 증진하기 위한 활동이나 재미를 위한 활동을 제공하는 데 초점을 둔다(Krebs & Block, 1992). 특수학교의 프로그램을 진행하는 많은 레크리에이션 치료자와 특수체육 교사는 주로 장애에 따른 집단 여가 교수를 하는 데 시간을 할애하며 학생의 IEP 목표 달성을 위한 활동은 거의 하지 않는다(Ashton-Schaeffer, Johnson, & Bullock, 2000; Dunn, 1997; Krueger, DiRocco, & Felix, 2000). 또한 Ashton-Schaeffer 등(2000)이 수행한 연구에서는 특수 여가 레크리에이션 프로그램의 대다수가 초·중학교 학생에게 치중되어 있고(63.3%), 고등학생(27.7%)과 중등기 이후 프로그램의 학생(3.9%)에게는 별로 이루어지지 않고 있음을 발견하였다.

특수 여가 및 레크리에이션 프로그램에 대한 의존은 중등기 이후 성과에 또 다른 부정적인 영향을 줄 수 있다. Roth 등(2007)의 연구에서 고등학교 전환 시기에 스페셜 올림픽과 같은 특수 프로그램에만 참여한 부모와 학생은 학교를 졸업한 후 2, 3년 동안 새로운 활동에 접근하거나 여가 및 레크리에이션과 관련된 선택을 스스로 하는 데 어려움을 겪는 것으로 조사되었다. 이러한 프로그램을 통해서는 다양한 여가활동을 경험할 수는 있으나 독립적인 여가 참여에 필요한 기술에 대한 개별화된 교수를 제공받는 데 어려움이 있다.

짝 프로그램(Partnering Program) 몇몇 프로그램은 서비스 전달을 위해 짝 접근법을 채택하고 있다. 이러한 유형은 역통합이나 또래 교수로도 알려져 있는데, 장애학생에게 비장애학생과 함께 여가를 즐길 기회를 제공하도록 기획된다. 이러한 프로그램 중 하나가 스페셜 올림픽의 통합스포츠(Unified Sports)다. 스페셜 올림픽의 통합스포츠는 훈련과 경기 기간에 동일한 인원의 장애인과 비장애인이 참여한다(Special Olympics, 2008). 비장애인은 특수 프로그램처럼 자원봉사자나 조력자가 아니라 활동 중 짝으로 간주된다. 학교 프로그램에서는 특수교사가 또래친구와 여가활동에서 상호작용을 할 수 있도록 이 모델을 사용할 수 있다. 예를 들어, 매주 금요일마다 특수교사는 비장애학생이 특수학급에 와서 또래의 장애학생과 함께 보드게임을 하는 '게임의 날'을 만들어 운영할 수 있다. 이러한 접근 방식이 효과적이기 위해서는 짝이 되는 양쪽 모두에게 짝 여가활동에 참여함으로써 혜택이 있어야 한다. 이러한 유형의 프로그램은 바람직하게 간주되기도 하는데, 비장애인과 좀 더 일반적인 상호작용을 촉진하면서 장애인의 요구를 충족시킬 수 있기 때문이다. 프로그램 직원은 일반적으로 장애인과 협력하도록 훈련받으며, 수정된 기구도 쉽게 사용할 수 있다. 또한 이 프로그램에 참여하는 비장애 또래도 지적장애학생과 효과적으로 의사소통하고 통합하기 위해 사전에 일정한 훈련을 받는다(Houston-Wilson, Lieberman, & Horton, 1997).

짝 접근법은 장애인과 비장애인이 함께 여가를 즐기고 싶은 바람에서 비롯되었다. 이 접근법이 다른 접근법에 비해 주목을 덜 받고 연구도 덜 되고 있지만, 점차 인기를 얻고 있는 것도 사실이다. 짝 접근법을 사용할 때 교사가 주의해야 할 점은 다음과 같다. 첫째, 장애인과 비장애인의 동일한 인원은 자연스러운 장애인의 인구 비율을 반영하지 않는다. 따라서 이 프로그램의 초점은 장애인에게 둘 수밖에 없다. 따라서 개인에게 낙인이 찍힐 수 있으며, 지역사회로부터 더 심한 분리를 초래할 수도 있다. 둘째, 이 접근법에서는 한 명의 장애인을 또 다른 한 명의 비장애인과 짝짓는 경향이 있는데, 이는 좀 더 자연스럽게 형성된 집단에서보다 사회적 상호작용에 제한을 가져올 수 있다. Carter, Cushing, Clark와 Kennedy(2005)는 중등기의 장애학생이 한 명 대신 두 명의 비장애학생과 함께할 때 사회적 상호작용이 증가하는 것을 발견하였다. 그럼에도 불구하고 조직적으로 두 명의 비장애학생과 함께할 때의 상호작용의 범위는 한 명과 짝이 된 상황에서보다 더 넓게 나타나지는 않았다. 중등기 전환교육 전문가는 또래에 대한 즉각적인 접근뿐만 아니라 현재의 접근이 졸업 후 바람직한 성과를 낳을 수 있을 것인가를 고려해야 한다.

조정과 수정을 통한 일반적인 참여   레크리에이션에 참여할 기회는 도시든지 지방이든지 주거 환경에 상관없이 모든 지역사회에 존재한다. 일반적인 레크리에이션 및 여가 프로그램은 일반 지역사회와 함께 발전하였고 특별히 장애인을 위한 것은 아니다. 그러나 그렇다고 해서 장애인이 이러한 활동에 참여하는 것이 제한되지는 않는다. 「미국 장애인법(ADA)」에 따르면 "장애로 인해 어떤 장애인도 공공기관의 서비스, 프로그램, 활동에 대한 참여에서 배제되거나 거부되어서는 안 되며, 어떤 기관으로부터도 차별 대상이 되어서는 안 된다."(ADA, 1990, Sec.12132)라고 명시하고 있다. 다르게 표현하면 일반 대중이 이용할 수 있는 여가 및 레크리에이션 기관과 서비스는, 예를 들어 스케이트장이나 스포츠 거리, 레크리에이션 센터 등은 장애인도 반드시 이용할 수 있어야 한다. 이러한 기관들은 단지 장애인이라는 이유만으로 자신들이 제공하는 활동에 대한 장애인의 참여를 거부할 수 없다. 이 통합 모델에서 장애인은 자신이 원하는 여가 및 레크리에이션 활동을 즐기고, 필요한 기술을 습득하기 위해 적절한 지원을 받으면서 일반 프로그램에 참여한다. 중등기 전환교육에서는 필요한 기술을 가르치기 위해 수많은 통합학교와 지역사회기반교수(CBI) 환경을 활용한다. 일반 학교에 기반을 둔 여가 프로그램에는 시민 클럽, 학교 스포츠, 드라마 활동, 학교 댄스 등이 있다. 교사는 이러한 학교 여가 및 레크리에이션 활동을 통해 통합된 환경에서 여가 기술을 가르칠 기회를 쉽게 가질 수 있다. 일반 학교에 기반을 둔 프로그램에 참여함으로써 학생은 지역사회기반 여가활동에 대한 일반화에 도움을 받는다. 일반 지역사회기반 프로그램에는 헬스클럽, 도서관, 평생교육 수업, 공원 및 레크리에이션 프로그램 등이 있다. 교사는 장애학생을 조정과 수정을 통해 일반 레크리에이션 프로그램에 참여시키기 위해서 단지 물리적인 참여에 그치지 않고 의미 있는 참여를 할 수 있도록 레크리에이션 서비스 제공자와 협력해야 한다. 〈들여다보기 11-1〉에서는 마리안느(Marianne)의 IEP/전환계획 팀과 협력하는 시립 조정 공원(adaptive parks) 및 레크리에이션과 직원이 그녀가 참여하기 전에 교수자를 만나고 준비하는 것에 동의하는 것을 살펴볼 수 있다. 적절한 지원은 통합 서비스 전달 모델이 성공하는 데 매우 중요하다(Werts, Wolery, Snyder, & Caldwell, 1996; Wolery, Werts, Caldwell, Snyder, & Lisowski, 1995). Sparrow, Shrinkfield와 Karnilowics(1993)는 적절한 지원이 없다면 지적장애인은 일반 여가 및 레크리에이션 프로그램에서 수용되기 어렵고 통합되었다는 느낌을 가질 수 없다고 지적하였다. 마리안느의 경우에는 IEP/전환계획 팀이 그녀가 활동에 참여하기 전에 직원을 훈련하기로 하고, 활동 중에 지원을 제공하고, 활동에 요구되는 기술을 먼저 가르쳤기 때문에 더욱 성공적으로 여가활동을 즐길 수 있었다. 이 밖에 활용 가능한 다른 지원으로는 특수화된 장비, 조정, 여가 코칭 등이 있다(Dattilo & Hoge, 1999).

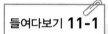
들여다보기 11-1

적절한 프로그램과 지원 선택하기

　마리안느(Marianne)는 19세이고, 대도시 교육청에 속한 중등기 이후 훈련 프로그램에 다니고 있는 중도의 지적장애학생이다. 마리안느는 프로그램을 통해 지역 식료품점에서 시간제로 일을 하고 있으며, 일주일에 서너 번 독립생활 기술을 학습하고 있다. 마리안느는 프로그램에 잘 참여하고 있으나 부모와 교사는 그녀가 대부분의 자유시간을 TV 시청으로 보내고 있다는 사실을 우려하고 있다. 부모 면담과 비형식적 평가 결과, 마리안느는 미술과 공예, 음악, 작고 조용한 활동을 즐기는 것으로 파악되었다. 마리안느는 운동이나 바깥 활동, 대집단 상황은 좋아하지 않는다. IEP/전환계획 팀은 마리안느를 만나서 그녀가 흥미를 느낄 만한 활동을 함께 찾기 위해 브레인스토밍을 했다. 팀은 선택 가능한 활동들을 생각해 내고, 각각의 장단점을 함께 의논했다. 예를 들어, 지역의 비영리 단체에서 운영하는 장애인을 위한 특수 수공예 프로그램을 고려했지만 이 프로그램의 장기적인 효과는 바람직하지 않다고 보았다. 왜냐하면 이 프로그램이 주로 비장애인 자원봉사자와의 단순한 활동을 하는 데 초점을 두고 있기 때문이다. 또한 마리안느와 부모는 좀 더 참여가 가능하며, 다양한 사람들을 만나고, 새로운 기술을 배울 수 있는 활동을 원한다. 시립 조정 공원과 레크리에이션 프로그램에서는 기술 발달에 초점을 둔 활동을 할 수 있지만, 마리안느가 흥미를 갖지 않는다. 팀은 마리안느에게 지역 레크리에이션 센터에서 10주 동안 진행하는 미술 및 공예 수업(구슬공예, 그리기, 도자기 만들기 등)이 적당하다고 결정했다. 마리안느는 여러 사람들과 다양한 활동을 할 수 있게 될 것이다. 팀은 이 수업에서 마리안느를 지원하기 위해 지역의 조정 공원 및 레크리에이션과 직원을 만나 상담한다. 이러한 협력을 통해서 팀의 각 구성원들은 마리안느가 성공적으로 프로그램에 참여할 수 있도록 역할을 할 것이다. 시립 조정 공원과 레크리에이션과 직원은 물리적 환경의 접근성을 높이도록 하고, 강사가 마리안느를 위해 미리 준비할 수 있도록 할 것이다. 마리안느의 부모는 이 수업에 등록하고 등록비를 내도록 도울 것이다. 수업이 아침 나절에 진행되므로 학교는 이 미술 수업에서 마리안느가 독립적으로 참여할 수 있도록 CBI를 하며 자연적인 지원 네트워크를 개발할 것이다. 또한 수업 중 이 미술 수업에서 필요한 핵심적인 기술을 보충해서 가르칠 것이다. 이렇듯 IEP/전환계획 팀과 협력함으로써 마리안느는 자신이 바라던 여가활동을 비장애인과 함께 참여할 수 있게 되었고, 학령기 이후 활동 참여를 위해 필요한 여가 일과와 기술을 배울 수 있게 되었다.

적절한 지원을 받는다면 조정된 일반 프로그램에 참여하는 것이 분리된 프로그램보다 더 선호된다. 일반 학교와 지역사회기반의 여가 프로그램을 통해서 일반적인 특수 프로그램에서 가능했던 것보다 더 광범위하게 선택할 수 있게 된다. 이러한 프로그램은 일반 대중을 대상으로 하기 때문에, 선택할 수 있는 활동들이 연령에 적합하고 또래에게 인기 있는 기능적 활동일 가능성이 높다. 연구에 따르면 여가에 대한 관심이 유사한 사람들이 친구가 될 확률이 높다(Terman, Larner, Stevenson, & Behrman, 1996). 이러한 상호작용을 통해서 우정을 형성하고 자연적인 지원을 촉진할 기회를 만든다면 더욱 성공적으로 성인기 삶을 살 수 있다 (Cimera, 2007). 자연적인 지원은 활동에 참여하는 직원이나 개인과 같은 기존의 지역사회 구성원으로부터 가능하며, 이를 통해 유급 지원을 대체할 수 있다. 마리안느의 경우 장기목표는 독립적인 참여가 가능하도록 좀 더 자연적인 지원을 개발하는 것이다. 여기에는 마리안느가 향후 수업을 등록할 때 도울 수 있도록 등록 직원의 지원을 받거나 마리안느의 요구에 따라 보다 쉽게 수정할 수 있도록 강사가 지원하는 것 등이 해당된다.

하지만 일반 프로그램을 사용하는 것은 쉬운 일이 아니며, 바람직한 성과가 나타나지 않을 수도 있다. ADA는 여가 및 레크리에이션 프로그램은 장애인이 이용할 수 있도록 합리적인 편의를 제공해야 한다고 규정하고 있다. 소규모의 사설 프로그램은 재정적 부담 때문에 몇몇 개인이 참여하는 데 필요한 조정된 장비를 제공하기 어려울 수도 있다. ADA에 따르면 서비스 제공자는 고가의 조정된 장비를 제공할 의무는 없다. 자격이 있는 참여자가 서비스를 이용할 수 있게 하면 된다. 그러나 이러한 프로그램 장비와 자원의 부족과 관련된 장벽은 특수 프로그램 서비스 제공자와의 협력에 의해 극복될 수 있다. 라스베가스의 시립 조정 레크리에이션과(the City of Las Vegas Adaptive Recreation Division)는 일반 레크리에이션 프로그램에 장애인이 참여할 수 있도록 지원과 장비를 제공하기 위하여 공원 및 레크리에이션과(the Department of Park and Recreation)와 협력한다. 예를 들어, 그들은 이 시에 있는 대중 골프장에서 골프를 치기 원하는 휠체어 이용자를 위해 조정된 골프 카트를 제공한다. 어떤 경우에는 몇몇 편의시설 및 특수 장비를 이용하기 위해서 미리 공지하고, 미리 계획할 필요가 있을 수도 있다. 특수 프로그램이나 짝 프로그램과 달리 많은 일반 레크리에이션 서비스 제공자는 지적장애인을 효과적으로 통합하기 위한 준비가 아직 되어 있지 않을 수도 있다. 또한 다른 프로그램 참여자가 지적장애인과 함께 있는 것을 불편하게 생각할 수도 있고, 의도적이지 않게 그들과의 상호작용을 피할 수도 있다(Siperstein, Parker, Bardon, & Widaman, 2007). 따라서 긍정적인 통합 경험을 할 수 있도록 부가적인 지원이 필요하다.

  보편적 설계   레크리에이션 프로그램의 보편적 설계는 개인의 능력과 무관하게 모든 이용자가 활동에 참여할 수 있게 함으로써 최선의 실제로 간주된다. 여가 레크리에이션 분야에서의 보편적 설계 개념은 ADA가 통과된 이후 더 보편화되었다(Kermeen, 1992). 미국 산림부(U.S. Forest Service)에서는 미국 전역의 험준한 지대를 관리하는데, 국립공원 및 레크리에이션 구역의 접근성을 높이기 위해 보편적 설계를 적용하고 있다. 보편적 설계 원칙은 매우 섬세하게 적용되기 때문에 대부분의 사람은 이러한 원칙이 적용되었는지도 의식하지 못한다. 레크리에이션 영역에 적용된 가장 일반적인 보편적 설계는 자연적으로 생긴 길에 널빤지를 깐 산책로를 만드는 것이다. 이러한 설계는 신체적 장애인이나 유모차를 끌고 온 부모, 노인 등 모든 사람이 이용할 수 있을 뿐만 아니라, 사람이 여기저기 돌아다녀서 자연을 훼손하는 것도 막을 수 있어서 최대의 효과를 볼 수 있다. 보편적으로 설계된 프로그램을 통해서 서비스는 특수화된 프로그램이나 서비스 없이도 최대한 다양한 수준의 능력을 나타내는 사람들을 지원하는 기틀과 철학, 개념을 갖추게 된다(Odem, Brantlinger, Gersten, Thompson, & Harris, 2005). 이러한 프로그램에서는 단지 특수한 요구가 있는 사람들뿐만 아니라 모든 참가자에게 다양한 경로로 활동을 이용하고, 참여하고, 즐길 수 있게 해 준다.

교사는 전통적으로 수업 계획을 먼저 하고 나서 개별적인 수정을 생각하도록 교육받았다(Lieberman, Lytle, & Clarcq, 2008). 이러한 방법을 사용하게 되면 계획하는 데 지나치게 많은 시간을 소요하게 되며, 수업 동안 편의나 조정을 받은 학생이 소외될 수 있다(Tripp, Rizzo, & Webbert, 2007). 수업과 프로그램 개발에 보편적 설계를 적용하는 교사는 모든 학생을 위한 학습 기회를 증진시킬 수 있으며 수업마다 필요한 개별화된 요구를 감소시킬 수 있다. 장애 유무와 상관없이 모든 참여자의 요구와 능력이 '사후'가 아니라 실시의 '사전'에 고려된다. Lieberman 등(2008)은 보편적으로 설계된 여가 및 레크리에이션 프로그램을 개발할 때 성과나 목표, 학생 특성, 보편적 수정과 같은 변인들을 다루어야 한다고 지적하였다. 보편적 설계의 첫 번째 단계는 프로그램의 중요 성과나 목표를 확인하는 것이다. 예를 들어, 즐거운 경험을 하는 것이 성과인지 아니면 구체적인 여가 기술을 학습하는 것이 성과인지 확인할 필요가 있다. 명확한 성과가 없다면 교사가 그 집단의 다양한 요구에 맞게 프로그램을 수정하는 데 어려움을 겪게 된다. 학생마다 서로 다른 선호도, 동기, 사전 경험, 인지적·신체적 능력이 있으며, 이러한 것들은 참여자가 여가활동의 이점이나 가치를 어떻게 인식하는지에 영향을 줄 수밖에 없다. 효과적인 교사는 프로그램을 개발할 때 이러한 다양성을 고려한다. 학생의 다양성에 대해 이해함으로써 교사는 다양한 범위의 능력 수준에 맞는 프로그램이나 수업의 수정을 결정하는 데 도움을 받는다. 교사는 하나 이상의 변화나 수정이 해당 학생의 필요를 충족시키기 위해 필요하다는 것을 발견할 것이다.

보편적 설계가 장애학생을 통합하기 위한 최선의 실제라고 볼 수 있지만, 전환을 위한 여가 프로그램에 적용하는 것은 상대적으로 드물다. 실행에 있어 가장 큰 장벽 중 하나는 보편적으로 설계된 프로그램을 어떻게 적용할 것인가에 대한 경험과 훈련의 부족일 것이다. 다른 여가 서비스 전문가와 특수교사와의 협력을 통해 프로그램을 실행하는 동안과 이후에 지원과 피드백을 받아야 한다. 교사는 이 과정 중 일부는 수업의 효과성에 대한 지속적인 평가임을 인식해야 한다. 초

임교사는 이러한 것들이 오로지 경험을 통해 향상될 수 있는 역동적인 학습과정임을 발견할 것이다. 이 밖의 다른 장벽도 존재한다. 보편적으로 설계된 실제가 이전에는 사용되지 않았던 프로그램이라면 초기 시작 비용이 많이 들 수 있다. 또한 서비스의 질이 하락하거나 경험 없는 교사들 간에는 내용을 '쉽게만 만드는 일'로 인식될 수 있다. 프로그램을 수정하기에 앞서서 원하는 성과를 명확하게 정의함으로써 서비스 제공자들의 이러한 잘못을 방지할 수 있다. 여러 장벽이 있음에도 불구하고 많은 프로그램들이 보편적으로 설계한 여가 프로그램을 성공적으로 실시하고 있다. 전국의 지역 공원과 레크리에이션 프로그램, 비영리단체 등에서 점차적으로 대중화되고 있다.

연령 수준의 다양성

앞서 언급한 서비스 전달 모델은 전 생애 주기에 걸쳐 사용된다. 그러나 프로그램의 성과와 초점은 참가자의 연령대에 따라 달라진다. 초등 연령의 학생이 청년과는 다른 서비스를 받는 것은 당연한 일이다. 이들은 서로 다른 여가에 대한 요구를 보이며 프로그램의 서로 다른 성과를 기대한다. 중학교 학생, 고등학교 학생, 중등기 이후 프로그램에 소속된 학생들을 위한 여가 프로그램 개발에 대해 연령대별로 살펴보면 다음과 같다.

IDEA가 16세가 될 때까지는 공식적인 전환계획을 요구하지 않지만, 여가 및 레크리에이션 전환 프로그램은 중학교 때 시작되어야 한다. 초·중학교에서는 교사가 학생에게 여가 인식을 개발하고 학령기 이후 독립적인 여가 참여를 위해 필요한 기초적인 기술을 습득하게 할 만한 기회들이 있다. 의사소통과 사회성 기술 부족은 여가활동 참여를 방해한다. 초기 여가 교육 프로그램에서는 장애친구나 비장애친구와 상호작용하는 데 필요한 사회성 기술의 개발에 초점을 두어야 한다. 대화 나누기와 지시 따르기, 대화 시작하기, 자기 규제 및 선택하기 등이 이러한 기술에 해당한다. 중학교 프로그램의 중요한 성과는 학생이 고등학교에 가서도 유지할 수 있고 학령기 이후 생활에도 지속할 수 있는 자연적 지원을 시작하고 개발하는 일이다. 이 연령대의 학생은 최대한 비장애 또래와 함께 일반 학교와 지역사회에 기반을 둔 여가에 통합되어야 한다. 교사는 학생의 여가 인식과 기술을 개발하기 위해 가족에게도 그들의 역할을 교육해야 한다(Witman & Munson, 1992). 이상적으로는 중등기 장애학생은 비장애 또래가 참여하는 것과 유사하면서도 자신이 원하는 여가활동에 독립적으로 참여할 수 있어야 한다. 교사와 부모는 이들의 독립성과 또래와의 상호작용을 촉진하기 위해 학교와 지역사회 활동을 하는 동안 유급 직원이나 성인에 의해 지원을 제공하기보다는 또래 지원이나 자연적인 지원이 이루어질 수 있도록 해야 한다. 학교와 지역사회 모두에서 활동 기술 개발에 초점을 두기보다는 여가 일과 개발에 초점을 두어야 한다. 예를 들어, 카드놀이 방법만을 가르치는 것이 아니라 장애친구나 비장애친구와 함께 카드놀이의 종류를 선택하고 시작하는 방법에 대해서도 배워야 한다.

학생이 고등학교에 들어가게 되면 여가 및 레크리에이션 훈련과 교수는 이전에 습득한 기술을 기초로 해서 형성되고, 학교와 지역사회 여가 방법 모두에 대한 인식이 증가해야 한다. 학교기반 활동에서의 참여는 여가 및 레크리에이션 훈련 프로그램의 중요한 요소로 남아 있어야 한다. 그러나 학생에게는 잠재적인 학령기 이후 여가활동과 환경을 경험할 수 있도록 좀 더 지역사회에 기반을 둔 여가 기회가 도입되어야 한다.

학생이 중등기 이후 프로그램에 등록할 시기가 되면 다양한 여가활동을 접하게 된다. 중등기 이후 프로그램은 여가 기회와 흥미를 확인하고 독립적인 참여를 위해 어떤 자원과 지원이 필요한지 확인하기 위해서 생태학적 평가를 포함하여 전반적인 여가평가 결과를 사용해야 한다. 평가 결과와 이전의 여가 경험은 개별화된 여가 교육 프로그램의 개발과 실시에 도움이 된다. 여가 일과에 대한 교육은 고용이나 독립생활 또는 중등기 이후 교육 일과 등의 다른 전환 영역의 교수 일과 안에 삽입되어야 한다. 예를 들어, 학령기 이후 프로그램은 직업교육과 저녁식사 교육 사이의 자유시간에 하고 싶은 여가 일과로서 보드게임을 삽입해서 가르칠 수 있다.

IEP 장·단기 목표 선택하기

Bullock과 Mahon(2001)은 여가 교육을 '자신과 여가에 대한 이해를 하고, 만족감이 높은 삶을 이끄는 자유롭게 선택된 활동에 참여하는 데 필요한 기술을 확인하고 배울 수 있는 개별화되고 맥락화된 교육과정'(p. 332)이라고 정의하였다. 맥락화된 과정에 대한 개념은 학생이 현재 어디에 있으며, 어디로 갈 것이며, 어떤 유형의 지원이 존재하며, 앞으로 어떤 지원이 필요할 것인지를 살펴보게 함으로써 전환계획의 목표 설정을 돕는다. 여가 및 레크리에이션 프로그램의 요소와 목표는 개인의 요구와 능력에 기초해야 한다. 개인 혹은 학생 중심 계획 활동은 교사가 여가 및 레크리에이션 교육을 개발하여 제공할 수 있게 하는 기틀이 된다. 전반적인 여가 및 레크리에이션 전환교육을 개발하고 전달하기 위해 가족 구성원과 또래, 지역 및 학교 기반 서비스 제공자들도 함께 해야 한다.

핵심질문 2 적절한 IEP 장·단기 목표를 개발할 때 고려해야 할 다섯 가지 영역은 무엇인가?

들여다보기 11-2

연령에 적합한 여가활동 확인하기

마이클(Miclael)은 14세이고 뇌성마비장애가 있으며, 최근에 고등학교에 입학했다. 마이클은 초등학교와 중학교를 다닐 때 비장애친구가 많았다. 그러나 고등학교에 입학하자 마이클은 학교의 자유시간에 다른 친구들로부터 소외되었다. 교사의 관찰에 따르면, 마이클의 여가활동이 비장애 또래와의 상호작용에 부정적인 영향을 주는 것으로 나타났다. 마이클은 다른 학생에게 자신의 소형 장난감 자동차를 가지고 놀 것을 요청하거나 자기가 가장 좋아하는 그림책을 본다. IEP/전환계획 팀은 마이클이 좀 더 연령에 적합한 여가활동을 해야 한다고 결정했다. 마이클의 특수교사인 블랙(Black)은 학교 자유시간 동안 어떤 활동을 하는지 알아보기 위해 마이클 또래의 학생들에게 설문조사를 하였다. 설문 결과, 대부분의 학생은 친구와 대화하기, 책이나 잡지 읽기, 카드놀이하기, 소형 비디오 게임하기, 핸드볼하기 중 하나에 참여하는 것을 알 수 있었다. 블랙은 이 결과를 마이클과 공유하고 어떤 활동을 가장 원하는지 결정하기 위해 선호도 평가를 실시했다. 마이클은 선호하는 활동으로 잡지, 특히 자동차 잡지와 카드게임을 선택했다. 블랙은 이 두 가지 활동이 연령에 적합하며 기능적인 여가활동이 될 수 있을 것이라 판단했다. IEP/전환계획 팀은 회의를 통해 마이클의 IEP에 여가 목표를 첨부했다. 마이클을 위한 목표는 독립적으로 비장애 또래와 연령에 적합한 여가활동을 시작하고, 참여하는 것이다. 블랙은 마이클에게 인기 있는 카드게임 두 종류와 또래와의 게임을 같이 할 때 필요한 적절한 사회적 기술을 가르치기 위해 또래 교수자의 도움을 활용했다. 또한 또래 교수자는 마이클이 일주일에 두세 번 비장애 또래와 이 활동 중 한 가지에 참여할 수 있도록 도왔다. 프로그램은 마이클이 자신의 새로운 여가 일과를 독립적으로 시작할 수 있을 때까지 지속될 예정이다.

생활연령 적합성

모든 전환교육 영역과 마찬가지로 중등기 여가 및 레크리에이션 활동도 학생의 생활연령에 적합해야 한다. 지속적으로 연령에 부적합한 활동을 해 왔던 학생이 연령에 적합한 활동을 선택하는 것은 상당히 어려운 일이다. 모든 개인은 자신의 자유시간 활동으로 개인의 취향에 따라 선택하면 된다고 주장할 수도 있다. 그러나 〈들여다보기 11-2〉의 마이클의 경우에서처럼 어린아이가 하는 활동에 참여하게 되면 더 소외되고, 비장애 또래는 장애인에 대해 더 부정적으로 인식하게 된다. 어떤 사람은 연령에 상관없이 그런 사람을 어린애처럼 취급하기도 하고 또 어떤 사람은 무시하기도 한다. 중등기 훈련 프로그램을 통해 학생은 생활연령에 좀 더 적합하면서도 자신이 원하는 활동에 접근하고 선택하도록 도움을 받을 수 있다. 마이클의 교사는 간단한 조사를 실시함으로써 어떤 유형의 활동들이 생활연령에 적합하면서도 비장애 또래에게 인기가 있는지를 파악할 수 있었다. 생활연령에 적합한 활동을 선택하는 것은 비장애 또래와의 상호작용과 사회적 통합을 위한 기회를 증진하는 데 매우 중요하다.

선택과 선호도

개인의 선택과 선호도는 전환기 학생을 위한 여가 교육을 실시할 때 고려해야 할 매우 중요한 요소다(Browder & Cooper, 1994; Lieberman & Stuart, 2002). 여가의 속성상 이 두 가지 요소가 없다면, 여가는 존재할 수도 없다. 여가 및 레크리에이션 교육의 본질에 따라 학생 선택과 선호도를 통해 관련된 장·단기 목표를 개발할 수 있다. 교사는 학생이 관심 있어 하는 영역과 특정 활동을 알아내기 위해 다양한 공식적 · 비공식적 평가 도구를 사용할 수 있다. 부모나 또래와의 면담, 자유시간 활동 관찰, 생태학적 평가, 관심 조사 등이 교사가 사용하는 일반적인 비공식적 평가 도구다. 여가 선호도를 평가하는 가장 쉬운 방법은 대상자나 그 가족에게 좋아하는 활동이 무엇이냐고 단순히 물어보는 것이다. 다양한 여가 선택 동안 진행되는 관찰도 여가 선호도를 알아내는 데 중요한 정보를 제공할 수 있다. 어떤 경우에는 전반적인 여가 및 레크리에이션 요구 및 선호도 평가가 필요하다고 판단될 수도 있다. 자격증을 갖춘 특수체육 교사나 학교 및 지역사회 기반 치료 레크리에이션 전문가들은 학생에 관한 중요한 정보를 팀에게 제공할 수 있다. IDEA(2004)는 체육교육과 레크리에이션 서비스는 각각 특수교육(Sec. 1401[29][B])과 관련 서비스(Sec. 1401[26][A])의 중요한 요소라고 보았다.

교사는 학생의 여가 및 레크리에이션 선호도가 분명하지 않은 경우도 접하게 될 것이다. 전통적인 의사소통 양식을 사용하기 어려울 때, 특히 중도 지체장애가 있을 경우에는 자신의 선호도와 관심을 이야기하기가 어려울 수 있다. 학생이 원하는 여가활동을 정확하게 혼자서 선택할 수 있느냐는 교사가 선택한 방법에 따라 영향을 받는다(Conyers et al., 2002). 예를 들어, 장애성인의 여가 선호도를 조사한 Parsons, Harper, Jensen과 Reid(1997)는 어떤 사람은 그림이 아니라 사물로 제시될 때 원하는 활동을 혼자서 선택할 수 있다는 것을 발견했다. 학생의 선택하기 기술을 고려하지 않는다면 그 학생에게 원하지 않는 활동—따라서 여가활동이 될 수 없는 활동—을 가르치게 될 것이다. 많은 학생에게서 볼 수 있는 또 다른 문제점은 그들이 여가활동 경험이 부족하고 다양한 여가 및 레크리에이션을 추구해 본 적이 없다는 사실이다. IEP/전환계획 팀은 학생이 보다 정확하게 선택할 수 있도록 여가 및 레크리에이션 활동에 대한 잠재된 인식을 증진시키는 데 IEP 목표와 프로그램의 중점을 두어야 한다.

기능성과 삶의 질에 대한 영향력

Modell과 Valdez(2002)는 장애를 가진 사람이 운동, 레크리에이션 및 여가에 참여하게 되면 삶의 질이 달라진다고 하였다. 그러나 교사는 중요한 것은 활동

자체가 아니라 학생이 즐거운 여가 경험을 가능하게 하는 활동의 기능(예: 즐거움, 긴장 해소)에 대한 인식이라는 점을 기억해야 한다. 어떤 활동이 적절하다는 것을 어떻게 알 수 있겠는가? 매우 다양한 여가와 레크리에이션 활동을 선택할 수 있게 한다면, 활동을 선택하는 것 자체가 벅찬 과제가 될 수도 있다. 마이클의 경우에서 보면, 팀은 활동의 연령 적합성과 학생의 선호도를 우선적으로 고려했다. 그런 다음 활동의 기능성과 삶의 질에 대한 장기간에 걸친 영향력을 고려했다. Storey(2004)는 스페셜 올림픽에서 볼 수 있는 많은 이벤트의 기능성에 대해 우려를 나타냈다. 예를 들어, 이 프로그램은 미래에 팀 참가를 위해 필요한 기술이라고 보는 소프트볼 던지기, 목표물 지나기, 달려가서 차기나 그 밖의 여러 개인 기술을 경쟁하도록 한다(Special Olympics, 2008). 그러나 이와 같은 개인 기술에 대한 교수는 스페셜 올림픽을 벗어나면 거의 기능성을 갖고 있지 않다. 이 프로그램에서 일 년 내내 구조화된 이벤트를 위한 기회를 제공할 수 있지만 개별적으로 이루어지는 스포츠의 본질상 이러한 운동 기술을 익히면서는 비장애 또래와의 상호작용이 촉진되지 않는다. 또한 자유시간 동안 개인이 즐길 수 있는 여가 및 레크리에이션 기술을 개발하는 데도 도움이 되지 않는다. 교사가 잠재된 활동의 기능성을 판단하는 데는 다음과 같은 질문이 도움이 될 것이다.

- 그 활동들이 그 학생이 나타낸 선호도에 잘 맞는가?(예: 바깥 놀이를 즐김, 조용한 활동을 좋아함, 촉감이나 감각 활동을 선호함 등)
- 학생이 장기간 참여할 수 있는가?
- 혼자서 참여할 수 있도록 적절한 지원 제공이 가능한가?
- 그 활동들이 비장애 또래와의 사회적 상호작용을 허용하거나 증진시키는가?
- 그 여가 레크리에이션 기술이 다른 환경에서 일반화될 수 있는가(예: 가정, 학교, 지역사회)?
- 또래가 받아들일 수 있는 활동인가?
- 참가 비용이 합리적인가?

종합적인 여가 및 레크리에이션 훈련 프로그램은 기능적인 여가 일과를 개발하는 데 초점을 두어야 한다. 기능적 여가 일과란 단지 특정한 여가 기술이 아니라 여가활동을 완수하는 데 필요한 모든 기술을 포괄한다. 영화관에서 영화를 보기 위해 무엇이 필요한지 생각해 보자. 첫째, 개인은 영화가 보고 싶은지를 결정해야지 영화를 보러 가는 데 필요한 그다음 단계를 시작할 수 있다. 여기에는 친구가 함께 보러 가기를 원하는지 알아보기 위해 전화 걸기와 영화 상영 시간 점검하기, 영화를 선택하기 등이 해당된다. 그런 다음, 개인은 영화관까지 가기 위해 대중교통을 이용할 수 있어야 하고, 영화관에 도착하면 영화표를 사야 한다. 마지막으로 개인은 영화를 보기 위한 여가활동을 즐길 수 있다. 여기에는 영화관 좌석 찾기, 영화가 상영되는 동안에 조용하게 있기, 계속 앉아 있기 등을 포함한 몇 가지 기술들이 필요하다. 구체적인 여가 기술과는 대조적으로 기능적인 여가 일과에 초점을 둠으로써 학생은 원하는 여가활동에 독립적으로 더 잘 참여할 수 있게 된다. 여가 일과를 통해 교사는 기능적인 독립생활 및 의사소통 기술을 가르칠 기회를 갖게 된다. 결정하기(Mahon & Bullock, 1992), 돈관리하기(Bullock & Luken, 1994), 대중교통 이용하기(Ashton-Schaeffer, Shelton, & Johnson, 1995)와 같은 독립생활 기술은 여가 일과의 한 부분으로서 제시되어 학습될 수 있다.

또래와의 상호작용

많은 여가 및 레크리에이션 활동은 혼자서도 즐길 수 있지만, 대부분의 사람들은 친구와 함께할 때 여가 경험이 더 즐거워지는 것을 발견한다. 주변 사람과 여가활동에서의 흥미를 공유하는 장애인은 지역사회에 좀 더 통합되기 쉽다(Terman et al., 1996). 따라서 IEP/전환계획 팀은 제안된 여가 및 레크리에이션 교육 프로그램이 비장애 또래와의 상호작용을 촉진하는지 살펴야 한다. 학생이 또래와 함께하기 위한 적절한 사회성 기술이 부족하다면 사회성 기술 개발이 여가 및 레크리에이션 훈련 프로그램에 통합되어야 한다. 마이클의 경우에는 새로운 학교에서의 사회적 규범이 이전 환경과 달랐고, IEP/전환계획 팀은 그의 여가 목표를 달성하기 위해서는 사회성 기술에 대한 교수가 필요하다고 봤다. 여가 교육을 통해 교수되는 사회성 기술(예: 반갑게 맞이하기, 도움 요청하기, 경청하기, 경험 공유하기)은 긍정적인 학령기 이후 성과와 삶의 질 향상에 중요하다(Heyne, Schleien, & McAvoy, 1993; Patton et al., 1996). 마이클의 교사는 연령에 적합한 또래와의 상호작용 기술을 가르치고 모델링을 제공하기 위해서 여가 교육 프로그램에서 비장애 또래의 도움을 받았다. 이러한 기술들은 상보적 관계와 우정을 발달시키고 고립감이나 무력감, 우울감을 감소시키는 데 매우 중요하다.

숙달 대 다양성

IEP/전환계획 팀은 훈련 프로그램의 초점을 숙달에 둘 것인지 아니면 다양성에 둘 것인지를 고려해야 한다. 어떤 학생에게는 여가 및 레크리에이션 교육의 목적이 개인의 선호에 따라 그들이 즐길 수 있는 연령에 적합한 다양한 여가활동을 경험하게 하는 것이다. 이런 경우에는 교사의 학급이나 지역에서 가능한 활동에 한정하여 여가활동을 선택하게 하지 않는 것이 바람직하다. 비장애학생과 마찬가지로 장애학생도 다양하게 관심을 보인다. 중등기 프로그램에서는 학생에게 여러 환경에서 가능하고 활동 수준이 다양하며 사회적 참여와 개인적 참여 기회가 있는 연령에 적합한 다양한 활동들을 제시할 수 있어야 한다.

학생의 IEP/전환계획 팀은 숙달이 훈련 프로그램의 초점이 되어야 한다고 결정할 수도 있다. 이런 경우에는 프로그램은 소수의 중요한 일과와 기술을 숙달하는 데 목표를 두고 학생이 선호하는 활동에 혼자서 참여할 수 있게 해야 한다. 예를 들어, 학생은 게임을 어떻게 조립하고 어떤 규칙에 따라 게임을 하는지 등을 포함하여 일반적인 보드게임을 하는 방법을 배울 수 있다.

IEP/전환계획 팀이 숙달에 초점을 둘지 아니면 다양성에 초점을 둘지를 어떻게 결정할 수 있을까? 대부분의 경우 전반적인 여가 및 레크리에이션 프로그램에서는 두 가지 다 권장된다. 성인이 되어서도 청소년이나 청년 시기에 숙달한 활동만 하는 사람은 거의 없다. 우리가 집에서 나와 새로운 사람들을 만나듯이, 우리는 새로운 여가 및 레크리에이션 활동을 접하게 된다. 어떤 사람은 새로운 활동에 숙달되기를 원하는 반면, 또 어떤 사람은 몇 번 시도해 보고 또 다른 것을 해 보길 원한다. 새로운 활동을 정규적으로 접해 봄으로써 우리는 자신의 자유시간을 어떻게 보낼지에 대해 좀 더 좋은 선택을 할 수 있게 될 것이다.

〈표 11-1〉 수동적인 여가활동과 능동적인 여가활동

	수동적인 여가활동	능동적인 여가활동
가정	TV나 영화 보기 독서 요리 음악 감상 뜨개질 일광욕 반려동물 키우기 패션/메이크업 수집(우표, 카드 등) 인터넷/비디오 게임 집안 꾸미기 카드 및 보드 게임 친구와 돌아다니기 파티	운동 요가 정원 가꾸기 뛰기/걷기 반려견 산책시키기 농구 캐치볼이나 프리스비 던지기
학교	미술/그리기 교실 독서 음악 감상 선택 과목 음악 및 악기 드라마/연극 동아리 사회적 위원회 자원봉사 동아리 친구와 돌아다니기	야구 축구 사커 테니스/탁구 학교 댄스 골프팀 체력 단련 필드 달리기
지역사회	공원 도서관 영화관/연극 극장 골프 스카우트 교회 활동 바(bar)나 사교 클럽 쇼핑, 외식 여행 레크리에이션 교실 운동경기 행사	클럽 스포츠 스페셜 올림픽 휠체어 스포츠 롤러스케이트 체력 단련/에어로빅 수영/다이빙 볼링 지역사회 댄스

야외	조류 관찰 하이킹/산길 산책 낚시 캠핑 수집(조개, 돌) 사진 찍기	하이킹 카누 타기/카약 타기 암벽 타기 스키나 수상스키 래프팅 승마 썰매 타기

핵심질문 3 어떤 교수법이 여가 및 레크리에이션 교수에 적용 가능한가?

교수적 접근법

지적장애학생에게 의미 있는 자유시간 활동을 하거나 참여하는 방법에 대한 교육이 정말 필요할까? 장애학생의 부모와 특수교사를 포함하여 많은 사람은 체계화된 교수가 필수적이지는 않다고 가정한다(Dattilo, 1999; Rose et al., 2007). 이들은 비장애학생처럼 지적장애학생도 자연스럽게 시간이 지나면 이러한 기술들을 습득할 수 있을 것이라 믿는다. 그러나 여러 연구에서는 학생이 학교 및 지역사회 레크리에이션 활동에 독립적으로 참여하기 위해서 필요한 핵심 기술들을 개발하기 위해서는 명확한 교수가 필요하다고 보고하고 있다(Collins, Hall, & Branson, 1997; Modell & Valdez, 2002).

여가 및 레크리에이션 핵심 기술이란 단순한 특정 활동의 기술 이상의 것들로서 레크리에이션 인식, 기술 학습, 자기 결정에서의 기술을 말한다. 첫 번째 핵심 영역에서는 개인은 일을 하는 시간과 여가 및 레크리에이션 시간 간의 차이에 대해 인식해야 한다. 이것은 특히 전통적으로 타인에 의해 선택된 활동을 해 왔던 장애인에게 해당되는 사항이다. 여가 인식은 다양한 유형의 여가활동과 그러한 활동에 참여하기 위한 자원을 소개하는 것까지 포함된다. 두 번째 영역으로서의 기술 학습은 여가 참여의 중요한 요소다. 특정한 활동 기술보다는 사회성 및 의사소통 기술과 관련된 독립생활 기술(예: 대중교통 이용하기, 금전 관리)을 포함하여 하나의 여가활동에 참여하기 위해 필요한 모든 기술에 대한 교수를 말한다.

마지막 영역은 Bullock과 Mahon(2001)이 결정적이라고 표현한 것으로서, 자기 결정이다. 여가 훈련 동안 학생은 활동을 선택하고, 여가 시간을 계획하고, 여가 및 레크리에이션 활동을 독립적으로 시작하는 것을 학습해야 한다. 전반적인 여가 및 레크리에이션 전환 프로그램은 긍정적인 중등기 이후 여가 성과를 성취하기 위해 이 세 가지 중요 영역에서의 교수를 모두 포함한다.

CBI는 바람직한 기능적이 여가 일과를 가르치는 데 있어 가장 적합하며 분리된 프로그램보다 지적장애학생을 위한 긍정적인 여가 혜택과 일반화를 가능하게 한다(Ashton-Schaeffer et al., 1995; Lanagan & Dattilo, 1989). CBI 프로그램을 개발하는 절차는 9장에서 다루었다. 또한 여가 교육은 최대한의 효과를 보기 위해서 장기간 지속할 것이 권장된다(Bedini et al., 1993). 특히 장애인의 경우 단기간의 여가 교육 프로그램(12시간 이하)을 통해서는 의미 있는 긍정적 결과가 나타나기 어렵다(Zoerink, 1988; Zoerink & Lauener, 1991).

대안적 수행전략 개발하기

여가 및 레크리에이션 프로그램에 참여하기 위해서는 다양한 수준의 의사소통 및 사회성 기술과 운동 기술이 필요하다. 지적장애인은 이러한 영역 중 한두 가지에서는 어려움을 나타내는 편이다. 그러나 이러한 어려움 때문에 기능적인 여가 일과를 배우지 못하거나 선호하는 여가활동에 독립적으로 참여하지 못해서는 안 된다. 중등기 교육은 이들에게 자신의 여가 목표 달성을 도울 수 있는 대안적 수행전략을 가르쳐야 한다. 대안적 전략을 고려할 때 교사는 활동 자체가 아니라 원하는 성과를 기억해야 한다. 여가 및 레크리에이션 교육의 성과는 개인이 능동적으로 선호하는 여가활동에 참여하게 하는 것이다. 개인 중심 접근법이 대안적 수행전략을 선택하는 데 적용되어야 한다.

대안적 수행전략은 학생이 자신의 장애로 인해 여가 일과의 모든 과제나 기술을 배울 수 없거나 여가 일과의 어떤 요소를 완수할 수 없을 때 유용하다. 교사는 과제 요구에 부합하며 독립성과 통합을 증진할 수 있는 전략들을 선택해야 한다. 최선의 전략들은 다양한 환경과 교수 영역에 걸쳐 사용될 수 있는 전략들이다.

보완대체 의사소통(AAC) 도구는 다양한 환경과 활동에 걸쳐 사용될 수 있는 대안적 수행전략의 예다. 교사는 학생이 여가활동을 시작하거나 비장애 또래와 대화할 수 있도록 학생의 기능적 여가 일과에 이러한 이미 배운 전략을 적용할 수 있다. 다수의 장애학생들에게는 기술 습득과 일반화를 촉진하기 위해 일과의 맥락 속에서 전략을 가르치는 것이 바람직하다. 교사는 대안적 수행전략 때문에 원하던 성과를 변경해서는 안 된다. 예를 들어, 학급 야구에서 점수판을 기록하는 역할을 하는 것은 그 경기에 참여하는 것과는 다른 것이다. 레크리에이션 전문가와 특수체육 교사, 그 밖의 전문가들은 교사가 적절한 대안적 수행전략을 개발할 수 있도록 도울 수 있다. 〈표 11-2〉는 장애학생에게 일반적으로 사용되는 여가 및 레크리에이션 영역의 대안적 수행전략의 예를 보여 준다.

〈표 11-2〉 여가 및 레크리에이션을 위한 대안적 수행전략 사례

대안적 요소	전 략
수행	−규칙 단순화: 활동이나 게임의 몇 가지 중요한 규칙에만 중점을 둔다. −그림 일정표: 활동의 단계 순서를 나타내는 그림을 사용한다. −또래 지원: 또래나 짝이 활동 단계를 완수하는 것을 지원하게 한다. −촉구 단서: 언어, 청각적 표시나 시각적 표시 등을 통해 학생이 활동을 완수하도록 돕는다. −규칙 변화: 참여를 증진하기 위해 규칙을 변경하지만 동일한 성과가 나타나게 한다(예: 휠체어 농구, 소리 나는 공). −활동 지속 시간: 활동을 완수하는 데 일반적으로 소요되는 시간보다 연장하거나 단축한다. −활동 장소: 활동이 이루어지는 장소를 변경한다. −부분적 참여: 전체 일과에서 활동의 특정한 부분을 독립적으로 완수한다.
장비와 자료 사용	−특수한 휠체어: 스포츠나 지역사회 활동과 야생활동을 위해 특수하게 설계된 휠체어를 사용한다. −확대 출력본: 시각장애인을 위해 책자의 활자 크기를 확대한다. −입력 기구 및 스위치: 컴퓨터를 이용하여 여가활동에 접근할 수 있도록 대안적 입력 모드를 사용한다. −확대 카드/게임 조각: 개인이 사용할 수 있도록 게임 조각이나 구성물을 변경한다. −조정된 공: 모든 크기, 무게, 질감, 소리 나는 공 등을 변화시켜서 특별히 설계된 공을 사용한다. −조정된 야외 도구: 인지 및 지체 장애를 갖고 있는 사람들이 야외활동에 접근할 수 있도록 다양한 특수 장비 중 선택한다.

요 약

여가 및 레크리에이션 훈련은 학교에서 지역사회로의 전환을 위해서뿐만 아니라 삶의 질을 위해서도 매우 필요하다. 지적장애인은 원하는 활동을 선택하기 위한 지식과 기술에 대해 부모와 교사들에게 의존한다. 체계적인 교수가 없다면 지적장애인 중 일부는 여가를 즐길 권리가 부정될 것이다. 중등기 교사가 여가 프로그램을 개발하는 데 도움을 받을 수 있는 여러 서비스 전달 모델이 있다. 그러나 통합 모델이 학생이 또래의 장애친구나 비장애친구와 함께 지역사회로 전환하는 것을 좀 더 잘 준비할 수 있게 한다. 조정이나 보편적 설계가 적용된 일반적인 프로그램에 참여하는 학생은 비장애 또래와 다양한 여가 기회에 최대한 접근할 수 있다. 학생의 요구와 선호도는 여가 프로그램에 대한 개인중심접근법 개발을 위해 반드시 고려되어야 한다. 요구와 선호도에 대한 전반적인 평가는 지역사회 및 학교 기반 레크리에이션 치료사나 특수체육 교사와 협력하여 실시할 수 있다. 또한 교사는 여가 및 레크리에이션 평가를 통해 여가 기술과 일과를 교수하는 데 가장 적절한 접근법을 발견할 수 있다. 교사는 통합 여가 프로그램을 촉진하기 위해 여러 지원에 접근한다. 부모와 학교, 지역사회 서비스 제공자들은 프로그램 개발뿐만 아니라 실행도 도울 수 있다. 자연적 지원과 지역사회 지원을 활용한다면 장기간 유급 지원을 받을 필요를 줄이고 독립성을 증가시키는 이점도 있다. 많은 학생은 일반화를 촉진하기 위해 CBI를 통해 배워야 하는 구체적인 여가활동에서 직접 교수가 필요하다. 학생은 여가 인식을 촉진하고, 여가 및 사회성 기술을 개발하며 자기 결정력을 증진시키는 프로그램에 참여해야 한다.

핵심질문 검토

핵심질문 1 여가 및 레크리에이션 프로그램에서 일반적으로 사용하는 네 가지 서비스 전달 모델은 무엇인가?

- 특수하거나 적응된 프로그램
- 짝 프로그래밍 접근법
- 조정과 수정을 한 일반 프로그램
- 보편적으로 설계된 프로그램

핵심질문 2 적절한 IEP 장·단기 목표를 개발할 때 고려해야 할 다섯 가지 영역은 무엇인가?

- 연령 적합성
- 선택과 선호도
- 기능성과 삶의 질에 대한 영향력
- 또래와의 상호작용
- 숙달 대 다양성

핵심질문 3 어떤 교수법이 여가 및 레크리에이션 교수에 적용 가능한가?

- 관찰 학습
- 촉진전략을 사용하는 과제분석적 교수
- 지역사회기반교수

12장
고용 훈련

John McDonnell

　고용이 성인기의 경제적·심리적 안녕을 형성하는 데 중요한 역할을 한다는 사실은 이미 잘 알려져 있다(Szymanski, Ryan, Merz, Trevino, & Johnston-Rodriquez, 1996). 일반교육 중등교육과정의 상당한 부분이 학생에게 진로를 선택해 볼 기회를 제공하고 직업윤리를 가르치며 일자리에서 성공하도록 필요한 기술을 가르치는 데 중점을 두는 것은 당연한 일이다(Berryman, 1993). 중등기 고용 훈련은 금속공예나 목공예와 같은 직업교육 수업에 참여하는 것에서부터 지역사회기반 일자리 체험 프로그램에 이르기까지 다양하다. 지적장애학생에게도 생산적이고 만족스러운 직업을 갖기 위해 필요한 기술과 적성에 맞는 기술을 개발할 기회는 중요하다.

　지난 10여 년 동안의 연구를 통해 지적장애성인도 적절한 훈련과 지원만 제공된다면 생산적으로 고용될 수 있다는 사실을 명백하게 알게 되었다(Wehman, Inge, Revell, & Brooke, 2007). 대부분의 연구자와 옹호자들은 중등교육에서는 졸업 전에 유급 일자리 환경에 학생들을 배치할 수 있도록 해야 한다고 주장하고 있다(Hasazi et al., 2005; McDonnell, Mathot-Buckner, & Ferguson, 1996; Rusch & Braddock, 2004; Wehman, 2006). 이러한 주장은 졸업 전 유급 일자리를 가진 학생이 그렇지 않은 학생보다 좀 더 성공적으로 일자리에 적응한다는 연구 결과에 기반을 두고 있다(Benz, Lindstrom, & Yovanoff, 2000; Blackorby & Wagner, 1996; Phelps & Hanley-Maxwell, 1997).

3장에서 제안하였듯이 중등기 이후 프로그램은 학생에게 유급 일자리를 제공하는 데 주된 목적이 있다. 그러나 중등교육도 학생에게 직업을 준비시키는 데 중요한 역할을 해야 한다. 이 장에서는 중등교육에서 학생이 이러한 성과를 성취할 수 있도록 도울 수 있는 전략들에 대해 살펴보고자 한다.

> **핵심질문 1** **중등기 학생에게 고용 훈련의 목적은 무엇인가?**

고용 훈련의 초점

중등교육의 고용 훈련에서는 ① 직무 및 직무 관련 기술 가르치기, ② 학생의 직업 흥미와 선호도를 파악하기, ③ 학생이 일자리에서 성공하기 위해 필요한 지원 결정하기 활동에 초점을 두어야 한다(McDonnell et al., 1996; Simmons & Flexer, 2008; Wehman, 2006).

직무 및 직무 관련 기술 가르치기

고용 훈련의 중요한 역할은 학생에게 자신이 선택한 직업이 무엇이건 간에 성공할 수 있도록 돕는 직무 및 직무 관련 기술의 기초를 단단하게 다지는 것이다. 1990년에 「Carl D. Perkins 직업 및 응용 공학 교육법(Vocational and Applied Technology Education Act)」이 학교가 학생들에게 수준 높은 기술이 요구되고 고액의 급여를 받을 수 있는 취업을 준비시키는 데 도움을 줄 수 있도록 필수 기술 성취위원회(Secretary's Commission on Achieving Necessary Skills: SCANS)를 만들었다. 위원회에서는 학생들의 성공적인 취업에 기여할 수 있는 기초적인 문해력 및 산술 기술, 사고 기술과 개인적 자질에 대한 개발을 포함한 세 가지 영역에서의 준비가 필요하다고 결정했다(〈표 12-1〉 참조). 위원회는 학생에게 어떤 일자리에서든지 생산성을 향상할 수 있는 기술과 일자리 동료와 협력할 수 있는 능력을 가르치는 것이 중요하다고 하였다. SCANS 보고서에 제시된 일반적인 지식 및 기술은 지적장애학생에게도 동일하게 적용될 수 있으며, IEP/전환계획의 장기 · 단기 목표를 개발하는 데 기본 틀을 제공할 수 있다.

학생은 SCANS 보고서에서 제시한 기술뿐만 아니라 성공적인 취업에 도움이 될 다양한 직업 관련 활동과 기술에 대한 교육이 필요하다(McDonnell et al., 1996; Sitlington, 2003). 여기에는 일자리에서 보조공학 기술을 활용하는 것부터 출퇴근을 위해 대중교통을 이용하는 것에 이르기까지 여러 가지가 포함된다. 직무 관련 기술에 대한 교육은 일자리에서의 학생의 독립성을 증진시키고 이들이 성공하는 데 필요한 지원을 감소시키는 과정에 초점을 두어야 한다.

〈표 12-1〉 SCANS 기반 기술 및 능력

기반 기술	
기초 기술	읽기, 쓰기, 산술, 수학, 듣기, 말하기
사고 기술	창의적으로 사고하기, 의사결정하기, 문제해결하기, 시각화된 사고하기, 학습 방법 알기, 추론하기
개인적 자질	책임감, 자긍심, 사회성, 자기 관리, 도덕성/정직
일자리 능력	
자원	시간 및 금전, 자료 및 시설 자원, 인간 자원 관리하기
대인	한 팀의 구성원으로 참여하기, 타인에게 가르치기, 리더십 발휘하기, 결정을 위해 협상하기, 다양한 문화적 배경을 가진 사람들과 일하기
정보	정보를 습득하고 평가하기, 정보를 조직하고 유지하기, 정보를 해석하고 소통하기, 고객에게 정보 제공하기, 정보를 처리하기 위해 컴퓨터를 사용하기
체계	체계 이해하기, 수행을 점검하고 수정하기, 체계를 향상시키고 설계하기
공학	공학을 선택하기, 과제에 공학을 적용하기, 공학 사용을 유지하고 문제점을 해결하기

출처: *Learning a Living: A Blueprint High Performance*, by The Secretary's Commission on Achieving Necessary Skill, April 1992, Washigton, DC: U.S. Department of Labor. 허가받아서 수정함

학생의 흥미와 선호도 파악하기

고용 훈련을 위한 중등교육의 또 다른 역할은 학생과 IEP/전환계획 팀이 학생의 진로 흥미와 선호도를 결정할 수 있도록 돕는 것이다. 대부분의 사람에게 진로 선택은 자신의 강점·약점, 자신이 좋아하는 일의 유형, 자신이 좋아하는 근무 환경, 자신이 좋아하는 근무 조건 등과 같은 몇 가지 요소를 기초로 이루어진다. 청소년은 학교 수업과 시간제 직업이나 자신이 존경하는 사람과의 직업에 대한 대화 등을 통해서 자신이 무엇을 하고 싶은지 이해하게 된다(Mortimer, 2003).

이 점과 관련하여 중·고등학교가 할 수 있는 실제적인 일은 학생이 직업교육 수업과 표본 일자리 체험을 통해 다양한 범위의 직업들을 접할 수 있도록 고용 훈련을 구조화하는 것이다(McDonnell et al., 1996; Steere, Rose, & Cavaiuolo, 2007; Wehman, 2006). 이것은 전통적인 방식으로 이루어지는 직업 선택과 관련된 정보를 수집하는 데 필요한 의사소통 기술과 학업 기술이 부족한 중도장애학생에게 더욱 필요하다. 이러한 경험의 일차 목적은 학생과 전환계획 팀에게 학생의 장기적인 고용목표 및 기대되는 성과에 적합한 유급 직업을 파악하는 데 필요한 정보를 제공하기 위해서다.

필요한 지원 파악하기

학생은 성공적으로 고용되기 위해서 다양한 유형과 분량의 지원을 필요로 한다. 그러므로 중·고등학교에서 이루어지는 고용 훈련의 핵심적인 성과는 학생들이 직무를 성공적으로 할 수 있도록 서비스 기관에서 받아야 할 공식 지원을 파악하고, 일자리에서의 자연적 지원을 이들의 요구에 맞게 최적으로 구조화하는 방법과 이들이 직무를 완수하는 데 필요한 대안적 수행전략을 파악하는 것이다. 이러한 정보는 학생이 자신의 직무를 배우고 시간이 지나도 수행을 유지할 수 있도록 하는 다양한 지원을 파악하는 데 사용된다.

교수적 접근법

중등기 학생이 전반적인 고용 훈련을 받아야만 한다는 것에는 대체로 의견이 일치한다. 그러나 어떻게 이 훈련을 실시할 것인가에 대해서는 다양한 의견이 존재한다. 이제는 일반교육과정과 수업에 장애학생을 통합하기 위해 필요한 지원이 무엇인지 알고 있으므로 지적장애학생을 위한 고용 훈련은 비장애학생의 직업교육 수업에서만 이루어져야 한다고 주장하는 사람도 있다(Fisher, Sax, & Pumpian, 1999; Jorgensen, 1998). 어떤 사람은 지적장애학생은 지역사회를 기반으로 하는 고용 훈련 경험을 반드시 해야 한다고 주장하기도 한다(McDonnell et al., 1996; Rusch & Braddock, 2004; Steere et al., 2007; Wehman, 2006).

여러 연구에서 직업교육 수업과 지역사회기반 경험에서의 통합 모두 학생의 졸업 후 고용에 대한 적응을 촉진한다고 보고하고 있다(Blackorby & Wagner, 1996; Phelps & Hanely-Maxwell, 1997). 그러나 학생의 졸업 후 성과를 향상하기 위한 각 접근법의 효과에 대해 더 많은 연구가 진행될 필요가 있다. 이런 자료가 없는 상태라면 일반 직업교육 수업과 지역사회기반 일자리 체험을 어떻게 병행하는 것이 가장 좋을지는 학생의 독특한 요구에 따라 IEP/전환교육 팀이 결정해야 한다.

> **핵심질문 2** 중등기 학생에게는 어떤 교수법이 사용되어야 하는가?

중학교 교육에서는 학생이 직업교육 수업과 그 밖의 교내 일자리 체험을 하는 것이 권장된다(Inge & Moon, 2006; McDonnell et al., 1006). 앞서 언급한 직무 및 직무 관련 기술을 개발하는 것과 함께 중학교에서의 고용 훈련의 초점은 학생이 우리 생활에서의 직업의 중요성을 이해하고 다양한 유형의 진로를 탐색해 볼 수 있도록 돕는 데 있다. 이러한 경험은 학생이 사회적으로 유능해지고 비장애 또래와의 긍정적인 관계를 형성하는 데 필요한 의사소통 및 사회성 기술을 개발할 수 있도록 학교의 자연스러운 사회적 네트워크에 최대한 참여할 수 있게 구조화되어야 한다.

들여다보기 **12-1**

데이브를 위한 표본 일자리 배치

데이브(Dave)는 캐니언 뷰 고등학교 3학년 학생이다. 데이브는 오전에 가구 설계 및 제작 수업 등 일반교육 수업에 참여한다. 그는 2학년 때 목공예 수업을 매우 즐겁게 하였다. 데이브의 할아버지는 상점을 하나 갖고 있는데, 데이브에게 수공구 및 전자 공구를 어떻게 다루는지를 가르쳐 주신다. 데이브는 가구 제작 일이나 목공예 사업에 대해 관심이 있음을 여러 번 이야기했다. 지난 봄에 IEP/전환계획 팀과의 회의에서 팀과 데이브는 가구 제작 수업을 수강 신청하고 그가 정말 그 일을 좋아하게 될지 살펴보기 위해 가구점에서 표본 일자리 배치를 해 볼 것을 결정했다. 데이브의 특수교사는 가구 제작에 대해 거의 알지 못하므로 그녀와 함께 데이브의 표본 일자리 배치를 개발하는 데 관심을 가질 만한 지역사회 기업에 대해 알아보기 위해서 데이브의 가구 제작 수업 교사와 의견을 나누었다. 데이브의 특수교사는 로울리스(Rowley's) 맞춤 가구점과 협력할 수 있게 되었다. 특수교사와 가구점 주인인 진(Gene)은 데이브가 월요일, 수요일, 금요일에 하루 2시간씩 이 가구점의 수석 종업원인 마이크(Mike)의 조수로 일할 수 있도록 일정을 짰다. 데이브는 3주 동안만 이 일을 하는 것이지만 자신의 직무를 배우는 데 진전이 있었다. 진과 마이크는 데이브에 호감을 느꼈고, 그가 열심히 일한다고 생각했다. 데이브는 상점에서 일하고, 가구를 조립하고, 가구를 광택 내고, 청소하며, 마이크가 배달을 위해 차에 가구를 싣는 것을 도와주었다. 데이브는 마이크의 지시에 따라 일하지만, 청소와 같이 좀 더 일상적인 일을 할 때에는 보조원의 도움을 받기도 한다. 데이브가 가구점에서 일만 배우는 것은 아니다. 교사와 보조원은 미래의 데이브를 위해 다른 표본 일자리 배치를 선택하기 위한 정보를 수집하고 있다. 진은 목공예에 관심 있어 하는 다른 친구들을 위해 향후 자신의 가구점이 표본 일자리 배치처가 될 수 있도록 허락하였다.

일단 학생이 고등학교에 입학하면 고용 훈련은 일반교육과정의 직업교육 수업에 참여하는 것 이상으로 지역사회기반 일자리 체험으로 확장될 필요가 있다. 몇몇 고등학교에서는 이러한 일자리 체험을 일반교육과정의 수업을 통해 제공할 수 있다. 예를 들어, 많은 고등학교에서 기초가 다져진 집짓기 수업에 등록하면 건축에 대한 견습 프로그램에 참여하게 되고 가능할 때마다 지적장애학생도 이 수업에 참여해야 한다. 그러나 대부분의 경우 학생은 지역사회에서 가능한 다양한 유형의 일자리를 접할 수 있는 표본 일자리 프로그램을 제공받을 필요도 있다.

교내 고용 훈련

일반교육 수업에 참여하는 지적장애학생을 지원하기 위해 필요한 공학은 지난 10여 년 동안 놀라울 정도로 발전하였다(Hunt & McDonnell, 2007). 직업교육 수업에서 학생을 지원하는 것과 관련된 어려움은 일반 교과 영역 수업에서 이 학생을 지원할 때 겪는 어려움과 동일하다. 교과수업에서 이들이 성공적으로 통합되기 위해서 교사는 학생이 활동과 과제를 완수할 수 있도록 인적 자원을 개발하고, 그들의 독특한 요구에 맞도록 교육과정과 교수법을 수정하며, 그들의 교육적 진전에 중요한 구체적인 기술에 대해 삽입교수를 실시해야 한다. 이러한 전략 실시에 대한 내용은 이미 8장에서 다루었다.

또 다른 고용 훈련 전략은 교내 일자리를 이용하는 것이다(Inge & Moon, 2006; Sowers & Powers, 1991). 대부분의 중 · 고등학교에서 학생은 학교의 일상적인 운영에 필요한 다양한 과제를 수행한다. 예를 들어, 학생은 출석부를 걷을 수도 있고, 도서관에서 책을 책꽂이에 다시 정리할 수도 있으며, 교실에 시청각 자료를 전달하거나 학교 매점에서 일을 할 수도 있다(〈표 12-2〉 참조). 이러한 유형의 교내 일자리를 통해 학생에게 효과적이며 효율적으로 중요한 직무 및 직무 관련 기

〈표 12-2〉 교내 일자리 사례

장 소	가능한 직업활동
교무실	타이핑 하기 날짜 입력하기 파일 정리하기 학교 소식지 정리하기
행정실	출석부 걷기 자료 입력하기 문자 보내기
도서관	시청각 장비 전달하기 도서 정리하기 새 도서에 스캔코드 부착하기
학교 매점	물건 정리해 놓기 재고 정리하기 물건값 계산하기

술을 가르칠 수 있다. 이러한 일자리도 지역사회기반 일자리 체험 프로그램에서 학생이 직면하는 조건들과 유사하다. 따라서 이러한 교내 일자리는 학생에게 지역사회 일자리에서 겪을 경험을 준비시키는 데 중요한 역할을 한다.

교내 일자리를 개발하는 데 있어 첫 번째 단계는 잠재적으로 가능한 일자리를 발굴하기 위해 학교를 조사하는 것이다. 이를 위한 가장 좋은 방법은 비장애학생이 이미 일하고 있는 교내 장소를 파악하는 것이다. 교사는 또래가 하지 않는 일자리를 개발해서는 안 된다. 예를 들어, 학생이 교무실에서 일하는 것은 흔한 일이지만, 학생이 수업시간에 관리인 역할을 하는 것은 흔하지 않다. 학생을 이런 일자리에 배치한다면 장애학생과 비장애학생 간의 유사성보다는 차이만을 강조하게 되고, 이들에 대한 또래의 수용에 부정적인 영향을 줄 수 있다.

두 번째 단계는 그 일자리에서 구체적으로 할 일을 가르칠 교육 프로그램을 개발하는 것이다. 이때 교사는 수행 요구를 분석하고, 학생이 그 일자리에서 현재 보이는 기초선 수행 수준을 측정한 후, 학생의 요구에 맞는 교수 절차를 개발하고 자료수집 체계를 개발해야 한다. 이러한 단계를 실시하는 데 고려해야 할 사항들에 대해서는 9장에서 자세히 다루었다.

지역사회기반 표본 일자리 만들기

표본 일자리 만들기는 지역사회 사업체에서 무급으로 다양한 직무 경험을 하도록 배치하는 것을 포함한다(Inge & Moon, 2006; McDonnell et al., 1996; Wehman, 2006). 표본 일자리를 통해 교사는 학생이 지역사회에서 찾아볼 수 있는 다양한 일자리를 접해 볼 수 있도록 하고, 직무 및 직무 관련 기술을 가르치고 학생의 진로 흥미를 파악하며 지역사회 일자리에서 성공하기 위해 필요한 지원의 수준을 파악할 수 있다. 표본 일자리 만들기는 일련의 상황평가(situational assessment)로 간주될 수 있다. 표본 일자리 만들기 동안 수집된 정보는 결국 학생과 전환계획 팀이 학생의 흥미와 요구에 맞는 직업을 선택하는 데 도움을 줄 것이다.

교사는 표본 일자리를 만들기 위해서 학교를 벗어나 지역사회로 나가야 한다. 실질적으로 교사의 교수활동의 범위가 증가하고 성인 서비스 체계에서의 고용 전문가와 유사한 역할을 하게 된다(Izzo, Johnson, Levitz, & Aaron, 1998). 표본 일자리 만들기 프로그램을 설계하고 실시하는 데 필요한 단계는 표본 일자리 만들기, 훈련 장소 개발하기, 직무분석하기, 교수 및 추후 지도하기로 구성된다.

핵심질문 3 **표본 일자리를 개발할 때 고려해야 할 점은 무엇인가?**

일자리 개발　효과적인 표본 일자리 프로그램을 통해서 학생은 졸업 후 취업이 가능해 보이는 다양한 직종을 접해 볼 수 있다. 이것은 지역사회의 노동시장(labor market) 분석을 통해 이루어질 수 있다. 이러한 정보는 종종 그 주의 노동부나 일자리 제공 관련 웹 사이트에서 발견할 수 있다. 이런 사이트에는 일반적으로 도시나 우편번호에 따라 현재 가능한 일자리를 유형별로 정리하는 검색 엔진이 있다. 또한 이러한 사이트는 종종 향후 성장하리라 기대되는 고용 영역에 대한 전망도 내놓는다. 지역의 상공회의소나 지역신문의 광고 조사 등을 통해 부가 정보를 수집할 수도 있다. 학생에게 가능한 고용 영역의 수는 지역사회의 크기 및 경제적 기반에 따라 달라진다.

교직원은 표본 일자리를 기꺼이 제공할 지역 사업체와의 지속적인 협력관계를 정착하기 위해서 노동시장 분석을 한다. 이때 각 확인된 고용 영역에서 잠재된 직업의 범위를 대표할 수 있는 장소에 대한 목록 개발에 초점을 둔다. 예를 들어, 교직원은 가사 · 노동직과 같은 영역에서 전형적인 직무(관리인, 호텔 객실 청소원 등)와 사업체(제조업과 서비스 직종), 지역사회에서 일반적으로 파악되는 사업체의 규모 등의 표본이 되는 장소를 파악한다. 표본 일자리 개발은 시간이 많이 소요되는 과정이다. 따라서 교직원은 지속적으로 표본 일자리 프로그램에 협력관계를 갖기를 원하는 사업체에 집중하는 것이 중요하다.

일단 처음에는 표본 일자리 프로그램 참여에 관심이 있는지 알아보기 위해 전화로 사업체에 문의를 해야 한다. 이러한 문의를 통해서 프로그램을 사업자에게 좀 더 자세히 소개할 회의 시간을 정할 수 있다. 회의를 할 때에는 교직원은 학생뿐만 아니라 사업체에 이 프로그램이 어떤 혜택이 있는지 설명해야 한다. 또한 학생을 지원하기 위해 학교와 사업체의 구체적인 역할과 책임에 대해서도 설명해야 한다. 일단 고용주가 표본 일자리 장소를 제공하기로 하면, 학생이 해야 할 직무와 직무가 수행되는 기간(시간), 학교가 제공하는 훈련 및 추후 지도, 사업체가 제공하는 훈련과 관리 · 감독 수준 등에 대해 문서화한 동의서를 개발해야 한다.

표본 일자리 선택   표본 일자리를 선택하는 데 고려해야 할 우선 요소는 직무와 직무 환경이 학생의 선호도에 부합되는지다. 자신의 직무 선호도를 표현하지 못하는 학생을 위해 팀은 '행동적' 지표를 통해 그들의 관심을 알아낼 필요가 있다. 예를 들어, 한 학생이 학교나 가정에서 어떤 작업을 꺼려 했다면, 그 작업과 유사한 일을 해야 하는 일자리 표본에 배치하는 것은 적절하지 않다. 학생은 자신이 싫어하거나 불편한 조건에서 수행해야 하는 작업을 하도록 요구하는 일자리에 배치되어서는 안 된다.

두 번째 고려해야 할 요소는 일자리가 학생에게 새로운 고용 영역과 직무를 접할 기회를 주는가다. 매해 학생이 배치되는 표본 일자리의 수는 그 학생이 갖고 있는 구체적인 요구에 따라 달라진다. 그러나 McDonnell 등(1996)은 학생은 최소한 매년 두 곳의 표본 일자리를 체험하는 것이 바람직하다고 하였다. 이를 통해 학생은 대부분의 지역사회에서 일반적으로 볼 수 있는 고용 영역과 사업체의 유형이나 규모 등을 경험해 볼 가능성이 높아진다.

마지막으로 고려해야 할 점은 표본 일자리가 학생에게 버스 타기, 자기 관리체계 사용하기나 비장애 또래와 상호작용하기 등과 같은 직업과 관련된 중요한 기술을 가르치거나 유지할 기회를 제공하는지 여부다. 표본 일자리는 학생에게 미래의 일자리에서 성공을 촉진할 새로운 기술들을 학습할 기회를 제공해야 한다.

직무분석   학생이 직무를 수행하기 전에 교사는 철저하게 직무 요구에 익숙해져야 한다. 직무분석을 수행하는 절차는 지역사회 활동에 대해 과제분석을 하는 것과 유사하다. 직무분석은 학생에게 할당된 다음과 같은 직무활동의 네 가지 측면에 중점을 두어야 한다.

1. **학생 반응** 직무분석을 통해 학생에게 할당된 각 업무를 수행하는 데 요구되는 특정한 반응을 파악해야 한다. 이러한 반응은 관찰 가능하고 측정 가능한 방식으로 진술되어야 한다.

2. **자극** 직무분석을 통해 각 반응을 유발하는 자연적인 자극도 파악해야 한다. 다른 지역사회 활동에서처럼 학생이 반응을 할 시간과 방법을 통제하는 다양한 단서가 있을 수 있다.

3. **속도와 관련된 요구 조건** 능숙한 수행은 취업 환경에서 성공하는 데 매우 중요하다. 따라서 직무분석은 각 업무의 속도와 관련된 요구 조건이나 '생산율'(미리 정해 놓은 시간 동안 개인이 완수하는 과제의 수)을 파악해야 한다. 속도 조건이나 생산율은 사업체에서 정하기도 한다. 또 다른 상황에서는 교사가 그 학생만을 위한 기준을 마련할 수도 있다. 평균 수행률을 계산하거나 동일한 업무를 하는 다른 근로자의 생산율을 계산해서 한다.

4. **작업 질과 관련된 요구 조건** 직무분석은 각 반응에 대한 질적 요구도 구체화해야 한다. 질적 요구를 통해 고용주의 기대를 파악할 수 있다. 교사는 고용주나 관리자가 학생이 수행할 각 과제의 질적 요구들을 파악하도록 해야 한다. 동일한 업무를 하는 다른 근로자와 논의함으로써 감독관이 기대하는 정확률을 결정하는 것도 바람직한 방법이다.

직무 훈련 효과적인 고용 훈련을 하는 데 필요한 교수 절차는 9장에서 기술하였다. 교사는 훈련을 시작하기 전에 모든 직무 과제에 대한 학생 수행에 대한 기초선 점검을 해야 한다. 이를 통해 획득한 정보를 표본 일자리에서 볼 수 있는 자연적인 자극과 결과의 통제를 참조하여 학생이 수행할 수 있도록 교수 절차를 선택하는 데 사용한다. 교사는 정규적으로 독립적인 직무 과제 수행을 향한 학생의 진전도를 점검하고 학생의 개별적 요구에 맞도록 교수 절차를 수정해야 한다.

할당된 업무와 함께 학생은 일자리에서 성공하는 데 필요한 다양한 직무와 관련된 활동과 기술을 배울 필요가 있다. 이러한 활동과 기술에 대한 교수는 분리되거나 필요 조건으로 실시되는 훈련 활동이라기보다는 직무 장소에서 계속되는 훈련의 한 부분으로 포함되어야 한다.

추후 지도 학생이 할당된 업무를 할 수 있도록 배운 후에는 교사는 몇 주 동안 일자리에서 그들의 수행을 추후 지도해야 한다. 표본 일자리에서 이 단계의 목적은 여러 가지가 있다. 첫째, 학생이 직무 수행을 유지하기 위해 필요할 지원의 분량, 빈도, 유형을 파악하기 위해서다. 이 정보를 통해 학생과 팀은 유급고용에 성공하는 데 필요한 공식적·비공식적 지원에 대해 예측해 볼 수 있다.

둘째, 학생의 직무 수행을 유지하는 데 영향을 주는 요소들을 파악하기 위해서이다. 이러한 요소들에는 직무 요구에서의 변칙성(variation), 동료나 감독관과의 적절한 관계 유지에서의 어려움, 동기 등이 포함된다. 이러한 정보를 통해 학생의 향후 또 다른 표본 일자리 배치나 유급고용에서 이러한 문제를 다루기 위해 사용될 수 있는 교수법이나 대안적 수행전략을 파악하는 데 도움을 받을 수 있다.

마지막으로 추후 지도는 고용주의 요구가 학생과 교직원에 의해 충족되고 있는지 확인하기 위해서 필요하다. 고용주는 학생 배치가 사업체 운영을 방해하지 않아야 계속해서 이 표본 일자리 프로그램에 참여하게 될 것이다. 추후 지도 동안 교사는 학생 수행과 학생에 대한 직원의 지원과 관련된 고용주의 만족도를 평가해야 한다.

교사는 추후 지도를 수행하기 위해 다음과 같은 세 가지 일반적인 지침을 준수해야 한다.

1. 학생과 고용주의 정규적인 만남을 할 수 있는 일정을 만든다. 만남의 횟수는 학생과 고용주의 요구에 따라 달라져야 한다.
2. 각 추후 지도 방문 동안 교사는 할당된 직무에 대한 학생 수행을 평가해야 한다. 이러한 평가는 의무적으로 해야 할 학생의 수행을 측정하도록 구조화되어야 한다. 교사는 학생을 관찰하고 직무 완수의 정확성과 속도에서의 불일치를 기록해야 한다. 지속적인 오류가 있다면 교사는 그 문제가 교정될 때까지 부가적인 훈련과 관리·감독을 제공할 수 있도록 준비해야 한다.
3. 정규적으로 훈련 프로그램에 대한 고용주의 만족도를 평가한다. 교사는 추후 지도 방문을 할 때마다 당시의 감독관과 만나서 학생 수행에 대해 논의해야 한다. 이러한 비공식적인 만남을 통해 최근에 발생하거나 미래에 일어날 것 같은 문제점들(예: 새 장비나 과제가 일자리에 도입된다면)을 파악할 수 있다. 일자리 동료와 학생의 수행에 대해 이야기해 보는 것도 바람직하다.

〈표 12-3〉 표본 일자리 배치 요약 사례

학생 이름: 마크(Mark)

날짜: 2006/03/22

장소: 이브 뷔페

기간: 2006/01/10~2006/03/15

직무: 식기 정리, 설거지

감독관: 주디스 라이트(Judith Wright)

1. 독립적 과제 완수 수준: 마크는 모든 직무를 100% 정확도로 완수한다. 마크는 네 번 연속 검사에서 100% 정확도로 직무 수행을 유지했다.

2. 과제의 질: 주디스는 지속적으로 마크의 과제 질을 '좋음'에서 '매우 좋음'으로 평가하였다.

3. 생산성/생산율: 마크의 직업률은 정해진 시간 기준에 80~85% 범위를 보인다.

4. 직무 관련 기술

   ① 자기 관리: 마크는 정확한 시간에 업무를 시작할 수 있게 자신을 촉구하기 위해 그림 점검표를 사용했다. 그는 3주 내에 점검표 사용을 배웠고, 촉구 없이 성공적으로 지속해서 사용할 수 있었다.

   ② 대중교통 이용: 마크는 혼자 걸어서 출퇴근을 했다. 고용 전문가가 경로를 알려 주었고, 1주일 동안 마크를 뒤에서 조용히 쫓아다니며 점검했다.

   ③ 사회성 기술: 전반적으로 마크의 사회성 기술은 좋다. 가끔 대화 주제를 반복해서 말하기는 한다.

5. 그 밖의 관찰 결과: 마크의 작업 속도는 음식 찌꺼기나 기름기, 소스가 손에 묻는 걸 피하려고 해서 그가 테이블을 치울 때 느려진다.

표본 일자리 배치 평가 교사는 각 표본 일자리 체험을 종결할 때 학생 수행에 대해 요약하고, 이 정보를 학생 파일에 추가해야 한다. 요약에는 할당된 과업 수행(예: 과제 완수 정확도, 속도와 질, 유지 등)과 업무와 관련된 기술 수행(출퇴근, 일자리 동료와의 상호작용 등), 그리고 학생에게 제공된 지원의 수준 등과 관련된 문제점들이 파악되어 있어야 한다. 〈표 12-3〉은 표본 일자리 배치 요약의 사례다. 이렇게 요약을 하는 목적은 학생의 고등학교 시기의 진로 지도 동안 표본 일자리 배치 과정에 대한 축적된 기록을 제공하기 위해서다. 이러한 정보는 후속 표본 일자리 및 졸업 전 학생이 배치되는 일자리를 선택하는 데 지침을 제공한다.

표본 일자리와 공정노동기준 의회는 고용주가 근로자를 착취하지 못하도록 하는 여러 법을 제정하였다. 이러한 법률 중에는 아동·청소년을 착취로부터 보호하는 법이 많이 있다. 착취 방지권에 대한 조항은 「공정노동기준법(Fair Labor standards Act: FLSA)」(1990)에 있다. 학교측은 FLSA가 학생들에게 제공될 수 있는 지역사회기반 일자리 체험에도 적용됨을 알고 있어야 한다(National Center on Secondary Education and Transition, 2005). 학교가 FLSA를 제대로 준수하도록 돕기 위해서 미국 노동부와 교육부는 〈표 12-4〉와 같은 지역사회기반 일자리 체험 설계 및 실시를 위한 지침을 개발하였다. 이 지침은 중등기 교육이 학생에게 유급 직업보다는 고용 훈련을 제공하는 데 초점을 두도록 계획되었다.

〈표 12-4〉「공정노동기준법」 지침

1. 프로그램 참여자는 당장은 최저임금이나 그 이상의 임금을 받는 경쟁고용이 어려운 신체적/지적 장애를 가진 청소년으로서, 그들의 장애로 인해 일자리 환경에서 수행을 위해 강도 높고 지속적인 지원이 요구된다.
2. 프로그램 참여는 공립학교 교직원의 일반적인 관리·감독을 받으며 지역사회기반 배치 일자리에서 직업 탐색, 평가, 훈련을 받기 위한 것이다.
3. 지역사회기반 배치는 각 학생을 위해 개발 및 계획된 개별화 교육 프로그램에 명확하게 정의된 요소여야 한다. 탐색, 평가, 훈련 혹은 협력적 직업 교육 요소를 위해 만들어진 전환교육 서비스에 대한 진술은 학생의 IEP에 포함되어야 한다.
4. 학생과 부모 또는 학생의 보호자는 IEP와 지역사회기반 배치에 대해 완전히 이해해야 하고, 이러한 프로그램에 참여한다고 해서 월급이 보장되지는 않는다는 것을 이해하고 자발적인 참여를 표시해야 한다.
5. 지역사회기반 배치 일자리에서 학생의 활동이 사업체에 즉각적인 이익을 낳아서는 안 된다.
6. 고용관계가 절대적으로 시간에 따르는 것은 아니지만, 각 요소에 대한 일반적인 규칙은 해당 학년도 1년 동안 다음 최소 기준을 위반해서는 안 된다.
   • 직업 탐색: 직무 경험당 5시간
   • 직업 평가: 직무 경험당 90시간
   • 직업 훈련: 직무 경험당 120시간
7. 학생은 IEP 결론에서 사업체에 고용이 보장되지는 않는다. 그러나 일단 학생이 고용되면, 학생은 명백하게 구별되는 업무가 없는 한 특정한 지역사회기반 배치에서 훈련생으로 간주되지 않는다.

출처: "OSEP Memorandum 90-20: Guidelines for Implementing Community-Based Educational Programs for Students with Disabilities", by the U.S. Department of Education, Office of Special Education, 1992, Washington, DC: Author. 허가받아서 게재함

핵심질문 4 특정한 표본 일자리 배치가 「공정노동기준법」을 준수하는지를 결정하기 위해 어떤 점들을 우선 살펴보아야 하는가?

이 지침은 두 가지 가정에 기반을 두고 있다. 첫째, 사업체와 학교 프로그램 간의 관계는 오로지 고용 평가 및 훈련을 제공하기 위해 존재한다. 고용주가 표본 일자리 프로그램에 참여하기로 동의하는 것에는 아무런 경제적 이익이 있을 수 없다. 잠재적인 문제를 피하기 위해 표본 일자리 배치는 다음 조건을 획득하기 위해 체계화되어야 한다.

- 고용인은 자신의 의무가 아닌 일도 완수하도록 할당받을 수 있지만, 학생은 다른 고용인의 의무를 수행하지 않는다. 예를 들어, 식료품점에서 학생이 물건을 선반에 채워 넣을 수 있다고 물건을 담는 사람을 대신해서 일을 할 수는 없다. 그러나 학생은 물건을 담는 사람이 해당 일을 하는 동안에는 물건을 담는 일을 할 수 있다.
- 학생은 정규적으로 고용인이 하지 않는 일은 할 수 없다. 예를 들어, 다른 고용인이 고용주의 차를 세차하는 일을 정규적으로 하지 않는다면, 학생도 고용주의 차를 세차할 수는 없다.

둘째, 학생의 표본 일자리 체험은 IEP/전환계획의 명백한 장·단기 목표를 근거로 이루어져야 한다는 것이다. 장·단기 목표에는 학생의 표본 일자리 배치의 구체적인 학습 성과와 그 성과가 성취되었는지를 결정할 수 있는 기준이 제시되어야 한다. 또한 학생과 부모는 학생이 이러한 배치에서 일함으로써 급여를 받는 것은 아니며, 이 체험이 끝나고 나서 고용이 보장되는 것은 아님을 명백하게 이해해야 한다.

요 약

　고용 준비는 중등교육의 매우 중요한 요소다. 이번 장에서 우리는 중등기 학생을 위한 고용 훈련의 초점이 대부분의 직무에 공통되는 직무 및 직무 관련 기술을 가르치는 데 두어야 한다고 주장하였다. 또한 이들을 위한 고용 준비는 IEP/전환계획 팀이 학생의 고용목표와 기대되는 성과에 부합하는 유급 직업에 대한 현명한 결정을 내리는 데 필요한 정보를 수집하기 위해 구조화되어야 한다. 이를 위해 학생의 강점·약점, 학생의 흥미와 선호도, 지역사회 고용 환경에서 성공을 위해 필요한 지원의 수준에 대해 기록하는 것이 필요하다. 교사는 교내와 지역사회기반 훈련 전략을 통해 이러한 목표를 성취할 수 있다. 중학생을 위한 고용 훈련의 초점은 직업교육 수업과 비장애 또래가 전형적으로 참여하는 교내 일자리에 참여하는 것에 두어야 한다. 고등학교에 진학한 후에는 지역사회기반 체험으로 초점이 옮겨진다. 가능할 때마다 이러한 체험은 일반교육 수업에서의 학생 참여를 통해 전달되어야 한다.

　의미 있는 고용은 학교에서 지역사회 생활로의 성공적인 전환에 매우 중요하다. 다른 지역사회 생활 영역과 마찬가지로 이 성과는 학생의 교육 프로그램이 중등교육 전반에 걸쳐 필요한 일과, 활동, 기술 개발을 누적하도록 계획될 때 가장 효과적으로 성취될 수 있다. 이를 위해 교사는 학생을 위한 종단적 훈련 프로그램을 개발하고 실시해야 한다.

핵심질문 검토

핵심질문 1 중등기 학생에게 고용 훈련의 목적은 무엇인가?

- 직무 및 직무 관련 기술을 가르친다.
- 학생의 선호도와 요구를 결정한다.
- 학생이 일자리에서 성공하기 위해 필요한 지원의 수준을 파악한다.

핵심질문 2 중등기 학생에게는 어떤 교수법이 사용되어야 하는가?

- 중학교 학생
  - 일반 직업교육 수업 참여
  - 비장애학생이 일반적으로 하는 교내 일자리 체험
- 고등학교 학생
  - 일반 직업교육 수업 참여
  - 지역사회기반 표본 일자리 배치

핵심질문 3 표본 일자리를 개발할 때 고려해야 할 점은 무엇인가?

- 지역사회 내에 가능한 고용의 범위를 대표할 수 있는 표본 일자리를 파악한다.
- 학생을 위한 장소를 제공할 사업체와 장기적인 협력관계를 정착한다.

핵심질문 4 특정한 표본 일자리 배치가 「공정노동기준법」을 준수하는지를 결정하기 위해 어떤 점들을 우선 살펴보아야 하는가?

- 배치는 오로지 직업 탐색, 직업 평가, 직업 훈련을 위해서 이루어진다.
- 사업체는 프로그램에 참여한다고 해서 재정적인 이익을 보지 않는다.
- 표본 일자리 배치는 학생의 명백한 IEP 장·단기 목표에 의해 이루어진다.
- 학생과 부모는 학생이 임금을 받지 않으며, 배치는 그 사업체에 고용을 보장하지 않는다는 점을 이해한다.

13장

직무 배치

John McDonnell

지적장애학생이 졸업 후에 취업에 성공하는지를 가장 잘 예측할 수 있는 것 중의 하나는 학교 졸업 전 유급 일자리 취업 여부다(Benz, Lindstrom, & Yovanoff, 2000; Blackorby & Wagner, 1996; Phelps & Hanley-Maxwell, 1997). 연구를 통해 많은 학자들이 중등교육, 특히 중등 이후 프로그램은 학생을 위해 직업을 개발하고, 훈련하고, 필요한 지원 서비스를 제공하도록 구조화되어야 한다고 주장한다 (Hasazi et al., 2005; McDonnell, Mathot-Buckner, & Ferguson, 1996; Rusch & Braddock, 2004; Wehman, 2006). 지적장애학생이 19세 즈음 혹은 중등 이후 프로그램에 입학할 때 즈음에는 일반적인 직무 및 직무 관련 기술의 습득에 강조점을 두는 고용 훈련(12장 참조)부터 유급고용에 강조점을 두는 직무 배치로의 변화가 요구된다는 것이 일반적인 견해다. 대부분의 주에서 학령기 이후 프로그램 종사자가 지적장애학생을 안정적으로 고용시키기 위해서는 몇 년의 기간이 필요하다.

학생에게 유급고용에 중점을 둠으로써 프로그램의 담당자를 어떻게 구성하고 프로그램을 어디서 실시할 것인가 등 프로그램 운영의 모든 측면이 실제적으로 영향을 받는다. 이러한 강조점에서의 변화는 프로그램 담당자의 일상적인 역할과 책임에도 상당한 영향을 준다(Izzo, Johnson, Levitz, & Aaron, 1998). 다행스럽게도 지난 20여 년 동안 이루어진 연구들을 통해 지적장애성인이 학령기 이후 프로그램에서 선택할 수 있는 지역사회 내의 유급고용에 적응하도록 돕는 다양한 공학적 접근이 가능하게 되었다(Griffin, Hammis, & Geary, 2007; Wehman, Inge, Revell, & Brooke, 2007). 이러한 공학적 접근은 직무 개발, 직무분석, 직무 훈련 및 추후 지도 측면에서의 세 가지 광범위한 프로그램 활동에 중점을 둔다. 이 장에서는 이 활동 각각을 실행하기 위한 전략들에 대해 살펴본다.

직무 개발

직무 개발은 학생의 취업 기회를 창출하고 확보하는 과정이다. 과거에는 많은 취업 프로그램이 잠재적 고용주에게 장애인을 '판매'하는 방식으로 직무 개발을 했다(Brooke, Wehman, Inge, & Parent, 1995; Riehle & Datson, 2006; Unger, 2007). 과거에는 고용주에게 자질을 갖춘 장애인을 고용했을 때 누릴 수 있는 혜택을 강조하는 마케팅 전략을 사용하기보다는 고용주의 박애와 이타적 가치에 호소하는 전략을 사용하는 경향이 있었다. 여러 연구자와 옹호자들은 이제는 직무를 개발하고 훈련시키며 지원하는 프로그램이 이러한 '결점 마케팅 접근법'을 버리고 '시장 주도 혹은 수요 중심 모델'을 채택해야 한다고 주장하고 있다(Brooke et al., 1995; Riehle & Datson, 2006; Unger, 2007; Wehman et al., 2007). 직무 개발을 위한 이러한 모델은 장애인을 고용함으로써 사업장이 얻을 수 있는 추가적 가치와 고용주가 직원의 다양성을 갖출 수 있도록 돕기 위해 취업 프로그램이 제공하는 주요 서비스들을 강조한다.

학생이 직업을 잃거나 새로운 진로를 선택하거나 경제가 침체된 기간 동안은 실업 상태가 될 수도 있기 때문에 직무 개발은 필연적으로 지속적인 과정이 되어야 한다. 효과적·효율적 직무 개발 과정을 적용하는 것은 학교에서 일자리로 학생의 전환을 촉진하기 위한 중등 이후 프로그램의 성공을 위해 중요하다. 직무를 개발하기 위해서는 독특한 기술과 개인적 특성이 필요하다. 따라서 많은 중등 이후 프로그램에서는 모든 교사에게 직무 개발의 책임을 분산하기보다는 프로그램을 이수하는 모든 학생을 위한 직무 개발의 책임을 특정 개인에게 전담하는 경향이 있다. 그리고 나서 고용 훈련 전문가가 나머지 직무 배치 절차를 수행하는 책임을 지게 된다.

학령기 이후 프로그램이 채택한 교직원의 직무 개발에서의 역할에 상관없이 효과적인 직무 개발을 위해서는 ① 사업체에 아웃리치(outreach)하기, ② 학생의 고용목표, 고용프로파일, 이력서/포트폴리오 개발하기, ③ 노동시장(labor market) 평가하기, ④ 고용주에게 연락하기, ⑤ 직무 매칭 등의 활동이 필요하다.

사업 공동체에 아웃리치하기

중등 이후 프로그램에서 학생들을 위한 유급고용을 성공적으로 확보하기 위해서는 사업체와 밀접한 관계를 갖는 것이 중요하다. 이러한 노력은 프로그램이 우수한 인력을 채용하고자 하는 사업체의 욕구를 충족시킬 수 있을 만한 자원을 제공할 수 있도록 하는 데 중점을 두어야 한다. 이것은 로터리(Rotary) 클럽과 같은 지역 사업체 단체나 미국청년상공회의소(U.S. Junior Chamber of Commerce: Jaycees), 상공회의소와 같은 사업 및 무역 협의회에 합류하고 적극적으로 참여함으로써 이루어질 수 있다. 이때 직원 채용에 대한 즉각적인 요구가 있는 사업체나 다른 사업체에 취업을 알선해 줄 수 있는 사업체와의 네트워크를 형성하는 데 중점을 두어야 한다. 또한 효과적인 아웃리치 프로그램은 자질을 갖춘 장애인으로 구성된 인적 자원과 관련된 서비스를 제공할 수 있는 프로그램임을 사업체에 주지시킬 수 있도록 계획되어야 한다.

Owens-Johnson과 Hanley-Maxwell(1999)은 위스콘신에 위치한 900명 이상의 제조업, 상업 및 요식업 사업체를 대상으로 아웃리치 프로그램 전략에 대한 고용주의 선호도에 대해 조사하였다. 연구자들은 고용주들이 이 프로그램에 대한 정보를 무역협회 잡지나 소식지, 지역 무역 및 사업 전시회 부스, 안내지나 전단지, 개별 사업체에 보내지는 편지 등을 통해 받는 것을 선호하는 것을 발견했다. 또한 이러한 단순하고 비용이 별로 들지 않는 전략들이 라디오나 TV, 인터넷 광고와 같은 미디어 기반 마케팅 전략보다 더 높은 점수를 받았음을 발견하였다.

학생의 취업목표 세우기와 학생의 취업 프로파일 및 자기소개서/포트폴리오 만들기

직무 배치 활동은 학생의 선호도와 필요를 분명하게 반영하는 취업목표에 의해 진행되는 것이 바람직하다(Callahan & Condon, 2007; Flexer, Baer, Luft, & Simmons, 2008; Inge, Targett, & Armstrong, 2007). 중등 이후 프로그램에서는 학생의 취업목표를 파악하는 것은 IEP/전환계획 개발 과정의 일환으로서 전반적인 개인중심계획을 통해 가장 잘 성취될 수 있다(5장 참조). 이 과정의 중심은 학생의 흥미에 가장 잘 맞고, 학생이 자신이 기대하는 학령기 이후 성과를 성취하도록 돕는 취업 영역을 파악하는 데 두어야 한다.

> **핵심질문 1** 학생의 취업목표를 세우고 취업 프로파일을 만들기 위해 어떤 자료를 활용하는 것이 가장 좋은가?

취업목표가 정해지면 학생 작업 능력의 강점·약점, 이러한 강점·약점을 가장 잘 수용할 수 있는 작업 환경의 유형, 학생이 성공적으로 직무를 수행하는 데 필요한 조정과 지원 등을 요약하는 학생의 취업 프로파일이 개발되어야 한다(〈표 13-1〉 참조). 이러한 것들에 대한 정보는 만약 학생이 고등학교 시기 동안 체계적인 표본 일자리를 체험하였거나 이러한 경험 중 수행에 대해 평가되고 요약되었다면 학생과 학생의 IEP/전환계획 팀이 쉽게 제공할 수 있다(12장 참조). 이러한 평가는 학생을 위한 취업목표를 세우고 프로파일을 개발하는 데 필요한 정보를 제공하기 위해 활용될 수 있다. 학생이 이러한 경험이 없다면 중등 이후 프로그램에서 취업목표와 프로파일을 개발하기 전에 몇 가지 표본 일자리 체험을 제공하는 것이 바람직하다.

마지막으로 표본 일자리 체험을 통해 수집된 정보는 취업처에 제출할 지원서를 작성하는 과정 중 사용될 수 있는 이력서나 포트폴리오에 집약된다. 전통적인 이력서가 학생이 잠재적 고용주에게 자신의 기술과 경험을 보여 주는 데 유용할 수 있지만, 이러한 서류 형식은 잠재력은 있지만 많은 지원이 필요한 개인에 대해서는 명백하게 전달하기가 쉽지 않다. Mast, Sweeny와 West(2001)는 취업 프로

〈표 13-1〉 학생 취업 프로파일 사례

학생: 마크

고등학교: 리버뷰(Riverview)

표본 일자리 배치

날 짜	사업체/감독관	직 무
2006/01/10~2006/03/15	이브뷔페/주디스 라이트	테이블 치우기 접시 설거지하기 화분에 물 주기
2006/09/15~2006/10/06	데이비스 요양원/밥 리처드	온실에서 판매대로 옮기기 청소하기
2007/01/30~2007/05/15	지역도서관-리버뷰/라첼 다우	반납대에서 도서 받기 선반에 도서 놓기 스캔코드 스티커 제거하기

수행 요약

1. 작업 강점

① 정확성: 마크는 일을 신속하게 배우고 수행을 유지할 수 있다.

② 작업의 질: 마크 자신이 하는 일을 싫어하지 않는 한 작업 질의 문제는 거의 없다.

③ 생산성: 마크의 작업률은 매우 좋으며 일반 동료들과도 유사하다. 단지 그가 싫어 하는 일을 할 때는 작업률이 상당히 느려진다.

2. 작업 선호도

① 날짜와 시간대: 주간 근무, 월요일~금요일

② 작업활동: 마크는 다양성을 좋아한다. 더럽혀지는 일을 좋아하지 않는다.

③ 작업 환경: 마크는 실내 작업을 좋아한다.

④ 사회적 상황: 마크는 주변에 다른 사람들과 함께 일하는 것을 좋아한다.

3. 필요한 지원

① 대안적인 수행전략: 마크가 작업 순서를 기억하는 데 사진 일정표 사용이 도움이 된다.

② 전문가 지원: 마크는 대부분의 작업활동을 배우기 위해 직접 교수가 필요하다. 그러나 일을 신속하게 배우기 때문에 지원의 강도도 신속하게 용암시킬 수 있다. 마크는 일상적인 점검만으로도 수행을 유지할 수 있다.

③ 작업장 지원: 마크는 가끔 지시와 피드백을 줄 수 있는 작업장 멘토에게서 도움을 받는다. 마크는 자신이 필요할 때 도움을 요청할 수 있는 한 명이 있는 것을 선호한다.

4. 업무 조직에서 고려할 점

① 이동: 마크는 대중교통을 독립적으로 이용할 수 있고 도움 없이 도로를 횡단할 수 있다.

② 신체/건강/약물 관련 사항: 해당 사항 없음

③ 가족의 제약 조건: 없음. 가족은 마크에게 매우 지원적이며, 마크가 유급 직업을 갖기를 희망한다.

권장되는 일자리(작업장) 특성

작업: 마크는 사무실이나 전문직 환경에서 일하면 잘할 것이다. 마크는 다양한 일을 하는 것을 선호한다. 마크는 융통성이 있으며, 대부분의 사무직이나 사무와 관련된 과제를 할 능력이 있다.

물리적 환경: 마크는 실내에서 근무하는 것을 선호한다. 그러나 사업장 안의 한 구역에서 다른 구역으로 이동할 수 있는 것을 좋아한다.

사회적 특성: 마크는 매우 사회성이 좋고, 다른 사람들과 상호작용하는 것을 즐긴다. 지시를 잘 따르고 항상 멘토나 감독관이 시키는 일을 잘한다. 이상적으로 마크는 자신의 연령대 사람들이 근무하는 사업체에서 근무하는 것을 선호할 것이다.

그램에서 학생을 위해 발표 포트폴리오(presentation portfolio)를 개발함으로써, 이러한 이력서의 제한점을 해결할 수 있다고 제안하고 있다. 포트폴리오는 사진과 관련된 글 등을 넣을 수 있는 바인더를 사용해서 손쉽게 개발될 수 있다. Mast 등은 포트폴리오에 두 개의 영역을 포함시킬 것을 제안한다. 첫 번째는 맞춤형 혹은 지원 취업 프로그램에 대한 전반적인 설명과 여러 직무를 수행하는 장애인에 대해 다양한 사례를 제시할 수 있다. 이 부분에서는 개인이 유능한 직업인이 되는 과정에서 제공된 훈련과 지원을 위해 사용된 과정들을 강조한다. 또한 고용주가 직원의 요구를 충족시킬 수 있도록 지원하는 서비스를 강조하는 데 사용될 수도 있다.

두 번째는 가장 중요한 영역으로서 개인에 맞추어 제작하는데, 다양한 직무와 관련된 과제를 수행하는 능력과 선호도, 동료들과 의사소통하는 방법, 직무 외에 하는 일들 등을 잘 나타낼 수 있도록 제작한다. 포트폴리오도 여느 이력서처럼 가장 긍정적인 측면에서 그 개인을 표현하고, 고용주가 개인의 기술과 능력이 그 사업체에 어떻게 기여할 수 있을지를 볼 수 있도록 구조화해야 한다. 어떤 취업 프로그램에서는 컴퓨터 기술을 이용하여 직무 개발 활동 동안 고용주에게 보여 줄 수 있도록 각 학생을 위해 CD에 디지털 비디오 포트폴리오를 제작하고, 고용주에게 특정한 직무에 대한 그 학생의 자질과 능력을 검토할 수 있도록 제공하기도 한다.

노동시장 평가하기

취업 프로그램에서 특정한 고용주에게 연락하기 전에 사업체의 고용 경향을 확인하기 위해 지역의 노동시장 분석을 할 필요가 있다(Green, Wehman, Luna, & Merkle, 2007). 이 분석에서는 지역사회에서 가능한 일자리와 고용을 주로 하는 사업체의 유형(예: 대규모 vs 소규모 사업장) 등을 파악하는 데 중점을 둔다. 또한 이러한 정보는 직무 개발자가 아웃리치와 마케팅을 위해 지역 사업 환경에 민감한 수요 중심의 접근법을 적용하는 데 도움이 된다. 특히 직무 개발자는 지역 내의 핵심 사업이나 사업군에 익숙해져서 취업 프로그램을 통해 사업주가 직원의 요구를 충족시킬 수 있도록 어떻게 도울 수 있는지를 강조하는 마케팅 전략을 개발할 필요가 있다. 이것은 주의 노동부나 인력 서비스에서 제공하는 정보를 검토함으로써 가능하다. 이러한 기관들은 전형적으로 특정한 도시나 지역에서 현재 가능한 일자리에 대한 정보와 향후 몇 년 동안 성장이 기대되는 직무 영역에 대한 정보를 제공하는 접근 가능한 웹사이트를 제공하고 있다. 또한 이러한 웹 사이트에는 구직자에게 요구되는 기술이나 경험, 각 일자리에서 개인에게 기대하는 직무 성격, 특정한 직업군의 일반적인 급여 수준과 혜택 등에 대한 정보를 제공하고 있다.

이러한 정보를 수집하고 나면 앞에서 설명한 사업체 아웃리치 활동을 위한 지침으로 활용한다. 평가 동안 확인된 사업체에는 취업 프로그램과 그 프로그램에서 제공할 수 있는 서비스에 대해 설명하는 자료를 보낸다. 또한 이러한 정보를 통해 학생과 IEP/전환계획 팀은 실제적인 취업목표를 세우고 각 학생의 취업 프로파일에 어울리는 잠재적 고용주를 확인할 수 있다.

사업체와 접촉하기

학생에게 맞는 직무를 파악하고 확보하기 위해서는 직무 개발자가 사업체와 서로에게 유익을 주는 관계를 만들어야 한다. 이러한 관계는 한 번의 연락이나 회의로 만들어질 수 없으며, 장시간에 걸쳐 발전시켜야 한다. 이런 이유로 첫 연락, 소개 회의, 조율로 이루어진 3단계로 잠재적인 고용주와 상호작용하는 것이

유용하다.

고용주와의 첫 연락   직무 개발자는 아웃리치 활동을 통해 프로그램에 대한 정보를 사업체에 전달한 후 고용주에게 직접 연락을 해야 한다. 연락의 초점은 사업체가 ① 학생의 취업목표와 취업 프로파일에 맞는 직무 혹은 맞춤형 직무를 개발할 수 있는지, ② 장애학생을 고용하기 위해 이 프로그램에 협력하는 데 관심이 있는지를 결정하는 데 두어야 한다.

잠재적 고용주에게 연락하는 한 가지 전략은 전화 통화를 하는 것이다. 전화 통화는 프로그램과 학생을 소개하는 회의 날짜를 정하기 위해 우선 사용된다. 직무 개발자는 회의를 통해 프로그램에 대해 좀 더 자세히 설명하고 고용주의 질문에 효과적으로 답변할 수 있다. 두 번째 전략은 사업체에 방문하는 것이다. 사업체 방문은 프로그램에 대한 좀 더 구체적인 발표를 하도록 약속을 잡는 데 우선 목적이 있다. 그러나 직무 개발자는 고용주가 프로그램에 대해 좀 더 알고 싶어 할 수도 있기 때문에 그 자리에서 바로 프로그램에 대해 발표할 수 있도록 준비를 해 가야 한다. 직무 개발자는 전화 통화나 방문에 앞서 그 사업체에 대해 사전 조사를 해야 한다. 특히 해당 사업체의 생산품이나 서비스를 잘 알아야 하고, 누가 주로 채용을 담당하는지를 파악해야 한다. 직무 개발자는 채용을 담당하는 직원에게 직접 연락하고 프로그램을 설명하기 위해 만날 날짜와 시간을 미리 확보해 놓아야 한다.

소개 회의 실시하기   잠재적 고용주와의 소개 회의는 프로그램이 제공할 서비스에 대해 실제로 설명할 수 있는 첫 번째 기회다. 직무 개발자는 회의가 진행되는 동안 프로그램이 학생에게 맞는 직무을 찾기 위해 적용한 과정과 훈련이 어떻게 이루어지는지, 시간이 경과하면 학생을 위한 지원을 어떻게 줄여 나가는지 등에 대해 간결하고 명확하게 설명해야 한다. 직무 개발자는 프로그램이 학생에게 제공하는 지원을 강조해야 하지만, 학생이 사업체에 고용되면 다른 직원과 마찬가지로 그 학생에 대한 책임이 고용주에게도 있음을 강조해야 한다. 사업체에서 학생이 성공적으로 일할 수 있게 고용주가 도울 수 있는 프로그램의 서비스에 중점을 두고 논의하는 것도 중요하다.

생활의 다른 영역에서처럼 사업체에서도 정직함이 최고의 방책이다. 고용주는 학생과 프로그램에 대해서 어렵고 예리한 질문들을 할 것이다. 직무 개발자는 학생의 강점과 약점을 솔직하게 이야기해야 한다. 학생이 일자리에서 장기적으로 성공하기 위해서는 고용주가 지원이 필요한 학생을 고용했을 때 자신이 직면하게 될 어려움에 대해 완전히 이해해야 한다. 앞서 제안하였듯이 포트폴리오 발표를 통해서 이러한 것들에 대한 논의를 활발하게 하고 학생의 기술과 능력에 대한 고용주의 이해를 도울 수 있다.

직무 개발자는 프로그램에 대한 정보를 공유할 뿐만 아니라 사업체에 관해 최대한 많은 정보를 수집하기 위해 노력해야 한다. 고용주에게 구체적인 직무에 대해 문의하고 사업장을 제대로 둘러봐야 한다. 이것의 목적은 직무가 요구하는 것과 직원들에 대한 고용주의 기대, 직장의 사회적 '문화', 물리적 설비의 배치 등을 이해하기 위해서다. 직무 개발자는 고용주 면담 양식을 사용함으로써 이러한 정보를 요약할 수 있다(〈표 13-2〉 참조). 양식에는 일반적인 직원들의 근무시간, 급여와 혜택, 동료 직원의 수, 근로 관리 환경, 직무에서 요구되는 특정한 요건들(예: 학업 기술, 복장) 등을 기입한다. 직무 개발자는 직장의 분위기에 대한 주관적인 인상에 대해서도 진술한다. 직무 개발자는 면담과 방문을 진행하는 동안 개인의 요구와 맞지 않는 사업체의 직무를 재구조할 수 있는 융통성을 점검하기 위한 질문을 고용주에게 해야 한다. 이러한 점검 질문을 통해 조율과정에서 초점을 두어야 할 내용이 정해지고, 직무 개척(job carving), 직무 재구조화(job restructuring), 직무 공유(job sharing), 직무 창조(job creation)를 거쳐 맞춤식 직무를 제공할 방법을 찾게 된다(〈표 13-3〉 참조).

직무 개발자는 고용주와의 회의 마무리 단계에서 명함이나 프로그램을 소개하는 책자, 가능하다면 CD에 담긴 학생의 포트폴리오를 남겨야 한다. 또한 직무 개발자는 프로그램과 협약을 맺고 있는 다른 사업체 명단을 제공하고 참조할 수 있음을 고용주에게 알려야 한다.

소개 회의 이후에 직무 개발자는 고용주에게 프로그램을 계속 상기시킬 수 있도록 노력해야 한다. 예를 들어, 첫 번째 회의 이후 고용주에게 시간을 내주고 프로그램을 고려해 준 것에 대한 감사카드를 보낸다. 여기에는 첫 회의에서 고용주에게 제공하기로 약속했던 정보도 포함시킨다. 또 다른 회의 시간이 아직 정해지

〈표 13-2〉 소개 회의 형식 사례

사업체 정보

사업체명: _____

주소: _____

전화: _____

연락: _____   직위: _____

직위 프로파일

직위 명칭: _____   근무시간: _____   출근일: _____

시간: _____

자질/기대(근무에 필요한 자질): _____

_____

급여: _____   혜택: _____

복장규정: _____

근로/요건

1.   6.

2.   7.

3.   8.

4.   9.

5.   10.

능력/기술   요 건

작업장 내 이동

신체적인 강점과 지구력

의사소통

학업 기술

시간 및 자기 관리 기술

작업률

작업 독립성

개인 관리 기술

작업 환경

특 성   관찰/의견

실내: _____   실외: _____

소음:

조도:

바쁨: 느림: 변화:

붐빔: 고립:

반복: 변화:

단일 장소: 다양한 장소:

폐쇄성: 개방성:

사회적 상황

특 성	관찰/의견
의사소통 구조	
작업활동에서의 동료 지원	
동료와의 사회적 상호작용	
감독관과의 사회적 상호작용	
근무 외 사회적 상호작용(휴식, 점심시간)	

관련 사항

사 안	관찰/의견
교통수단	
신체/건강/의료적 요구	
가족 지원	

맞춤 일자리 기회

유 형	관찰/의견
직무 개척	
직무 재구조화	
직무 창조	
직무 공유	

〈표 13-3〉 직무 조율의 유형

맞춤형 직무 유형	
직무 개척	현재 직무를 수정해서 만든 직무. 원래 직무에서 요구하는 모든 과제가 아닌 하나 이상의 과제를 갖추고 있는 직무
지위 재구조화	특정 학생을 위해 새롭고 개별화된 직무를 만들기 위해 사업체 내의 하나 이상의 직무에서 요구되는 과제들을 융합해서 만든 직무
직무 창조	충족되지 않는 직무 요구에 기초하여 절충해서 새롭게 만든 직무
직무 공유	두 사람 이상이 각자의 강점에 기초하여 하나의 직무 과제 및 책임을 공유하는 직무

출처: *Customized Employment: Practical Solutions for Employment Success*, by Office of Disability Employment Policy, U.S. Department of Labor, 2005.

지 않았다면, 감사카드를 보낸 후 전화 통화를 시도한다. 고용주가 흥미를 보이는 한 계속해서 전화 연락을 해서 추후 관리를 한다.

핵심질문 2 **직무 개발자는 고용주가 일반적인 직무를 완수할 수 없는 학생을 위한 맞춤식 직무를 개발하도록 어떻게 도울 수 있는가?**

직무 조율하기   효과적인 직무 개발의 핵심 요소는 고용주와 직무의 의무와 기대에 대해 조율하는 것이다(Griffin et al., 2007; Inge & Targett, 2006). 이상적으로는 학생은 고용주가 채용 공고에서 제시하는 직무를 완수할 수 있어야 한다. 그러나 많은 경우에 학생은 기대되는 직무활동을 모두 완수하기 어려울 수도 있다. 이런 경우에 고용 전문가는 사업체에서 그 학생을 위한 맞춤 일자리 개발을 시도해야 한다. 이것은 직무 개척, 직무 재구조화, 직무 창조, 직무 공유를 통해 이루어질 수 있다. 절충의 궁극적인 목표는 학생과 고용주 모두에게 이득이 되는 고용 유형을 결정하는 것이다. 모든 상황에 효과가 있는 단일한 조율전략이란 없다. 그러나 몇 가지 원칙이 고용주와 학생 모두의 요구를 충족시킬 수 있는 조율된 직무를 개발할 가능성을 높일 수 있다.

- **학생의 핵심 요점을 안다.** 직무 개발자는 학생의 핵심 요점을 안다. 직무 개발자는 우선적으로 학생이 무엇에 관심이 있는지 밝힌다. 직무 개발자는 학생의 취업목표와 프로파일에 익숙해야 하며, 학생이 자신이 기대하는 취업 성과를 성취할 수 있도록 도울 수 있는 직무 책임, 근로 조건, 지원 등에 초점을 두고 조율해야 한다.
- **고용주의 핵심 요점을 안다.** 직무 개발자가 학생을 대변하지만, 고용주의 요구에 대해서 조율하고 결국 조율된 직무가 고용주에게도 이득이 된다는 사실을 잘 알려야 한다. 직무 개발자는 학생의 조율된 직무가 향상된 생산성과 비용 효과 측면에서 어떻게 기여할 수 있을지 보여 줄 필요가 있다.
- **프로그램과 사업체 간의 협정에 따른 부가적 이득을 강조한다.** 직무 개발자는 프로그램과 협정을 맺음으로써 얻게 되는 부가적인 이득을 강조할 필요가 있다. 여기에는 학생에게 지속적으로 지원을 함으로써 이직률을 줄이고, 다른 장애인 고용과 훈련에 대한 사업체의 능력을 향상시키고, 사업장 내 장애인 편의 제공과 관련된 일상적인 사안들을 다루는 데 도움을 주는 것 등이 있다.

사라를 위한 맞춤 직무 만들기

사라(Sara)는 항상 미용실에서 일하기를 꿈꿔 왔다. 중등 이후 프로그램의 직무 개발자는 이 프로그램에 협력하는 데 관심을 갖고 있는 미용실 경영자를 만났다. 회의가 진행되는 동안 전문가는 미용사들이 수건을 세탁하고, 접고, 쌓아 두는 것과 머리빗을 소독하고, 바닥에 떨어진 머리카락을 청소하는 데 많은 시간을 할애하는 것을 관찰하였다. 미용사들은 종종 고객이 미용예약 시간을 기다리는 동안 이러한 일들을 해야 했다. 전문가는 특별히 이러한 일들을 전담하는 일자리를 만들어서 다른 미용사들이 더 많은 고객에게 서비스를 제공할 수 있도록 할 것을 제안했다. 미용실에 이미 있는 직무를 재구조화하여 미용실 주인은 매일의 수입이 늘 수 있었고 직원들도 다양화할 수 있었다. 다른 미용사들도 고객으로부터 팁을 받을 수 있는 기회가 더 생기기 때문에 이 아이디어를 좋아했다. 사라도 자신이 좋아하고 자신의 특별한 요구에 잘 맞는 직업을 구했기 때문에 도움이 되었다.

직무 매칭

배치 이전에 개인의 강점과 약점을 직무의 요구에 맞추는 것이 그 개인의 장기적인 성공과 밀접하게 상관이 있다(McDonnell, Nofs, Hardman, & Chambless, 1989; Smith, Webber, Graffam, & Wilson, 2004). 우리는 이전 장에서 고등학교 시기 동안 표본 일자리를 통해 특정한 직무를 수행하는 학생의 능력에 대한 자료를 가장 잘 수집할 수 있다고 제안하였다. 〈표 13-4〉는 직무 매칭 절차(matching process)에 대한 양식의 사례다.

직무 개발자는 매칭 과정에서 학생이 직업 수행 요구에 맞출 수 있는지를 고려할 필요가 있다. 어떤 경우에는 학생이 이미 그 직무를 수행하는 데 필요한 기술을 갖고 있을 수 있으나, 많은 경우에는 직무 개발자가 학생이 훈련이나 대안적인 수행전략 또는 작업장의 편의시설 등을 통해 학생이 그 직무 수행을 배울 수 있을지를 결정하게 된다. 또한 직무 개발자는 작업장이 학생의 선호도와 직무와 관련된 여러 요구와 잘 맞는지도 고려해야 한다.

중등 이후 프로그램이 학생에게 그들의 강점과 선호도에 잘 맞는 일자리에 취

〈표 13-4〉 직무 매칭 양식 사례

학생:		사업체:		
직위:		직무 개발자:		

직위가 학생의 고용목표 및 기대 성과에 적절한가?   예   아니요

작업활동/요건

활동/요건	학생이 활동을 완수할 수 있는 조건			
	현재 소유 기술	훈련	대안적 수행전략	직장 편의시설
1.				
2.				
3.				
4.				
5.				
6. 직장 내 이동				
7. 신체적 강점/지구력				
8. 의사소통				
9. 학업 기술				
10. 작업률				
11. 작업 독립성				
12. 자기 관리 기술				

작업 환경

특 성	학생의 선호도/요구에 부합하는가?		
실내/실외	그렇다	아니다	NA
소음	그렇다	아니다	NA
조도	그렇다	아니다	NA
바쁨/느림/변화	그렇다	아니다	NA
붐빔/고립	그렇다	아니다	NA
반복/변화	그렇다	아니다	NA
동일 장소/다양한 장소	그렇다	아니다	NA
폐쇄성/개방성	그렇다	아니다	NA

사회적 상황

특 성	학생의 선호도/요구에 부합하는가?		
의사소통 구조	그렇다	아니다	NA
작업활동에서의 동료 지원	그렇다	아니다	NA
동료와의 사회적 상호작용	그렇다	아니다	NA
감독관과의 사회적 상호작용	그렇다	아니다	NA
근무 외 사회적 상호작용(휴식, 점심시간)	그렇다	아니다	NA

직무 관련 사안들			
사안들	학생의 선호도/요구에 부합하는가?		
대중교통	그렇다	아니다	NA
신체/건강/의료적 요구	그렇다	아니다	NA
가족 지원	그렇다	아니다	NA

업하도록 지원할 수 있지만, 궁극적으로 고용관계는 학생과 고용주 간의 관계다. 따라서 학생은 직무 배치에 관한 모든 결정에 관여해야만 한다. 직무 개발자는 직무 매칭 절차 동안 학생과 학생의 IEP/전환계획 팀의 핵심 구성원과 직무 기회에 대해 상의해야 한다. 직무에 대한 학생의 느낌과 배치에서 그를 지원할 IEP/전환계획 팀의 능력은 그 직무가 적절한지를 결정하는 데 우선 고려해야 할 요소들이어야 한다. 일단 특정 사업체에서 일하기로 결정이 되면 학생은 되도록 많이 그 직무에 신청하고 자신의 직무를 조율하는 데 관여해야 한다.

직무분석

고용주가 학생을 고용하는 데 동의하면 고용 훈련 전문가가 그 학생에게 할당된 직무를 어떻게 완수해야 할지를 가르치는 교육 프로그램을 개발해야 한다. 이 과정의 중심에는 직무분석이 있다. 직무분석은 세 가지 목적을 가지고 있다. 첫째, 고용주의 기대를 파악하기 위해서다. 직무분석을 통해 각 작업활동 단계를 확인하고 동료나 감독관에게 평가될 학생의 수행 기준을 파악한다. 이러한 정보는 학생이 직무를 완수하는 데 필요한 지원의 수준과 그 지원을 줄여 나갈 시기를 결정하는 데 도움이 된다. 둘째, 직무분석을 통해 교육 프로그램을 학생의 요구에 맞게 계획함으로써 교육의 효율성을 최대화하는 데 필요한 정보를 제공받을 수 있다. 셋째, 직무분석을 통해 전문가는 학생에게 가능한 잠재된 지원을 확인할 수 있다. 효과적인 직무분석 과정에는 세 가지의 단계가 있다. ① 과제분석 개발하기, ② 사회적 맥락 분석하기, ③ 대안적 수행전략 파악하기 등이다.

과제분석 개발하기

학생에게 직무 수행을 훈련시키기 위한 첫 번째 단계는 학생이 완수해야 할 작업활동의 단계들을 명확하게 정의하는 과제분석을 개발하는 것이다. 작업 과제를 분석하는 절차는 9장에서 설명한 것과 유사하다. 그러나 고용 전문가는 근로자의 생산성을 평가하는 데 사용하는 기준도 파악해야 한다. 어떤 경우에는 학생이 특정한 작업활동을 완수하거나 한 활동을 구성하는 단계 중 특정한 단계를 수행하는 데 드는 시간에 초점이 맞추어질 수도 있다. 예를 들어, 학생이 호텔의 객실 관리사로 근무하는 것을 배운다면 객실을 청소하는 데 드는 시간이 근로자로

⟨표 13-5⟩ 과제분석 양식 사례

> 학생: 마크
> 사업체: 이브뷔페
> 직위: 부엌 보조
> 고용 전문가: 루시(Lucy)
> 작업활동: 설거지

자극	반응	수행 기준
1. 카트. 부엌 뒷문	1. 식기 카트를 부엌 뒷문으로 민다.	카트 안에 있는 음료, 음식, 식기
2. 부엌 뒷문. 카트 손잡이	2. 카트를 잡아끌어 문을 통과한다.	
3. 개수대	3. 개수대로 카트를 민다.	개수대 면에 닿은 카트
4. 컵. 개수대	4. 개수대에 컵을 비운다.	얼음과 남은 음료는 개수대에, 음식 찌꺼기는 캔에
5. 컵. 선반	5. 컵을 선반에 올려놓는다.	선반에 평평하게 놓인 컵
6. 건조대. 벨트	6. 선반을 설거지 벨트에 밀어 넣는다.	벨트 중앙에 놓인 선반
7. 사발. 개수대	7. 수프 사발을 개수대에 비운다.	음료는 싱크대에, 굳은 음식물은 캔에
8. 사발. 선반	8. 수프 사발을 선반에 올려놓는다.	선반에 동일한 간격으로 놓인 사발
9. 사발. 음식물 찌꺼기. 캔	9. 사발에 묻은 음식물 찌꺼기를 닦아 내서 캔에 넣는다.	음식물이 남아 있지 않은 사발
10. 사발. 선반	10. 사발을 선반에 올려놓는다.	선반에 동일한 간격으로 놓인 사발
11. 접시. 음식물 찌꺼기. 캔	11. 접시에 묻은 음식물 찌꺼기를 닦아서 캔에 넣는다.	음식 찌꺼기가 없는 접시
12. 접시. 선반	12. 접시를 선반에 올려놓는다.	선반에 동일한 간격으로 놓인 접시
13. 접시. 벨트	13. 설거지 벨트에 선반을 밀어 넣는다.	벨트 중앙에 위치한 선반

서의 효과성을 평가하는 데 중요한 요소가 될 것이다. 다른 경우에 생산성은 근로자가 완성한 과제의 수에 의해 평가될 수도 있다. 예를 들어, 식료품점의 계산원의 효과성은 얼마나 빨리 물품을 스캔하고 물품 코드를 입력하는지의 관점에서 평가될 것이다. 마지막으로 학생 수행의 평가를 위한 기준은 그의 작업의 질과 연관될 수 있다. 〈표 13-5〉는 설거지 작업 일부에 대한 과제분석 양식의 사례를 보여 준다.

고용 전문가가 포괄적인 직무분석을 위해서 동료 근로자가 일하는 것을 관찰하고 하루나 이틀 동안 학생의 직무를 직접 완수해 볼 필요가 있다. 이러한 접근을 통해서 학생이 각 활동을 완수하는 과정에서 나타날 수 있는 차별과 반응을 모두 파악할 수 있다. 직무분석에 소요되는 시간은 직무의 복잡함과 작업 환경의 접근성에 따라 달라진다. 직무분석에 소요되는 시간은 직무를 개발하는 동안 고용주와 조율해야 한다.

> **핵심질문 3** 직장에서의 학생의 장기적인 성공을 촉진하기 위해서
> 사회적 맥락을 분석하는 것이 왜 중요한가?

사회적 맥락 분석하기

고용의 사회적인 측면은 특정한 작업 기술에 숙달되는 것만큼이나 학생의 성공에 중요하다(Chadsey, 2007). 학생의 사회적 행동이 직장 동료들의 기대와 규범에 맞는 것은 중요하다. 동년배 집단에 '잘 맞추는 것'은 학생이 그 직무에서 성공하도록 도울 수 있는 지원적인 관계 개발을 촉진한다. 예를 들어, 직장 동료들은 학생이 자신의 직무를 완수하는 데 도움이 되는 자원이나 지원을 제공할 수 있다.

매우 다양한 환경적·상황적 변인들이 직장에서의 장애인에 대한 사회적 수용에 영향을 준다(Butterworth, Hagner, Helm, & Whelley, 2000; Chadsey, 2007). 직장마다 사회적 요구와 요건은 매우 다르다. 예를 들면, 패스트푸드점에서의 동료들 간의 사회적 상호작용의 유형과 빈도는 주간 보호 시설(day care center)에서와는 매우 다르다. 전문가는 직원들을 관찰함으로써 직장의 사회적 관습에 대해 많

은 것을 배울 수 있다. 이러한 관찰의 목적은 직장 동료 및 감독관과의 상호작용의 유형과 빈도를 결정하기 위해서다. 예를 들면, 근무시간 동안 직원들은 일에 관한 대화만 나누는가? 아니면 사적 대화도 허용되는가? 도움을 요청하거나 질문을 하면 어떻게 다루어지는가? 직원들은 다른 사람과 농담을 하는가? 휴식시간에 직원들은 대화를 하거나 책을 읽거나 게임을 하거나 그 밖의 여가활동을 하는가? 휴식시간 동안 대화를 나누는 것이 가장 전형적인 사회적 상호작용이라면 무엇에 대해 대화하는가? 전문가는 이러한 정보를 학생과 직장 동료와의 상호작용을 할 기회를 만드는 데 활용한다. 전문가는 일자리에서 수용되는 데 필요한 사회적 상호작용 유형에 중점을 두고 학생과 동료들과의 상호작용을 촉진함으로써 학생이 좀 더 빨리 환경에 익숙해지도록 돕고 직장 동료와의 우정과 관계를 발전시킬 가능성을 높일 수 있다.

대안적 수행전략 파악하기

학생은 자신에게 기대되는 직무를 수행하기 위해서 대안적 수행전략이 필요하기도 하다. 예를 들어, 어떤 학생은 일을 완수하기 위해 그 일의 단계를 기억하는 데 도움이 되는 작은 사진 일정표를 사용할 필요가 있다. 학생이 복사기의 여러 계정에 접근할 수 있는 코드를 기억하기 위해 카드를 갖고 다니는 것도 또 다른 예다. Sowers와 Powers(1991)는 고용 환경에서 이러한 전략을 고안하는 데 고려해야 할 세 가지 요소로 효과성, 장소에서의 영향력 그리고 비용을 들었다. 효과성이란 그 학생에게 전략의 적용을 통해 얼마만큼이나 작업 단계의 난이도를 감소시킬 수 있는가다. 적용되는 전략들은 학생의 현재 기술과 능력을 최대한 이끌어 내고, 되도록 많은 장소와 상황에서 적용될 수 있어야 한다. 장소에서의 영향력이란 그 전략의 적용이 동료 직원들이나 물리적 환경 또는 사업체의 전반적인 운영에 영향을 주는 정도를 말한다. 몇몇 보조공학 도구의 경우에는 상당히 비싸기 때문에 비용을 고려 요인으로 생각할 수 있다(예: 확대 컴퓨터 스크린). 그러나 직업 재활 부서나 다른 외부의 기관을 통해서 재정적 지원이 가능할 수 있다. 학생의 요구를 충족시키는 대안적 수행전략을 개발하기 위한 구체적인 제안에 대해서는 해당 교육청의 관련 서비스 전문가들(예: 의사소통 전문가, 작업치료사, 물리치료사 등)과 상의할 필요가 있다.

직무 훈련과 추후 지도

훈련과 추후 지도의 목적은 학생을 그 사업체에서 가치가 있는 직원이 되도록 하는 것이다. 이러한 일은 학생의 작업이 높은 질의 상품을 생산하고 고객에게 질 좋은 서비스를 제공할 수 있으며 그 학생이 직원 집단에서 구성원으로서 수용될 수 있을 때 가능한 일이다. 그러기 위해서는 앞서 9장에서 자세하게 다루었던 지역사회기반교수(CBI) 프로그램을 개발할 필요가 있다. 그러나 고용 전문가는 학생의 특정 직무에서 장기간의 성공을 보장하기 위해서는 몇 가지 부수적인 교수적 사안을 다루어야 한다. 여기에는 생산율 높이기, 직무 수행 유지하기, 도움 감소하기 그리고 자연적 지원 확립하기가 있다.

생산율 높이기

학생의 기본적인 직무 과제 습득에 뒤이어 직무 훈련의 중점은 학생의 생산율을 고용주의 기대에 맞출 수 있도록 하는 데 두어야 한다. 학생의 생산율은 가능하다면 동료 근로자의 생산율과 유사해야 한다. 그러나 학생의 능력에 따라 조절한 대안적 생산율에 대해 직무 훈련을 시작하기 전에 고용주와 조율할 수 있다.

장애인 직원의 생산율을 향상시키기 위한 일반적인 접근법은 더 신속하게 일하는 것에 대해 강화하는 것이다(Bellamy, Horner, & Inman, 1979; Rusch & Mithaug, 1981; Sowers & Powers, 1991; Wehman & Moon, 1988). 연구자들은 장애를 가진 직원의 생산율을 높이기 위한 몇 가지 지침을 다음과 같이 제안했다.

1. 그 개인에게 기대되는 생산 수준을 명확하게 진술하기 전문가는 각 훈련 회기 동안 생산에 대한 구체적인 기대를 명확하게 제시해야 한다. 학생에게 기대되는 생산 수준에 대한 의사소통은 다양한 전략에 의해 성취될 수 있다. 여기에는 직접적인 언어적 교수(예: "10시 30분까지 이 방의 청소를 끝내야 한

다.”), 시각적 단서(예: 학생의 과제활동지에 표시하기), 청각적 단서(예: 디지털 손목시계의 알람으로 알리기)가 있으며, 그 밖에 여러 가지 다른 방법이 있을 수 있다. 이러한 단서는 학생의 생산율이 기대되는 수행 수준이 되기 시작하면 서서히 감소시킨다.

2. **강화에 대한 기준을 점차적으로 변화시키기** 강화에 대한 비율계획(간헐적 강화)이 학생에게 기대되는 작업량을 점차적으로 증가시키기 위해 사용되어야 한다. 강화에 대한 기준을 어떤 비율로 증가시킬 것인가는 과제의 복잡성과 학생의 수행 수준에 따라 달라진다. 전문가가 하는 기본적인 실수는 기준을 지나치게 빨리 올리는 것이다. 이럴 경우에는 학생의 수행이 빠르게 악화될 수 있다. 따라서 강화계획에서의 초기 변화는 학생이 할 수 있는 추가적인 작업 분량이 안정되게 나타날 때까지 조금씩 이루어져야 한다.

3. **질과 양을 모두 요구하기** 전문가가 학생의 직무 수행에 대한 높은 기준을 유지하는 것은 매우 중요하다. 학생에게 일이 추가되면 학생의 직무 수행의 질이 떨어지는 경우가 종종 있다. 이럴 경우에 전문가는 강화를 위해 만들어 놓은 기준을 검토하고 학생이 수용될 만한 작업의 질을 유지할 수 있도록 필요하다면 조정해야 한다.

4. **생산성 자료수집하기** 학생의 생산율을 촉진하기 위해 사용하는 전략의 영향력을 평가하기 위해서 전문가는 정규적으로 생산성 자료를 수집해야 한다. 이 정보는 학생에게 세운 생산성 기준이 적절한지에 대해 판단하고 학생에게 사용되는 강화 전략의 효과를 결정하는 데 사용된다.

직무 수행 유지하기

고용 전문가는 학생의 작업 수행 유지를 지원할 직장 내의 조건들(상황)을 만드는 데 상당한 어려움을 겪는다. 교육 프로그램의 성과로서 유지가 중요하지만, 지적장애학생에게 이것을 어떻게 가능하게 할 것인가에 대한 연구는 거의 없다(Horner, Dunlap, & Koegel, 1988). 그러나 다음과 같은 몇 가지 전략이 학생이 자신의 작업 수행을 유지하는 것을 도울 수 있다(Cooper, Heron, & Heward, 2007).

1. **간헐적 강화계획 사용하기** 간헐적 강화계획은 전문가에게 두 가지 이점이 있다. 첫째, 전문가가 간헐적 강화계획을 사용함으로써 학생에게 제공하는 강화의 빈도를 줄일 수 있다. 둘째, 간헐적 강화계획은 학생에 대한 강화의 '예견성'을 감소시켜서 소거에 좀 더 저항적이다. 이러한 간헐적 강화계획의 특징에 의해 학생은 강화가 지속적으로 제공되지 않아도 계속 일을 할 가능성이 높아진다.

2. **자연적 강화물 사용하기** 교육 프로그램에서 직장에 원래 존재하는 강화물을 사용하면 강화물에 대한 학생의 지속적인 접근 가능성은 더 높아진다. 직장에 일반적으로 존재하지 않는 강화물을 사용하게 되면 학생은 전환이나 지역사회 서비스 기관에서 나온 직원에 더 의존하게 된다.

3. **작업 수행에 대한 강화 지연시키기** 유지를 촉진하는 또 다른 중재전략은 적절한 행동에 대한 강화를 지연시키는 것이다. 훈련 초기에는 강화가 학생이 정반응을 할 때마다 즉시 제공되어야 한다. 이러한 과정을 통해 학생의 학습률은 증가하게 된다. 그러나 대부분의 직무 환경에서는 할당된 과제의 완수와 강화 간에는 상당한 지연이 종종 있다. 예를 들어, 대부분의 사람은 직무를 완수하는 즉시 급여를 받지 않고 주 또는 월 단위로 자신의 급여를 받는다.

4. **자기 관리 절차 확립하기** 작업 수행 유지를 촉진하기 위한 또 다른 접근법은 학생에게 자신의 수행에 대한 '자기 관리'를 가르치는 것이다(Storey, 2007). 자기 관리 전략에는 학생에게 자신의 작업 수행이 기대에 부합되고 있는지를 알려 주는 시각적 혹은 청각적 단서 등과 같은 선행 단서 절차가 포함된다(예: 작업활동에서의 변화를 촉구하는 그림 사용이나 다른 영역으로 이동할 것을 알리는 알람 사용 등). 이러한 전략은 학생들이 직무를 수행한 후 자신의 수행을 평가하기 위해 실시하는 자기 점검이나 자기 기록, 자기 평가, 자기 피드백, 자기 강화 등을 포함한다. 종종 선행 및 후속 전략은 여러 시간에 걸쳐 학생의 수행이 유지되는 것을 돕기 위해 동시에 사용될 수 있다.

예를 들어, Grossi와 Heward(1998)는 네 명의 발달장애성인들에게 식당 종업원으로서 자신들의 수행을 어떻게 향상시킬 수 있는지 가르치기 위해 자기 관리 패키지를 사용했다. 그들의 작업활동에는 냄비 문질러 닦기, 식기세척기에 접시 쌓아 놓기, 테이블 치우고 새로 세팅하기, 쓸고 닦고 청소하기 등이 포함되었다. 자기 관리 패키지에는 목표 세우기, 자기 점검하기, 자기 수행에 대한 자기 평가하기가 포함되었다. 그 결과, 자기 관리 패키지를 적용함으로써 연구 참여자 모두 수행을 향상할 수 있었다. 또한 참여자들은 정확하게 자기 점검하기와 자신의 수행에 대해 자기 평가하기를 배웠다.

고용 전문가의 지원 줄여 나가기

훈련자의 지원을 줄여 나가는 과정은 고용 첫날부터 시작하여 몇 주에서 몇 달까지도 걸린다(McDonnell et al., 1996; Moon, Inge, Wehman, Brooke, & Barcus, 1990). 교육 프로그램은 고용 전문가에 의해 제공되는 도움의 수준을 줄여 나가고 학생의 수행에 대한 통제를 직장 동료와 감독관에게 전환하도록 구체적으로 계획되어야 한다. 계획에는 전문가가 할당된 직무 과제와 직장에서 언제 어떻게 도움을 줄여 나갈 것인가에 대해 구체적으로 진술되어야 한다.

직장에서 전문가의 존재를 용암시키는 절차를 언제 시작할지는 과제 습득 자료, 생산율 자료, 고용주 평가자료에 따라 결정된다. 고용주 평가자료는 학생 작업 수행에 대한 고용주 만족도로 평가된다. 고용 전문가가 자료를 통해 학생이 직장에서 점차적으로 전문가를 용암시키는 것에 대한 준비가 되었다는 것을 알게 되면, 고용 전문가는 학생, 고용주, 직장 동료에게 그 사실을 알려야 한다. 교육의 초기 단계에서와 마찬가지로 전문가는 작업장에서의 자신의 존재를 용암시키는 것에 대한 문서화된 계획을 개발해야 한다. 그 계획은 용암 절차의 단계와 언제 직장에서 전문가의 도움을 줄여 나갈지를 결정하는 데 사용할 기준을 분명히 제시해야 한다.

핵심질문 4 고용 전문가는 직장에서 학생에게 제공하는 도움을 점차적으로 줄여 나가기 위해서 어떤 전략을 사용할 수 있는가?

전문가의 도움을 줄여 나가기 위한 정확한 절차는 학생의 과거 작업력, 학생 직무의 복잡함, 전환기 동안 지원의 필요에 대한 고용주의 인식에 달려 있다. 용암 절차는 개별화되어야 하지만, 전문가의 지원을 줄여 나가는 것에 대한 몇 가지 지침은 다음과 같다.

1. **근접성 줄여 가기** 학생이 할당된 직무 과제에 숙달되어서 기대 생산율에 가깝게 일하기 시작하면 전문가는 학생과의 거리를 조금씩 넓혀야 한다. 예를 들어, 전문가는 학생 바로 옆에 서서 교육을 시작한 후 학생의 수행이 향상됨에 따라 학생으로부터 3피트 거리를 두고 있다가, 5피트 거리로 넓히고 결국에는 학생 시야에 더 이상 보이지 않아도 학생이 자신의 일을 할 수 있을 때까지 점점 더 거리를 둔다.

2. **예상하지 못할 관리 · 감독의 일정표 개발하기** 학생에게 물리적인 근접성을 점점 더 줄여 나가면서 전문가는 학생의 수행 유지를 점검하기 위해 '예상하지 못할' 관찰을 사용할 수 있다. 이 절차에서는 전문가가 작업시간 전반에 걸쳐 학생과 짧은 관리 · 감독 시간 동안 상호작용할 일정에 대한 계획을 갖는다. 예를 들어, 전문가는 학생을 점검하기 위해 30분마다 잠깐씩 들린다. 이러한 관찰 동안 전문가는 학생에게 수행에 대한 피드백을 제공하고 오류나 문제를 교정할 것이다. 이렇게 잠깐 동안 이루어지는 관찰은 학생이 언제 자신이 관찰될지 예측할 수 없도록 무작위로 계획될 수 있다. 관찰 간 평균 시간은 학생의 수행이 향상됨에 따라 체계적으로 증가되어야 한다.

3. **작업장 떠나기** 학생이 무작위로 계획된 관리 · 감독을 받으며 모든 작업활동을 일관성 있게 수행하게 되면, 전문가는 완전한 변화를 위해 떠나야 한다. 이때 전문가는 학생의 당일의 성공 여부에 대해 고용주와 직장 동료를 통해 점검받을 수 있도록 조처해야 한다. 전문가는 점차적으로 매일 하던 점검을 이틀에 한 번씩 하게 되고, 그런 다음 일주일 단위로 하게 된다. 이러한 단계를 하는 이유는 제공되던 지원을 최소한의 수준으로 줄이기 위해서다. 학생에게 필요한 지원의 수준은 시간이 경과함에 따라 다양하게 나타날 수 있음에 주의해야 한다. 전문가는 학생과 고용주의 요구를 맞출 수 있도록 관찰 일정을 조정할 수 있게 준비해야 한다.

4. **지속적인 추후 지도 일정 세우기** 추후 지도는 학생의 직무 수행과 학생이 고

용주의 기대를 얼마나 잘 만족시키고 있는지에 대한 지속적인 평가를 말한다. 추후 지도 방문을 할 때마다 전문가는 모든 과제가 정확하게 수행되고 있는지 확인하기 위해 학생 수행에 대한 점검을 해야 한다. 또한 전문가는 고용주, 감독관, 직장 동료와 학생의 수행에 대해 정규적으로 논의해야 한다. 어떠한 우려도 즉시 다루어져야 하고 전문가는 학생의 수행을 기대에 맞추기 위해 필요하다면 추가 훈련과 지원을 제공하기 위해 준비해야 한다.

추후 지도 단계에서 전문가가 지속적으로 수집한 자료는 일반 직장 동료의 평가 절차를 대신할 수는 없다. 예를 들어, 모든 직원이 30일간의 실험 기간 동안 고용된 후 고용을 지속할지와 급여의 조정이 필요한지 등을 평가받는다면 학생도 이러한 일정에 맞추어 평가되어야 한다. 전환 프로그램 직원에 의해 수집된 추후 지도 자료는 고용주에 의해 사용된 평가 도구를 보충하는 데 사용될 수 있다.

자연적 지원 개발하기

지원고용은 개인에게 직무에 성공하는 데 필요한 도움을 제공하도록 고안된다(Wehman et al., 2007). 전형적으로 그러한 지원은 고용 전문가에 의해 제공된다. 이러한 지원이 학생이 자신의 직무 수행을 학습하는 데 도움을 주지만, 연구자들은 고용 전문가와 장애인의 상호작용은 직장에서의 학생의 사회적 통합에 방해가 될 수 있다고 지적하고 있다(Chadsey & Sheldon, 1998). 이 때문에 고용 전문가에 의해 제공되는 지원은 동료나 감독관에게서 가능한 자연적 지원을 대신하기보다는 이러한 지원을 보완하도록 구조화되어야 한다(Griffin et al., 2007; Wehman et al., 2007).

Hagner(1992)는 자연적 지원이란 직무 기술을 배우고 신뢰할 만한 작업 수행을 유지하는 데 사용될 수 있는, 일반적으로 고용주와 일반 동료로부터 받을 수 있는 모든 도움이라고 정의하였다. 자연적 지원의 활용은 고용 첫날부터 가능해야 한다. 직장에서 학생이 받을 수 있는 자연적 지원을 촉진하기 위해서는 다음과 같은 세 가지 전략을 적용할 수 있다.

1. **직장 동료와 감독관과 협력적 작업관계 만들기** 고용 전문가가 훈련 첫날부터 학생의 직장 동료와 감독관과 협력적인 관계를 만드는 것은 매우 중요하다. 일자리에서의 학생의 장기적인 성공을 위해서는 고용 전문가와 동료, 감독관이 학생의 수행에 대해 서로 개방적이고 정직하게 소통할 필요가 있다.

2. **전형적인 오리엔테이션과 직원 훈련 활동을 확인하고 학생의 참여 지원하기** 대부분의 사업체는 새로운 직원을 훈련시키기 위한 표준화된 절차가 있다. 고용 전문가는 어떻게 훈련이 전형적으로 진행되는지를 확인하고 이러한 활동에 학생이 참여할 수 있도록 지원해야 한다. 학생이 동료로 동일하게 다루어진다면 학생이 그 집단의 구성원으로서 더 잘 받아들여질 것이다.

3. **학생을 지원하도록 직장 동료와 감독관 훈련시키기** 대부분의 비장애인은 장애인과 상호작용을 할 기회가 거의 없다. 따라서 직원들은 장애학생과 어떻게 상호작용할지에 대해 두려워하는 경향이 있다. 이러한 우려는 장애학생과 상호작용하는 방법에 대한 직접적인 훈련과 학생과의 긍정적인 상호작용 기회를 가짐으로써 극복될 수 있다(Mautz, Storey, & Certo, 2001; Weiner & Zivolich, 2003). 훈련은 구조화되어서 전문가가 직접 동료와 감독관에게 적절하게 단서를 제공하는 방법, 오류 수정 절차, 학생에게 강화를 제공하는 것 등에 대해 알려 줄 수 있어야 한다. 또한 전문가는 동료 및 감독관이 직접 학생과 의사소통을 해 보도록 격려해야 한다. 예를 들어, 직장 동료가 전문가에게 학생이 다음 순서로 할 일은 무엇이냐고 묻는다면, 전문가는 그 직원에게 학생에게 직접 물어보라고 권해 줄 수 있을 것이다. 이와 마찬가지로 학생이 직무에 대한 어려움이나 문제를 겪게 되면, 전문가는 학생에게 동료나 감독관에게 직접 가서 도움을 요청해 보라고 할 수 있을 것이다.

요 약

중등교육은 졸업 전에 학생이 유급고용이 될 수 있도록 체계화되어야 한다. 이를 위해 중등 이후 프로그램의 담당자는 학생을 위한 고용 기회를 개발하고, 학생이 직무를 수행할 수 있도록 훈련하고, 장기적인 성공을 위해 학생에게 지속적인 지원을 제공해야 한다. 이러한 성과를 얻기 위해서 중등 이후 프로그램에서 일하는 전문가는 자신의 가르치는 역할을 확장해야 한다. 그들은 효과적인 교육 프로그램을 고안하고 실시하는 것뿐만 아니라 고용주와 감독관, 동료 직원과 협력하는 데 성공해야 한다. 교육의 초점은 교육적 서비스를 제공하는 것에서부터 학생이 일자리의 사회적 문화를 공유하는 구성원으로서 생산적인 근로자가 될 수 있도록 하는 것으로 옮겨졌다. 다행히 지난 10년간 연구들은 이러한 성과를 성취할 수 있도록 전반적인 공학의 발달을 이루었다.

핵심질문 검토

핵심질문 1 학생의 취업목표를 세우고 취업 프로파일을 만들기 위해 어떤 자료를 활용하는 것이 가장 좋은가?

- 고등학교 시기의 표본 일자리 체험을 통해 학생이 하고 싶어 하는 직무의 유형, 이들의 선호도에 맞는 근무 환경의 유형, 일자리에서 성공하기 위해 필요한 지원의 수준 등에 대한 정보를 알 수 있다.
- 고용 프로그램에서는 학생의 취업목표를 세우고 프로파일을 작성하기 전에 학생에게 표본 일자리 체험을 제공하는 것이 바람직하다.

핵심질문 2 직무 개발자는 고용주가 일반적인 직무를 완수할 수 없는 학생을 위한 맞춤식 직무를 개발하도록 어떻게 도울 수 있는가?

- 직무 개척: 원래 직무에서 요구되는 모든 작업활동을 다 하는 것이 아니라 하나 이상의 작업활동을 통합해서 만든 직무
- 직무 재구조화: 학생을 위한 개별화된 직무를 만들기 위해 둘 이상의 직무로부터 작업활동을 융합해서 만든 직무
- 직무 창조: 맞지 않는 작업 요구에 기초해서 새롭게 만든 직무
- 직무 공유: 두 사람 이상이 각자의 강점에 기초해서 하나의 직무의 과제와

책임을 공유하는 것

핵심질문 3 직장에서의 학생의 장기적인 성공을 촉진하기 위해서
사회적 맥락을 분석하는 것이 왜 중요한가?

- 고용 전문가가 학생이 동료 직원 집단의 구성원이 되도록 전략을 개발하는
  데 도움이 된다.
- 고용 전문가가 학생이 자신의 의무를 완수하도록 도움과 지원을 제공할 수
  있는 직장 내 구성원을 확인하는 데 도움이 된다.

핵심질문 4 고용 전문가는 직장에서 학생에게 제공하는 도움을 점차적으로
줄여 나가기 위해서 어떤 전략을 사용할 수 있는가?

- 학생에게 물리적 근접성을 점점 더 줄여 나간다.
- 예측할 수 없는 일정으로 관리·감독을 한다.
- 작업 장소를 간헐적으로 떠난다.
- 학생을 위한 작업장 추후 지도에 대한 장기적 계획을 세운다.

5부
학령기 이후의 삶

14장
학령기 이후 대안적 주거 계획

Tim Risen

IDEA의 전환 서비스 조항은 중등교육에서 고용, 중등 이후 교육, 성인기 생활, 지역사회 참여 등에서의 학생의 학령기 이후 성과를 향상할 수 있도록 잘 짜인 전환 서비스를 개발하도록 하고 있다. 그러나 여전히 성인기 독립생활을 위한 준비에 대해서는 강조가 덜 되는 경향이 있다. 성인기 생활에 대한 체계적인 계획의 중요성은 2차 국가종단전환연구(the National Longitudinal Transition Study-2) 보고서에서 정신지체청년의 48.8%, 자폐성장애청년의 45.8%, 중복장애청년의 40.8%가 학교를 졸업했을 때 아무런 관리·감독 없이 가정에서부터 독립해서 살 수 있기를 기대하고 있다는 사실에 의해 알 수 있다(Wagner, Newman, Cameto, Levine, & Marder, 2007). 부모, 학생 및 교사는 이러한 기대를 다루기 위해서 학생에게 어떤 유형의 주거 기회가 현실적인지, 성인기 생활이 가능하려면 어떤 종류의 지원이 필요한지, 학생이 양질의 삶을 누리기 위해서는 어떤 개인적인 관리와 여가생활과 활동을 배우는 것이 필요한지 등을 결정하기 위해 심층적인 계획을 세워야 한다.

이 장에서는 학생이 학교생활에서 성인기 생활로 전환하기 위해 준비할 때 직면할 수 있는 다음과 같은 중요한 이슈들에 대해 살펴본다. 첫째, 지적장애성인을 위한 주거 프로그램 발전의 역사를 살펴본다. 둘째, 장애성인의 주거 독립성을 증진할 수 있는 주거 유형들에 대해 탐색한다. 마지막으로 이들을 위한 좀 더 전형적인 주거 유형을 지원하는 연방정부 프로그램에 대해 검토한다.

주거 프로그램 발전의 역사

대규모의 시설 프로그램들이 1970년대와 1980년대에 인원이 줄기 시작할 때, 지적장애성인을 위한 지역사회기반 주거지는 그 수와 유형이 극적으로 팽창하였다. 예를 들어, 전국적으로 사립 및 공립 주거 시설의 수는 1977년에 207,356개소에서 2005년 67,066개소로 감소하였다(Lakin & Stancliffe, 2007). 동일한 기간에 좀 더 소규모의 가정(여섯 명 이하)에서 주거 서비스를 받는 사람들의 수는 20,400명에서 291,000명으로 증가하였으며, 세 명 이하의 동거인과 함께 사는 사람들의 수도 8,700명에서 184,000명으로 증가하였다(Lakin, Prouty, & Coucouvanis, 2006).

탈시설운동은 상당 부분 서비스의 연속체 개념에 의해 진행되었다([그림 14-1] 참조). 연속체는 장애인에게 다양한 주거 유형을 제공함으로써 이들에게 주거 지원을 하는 방식으로 여겨졌다. 연속체 개념의 기저에는 장애인은 그들의 기능 수준과 지원 요구에 맞게 특정한 주거 환경에 배치된다는 가정이 있다. 이 개념에서는 개인이 지역사회 환경에서 좀 더 독립적으로 기능할 능력이 있다면, 좀 더 통합적인(덜 제한적인) 환경으로 전환될 수 있는 것이다. 배치의 연속체에는 공립 시설, 사립 시설, 정신지체인을 위한 중급 보호 시설(ICF/MR), 그룹홈, 반(semi) 독립 주거지, 독립 주거지가 있다. 공립 시설은 가장 제한된 배치이며 통합되고 정상화된 서비스를 가장 받지 못하는 곳으로 여겨졌으며, 독립 주거지는 가장 제한이 없으며 가장 통합되고 정상화된 서비스를 받는 배치다.

핵심질문 1 장애인을 위한 주거 서비스의 연속체란 무엇인가?

서비스의 연속체가 많은 장애인을 시설 환경과 그 밖의 다른 집단 보호 시설에서 벗어나게 했지만, 여러 연구자와 옹호자들은 이러한 연속체를 근본적인 문제를 안고 있는 시대에 뒤떨어진 서비스 전달 모델로 보고 있다(Wieck & Strully, 1991). Taylor(2001)는 주거 지원의 연속체에는 네 가지 개념상의 근본 오류가 있다고 주장한다. 첫째, 연속체는 서비스의 강도와 가장 제한적인 배치를 혼동하고 있는데, 이는 동일한 수준의 배치를 받은 사람이 모두 동일한 수준의 지원을 받지는 않기 때문이다. 둘째, 연속체는 기본 인권을 침해하는데 제한적인 주거 환경의 배치는 장애인의 지역사회 생활의 근본적인 권리를 부정한다. 셋째, 주거 서비스의 연속체는 심각한 지원 요구가 있는 사람에게 지역사회 생활의 요구를 준비시키지 않는 '준비성' 모델을 사용하고 있다. 마지막으로 연속체는 장애인을 물리적인 환경을 기준으로 순서를 짓고, 지역사회에서 사는 데 필요한 서비스와 지원은 무시한다.

여러 연구들에서 보다 작고 덜 제한적인 주거지가 지적장애성인의 적응 기술, 사회 및 일상생활 기술을 향상시킨다는 결과를 보여 주지만(Kim, Larson, & Lakin, 2001; Stancliffe & Lakin, 2007), 지적장애성인 중 많은 사람이 여전히 여섯 명 이상과 동거하는 시설에 살고 있다(Prouty, Alba, Scott, & Lakin, 2008). 이와 같이 대부분의 장애인이 비장애 또래와 비교했을 때 여전히 가정에서 살고 있지 않다는 사

[그림 14-1] 주거 서비스 연속체에 대한 설명

실은 옹호자와 연구자들로 하여금 주거 서비스의 연속체에 대한 대안책 개발을 요구하게 한다(Lakin, Gardner, Larson, & Wheeler, 2005).

주거 연속체에 대한 대안

지난 20년 동안 수많은 대안적인 주거 프로그램 모델이 문헌에서 논의되었다 (Boles, Horner, & Bellamy, 1988; Klien, 1992; Nisbet, Clark, & Covert, 1991; O'Brien, 1994; Stancliffe & Lakin, 2007; Walker, 1999). 이러한 대안은 지원을 받으며 자신의 집에서 생활을 하는 것부터 비장애 동거인과 함께 아파트나 집에서 생활하는 것에 이르기까지 다양하다. 사람들이 거주하는 환경은 매우 다양하지만, 이러한 대안들은 주거 환경은 서비스 프로그램이 아니라 그 개인의 가정이라는 철학적 전제를 기반으로 하고 있다. 이러한 전제는 서비스의 연속체에 대한 주거 대안책을 제공하는 두 가지 가장 보편적인 접근법의 근간이 되고 있다. 여기서는 이러한 대안에 대해 보다 자세히 살펴본다.

지원주거

핵심질문 2 지원주거 프로그램의 중요한 특성은 무엇인가?

많은 옹호자와 연구자들은 지원주거를 주거 서비스의 '연속체'에 대한 우선적인 대안으로 간주한다. 지원주거는 사람을 자기 가정에 배치하고 그들에게 지원을 제공하는 것에 중점을 둔다. 지원주거는 장애인에게 자기 가정에서 살면서 자신의 일상적인 기능을 좀 더 스스로 통제할 수 있는 기회를 갖게 함으로써 주거와 지원 서비스를 분리할 필요성을 강조한다. 장애인은 아파트나 공동주택, 기관의 관리·감독을 받는 자신의 가정, 공동체, 조합식 아파트 등 다양한 지원주거지에서 살 수 있다(Nisbet et al., 1991). 지원주거에서는 장애인이 자기 결정력을 갖고, 자신이 살기를 원하는 곳을 결정하는 데 적극적으로 참여할 것을 기대한다. Stancliffe와 Lakin(2007)은 지원주거 절차를 개별화하는 아이디어를 정교화했으며, 장애인을 위한 지원 지역사회 주거의 여섯 가지 원칙에 대해 제시하였다(〈표 14-1〉 참조).

지원주거는 지적장애인의 삶의 질을 향상시킨다(Gardern & Carran, 2005; Howe, Horner, & Newton, 1998). Howe 등은 오리건 주의 전통적인 주거 프로그램과 지원주거를 비교하는 연구를 하였다. 이 연구에서는 지원 공동체에 사는 사람이 '전통적인' 주거 시설에 사는 사람과 비교했을 때 보다 다양한 지역사회 및 사회활동에 참여하며, 좀 더 자기 결정력을 갖추게 되고, 결정 사항에 대해 보다 통제권을 갖고 있으며, 선호하는 활동에 참여하고 있다는 점을 발견하였다.

자신이 소유하거나 빌린 주택에서 사는 장애인의 수는 점차적으로 증가하고 있다. 1995년에 40,881명의 장애인이 자신의 집에서 주거 지원을 받았으며, 2005년에는 101,143명의 장애인이 자신의 집에서 지원을 받고 있다(Lakin & Stancliffe, 2007).

〈표 14-1〉 지원 지역사회 주거의 여섯 가지 원칙

원칙	정의
지원과 주택은 분리한다.	주택에 대한 결정은 개별적으로 이루어진다. 장애 당사자가 서비스와 지원 체계와는 별도로 자신의 가정과 지역사회를 선택한다.
자신의 가정에서 산다.	장애인 당사자가 자신의 가정에 대한 대여 혹은 소유로부터 자율권과 독립성을 갖는다.
지원주거는 각 개인에게 다양하게 나타난다.	지원주거는 장애인의 지원에 대한 개별화된 접근을 권장한다. 지원은 장애인 당사자의 개별적 요구와 선호에 따라 개발된다.
여러 지원주거 유형 중 선택을 해야 한다.	장애인은 자신에게 맞는 주택을 발견하는 데 적극적인 역할을 해야 한다. 그들은 주택 비용과 다른 독립생활의 요소들과 균형을 맞추어야 한다.
지원주거는 유익한 활동에 더 많은 참여를 요구한다.	장애인은 독립생활에 관련된 모든 활동에 완전 참여가 허용되어야 한다. 지원은 장애 당사자가 필요하거나 요구할 때 제공된다.
지원주거는 비공식적인 지원도 포함한다.	독립성을 증가시키고 유료 지원에 대한 의존성을 줄이기 위해서 장애인은 지역사회 환경에서 일반적으로 활용 가능한 자연적 지원을 개발할 필요가 있다.

출처: "Independent Living" by R. J. Stancliffe & C.K. Lakin, 2007, in *Handbook of Developmental Diabilities*, by S. L. Odom, R. H. Horner, M. E. Snell, & J. Blacher (Eds.), New York: Guilford. 허가받아서 수정함

들여다보기 **14-1**

지원주거 사례

제리(Jerry)는 47세이며 다운증후군을 갖고 있다. 그는 현재까지 6년간 자신의 지원주거 아파트에서 살고 있다. 제리는 저소득층을 위한 의료부조 제도(Medicaid waiver)로 집세와 자신이 받는 지원주거 서비스에 대한 비용을 낸다. 그는 주중에 오전 8시에서 11시까지 시어스(Sears)에서 독립적으로 시간제 근무를 하면서 관리와 수리 보수 일을 하고 있다. 근무를 마치고 나면 대중교통을 이용해서 자신의 아파트에 돌아오고 지역사회의 서비스 기관에서 나온 직원을 만난다. 이 직원은 제리가 세탁, 요리, 의료 관리와 같은 독립적인 일상생활을 하도록 실제적으로 돕거나 제리가 요구하는 그 밖의 지원을 한다. 직원이 제리에게 이러한 도움을 제공한 후 저녁시간이 되면 돌아가고, 제리는 자기 스스로 '자유시간'이라고 이름을 붙인 시간을 갖는다. 제리는 '자유시간' 동안 자신이 좋아하는 무엇이라도, 예를 들어 영화를 보거나 산책을 하거나 단지 돌아다니는 등의 활동을 할 수 있다고 설명한다.

개인 지원 서비스

주정부는 1970년대부터 국민의료보험제도인 의료부조(Medicaid)로 개인 지원 서비스(personal assistance service: PAS)를 제공할 수 있다. 초기의 PAS는 서비스 전달의 의료적 모델에 따랐는데, 이러한 서비스들은 전형적으로 의사들에 의해 처방되고 간호사에 의해 관리·감독되었다. PAS는 지난 30여 년 동안 발전하여 서비스는 의료적 모델에서 좀 더 통합된 지원 모델로 변화하였다. PAS는 많은 장애인들이 통합된 지역사회 환경에서 성공적으로 생활하고 참여하도록 지원을 제공한다. PAS는 장애인에게 지역사회 환경에서의 안녕과 외양이나 안전과 상호작용을 유지하는 데 필요한 보충적인 지원을 제공한다(Litvak, Zukas, & Heumann, 1987). PAS는 장애인에게 ① 몸 단장하기, 옷 입기, 식사하기, ② 지역사회에서 대중교통 이용하고 이동하기, ③ 조리하기, 청소하기, 세탁하기를 포함하여 가사 관리하기, ④ 재정 관리를 포함하여 다양한 일들에 도움을 준다.

기관 주도 PAS(Agency-Directed PAS) 모델 전통적으로 PAS와 같은 장기적인 지원 프로그램에 대한 재정 지원은 산발적으로 이루어지며, 연방정부의 협조를 위한 기반이 부족하다. 의료부조 재정 지원 체계가 분리된 주거 시설에 있는 개인에게 더 적합하기 때문에 산발적으로 이루어지는 이러한 정책은 시설기관에 유리한 결과를 낳았다(Dautel & Frieden, 1999). 사실상 의료부조의 장기적인 서비스를 위한 지출의 약 68%는 기관에 기반을 둔 프로그램에 들어갔고, 약 32%만이 개인 지원 프로그램으로서 지역사회기반 서비스에 지출되었다(Kaiser Commission on Medicaid and Uninsured, 2004). 이러한 의료부조 비용을 장애인에게 어떻게 할당할 것인가를 결정하는 것에서 각 주는 비교적 자유롭기 때문에 개인 지원 프로그램에 대한 환급률이 각 주마다 달라져서 문제가 더 복잡하다.

요즈음은 대부분의 장애인이 의료부조와 계약을 한 가정돌봄기관을 통해 PAS를 제공받는다. 이러한 서비스 전달에서의 기관 주도 모델은 제공받는 서비스 유형이나 서비스 제공자를 선택하는 데 소비자의 권한이 부족하기 때문에 종종 비판받는다(Hagglund, Clark, Farmer, & Sherman, 2004). PAS 활동과 관련된 구조적·재정적인 문제로 인증받은 제공자가 제한되므로 이러한 기관 주도 프로그램의 범위는 제약을 받기도 한다.

핵심질문 3 소비자 주도 PAS란 무엇인가?

들여다보기 14-2

개인 지원에 대한 관점

"나는 우리 모든 장애인이 서비스를 제공하는 사람과 함께 앉아서 자신의 삶에 대해 어떤 목표와 기대를 하고 있는지 이야기하고, 실제로 이를 성취하기 위해 함께 일했으면 좋겠다. 이런 일들이 수많은 서류 작업이나 관료적인 형식주의에 빠지지 않고 우리의 사생활이 존중되면서 이루어지면 좋겠다. 만약 우리가 장애라는 장막에서 나올 수 있다면 세상은 다르게 보일 것이다. 우리는 여전히 서비스를 받지만 그것이 프로그램이어서는 안 된다. 우리에게도 사생활이 있기 때문에 우리의 삶은 일일이 다른 사람이 보도록 기록되어서는 안 된다. 전문가는 자신이 대우받기 원하는 대로 우리를 대우해야 한다. 그들은 우리의 강점을 인정해야 한다. 그들은 우리가 무엇을 원하고 필요한지와 할 수 있는 한 독립적으로 살 수 있도록 우

리를 어떻게 도와야 할지에 대해 우리와 상의해야 한다. 우리는 삶에 대한 목표를 가질 수
있지만 그들이 그것을 받아 적고, 팀 회의에서 정규적으로 검토하고 새롭게 수정할 필요는
없다. 우리는 항상 평가받기보다는 우리가 받은 서비스를 평가해 달라고 요청받아야 한다"
(Kennedy, 2004, p. 231).

소비자 주도 PAS 모델(Consumer-Directed Models for PAS) PAS에 대한 소비자
주도 모델에서는 장애인이 자신에게 필요한 서비스 유형을 선택하고, 자신을 도울
보조원을 선택하고 관리할 수 있다. Hagglund 등(2004)은 소비자 주도 PAS를 받
는 사람은 이러한 서비스와 과제가 지역사회에서 이루어지기 때문에 더 큰 능력
강화감과 만족감을 느낀다고 했다. 장애인세계기구(World Institute on Disabilities)
에 따르면 PAS는 독립적인 생활의 핵심 요소이며, 이러한 서비스에 대한 소비자
주도의 관리가 없다면 많은 장애인이 통합된 지역사회 환경에서 살 수 없을 것이
다. 그렇기 때문에 장애인세계기구에서는 "장애인은 적절한 교육과 건강 관리,
사회적 서비스와 보조공학, 필요하다면 타인의 도움을 통해 가능한 최대한의 개
인 기능과 독립성의 수준을 성취할 자격이 있다."(World Institute on Disability,
1991, p. 5)라고 믿는다. 이 기구에서는 PAS에 대한 공평한 접근을 보장하는 14개
의 원칙을 담은 결의문을 발간하였다(〈표 14-2〉 참조). 이 원칙은 지역사회 생활
의 모든 면에서의 통합에 기반을 둔 장애인을 위한 소비자 주도 지원의 포괄적인
체계 개발에 대한 필요를 반영하고 있다.

〈표 14-2〉 장애세계기구: 인적 지원 서비스에 대한 해결책

우리는 다음 원칙에 입각하여 좀 더 향상되고 보다 공평한 개인 보조 서비스(PAS)를 보
장해 줄 것을 정부와 정책 개발자에게 요구한다.

1. PAS는 인권이자 시민권이다. 이러한 서비스는 한 개인의 기능적 제한성에 의한 요구
   에 따라 영유아기부터 생애 전반에 걸쳐 모든 연령의 사람이 이용할 수 있어야 한다.
   이러한 권리는 장애나 개인 건강, 수입, 결혼이나 가족의 유무와 상관없으며 인종, 민
   족, 문화적 배경, 종교, 성별, 성적 기호나 지리적 위치에 따라 차별되어서는 안 된다.
2. 모든 장애인(과 자신이 정하거나 법적으로 정해진 대리인)은 접근성이 보장된 양식과
   적절한 언어로 PAS에 관련된 자신의 권리와 의견에 대해 정보를 제공받아야 한다. 모
   든 수준의 PAS는 사용자의 사적인 부분과 기밀을 존중해야 한다.

3. 개인 보조 사용자는 다양한 수준의 사용자 통제를 제공하는 여러 PAS 모델 중 선택할 수 있다. 우리의 관점에서 사용자 통제란 법적으로 알려 준 동의를 할 수 있는 능력이나 의사 결정 및 소통을 위한 지원의 필요성에 상관없이 모든 사람에 의해 행해질 수 있다.

4. 서비스는 가정, 학교, 직장, 문화 및 영적 활동, 여가, 여행, 정치활동 등을 포함한 모든 사회문화적 생활에 대한 권리를 실천하고 참여할 수 있게 해 준다. 이러한 서비스를 통해 장애인은 불이익을 당하지 않고 그들이 선택한 대로 개인과 가족과 사회생활을 정착시킬 수 있고, 그러한 생활과 관련된 모든 책임을 수행할 수 있다.

5. 어떤 개인도 자원의 부족, 고비용, 기준에 미치지 못한 서비스나 서비스의 부재 혹은 서비스의 거부와/혹은 부정으로 인해 강제로 시설 환경에 입소되거나 그곳에서 생활해서는 안 된다.

6. 이러한 서비스는 장기적, 단기적, 비상 시 최대한 필요하다면 하루 24시간 동안과 주당 7일까지도 이용이 가능해야 한다. 이러한 서비스에는 개인적 신체 기능, 의사소통, 가정 관리, 이동, 작업, 정서적 · 인지적 · 사적 · 재정적 일, 지역사회 참여, 육아, 여가, 기타 관련된 필요 사항 등을 포함해야 한다. 사용자의 관점이 서비스를 설계하고 전달하는 데 있어 가장 중요하게 여겨져야 한다. 사용자는 서비스를 선택하거나 거부할 수 있어야 한다.

7. 정부 재정 지원은 결혼 여부에 상관없이 개인의 권리이며 고용을 저해해서는 안 된다.

8. 정부 재정 지원은 경쟁고용의 급여(사적 영역 내 소비자 비용 경험에 기초한)와 보조자에 대한 고용 혜택 및 관련된 행정과 관리 비용을 포함해야 한다.

9. 사용자에게 지불하는 금액이 가처분 소득 및 과세 대상 소득으로 간주되어서는 안 되며, 이에 따라 기타 법적 혜택이나 서비스를 받을 자격이 박탈되어서는 안 된다.

10. 사용자와 보조자를 위한 적절한 지원과 아웃리치, 모집, 상담 및 훈련이 이루어지기에 충분한 정부의 자금이 제공되어야 한다. 정부는 사용자가 개인 및 서비스 기관이 제공하는 다양한 PAS 모델을 통해 자격과 능력을 갖춘 보조 인력에 접근할 수 있도록 해야 한다.

11. 사용자는 개인 보조자로서 가족 구성원을 포함하여 누구라도 선택하거나 고용할 자유가 있어야 한다.

12. PAS가 필요한 아동에게는 통합교육을 받을 권리의 한 부분으로서 이러한 서비스가 제공되어야 한다. 그러한 교육과 PAS는 PAS를 효과적으로 활용하고 통제하는 것을 배울 수 있는 연령에 적합한 기회를 포함한다.

13. 자금 제공자나 서비스 제공자와 평가 등과 상관없이 신속한 방식으로 효력이 있는 단일한 상소 절차가 있어야 하며, 이러한 절차는 지원자와 사용자가 법에 의해 규정된 권한이므로 옹호 서비스와 법적 상담을 받을 수 있도록 해야 한다.

14. 이상에서 언급한 내용을 증진하기 위해 사용자는 PAS의 계획, 수행, 설계와 개발에 대한 지속적인 소통과 기여를 통해 공식적이며 단호하게 모든 수준의 정책 결정 과정에 포함되고 대표성을 가져야 한다.

출처: Resolution on Personal Assistance Services by World Institute on Disability, 1991.

http://www.wid.org/publications/personal-assistance-services-a-new-millennium/resolution-on-personal-assistance-services

대안적 주거 프로그램을 지원하기 위한 프로그램

지난 몇 년 동안에 좀 더 전형적인 주거 환경에서 사는 사람들의 수가 극적으로 증가하였지만, 프로그램을 위한 재정은 여전히 프로그램 확장에 대한 장해 요소로 작용하고 있다. 더 나아가 주정부가 지적장애인에게 재정적 지원을 하도록 규정되어 있지 않기 때문에 이러한 프로그램에 접근할 수 있는 개인의 수는 제한된다. 사실상 각 주정부마다 개발하고 비용을 부담하기 위해 선택하는 주거 환경의 유형에는 상당한 차이가 있다(Prouty et al., 2008). 개인이 연방정부법에 따라 자신에게 가능한 이러한 지원을 원한다고 해도, 그룹홈과 같은 전통적인 주거서비스 프로그램만이 자신이 거주하는 주에서 제공하는 우선적 배치 순서에 따라 자신이 선택할 수 있는 유일한 프로그램일 수도 있다. 현재 주거 연속체의 대안은 지역사회기반 면제(Waiver) 프로그램, 활동보조원 관리 프로그램(Attendant Care program), 미국 주택 도시 개발부(U.S. Department of Housing and Urban Development: HUD)를 통해 지원되고 있다.

가정 및 지역사회 기반 면제 프로그램

1981년에 미국 의회는 주정부가 장애인에게 지역사회기반 지원을 할 수 있도록 자금을 제공하기 위해 「사회보장법(Social Security Act)」의 1915(c) 조항에서 의료부조 주택 및 지역사회 기반 면제 프로그램(Medicaid Home and Community-Based Waiver Program)을 인준하였다. 면제 프로그램은 이러한 지원 제도가 아니면 시설 환경에 배치될 사람들이 주거 및 고용 환경에서의 성인 서비스 지원과 관련하여 좀 더 선택할 수 있도록 만들어졌다. 이 프로그램은 장애인을 위해 가장 급성장하고 있는 장기적 지원 프로그램 중 하나다. 가정 및 지역사회 기반 서비스(HCBS)를 위한 국가 비용은 1982년에 1.2백만 달러에서 2002년 7억 2천만 달러로 지난 20년간 기하급수적으로 성장하였다(Braddock, Rizzolo, Hemp, & Parish, 2005). HCBS 비용의 성장은 장애인에게 좀 더 지역사회기반 주거 배치가 가능하도록 하였고, ICF/MR과 같은 좀 더 제한적인 환경에 배치되는 장애인 수를 감소시켰다. 1992년에 ICF/MR에서 서비스를 받던 정신지체인의 수는 142,260명이었으며, 독립해서 살거나 부모와 함께 살면서 HCBS를 받던 정신지체인의 수는 62,465명이었다. 그러나 2006년에는 ICF/MR에 주거하는 사람 수는 98,554명으로 감소하였고, HCBS 면제 프로그램에 참여하는 사람들의 수는 479,196명으로 증가하였다(Lakin, Braddock, & Smith, 2007).

활동보조원 관리에 대한 연방정부의 지원

「의료부조 지역사회 활동보조원 서비스 및 지원법(Medicaid Community Attendant Services and Supports Act: MiCASSA, Senate Bill 1935)」이 장애인의 PAS 접근의 어려움을 다루기 위해 1999년에 최초로 도입되었다. 법안은 보호가정과 ICF/MR 서비스 대상자인 개인이 시설보호를 대신하여 지역사회 활동보조원 서비스 및 지원을 받는 것을 선택할 수 있도록 「사회보장법」(의료부조 조항)의 Title XIX를 수정하는 것을 목표로 했다. MiCASSA는 106회 의회에서 고려되지 않았고 여러 차례 다시 소개되었으며, 2007년 「지역사회 선택법(Community Choice Act: Senate Bill 799)」이 MiCASSA를 대신하여 도입되었다. 이 법에서는 '개인의 요구에 맞는 가장 통합된 환경에서 서비스를 제공하고, 개인이 공평한 기회와 완전 참여, 독립된 생활, 재무적 자기 충족을 성취할 수 있도록 돕기 위해 지역사회기반 활동보조원 서비스와 지원에 공평한 접근을 할 수 있도록'(Sec.2[b(1)]) 의료부조 프로그램을 개혁하고자 하였다. 2007년 Tom Harkin 상원의원(D-Iowa)은 상원재무위원회에 앞선 연설에서 이 법안 통과의 필요성에 대해 다음과 같이 역설하였다.

> 더 이상 의료부조가 시설 편향적이어서는 안 된다. 우리는 시설 서비스에 의료부조의 장기적인 관리를 위해 2/3의 재정을 소요하고 지역사회기반 관리를 위해 단지 1/3만을 사용하는 오늘날의 불행하고도 차별적인 현 상황에서 벗어나야 할 필요가 있다.

법안의 목표는 장애인에게 가장 통합된 환경에서 장기적인 서비스와 지원에 대해 의미 있는 선택을 할 수 있도록 하며, 그들이 받는 서비스에 대해 더 폭넓은 자유와 통제권을 가질 수 있도록 하는 것이다. 「지역사회 선택법(Community Choice Act)」에서는 장애인이 사용할 수 있는 서비스와 지원에 대해 간략하게 제시하고 있다. 이러한 서비스와 지원에는 ① 개인이 일상생활 활동을 완수하는 것을 돕는 데 필요한 과제, ② 일상생활을 완수하는 데 필요한 기술을 습득·유지·촉진하는 것, ③ 서비스와 지원을 보장하기 위한 지원 체계나 장치를 포함한다. 그 핵심에는 법안이 장애인에게 지원금을 제공하고, 적격성을 지닌 개인이 그들이 받을 서비스와 지원을 선택하고 관리할 수 있도록 한다는 것이다.

주택 소유권을 위한 재정 자원

개인보조의 발달에 의해 장애인은 좀 더 완전하게 지역사회 환경에 참여할 수 있게 되었다. 독립적 주거를 위한 운동, 지원주거 그리고 PAS 덕분에 장애인들은 자택 소유가 가능하다는 것과 그것을 통해 장애인은 좀 더 많은 통제권을 갖고, 자율적·경제적으로 참여할 수 있게 된다는 것을 깨닫기 시작하였다(Feinstien et al., 2006).

미국지적장애 및 발달장애협회(American Association on Intellectual and Developmental Disabilities, 연도 미상)에 따르면, 장애인을 위한 주택소유권에는 다양한 유형이 있다. ① 장애인은 자신의 주택을 소유할 수 있다(주거자 소유). ② 부모가 자녀를 위해 주택을 구입할 수 있다(부모 소유). ③ 부모와 여러 사람들이 함께 주택을 구입하고, 소유하며, 유지하기 위해 조합을 설립할 수 있다(조합 소유). ④ 부모가 주택을 구입한 다른 부모와 자원을 합할 수 있다(동업). ⑤ 개인이 다른 개인과 함께 주택을 사서 종국적으로 그 개인에게서 소유권을 살 수 있다(공유 재산). ⑥ 소유권은 부모에 의해 만들어진 생전신탁(living trust)에 배정될 수도 있다(신탁 소유).

장애인과 그 가족의 주택 구입을 도울 수 있는 다양한 재정 자원은 HomeChoice, 연방주택대출은행(Federal Home Loan Banks), 주택 투자 동반 프로그램(HOME Investment Partnerships Program), 주택 재정 기관(Housing finance agencies) 등이 있다(Klien, 2000).

〈표 14-3〉 자택 소유자를 위한 재정 자원 관련 웹 사이트

프로그램	URL
FannieMae HomeChoice	http://www.fanniemae.com/index.jhtml
Federal Home Loan Banks	http://www.fhlbanks.com/
HOME Investment Partnership Program	http://www.hud.gov/offices/cpd/affordablehousing/programs/home/
Housing Financing Agencies	http://www.ncsha.org/

- HomeChoice 저소득 내지 중등 수준의 소득이 있는 장애인이나 장애인의 가족의 요구에 맞도록 설계된 단일 가족 주택담보 대출(mortgage loan)
- 연방주택대출은행 저소득층의 주택건축이나 재건축을 위한 지역사회 기관과 협정을 맺은 가맹 은행에 보조금을 제공하는 프로그램
- 주택 투자 동반 프로그램 주정부나 지방에서 주택 소유나 임대를 위한 주택을 건축, 구입, 복원하거나 저소득층 사람에게 직접 임대를 지원하기 위한 활동에 재정을 지원하기 위해 HUD를 통해 지원금을 제공하는 프로그램
- 주택재정기관 적정가격의 주택 개발을 위해 자금을 공급함으로써 저소득층의 요구를 충족시키기 위해 만들어진 기관

이 재정 자원 각각은 장애인의 주택 소유권을 보장하지는 않지만 주택을 구입하기 원하는 사람들을 위한 자원이 될 수 있다. 〈표 14-3〉은 앞서 언급한 프로그램의 자료를 살펴볼 수 있는 웹사이트의 주소다.

요 약

장애인을 위한 주거 선택은 지속적으로 발달하고 있다. 주거 지원의 전통적 모델들은 가장 제한적인 환경에서 서비스를 제공하였다. 특정한 옹호 집단의 노력, 법률안 제정, 재정 구조의 발달에 따라 장애인은 최대한 제한을 받지 않는 환경에서 주거 서비스를 받고 있다. 장애인을 위한 대안적인 주거 유형이 주정부와 연방정부의 정책에 따라 복잡하게 얽혀 있기 때문에, 장애학생과 그 가족이 학령

기 이후 주거 전환을 위해 계획하는 과정을 시작하는 것은 중요하다. 포괄적인 주거 계획을 통해 학생은 적절한 성인기 서비스 프로그램에 접근할 수 있게 될 것이다.

핵심질문 검토

핵심질문 1 장애인을 위한 주거 서비스의 연속체란 무엇인가?

- 연속체는 시설 환경부터 독립 주거에 이르기까지 장애인을 위한 선택할 수 있는 다양한 유형으로 구성되어 있다.
- 연속체는 개인이 최소 제한 환경에 살 수 있기 전에 특정한 능력을 증명해야 한다는 '준비성' 접근법을 사용하고 있다.

핵심질문 2 지원주거 프로그램의 중요한 특성은 무엇인가?

- 장애인이 서비스 및 지원 체계와 별개로 자신의 주택과 지역사회를 선택할 수 있다.
- 개인이 자신의 주택을 소유하거나 임대하는 것에 대해 자율적이며 자유롭다.
- 지원은 개인의 요구와 선호에 따라 개발된다.
- 개인은 독립된 삶의 다른 요소들과 주거 비용의 균형을 맞추어야 한다.
- 개인은 독립된 삶과 연관되어 있는 모든 활동에 참여해야 한다.
- 개인은 지역사회 환경에서 일반적으로 적용이 가능한 자연적 지원을 개발할 필요가 있다.

핵심질문 3 소비자 주도 PAS란 무엇인가?

- 소비자 주도 PAS에서는 개인이 자신의 요구와 선호에 따라 독립적으로 살기 위해 필요한 지원을 선택할 수 있다.

15장
학령기 이후 대안적인 고용 계획

Tim Riesen

장애인의 만성적인 실업이나 불완전 고용은 여전히 장애인 옹호자의 관심사다. 사실상 노동연령 장애인의 35%만이 고용되어 있다(국가장애협회, 2004). 아울러 중도장애청년은 학교를 졸업한 후 지역사회에서 고용되는 비율이 낮다(Wagner, Newman, Cameto, Garza, & Levine, 2005). 학령기 이후 성과를 향상시키기 위해 전환 프로그램은 장애학생의 포괄적인 진로 계획, 직업 교육, 고용 훈련을 강조해야 한다. 포괄적인 고용 준비의 중요성은 장애학생의 학교에서의 마지막 2년간 유급고용을 통해 학령기 이후 성공을 상당히 예견할 수 있다는 사실을 통해 강조된다(Benz, Lindstrom, & Yovanoff, 2000). 다양한 변인이 장애학생의 학령기 이후 성공에 기여하지만, 교사는 직업재활과 지역의 지적장애 기관에 의해 제공되는 학령기 이후 성인 고용 서비스의 본질과 범위에 대해서 이해해야 한다. 많은 부모가 이러한 기관에 대해 잘 알지 못하며 학령기 이후에 선택은 분리된 고용 프로그램에 제한되어 있다고 믿고 있다(Chambers, Hughes, & Carter, 2004). 이러한 우려를 감소시키기 위해 중등 교사는 장애인에게 학령기 이후에는 어떤 일자리를 선택할 수 있는지에 대해 분명하게 말할 수 있어야 하고, 학교에서 적절한 고용 프로그램으로의 전환을 잘할 수 있도록 도와야 한다.

많은 고용 프로그램이 장애인의 취업을 돕기 위해 개발되어 왔다. 각 고용 프로그램은 몇 년에 걸쳐 등장한 서로 다른 지원 철학의 진보를 반영한다. 이러한 프로그램의 독특한 성격 때문에 중등 교사는 선택할 수 있는 각 고용 프로그램의 핵심 요소와 그 기저에 있는 가치에 대해 이해하고 있어야 한다. 이번 장에서는 장애인을 위한 고용 프로그램의 구조와 정의된 특성들에 대해 검토한다. 여기에는 통과고용(flow-through) 모델, 지원고용, 맞춤형 고용 등이 해당된다. 아울러 이 장에서는 개인의 의미 있는 취업을 돕기 위해 고안된 연방정부의 근로 장려 프로그램(work incentive program) 체계에 대해서 검토한다.

성인 고용 프로그램의 체계

1980년대 초기까지 우리는 경쟁고용에서 장애인을 지원하는 방법에 대해 주로 배웠다. 성인 고용 프로그램은 장애인을 위한 다양한 고용 지원을 제공하고 있으며, 각 프로그램이나 모델은 독특한 특색과 규정된 특징들을 갖고 있다. 강력한 지원 요구가 필요한 개인을 위한 통합된 경쟁고용이 점차적으로 더 강조됨으로써 법안이나 소비자 옹호와 같은 구체적인 요소들이 등장하였다. 여기에서는 고용 서비스가 분리된 서비스 전달 철학에서 소비자 주도와 통합된 고용을 반영하는 것으로 어떻게 진보하였는지에 대해 살펴보겠다.

핵심질문 1 통과고용 모델과 관련된 문제점들에 대해 설명하시오.

통과고용 모델

통과 모델은 장애인에게 취업에 필수적인 선수 직업 기술을 가르치는 방식으로 개념화되었다. 이 모델에서 개인은 보호작업장, 작업활동센터, 주간보호센터를 포함한 다양한 시설 기반 환경에 배치된다. 개인은 이러한 환경에서 다양한 직업 전 기술과 조립이나 포장과 같은 작업 과제를 수행하고, 최저임금보다도 매우 낮은 급여를 받는다(Migliore, Mank, Grossi, & Rogan, 2007). 시설 기반 고용 프로그램은 일반적으로 서비스를 제공하기 위해 지역 직업재활 기관과 MR/DD 기관과 연계하는 지역사회 서비스 제공자들에 의해 운영된다.

통과 모델이 장애인의 직업 성과를 향상시키는 방법으로써 개념화되었지만, 이 모델에서는 많은 장애인에게 양질의 통합 환경에서의 고용이 가능하지 않았다. 이 모델이 근거를 두는 시스템은 장애인이 통합된 지역사회기반 환경에서 일할 수 있기 전에 특정한 직업 전 기술과 능력을 가질 필요가 있다고 보는 서비스의 연속체에 기반을 두고 있다. 연속체에서의 이동은 직업 전 기술을 수행하는 장애인의 능력에 달려 있다. 일단 개인이 이러한 직업 전 기술을 가지고 있다는 것이 증명되면, 좀 더 통합적인 고용 환경으로 전환할 수 있다. [그림 15-1]에서 보여 주듯이 중도장애인은 일반적으로 주간보호실, 작업활동센터, 보호작업장과 같은 좀 더 제한적인 환경에 배치되는 반면, 중등도장애인은 전환고용 훈련과 같은 최소 제한 환경에 배치된다. 이러한 모델의 기본적이 가정은 좀 더 강도 높은 서비스와 지원은 좀 더 제한적인 환경에 배치된 개인에게 제공될 수 있다는 것이다.

안타깝게도 이러한 환경에서 가르치는 기술은 종종 모의 작업에 기초하고 있

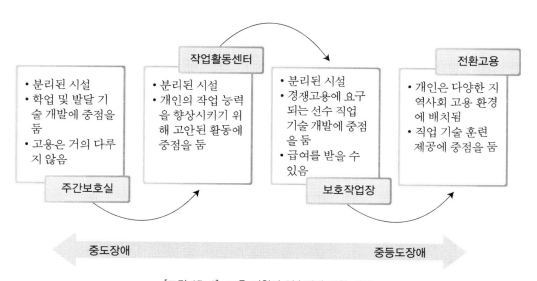

[그림 15-1] 고용 지원의 연속체에 대한 설명

어서 실제의 지역사회기반 직업과는 공통점이 없다. 그 결과, 개인은 실제 수행 환경에서 일반화할 수 없는 직업 전 기술을 배우게 되기도 한다. 이러한 훈련 접근법은 장애인에게 지역사회기반 고용의 요구를 충족시키도록 준비시키지 못하는데, 이들은 실제 환경에서 교수와 지원을 제공받을 필요가 있기 때문이다 (Horner, McDonnell, & Bellamy, 1986; Westling & Fox, 2000). 아울러 장애인이 보호된 프로그램에 배치될 때 사회성 기술의 발달이 저해되는데, 이러한 환경에서는 실생활의 사회적 상호작용을 경험하기 어렵기 때문이다.

시설 기반 프로그램의 가장 큰 단점 중 하나는 이러한 고용 프로그램에서 통합된 고용으로 이동하는 사람이 거의 없다는 것이다. 사실상 장애인이 일단 보호작업장에 배치되면, 통합고용으로 전환될 기회는 거의 없다(Zivolich, 1991). 또한 분리된 작업 환경의 장애인 배치가 지원고용과 같은 통합된 프로그램에 대한 배치보다 더 빠르게 진행되고 있다(Braddock, Rizzolo, & Hemp, 2004). MR/DD의 재정지원은 지원고용보다 분리된 프로그램에 거의 네 배나 더 많이 이루어지고 있다 (Rusch & Braddock, 2004). West, Revell과 Wehman(1998)은 분리된 시설에서 지원고용으로의 변환이 왜 이렇게 느린지에 대해 설명하기 위해서 지역사회 서비스 제공자를 대상으로 이러한 전환 과정에서 직면하는 장애 요소가 무엇인지 알아보는 설문조사를 하였다. 연구자들은 가족의 거리낌, 기관 근로자들의 반대, 제한된 프로그램 재정, 지역사회 구성원과 고용주의 태도 등 지역사회기반 고용 과정을 방해하는 여러 변인들을 발견하였다.

보호시설 프로그램의 성장, 방해 요소, 분리고용과 지원고용 프로그램 간의 재정의 불균형은 특히 더 문제인데, 지적장애인이 적절한 지원을 제공받게 되면 통합된 고용 환경에서도 성공적으로 고용이 될 수 있기 때문이다(Mank, Cioffi, & Yovanoff, 1997, 2000, 2003). 게다가 연구들에서는 지역사회기반 고용 환경에서 일하는 개인들이 비장애인들과의 사회적 상호작용이 증가하며(Wehman, 2003; Storey, 2002), 보호작업 환경에 참여한 사람보다 급여의 수준도 더 높고(Kregel & Dean, 2002; Kregel, Wehman, Revell, Hill, & Cimera, 2000), 자기 결정과 선택도 증가한다(West & Parent, 1992)는 사실을 증명하였다.

지원고용

지원고용은 1980년대 보호고용 배치의 대안으로 등장하였다. 대안적인 고용 지원을 개발하고자 하는 움직임은 분리된 고용 프로그램이 양질의 성과를 낳지 못한다는 사실에 의해 영향을 받았다. 그 결과, 옹호자, 연구자 및 정책가들은 직업준비를 위한 '훈련-배치' 모델을 포기하기 원했고, 경쟁적인 노동시장에서는 상당한 지원이 필요한 개인을 지원할 혁신적인 방법을 개발하기 시작했다. 1980년대 중반에 이르러서 특수교육과 재활 서비스국(The Office of Special Education and Rehabilitative Services)은 27개 주정부에 지원고용을 위한 체계를 개발하고 실행하도록 재정적 지원을 하였다. 1986년에「재활법(The Rehabilitation Act: PL 99-506)」이 수정되었고, 연방정부는 주정부에 장애인을 위한 지원고용 프로그램을 개발하도록 각 주에 정률보조금(formula grants)을 제공할 수 있게 되었다. 1992년까지 연방정부법에서는 지원고용은 강도 높은 지원이 요구되는 사람을 위한 실행 가능한 선택이라는 관점을 받아들였다. 1992년 수정 조항에서는 지원고용을 다음과 같이 정의한다.

> 통합된 작업환경에서의 경쟁 작업이나 자신의 강점, 자원, 선호, 관심, 능력, 잠재력, 흥미, 자신에게 공지된 선택 사항에 맞게 경쟁 작업을 지향하며 일하는 통합 환경에서의 고용으로서, 전통적으로는 경쟁고용 대상자가 아니었던 가장 심각한 장애를 갖고 있는 사람들을 위한 고용이다(U.S.C. §705).

「재활법」수정 조항에서 볼 수 있듯이, 지원고용은 특별히 가장 심각한 장애를 가진 사람이 경쟁고용될 수 있도록 지원하기 위해 개발되었다. 지원고용의 기본 원칙 중 하나는 유급고용 및 경쟁고용에 중점을 두며, 직업 전 훈련에 중점을 두지 않는다는 것이다. 즉, 일하기를 원하는 개인은 경쟁고용 일자리에 취업되기 전에 직업 전이나 직업 준비 프로그램을 통해 특정한 직업 능력을 증명할 필요가 없다는 것이다. 단지 개인은 일하기를 원한다는 것만 증명하면 된다.

장애인이 지원고용 서비스를 받게 되면, 경쟁고용 일자리에 배치되고, 상응하는 급여와 혜택을 받고, 그 밖의 휴가, 연가, 점심시간 등의 부수적인 혜택도 받

〈표 15-1〉 지원고용 가치

가 치	설 명
고용의 전제	장애의 수준이나 유형에 상관없이 모든 사람은 일을 할 수 있고 직업을 가질 권리가 있다.
경쟁고용	일반적인 지역사회 사업체의 지역 노동시장 내에서 발생하는 고용이다.
자기 결정과 통제	장애인이 자신의 고용 지원과 서비스를 선택하고 관리할 때 진로에 만족하게 된다.
상응하는 급여와 혜택	장애인은 동일하거나 유사한 직업에 종사하는 동료와 동등한 급여와 혜택을 받아야 한다.
잠재력과 능력에 대한 중점	장애인은 그들의 장애보다는 그들의 능력, 강점, 관심사라는 관점에서 판단되어야 한다.
관계의 중요성	공동체 관계는 작업 내외적인 상호 존중과 포용을 가능하게 한다.
지원의 힘	장애인은 자신의 개인적 목표를 결정해야 하고, 바라던 것을 이루기 위해 여러 지원을 받을 필요가 있다.
시스템 변화	전통적인 시스템은 소비자 통제를 보장하기 위해 변화해야 하며, 이것이 지원고용의 통합에 매우 중요하다.
지역사회의 중요성	사람들은 포용과 성장과 발전을 위해 지역사회의 공식적·비공식적인 사회적 네트워크에 연결될 필요가 있다.

출처: "Competitive Employment: Has It Become the 'First Choice' Yet?" By P. Wehman, W. G. Revell, and V. Brooke, 2003, *Journal of Disability Policy Studies*, *14*(3), pp. 163-167. 허락받아서 게재함

을 자격을 갖게 되며, 다른 비장애 동료 직원과 상호작용할 기회를 갖게 된다. 이러한 성과를 성취하기 위해서 지원고용 제공자는 포괄적인 지원고용 서비스 전달에 있어 몇 가지 핵심 가치를 담기 위해 합의된 노력을 해야 한다. Wehman, Revell과 Brooke(2003)는 양질의 지원고용 프로그램의 기초가 되는 아홉 개의 핵심 지원고용 가치를 개발하였다(〈표 15-1〉 참조). 이러한 가치들은 장애와 상관없이 모든 사람은 적절한 지원과 자율성이 주어지는 경쟁고용 환경에서 일할 능력을 가지고 있다는 철학을 반영한다. 또한 이러한 가치는 장애인들의 통합된 환경에서 일할 능력을 인식할 수 있도록 시스템이 변화해야 함을 강조한다.

지원고용 모델 여러 지원고용 모델이 몇 년에 걸쳐 나타났으며, 여기에는 개별 배치 모델(individual placement model), 소집단 모델(enclave model), 이동작업반 모델(the mobile work crew model) 등이 있다(Rusch & Hughes, 1989). 각 모델은 장

애인에게 다양한 수준의 지원을 제공하고, 가치 있는 고용 성과를 산출한다. 그러나 직업재활은 개별 배치 모델을 선호하는데, 이 모델이 가장 통합된 서비스를 전달할 수 있는 전략이기 때문이다(Wehman, Revell, & Kregel, 1998). 개인 배치 모델은 지역의 산업체에 근무하는 한 명의 개인에게 지원을 제공하도록 고안되었다. 지원을 받는 근로자는 1:1의 지원을 고용 전문가로부터 받는다. 근로자가 좀 더 자신감과 독립성을 갖추게 되면 지원은 점차 자연스러운 수준까지 축소된다. 소집단 모델은 개인들의 소수 집단 배치로 구성되어 있다(여덟 명 미만). 이러한 사업은 종종 제조공장, 호텔, 대규모 사업체를 포함한다. 직접 훈련과 관리 · 감독을 그 사업체에 소속된 감독관에게 받으며 축소되지 않는다. 이동작업반은 여섯 명 이하의 훈련된 개인으로 구성되어 있고 유급 팀장이 감독한다. 이동작업반은 청소 관리 서비스나 환경미화와 같은 서비스를 제공하기 위해 지역사회 사업체와 계약을 한다. 사업체에서는 일반적으로 서비스 비용을 지역사회 서비스 제공자에게 지불하고, 지원을 받는 근로자는 급여를 받는다.

핵심질문 2 **지원고용을 잘 나타내는 특징들에 대해 설명하시오.**

지원고용 서비스 전달의 특징 지원고용은 개인에게 소비자 주도적이며 지속적이고 융통성 있는 지원을 제공함으로써 통합과 지역사회 참여를 최대화하기 위해 개발되었다(Wehman et al., 2003; Wehman & Bricout, 2001; Brooke, Wehman, Inge, & Parent, 1995). 이러한 성과를 이루기 위해서 근로자는 의미 있는 통합고용을 찾는 데 도움을 주는 지역사회 고용 전문가나 직무 지도사에게 지원을 받는다. 직무지도사는 일반적으로 직업재활원이나 장기간의 MR/DD 지원 기관과 계약을 맺은 지역사회 재활 서비스 제공자에 의해 고용된다. 고용 전문가는 직업 프로파일 개발, 직무 개발, 직무 훈련, 확장된 지원과 추후 지도 등을 포함하여 지원된 근로자를 평가하는 데 도움을 제공한다.

평가와 개인 직업 프로파일 개발 지원고용 과정의 핵심적인 요소는 지원을 받는 근로자가 진로 관심과 선호를 밝히고 포괄적인 직업 프로파일을 개발하는 것이다. 고용평가는 개인이 할 수 있는 일과 할 수 없는 일을 결정하는 것뿐만 아니라 개인이 어디서 일하고 싶은지를 결정하고 그 직업 배치가 성공적이기 위해서 필요한 지원이 무엇인지를 결정하는 일이다. 평가는 소비자 주도적이어야 하고 지원을 받는 근로자의 요구를 반영하는 개인중심계획 접근법을 사용해야 한다 (Brooke et al., 1995; Kregel, 1998). 아울러 상황평가, 일자리 견학, 정보 제공 면담 등과 같은 지역사회기반 평가는 지역사회 노동시장과 직무의 핵심적 기능을 수행할 개인의 능력에 대한 직접적인 정보를 수집하기 위해 사용된다.

소비자 주도 평가 과정 동안 수집된 정보는 포괄적인 직업 프로파일에 반영된다. 프로파일은 개인의 강점과 진로 흥미, 통합된 환경에서 작업하는 데 필요한 자연적 지원과 유급 지원의 유형과 수준, 이동 수단, 사회 보장 혜택 정보(Social Security benefit information)의 목록을 만든다. 이러한 정보는 계획을 위한 문서로 역할을 하며, 지원을 받는 근로자와 직무 지도사가 그 장애인의 독특한 강점과 관심에 맞추어 잠재적인 고용주를 찾는 데 활용된다.

직무 개발   직무 개발 과정에서는 고용 전문가와 지원을 받는 근로자가 평가 동안 수집된 정보에 기초하여 목표 일자리를 함께 찾아야 한다. 목표 일자리 탐색을 통해 지원을 받는 근로자의 기술과 능력에 맞는 취업 기회를 발견할 수 있다. 많은 중도장애인이 시장이 주도하는 직무의 핵심 기능을 전부 수행할 수는 없기 때문에, 고용 전문가는 직무 개발 과정에서 취업의 기회를 극대화하기 위한 방식으로 직무 개척과 수정을 주로 한다. 직무 개척에서는 고용 전문가, 지원을 받는 근로자, 잠재적 고용주가 근로자의 요구에 맞추기 위해 재분배하고 재배치할 수 있는 직무 요소가 있는지 결정하기 위해 현재의 직무를 점검한다(Nietupski, Hamre-Nietupski, 2000; Griffin, 1996). 고용주의 요구와 지원을 받는 근로자의 강점 및 잠재력이 잘 부합된다면 고용 전문가는 잠재적인 고용주에게 제시할 고용 제안서를 개발한다. 고용 제안서에서는 해당 개인을 고용했을 때의 이익, 직무, 해당 근로자에 대한 소개, 근무시간과 급여, 실행 기간 등에 대한 제안을 간략하게 제시한다(Nietupski & Hamre-Nietupski, 2001).

일자리 지원   지원고용에서는 '배치-훈련' 서비스 전달 모델을 사용하며 개인이 배치된 일자리에서 그 직무의 핵심 요소를 수행하는 데 필요한 기술을 가르친다. 따라서 고용 전문가의 역할은 실제 수행 현장에서 근로자를 지원하고 특정한 직업 기술을 가르치는 것이다. 장애인에게 일자리 체험이 일반적인 것일수록 그 개인이 그 직무에 성공할 가능성이 더 높아진다(Mank et al., 1997). 그러므로 장애인은 일반적인 훈련과 고용활동에 참여하도록 독려되어야 하고, 작업이 이루어지는 곳에서 자연스러운 지원이 촉진되도록 한다. 그러나 지원을 받는 근로자가 요구되는 직무를 수행할 수 있게 체계적인 교수가 필요한 시기가 있을 수 있다. 이런 경우에는 고용 전문가가 체계적인 훈련과 지원이 필요한 영역을 확인하기 위해 철저한 직무분석을 해야 한다. 훈련과 지원이 필요한 영역이 확인되면, 고용 전문가는 그 기술을 근로자에게 가르치기 위해 적절한 훈련 접근법을 사용해야 한다.

찬반의견 15-1
보호작업장과 지원고용

찬성의견

"지원고용은 근로자가 전일제로 근무하는 보호작업장에서 나와서 주당 15시간 동안 시간제로 일할 수 있는 곳에 배치될 수 있게 해 준다. 이들이 나머지 시간에 무엇을 할까? 친구와 사교의 시간을 가질까? 많은 이들이 적절한 지원을 받지 못한 채 지역사회로 통합되어서 더 나빠진 것은 그들이 구조화된 환경에 있어야 할 때 '나홀로 집에' 있게 됨으로써 착취와 학대를 받게 된다는 점이다. 바로 이 부분이 보호작업장만 못한 결과를 낳는다. 부모는 '돈을 돌리는 일'을 쉽게 할 수 있도록 하는 프로그램을 개발하는 관료와 전문가들에게 질려 버렸다. 이제 그들은 돌아가서 정신지체인을 위한 프로그램을 개발해야 할 때다. 그 일을 하라고 그들에게 봉급을 주는 것이 아닌가! 정신지체 분야의 전문가가 깨어

반대의견

"나는 보호작업장에서의 나의 과거 경험에 대해 이야기하고 싶다. 나에게 그곳은 흡사 시설이나 창고와 같은 곳이었다. 감독관 외에는 고용된 비장애인은 전혀 없었으며, 그들은 자기들끼리만 대화하고 장애인과는 상대도 하지 않았다. 직원들은 근로자를 장애 이상으로 보지 않았고, 그들도 사람임을 인식하지 않았다. 직원이 장애인의 독립성을 위해 이들을 지원하고 훈련하기 위해 급여를 받는 사람이라는 점에서 볼 때 이는 말도 안 되는 사실이다. 나는 정부에서 보호작업장에 사용했던 예산을 이제는 지원고용에 사용했으면 좋겠다. 그 이유는 사람들이 지역사회로 나와서 자신이 무엇인가 좋은 일을 하며 자신의 삶이 가치 있다고 느낄 수 있기 때문이다. 만약 사람들이 매일 분리된 건물에 들

날 때다. 상식을 찾을 때다. 정신지체인은 일
반인이 아니고 그렇게 될 수도 없다. 그들에
게 그들이 아닌 무엇인가가 되도록 하는 것은
그만 두어야 한다. 정신지체인에게 적절한 지
원도 없이 환경에 배치하는 것 대신 그들에게
헌법에서 보장하는 행복추구권을 획득할 수
있도록 하자"(Mentally Retarded Citizens
of Missouri, Inc., 연도 미상, p. 3).

어가는 대신에 지역사회로 나온다면 더 다양
한 만남을 가질 수 있을 것이다"(Kennedy,
1988, p. 3).

확장된 지원   지원고용의 기본 특징은 지속적인 지원에 있다. 지원을 받는 근
로자가 직무를 시작하면, 고용 전문가는 빈번하게 지원을 제공한다. 근로자가 직
무에 좀 더 자신감이 생기고, 그 직무의 핵심 기능에 숙달되기 시작하면 고용 전
문가는 지원을 점차적으로 줄여 나간다. 지원을 줄여 나가는 과정에서 고용 전문
가는 근로자가 직무 요구를 잘 수행하는지를 확인하기 위해 정기적으로 점검을
한다. 또한 고용 전문가는 계속해서 고용주의 요구에 잘 맞출 수 있도록 근로자
와 고용주 간의 중간 역할을 함으로써 지속적인 지원을 제공한다.

핵심질문 3 **맞춤형 고용을 잘 나타내는 특징들에 대해 설명하시오.**

맞춤형 고용

맞춤형 고용(Customized Employment)은 강도 높은 지원 요구를 가진 개인이 유
급고용이 될 수 있도록 돕기 위해 고안된 전략과 중재다. 맞춤형 고용이라는 용
어는 2001년에 미국 장애고용정책 노동부(Department of Labor's Office of Disability
Employment Policy: ODEP)가 장애인에게 더 나은 서비스를 제공하기 위해 일괄처
리 진로 센터(One-Stop Career Centers)를 개발하였을 때 처음 사용되었다. ODEP에
서는 맞춤형 고용을 다음과 같이 정의하고 있다.

맞춤형 고용이란 고용주와 근로자의 요구를 서로 잘 맞춤으로써 둘 간의 고

용관계를 개별화하는 것을 의미한다. 이것은 장애인의 강점 · 요구 · 관심에 대한 개별화된 결정에 기초하며, 고용주의 독특한 요구에도 부합되도록 개발된다. 직무 개척이나 자가 고용, 기업가 주도 사업, 그 밖의 다른 직무 개발이나 장애인의 요구에 맞도록 개별적으로 맞추어진 직무가 가능하도록 한 재구성 전략 등에 의해 개발된 고용을 포함할 수 있다(Federal Register, 2002, p. 43156).

맞춤형 고용은 지원고용의 핵심 원칙을 담고 있으며, 지원고용 서비스 전달 모델이 논리적으로 확장된 표현이다. 맞춤형 고용은 개인의 독특한 강점과 잠재력에 맞게 개별화된 고용 절차를 요구한다는 면에서 지원고용의 장점에 기반을 둔다. 그러나 그 과정은 지역의 노동시장의 요구에 기반을 두지는 않는다. 오히려 특정한 직무를 개발하고, 수정하고 재구성하거나 협상함으로써 구직자와 고용주 간의 상호관계를 형성하는 것을 추구한다. ODEP(2005)는 맞춤형 고용 절차를 설명하는 맞춤형 고용 원칙을 개발하였다. 첫째, 고용주는 자발적으로 특정한 직무나 원칙을 조율한다. 둘째, 조율된 고용관계는 근로자의 독특한 요구, 강점, 관심과 고용주의 별개의 요구에 둘 다 부합된다. 셋째, 구직자는 정보의 일차적인 자원이며 노동시장을 탐색하는 데 방향성을 결정하며, 자신의 선호, 관심, 지역사회에서의 연결성 등을 다루는 계획 과정을 통제한다. 마지막으로 탐색 시간을 갖는 것은 구직자의 독특한 요구, 능력, 관심을 밝히는 데 중요하다.

ODEP는 전국의 맞춤형 고용 시범 프로젝트에 재정을 지원했으며, 맞춤 절차가 강도 높은 지원 요구를 가진 개인의 구직을 돕는 데 특히 효과적임을 발견하였다. ODEP 맞춤형 시범 프로젝트에 대한 독립적인 검토를 통해 맞춤형 고용의 결과로서 최소 임금 수준이나 그 이상의 급여 수준, 부가적인 혜택에서의 증가, 분리된 주간 서비스에서 보내는 시간의 감소 등을 포함하여 삶의 질과 고용 성과의 의미 있는 향상을 발견할 수 있었다(Elinson & Frey, 2005). 이와 유사하게 Luecking, Gumpman, Saeker와 Cihak(2006)은 맞춤형 고용 절차를 통해 구직하려는 중도장애인 30명에게 설문조사를 하였다. 설문조사 참여자 중 20명은 주당 평균 16.45시간 근무하며 평균적으로 시간당 6.35달러를 받는 일자리를 발견했다. 참여자들은 맞춤형 고용 절차에 의해 자신의 삶의 질의 변화를 인식한다고 보고했다. 또 다른 연구에서 Luecking과 Luecking(2006)은 맞춤형 고용 모델 시

범 프로젝트를 통해 서비스를 받고 있는 135명을 설문조사하였다. 그 결과, 71명
은 접수에서 배치까지 평균 128일이 걸려서 맞춤형 일자리를 구했으며, 평균 시
간당 임금은 6.65달러이고 주당 평균적으로 19시간을 근무하는 것으로 나타났
다. 이러한 자료를 통해 중도장애인에게 맞춤형 고용의 유용함을 알 수 있다.

맞춤형 고용은 유급고용으로 이끄는 일련의 서로 연관된 중재로 개념화할 수
있다. 지원고용처럼 맞춤형 고용도 중도의 지원 요구를 가진 개인에게 고용에 대
한 선택권을 높이기 위해 자기 결정 훈련, 발견, 조율, 직업 훈련, 추후 지도와 같
은 여러 전략을 사용한다(Callahan & Condon, 2007). 이러한 전략 각각은 통합된
환경에서 유급고용이 될 수 있도록 개인을 지원하는 데 사용된다.

자기 결정 교수 맞춤형 고용은 구직자가 자신의 선호도와 제공된 정보를 바탕
으로 진로 선택을 할 수 있도록 하는 개별화된 과정이다. 그러므로 장애인은 선
택할 기회와 자기 결정 기술을 개발할 기회를 제공받아야 한다. 자기 결정력을
갖고 행동하는 장애인은 고용 환경에서 좀 더 성공적이다(Wehmeyer & Schwartz,
1998; McGlashing-Johnson, Agran, Sitlington, Cavin, & Wehmeyer, 2003; Martin,
Marshal, & De Pry, 2005). 따라서 맞춤형 고용 절차의 첫 번째 단계는 진로 개발
과정에 자기 결정 훈련을 삽입하여 최소한의 지원을 받으며 핵심적인 직업 기능
을 수행할 수 있도록 ① 목표를 설정하고 문제를 해결하는 능력, ② 자신의 선호
도를 바탕으로 적절한 선택을 하는 능력, ③ 개인화된 진로를 선택함으로써 스스
로를 옹호하는 능력, ④ 일상적인 행동을 관리하고 자기 규제할 수 있는 능력과
같은 자기 결정 기술을 가르치는 것이다.

발견 과정 맞춤형 고용 절차의 두 번째 단계는 '발견(discovery)'이다. 발견은
맞춤형 일자리 개발을 지원하기 위해 한 개인에 대한 포괄적인 정보를 수집하는
데 중점을 둔다(Callahan & Condon, 2007). 노동시장의 요구에 기반을 두는 전통
적인 직업 프로파일과는 다르게 발견은 개인의 강점, 요구, 관심, 가능한 지원 등
과 같은 한 개인의 삶에 대한 포괄적인 그림을 얻기 위해 개별화된 접근법을 사
용한다. 발견은 장애인 당사자뿐만 아니라 그 개인을 가장 잘 아는 사람들, 예를
들어 부모나 친구, 지역사회 구성원, 교사, 서비스 제공자 등의 의견도 존중한다.

발견 과정 단계는 개인중심계획하기, 발견 회의하기, 지원전략 발견하기, 이동교통수단 확인하기, 다양한 환경에서 개인 관찰하기, 고용 요약서 개발하기를 포함하며, 고용 제안서와 개인 포트폴리오를 계획한다. 발견 과정에서 수집된 정보는 개인과 그의 지원 직원이 맞춤형 고용 계획 개발을 시작할 수 있게 하는 일종의 청사진 역할을 한다.

조율 맞춤형 고용의 핵심 요소는 잠재적 고용주와의 직무 의무와 기대에 대해 조율(negotiation)하는 것이다. 조율의 궁극적인 목표는 구직자와 고용주 간에 상호적으로 이익을 주는 고용안을 결정하는 것이다. 직무에 대한 조율은 개인의 강점, 기여점, 지원 등이 확인된 포괄적인 발견 과정 이후에 수행된다. 일단 개인의 진로 계획이 개발되면, 개인과 고용 전문가는 조율 절차를 시작한다. 절차는 정보를 얻기 위한 면담과 직무 견학을 통해 직장분석을 실시하는 것에서 시작된다. 정보를 얻기 위한 면담은 구직자와 직무 지도사가 특정한 직무에 대한 구체적인 정보와 개인적인 생각을 수집하는 데 도움이 된다(Simmons, Flexer, & Bauder, 2005; Griffin, Hammis, & Geary, 2007). 이러한 면담 동안 구직자와 직무 지도사는 사업체의 충족되지 않은 요구에 대해 고용주에게 자세하게 문의하게 된다. 이러한 문의는 조율 절차의 중점이 되고, 구직자와 직무 지도사는 직무 개척이나 직업 재구성, 직무 조율, 직무 공유 혹은 직무 창출 등을 통해서 맞춤형 직무를 조율할 방법을 찾게 된다.

직무 훈련 통합 고용 환경에서 성공하기 위해서 중도장애인은 과학적으로 타당한 기법을 근거로 하는 체계적인 교수를 제공받을 필요가 있다. 중도장애인은 자신들이 수행할 바로 그 자연스러운 장소에서 새로운 기술을 배울 필요가 있다(Horner et al., 1986; Rosenthal-Malek & Bloom, 1998). 그러므로 맞춤형 고용에서는 지원하는 직원이 직무의 수행 요구를 분석하고 그 맞춤형 직무의 핵심적인 기능을 근로자에게 가르치기 위한 체계적인 교수를 해야 한다. 이러한 교수 절차는 장애를 가진 개인의 독특한 요구에 부합되도록 고안되어야 한다.

추후 지도 강도 높은 지원 수준을 갖는 맞춤형 근로자는 추후 지도를 통해서 맞춤형 고용에서의 지속적인 성공을 보장받을 수 있다. 추후 지도 절차에서 일차적으로 중점을 두는 것은 근로자, 고용 전문가, 고용주가 고용 상태를 유지하는데 필요한 자연적 지원을 발견하고 정착시키도록 하는 것이다. 이러한 절차는 근로자와 고용주 모두의 요구를 충족시키기 때문에 매우 중요하다. 또한 고용 전문가가 잠재적인 문제를 발견하기 위해 근로자와 고용주와 정규적인 접촉을 하고, 근로자의 직업 수행을 점검하고, 정규적으로 근로자의 수행에 대한 고용주의 만족도를 평가하는 등 직무에서의 개인의 지속적인 성공을 보장하기 위한 체계적인 접근을 수행하는 것은 중요하다(McDonnell, Mathot-Buckner, & Ferguson, 1996).

그 목적을 달성하기 위해서 맞춤형 고용은 고용 지원 서비스가 장애인을 위해 개발된 방식에서 자연스러운 진전을 보인다. 맞춤형 고용은 지원고용의 원래 의도를 확장하고 좀 더 중도의 장애를 가진 개인이 적절한 지원이 주어지면 통합된 환경에서 근무할 수 있다고 본다. 또한 맞춤형 고용은 고용 지원의 수요자 중심 접근법의 가치를 인식하여 고용주가 생산성을 높일 수 있도록 근로자를 위한 직무를 개발하고 조율함으로써 고용주와 구직자 간의 상호 이익을 추구한다. 이러한 상호 이익은 전통적으로는 고용되지 않았던 장애인들에게 통합된 고용 기회를 제공한다.

연방정부의 근로 장려 프로그램

사회보장국에는 장애인이 재정적 지원을 받을 수 있는 두 가지의 주요 프로그램이 있다. 저소득층 생활보조 프로그램(Supplemental Security Income: SSI)과 사회보장 장애보험(Social Security Disability Insurance: SSDI)이다. 이 프로그램은 각각 서로 다르게 기능하고 서로 다른 자격 조건을 갖고 있다(〈표 15-2〉 참조). 사회보장은 해마다 사회보장 수혜자의 월별 수혜에 영향을 주는 다양한 달러 수치에 따라 조정된다. 그러므로 장애인과 전문가들은 사회보장국에서 혜택의 변동 사항에 대해 최신의 정보를 입수할 필요가 있다. 〈표 15-3〉을 살펴보면 사회보장 프로그램과 그 수혜에 대한 정보를 어디에서 입수할 수 있는지를 알 수 있다.

〈표 15-2〉에 설명된 것과 같이 사회보장국은 SSI와 SSDI 혜택에 대한 자격을

〈표 15-2〉 SSI와 SSDI를 위한 적격성 요건

SSI 자격 요건	SSDI 자격 요건
SSI 대상자가 되기 위해 개인은 1. 제한된 소득과 자산을 소유함	SSDI 대상자가 되기 위해 개인은 1. 사회보장보험에 들기에 충분한 햇수 동안 근로하고 사회보장 세금을 지불함, 세금의 일부는 최근에 지불했어야 함
2. 미국 시민이거나 비시민에 대한 요구 조건을 충족시킴	2. 근로자, 근로자의 미망인, 생존한 이혼 배우자, 근로자의 장애 자녀(아동기 장애 수혜에 대한 요구는 미혼이며 18세 이상이어야 하고 장애는 22세 이전에 발생했어야 한다는 사실을 포함함)
3. 의학적인 장애에 대한 사회보장국의 정의에 부합함	3. 지원서를 작성함
4. 50개 주와 컬럼비아 특별구와 북마리아나 제도 중에 거주함	4. 의학적으로 장애에 대한 사회보장국의 정의에 부합함
5. 지원서를 작성함	5. 일을 하지 않거나 일을 하더라도 실질적인 소득활동(SGA)이 아님
6. 개인이 그 밖의 수혜에 대해 적격하다는 것에 대한 서류를 작성함	
7. 수혜를 지원할 시 일을 하지 않거나 일을 하더라도 SGA 수행이 아님	

출처: *2007 Red Book: A Summary Guide to Employment Support for Individuals With Disabilities Under the Social Security Disability Insurance and Supplemental Security Income Programs*, SSA Pub. No. 64-030, by the Social Security Administration, 2007, Washington, DC: Author. 허락받아서 게재함

〈표 15-3〉 SSI와 SSDI에 대한 온라인 자료

자료	URL
2007 Red Book: A summary Guide to Employment Support for Individuals With Disabilities Under the Social Security Disability Insurance and Supplemental Security Income Programs	http://www.socialsecurity.gov/disability research/redbook.htm
WorkWORLD.org	http://www.workworld.org
BEST(Benefits Eligibility Screening Tool)	http://secure.ssa.gov/apps7/best/benefits/
Work Incentives Planning and Assistance(WIPA)	http://secure.ssa.gov/apps10/oesp/prov iders.nsf/bystate

결정할 때 다양한 요소를 점검한다. 결정 과정의 중요한 요소는 개인의 근로활동과 급여 소득이다. 사회보장은 그 개인이 실질적인 소득활동(Substantial Gainful

Activity: SGA)에 참여하는지를 결정하기 위해 근로활동을 평가하는 소득 지침을 사용한다. 따라서 확정된 SGA 제한을 초과한 소득이 있는 개인은 현금 수당을 받을 자격이 없다. SGA가 SSI와 SSDI 수혜자에게 서로 다르게 기능함을 아는 것은 중요하다.

사회보장국은 SSI를 신청한 개인의 근로활동을 검토한다. 만약 그 개인이 고용된 상태이고 SGA 이상의 소득이 있다면, 그의 SSI 신청은 거절된다. 그러나 만약 SSI의 수혜자가 된 이후에 일을 시작하게 된다면 그 개인은 1619(a) 근로 장려 프로그램(work incentive)의 대상자가 된다.

사회보장국은 SSDI 수혜자들에 대해서는 두 가지의 서로 다른 점에서 SGA 수준을 검토한다. 첫째, 사회보장국은 개인이 SGA를 하고 있는지 결정하기 위해 장애 발생 시기를 검토할 것이다. 만약 장애가 시작된 지 12개월 이내에 SGA를 하고 있다면, 대상자가 될 수 없다. 장애 발생 날짜는 그 개인이 장애의 기준에 부합된 상태가 되는 날짜다. 둘째, 사회보장국은 시험 근로 기간(Trial Work Period: TWP) 이후에 SGA를 검토한다. 만약 개인이 시험 근로 기간 이후에 SGA 상태가 된다면, SGA를 초과하는 소득이 있는 기간 동안에는 수혜를 받지 못하게 된다.

SSI와 SSDI 둘 다 몇 가지 공통된 개념과 용어를 공유하지만 다르게 기능한다. SSI는 엄격하게 소득이나 자산을 근거로 현금 수당을 수혜자에게 지원하는 요구 기반 프로그램(need-based program)이다. 반면 SSDI는 한 개인의 근로 이력과 그 개인이 얼마나 많은 액수를 사회보장 신탁기금(Social Security Trust Fund)에 지불했는지에 근거한다. 두 프로그램이 서로 다르기 때문에 사회보장국은 각 프로그램에서 서로 다른 고용 지원이나 근로 장려 프로그램을 만든다. 이러한 근로 장려 프로그램들은 사회보장국이 근로하기를 원하는 사람들을 재정적으로 불리하게 했다는 비판을 받아 왔기 때문에 개발되었다. SSI나 SSDI를 받지만 다시 일을 하고 싶은 장애인은 고용이 그들의 재정적 혜택에 어떤 영향을 줄 수 있는지에 대해 이해해야 한다.

저소득층 생활보조 근로 장려 제도

사회보장국은 일을 하면서도 여전히 현금 지원을 받고 있는 SSI 수혜자들을 위

〈표 15-4〉 SSI 근로 장려 제도

SSI 근로 장려 제도	
일반소득공제와 근로소득공제	사회보장국은 20달러(일반공제), 65달러(소득공제), 소득의 절반(1/2)을 공제함
1619(a)	장애인은 근로소득이 SGA 수준이면 현금을 지급받을 수 있음
1619(b)	개인은 SSI에 대상이 되기에 수입이 많다고 해도 의료부조 수혜가 지속될 수 있음
학생-근로소득공제(SEIE)	SEIE는 22세 이하의 학생이 연간 6,100달러 한도로, 월 1,510달러까지 공제될 수 있도록 한 근로 장려 프로그램임
자립달성계획(PASS)	PASS는 장애인이 특정한 근로목표를 위해 현금과 자산을 설정할 수 있도록 함
장애 관련 근로비용(IRWE)	IRWE는 개인이 자신의 장애로 인해서 근로하는 데 필요한 비용을 공제할 수 있도록 함

출처: *2007 Red Book: A Summary Guide to Employment Support for Individuals With Disabilities Under the Social Security Disability Insurance and Supplemental Security Income Programs*, SSA Pub. No. 64-030, by the Social Security Administration, 2007, Washington, DC: Author. 허락받아서 게재함

한 다양한 근로 장려 프로그램을 만들었다. 이러한 장려 프로그램은 장애학생이 고용목표를 성취하도록 돕는 데 사용될 수 있다. 〈표 15-4〉는 SSI 수혜자들을 위한 구체적인 근로 장려 프로그램에 대한 설명이다.

일반소득공제 및 근로소득공제(General and Earnd Income Exclusions) 사회보장국은 개인이 월별로 받을 액수를 결정하기 위해 수혜자의 근로소득과 불로소득을 검토한다. 근로소득은 고용을 통한 급여로 지급받은 현금을 말하며 불로소득은 그밖의 다른 자원으로부터 나온 현금을 말한다(Social Security Administration, 2007). 사회보장국은 개인의 근로소득과 불로소득 모두에 대한 계좌를 요구하지만, 모든 소득이 혜택을 산출할 때 계산되는 것은 아니다. 사회보장국은 보조할 금액을 조정할 때 개인에게 20달러(일반공제), 65달러(소득공제), 남은 소득액의 절반을 공제하도록 하고 있다. 이러한 공제액이 계산된 후 남은 소득액에서 월별 SSI 지급액을 결정하기 위해 연방정부이율(federal benefit rate: FBR)로 공제된다. FBR은 SSI 수혜자가 받을 수 있는 최대 현금 보조금액이며, 해마다 조정된다.

1619(a)와 1619(b) 사회보장국은 개인이 받는 월 혜택을 보장하기 위해 1619(a)와 1619(b)를 만들었다. 1619(a)는 개인 소득이 SGA 제한을 초과해도 월 지급액을 여전히 받을 수 있게 하기 위한 규정이다. 사회보장국은 개인이 손익분기점(break even point)을 넘거나 월 수익이 0으로 감소할 때까지의 SGA 이하의 소득자에게 동일한 방식으로 SSI를 지급하기로 결정할 것이다. 1619(b)는 SSI 현금지급 제한선을 초과하는 소득이 있는 SSI 수혜자에게 의료부조 혜택을 계속 제공하기 위한 조항이다. 이 규정을 적용하면 개인은 각 주가 정해 놓은 임계값(threshold amount)을 초과하지 않는 소득을 갖고 사회보장국에서 정한 자격 기준을 충족하는 한 의료부조 대상자로 있을 수 있다. 각 주가 정해 놓은 임계값은 23.432달러(오클라호마)에서 50,685달러(알래스카)에 이르는 범위를 보인다(Social Security Administration, 2007).

학생근로소득공제(Student-Earned Income Exclusion: SEIE) SEIE는 학교에 정규적으로 출석하는 22세 이하의 개인에게 근로소득에 대한 세금을 공제해 주기 위한 근로 장려 제도다. 이 규정을 적용하면 자격을 갖춘 학생은 매달 근로소득의

들여다보기 15-1

학생근로소득공제(SEIE) 활용하기

스티븐(Steven)은 20세의 지적발달장애학생이다. 그는 전환계획의 일부로서 무급의 다양한 지역사회기반 표본 일자리 프로그램에 참여하고 있다. 마지막 전환계획 회의에서 스티븐은 유급으로 일을 하고 싶다고 했으며 애완동물점에서 근무하는 것에 관심을 보였다. 그러나 스티븐의 부모는 모두 스티븐이 직업을 갖는 것에 대해 강력하게 반대했는데, 만약 스티븐이 일을 하면 매달 지급되는 SSI를 받을 수 없을 것이라고 들었기 때문이다.

전환 코디네이터와 특수교사는 스티븐 부모의 걱정을 덜어 주기 위해 스티븐은 학생이고 IEP/전환계획을 갖고 있기 때문에 학생근로소득공제(SEIE)를 사용할 수 있다고 설명해 주었다. 이 공제를 통해 스티븐은 고용되어 급여를 받을 수 있으면서도 여전히 사회보장을 통해 매달 624달러를 받고 있다. 이러한 공제를 사용하기 위해서는 사회보장국에 스티븐이 학생이라는 점을 증명해야 하며, 스티븐은 그의 월 급여에 대한 상세 기록을 가지고 있어야 한다.

1,510달러에서 최대한 연간 6,100달러까지 세금을 공제받을 수 있다. 이 세금공제는 일반 및 근로 소득공제에 앞서 적용되며 총액은 생계비 조정(cost-of-living allowances)에 따라 매년 조정된다. SEIE 근로 장려 제도를 적용받을 수 있는 자격을 갖기 위해서는 개인은 ① 주당 최소한 8시간을 종합대학교나 대학의 수업, ② 주당 최소한 12시간의 7학년에서 12학년의 수업 또는 ③ 주당 최소한 12시간의 고용을 준비하기 위한 훈련 코스(코스가 견습을 포함하면 15시간)의 학교나 수업에 정규적으로 출석해야 한다. 질병 등의 자신이 어쩔 수 없는 이유로 규정해 놓은 시간보다 적은 시간 동안 학교나 수업에 출석하는 학생도 SEIE 근로 장려 제도의 대상이 된다(Social Security Administratioin, 2007).

자립달성계획(Plan for Achieve Self-Support: PASS) PASS은 개인이 특정한 근로와 관련된 목표를 성취하기 위해 소득과 자산을 설정하고 저축할 수 있도록 하기 위해 개발되었다. 개인이 PASS를 위해 사용하는 소득은 근로소득이거나 불로소득이어야 하며, SSI 소득일 수는 없다. 즉, 소득은 근로소득이거나 현물소득(in-kind income)이거나 세법이 규정한 추정소득(deemed income)이어야 한다. PASS 동안 별도로 할당해 놓은 소득과 자산은 SSI 지급액을 결정할 때 공제된다. 그 결과 PASS는 개인이 실제적인 근로목표를 위해 준비하는 동안 SSI의 수혜 자격을 유지하는 데 도움을 준다.

PASS는 개인이 실제적인 직업목표를 획득하는 데 도움이 될 수 있고, 경비는 사업, 활동 보조(attendant care), 근무 및 특수 복장, 대중교통에 대한 최소경비 대안 방안, 자격증, 지원고용 등에 필요한 장비나 보충물과 같은 특정한 물품이나 서비스를 위해 사용될 수 있다. 사회보장국은 합리적인 구체적 비용을 요구하고 개인은 해당 물품과 서비스의 비용이 어떻게 정해졌는지를 증명해야 한다. 이러한 물품과 서비스 비용은 PASS에 기재된 사람을 위해 지불되어야 하고 다른 자원으로 상환될 수 없다.

사회보장국은 각 계획을 개별화할 것과 그 계획에 기재된 사람을 위해 구체적으로 개발할 것을 요구한다. 계획은 반드시 작성되고 사회보장국의 PASS 지원 양식(SSA-545-BK)의 구체적인 지침에 따라야 한다. 아울러 그 계획은 〈표 15-5〉에 제시한 기본 요건을 갖추어야 한다. 개인은 완성된 PASS를 지역사회보장국에

〈표 15-5〉 PASS를 위한 요건

PASS는 반드시

1. 개별화되어야 한다.
2. 문서화되어야 한다.
3. 개인이 수행할 수 있는 구체적인 근로목표가 있어야 한다.
4. 근로목표 도달을 위한 구체적인 일정표가 있어야 한다.
5. 그 목표에 도달하기 위해 어떤 재정과 다른 기여금들이 사용될 것인지 보여야 한다.
6. 금전을 어떻게 저축하고 소비할지를 보여야 한다.
7. 금전이 다른 기금과 어떻게 분리될 것인지 보여야 한다.
8. PASS 위원회의 승인을 받아야 한다.
9. 사항들을 잘 준수하고 있는지에 대해 정규적으로 검토를 받아야 한다.

출처: *2007 Red Book: A Summary Guide to Employment Support for Individuals With Disabilities Under the Social Security Disability Insurance and Supplemental Security Income Programs*, SSA Pub. No. 64-030, by the Social Security Administration, 2007, Washington, DC: Author. 허락받아서 게재함

들여다보기 15-2

자립달성계획(PASS) 활용하기

스티븐은 열대어 및 애완동물 상점에 성공적으로 취업을 하였으며, 소득에 대한 공제를 받기 위해 SEIE를 활용하고 있다. 그의 주된 직무는 어항을 청소하고, 열대어에게 먹이를 주고, 바닥을 걸레로 청소하는 것이다. 그는 일주일에 15시간을 일을 하고 있고 현재 근무시간 동안 학교의 보조원이 지원을 해 주고 있다. 전환 팀은 그가 학교를 졸업한 후에도 일자리에서 근무를 잘하기 위해서는 지속적인 지원이 필요하다고 결정했다. 스티븐과 부모는 장기적인 지원을 위해 지역 MR/DD 기관에 신청을 하였지만 장기적인 고용 지원에 대해 보장받을 수 없는 대기자 명단에 들어가게 되었다. 전환 팀은 스티븐에게 학교 졸업 후 고용 전문가에게 비용을 지불할 수 있도록 자금을 할당해 놓기 위해서 PASS를 개발할 것을 권유했다.

전환 코디네이터는 스티븐과 부모가 PASS를 작성하는 것을 도왔다. 스티븐이 남은 학교 재학 기간인 2년 동안 매달 300달러를 할당해 놓기로 계획되었다. PASS를 개발함으로써 스티븐은 비용이 승인된 PASS 목표를 위해 사용되는 한 사회보장국이 만든 2,000달러까지의 자산을 초과하는 비용을 저축할 수 있다.

그의 PASS가 지역 PASS 위원회의 승인을 받아서 스티븐은 PASS 계좌를 개설했으며, 매달 그 계좌로 300달러를 저금했다. 스티븐은 아직 2년을 학교에 더 재학하기 때문에 그는 지속적인 지원을 위해 지불할 비용으로 약 3,600달러를 저축하게 될 것이다.

제출해야 하며, 담당자는 완성된 PASS를 최종 승인을 위해 8개의 지역 PASS 위원회 중 하나로 보낸다. 일단 PASS 지원서를 접수하면 복지 전문가가 PASS의 관리와 집행을 돕기 위해 그 개인에게 할당된다.

장애 관련 근로비용(Impairment-Related Work Expense: IRWE) IRWE은 개인이 자신의 직무를 위해 필요한 장애 관련 물품과 서비스의 비용을 공제할 수 있도록 돕는 또 다른 근로 장려 프로그램이다. IRWE를 통해 개인은 자신의 근로소득에서 물품의 비용을 공제함으로써 근로와 관련된 비용의 일부를 회복할 수 있는 기회를 가진다. 그 결과 개인에게 지급되는 SSI 금액은 IRWE가 공제되는 달에는 증가하게 된다.

IRWE를 활용하기 위해서는 개인은 해당 물품이나 서비스가 취업되는 데 필요하며 그 물품이나 서비스는 장애로 인한 손상 때문에 필요하다는 것을 증명해야 한다. 비용은 합리적이어야 하고 개인은 그가 근로하는 달에 그 비용을 지불해야 한다. 아울러 그 개인은 물품이나 서비스에 대한 비용을 지불해야 하고 의료부조는 사적인 보험과 같은 다른 자원으로 상환할 수 없다(Social Security Administration, 2007). 사회보장국은 IRWE 근로 보조금 프로그램으로 허용이 가능한 비용과 가능하지 않은 비용에 대한 광범위한 목록이 있다. 허용이 가능한 비용의 예로는 활동 보조, 대중교통 이용 비용, 의료 장비, 근로 관련 장비 및 보조, 보장구, 주거 보수, 일상적인 약품과 의료 서비스, 진단 절차, 비의료 기구와 장비 등이 있다. 만약 개인이 IRWE로 비용을 보조받을 수 있는지에 대한 문의 사항이 있으면, 그 비용과 관련하여 고객 요구 담당자나 영역별 근로 보조금 코디네이터와 상담하는 것이 좋다.

핵심질문 4 SSI와 SSDI의 주요한 차이는 무엇인가?

사회보장 장애보험 근로 장려 제도

SSDI는 사회보장신탁기금(Social Security Trust Fund)에 지불했기 때문에 사회보장국으로부터 보장되는 장애인에게 보조금을 제공하는 프로그램이다. SSI와

〈표 15-6〉 SSDI 근로 장려 제도

SSDI 근로 장려 제도	
시험 근로 기간(TWP)	TWP를 통해 장애인은 최소한 9개월 동안 근로를 할 자신의 능력을 평가할 수 있으며 근로소득에 상관없이 SSDI 수혜를 온전히 다 받을 수 있다.
확장된 자격 기간(EPE)	장애인이 새로운 지원서를 작성하지 않고 소득이 SGA보다 적을 때 수혜금을 받을 수 있는 기간으로서 TWP 이후 36개월 기간을 말한다.
실패한 근로 시도(UWP)	UWA는 장애로 인해 단기간(6개월 미만) 후 종료되거나 SGA 이하로 감소한 실제적인 근로를 수행하기 위한 노력이다.
장애 관련 근로 비용(IRWE)	IRWE는 개인이 근로에 반드시 필요한 장애로 인한 근로 관련 비용을 공제받을 수 있게 한다.

출처: *2007 Red Book: A Summary Guide to Employment Support for Individuals With Disabilities Under the Social Security Disability Insurance and Supplemental Security Income Programs*, SSA Pub. No. 64-030, by the Social Security Administration, 2007, Washington, DC: Author. 허락받아서 게재함

SSDI가 유사한 특징을 가지고 있지만, 두 프로그램은 각각 장애인이 재취업되는 것을 돕기 위한 독특한 근로 장려 제도를 갖고 있다. SSDI의 구체적인 근로 장려 제도는 〈표 15-6〉과 같다.

시험 근로 기간(Trial Work Period: TWP) 장애인이 SSDI 수혜자로 결정되면 그는 시험 근로 기간에 참여할 수 있게 된다. TWP는 SSDI 수혜자에게 월 현금지급액을 줄이지 않고서 작업할 능력을 점검할 기회를 주기 위해 개발되었다. 즉, TWP 동안에는 SSDI 수혜자는 SGA 상한선을 초과하여 급여를 받을 수 있고 SSDI 현금 보조도 온전하게 받을 수 있다. TWP는 그 개인이 SSDI 수혜자로 결정된 첫 달에 시작되거나 그 개인이 수혜를 위한 서류를 보낸 달에 시작된다. 사회보장국은 개인이 일을 하거나 '서비스'를 받는 TWP 기간을 9개월로 정했다. 이 기간이 연속적일 필요는 없지만 개인은 보장국이 정한 총액보다 더 많은 액수의 소득이 있어야 한다. 이 월간 액수는 평균 급여에 기초하여 해마다 조정된다. TWP는 개인이 연속된 60개월 동안 9개월의 근로를 했을 때 종료된다.

확장된 자격 기간(Extended Period of Eligibility: EPE) SSDI 수혜자가 자신의

TWP를 완수하고 나면, 확장된 자격 기간(EPE)이 시작된다. 이 36개월 동안 사회 보장국은 수혜자가 SGA 선에서 고용을 유지할 수 있을지를 검토한다. 만약 사회 보장국이 개인이 SGA 선에서 근로를 할 수 있다고 결정하면 그가 받던 수혜는 종료된다. 그러나 SSDI 수혜자가 자신의 소득과 상관없이 보조금을 지급받을 수 있는 2개월간의 유예기간이 있다. 2개월간의 유예기간이 지나면 개인은 SGA 선의 급여를 받는 기간에는 보조금을 받을 수 없다. 36개월의 EPE 동안에는 개인은 SGA 아래로 소득이 감소하게 되는 모든 시점에 다시 SSDI 수혜의 자격을 갖게 된다. EPE가 종료되는 37개월째에는 SGA 이상의 소득이 있으면 SSDI 수혜 자격이 종료된다. 이 기간 동안 개인은 SSDI 수혜를 다시 신청해야 하거나 수혜의 신속한 복권(expedited reinstatement of benefits)을 요청해야만 한다.

실패한 근로 시도(Unsuccessful Work Attempt: UWA) 사회보장국은 6개월 이하로 고용되었으나 장애로 인해 근로를 중단해야 하거나 SGA 이하의 소득이 있는 사람들을 위해 실패한 근로 시도 제도를 만들었다. 개인이 자신의 장애로 인해 근로를 중단해야 했음을 입증한다면, 사회보장국은 그 개인이 실패한 근로 시도 기간을 갖고 그 기간 동안에는 소득을 계산하지 않을 것을 고려할 수 있다. 예를 들어, 어떤 개인이 3개월간은 SGA 수준을 넘는 소득이 있었다면 그 기간 동안에는 SSDI 혜택을 받지 않을 것이다. 그러나 만약 그 개인이 장애로 인해 근로를 그만두어야 한다면, 사회보장국에서는 그 근로 시도가 실패했다고 보고 그 개인에게 SGA 수준으로 급여를 받은 개월에 대한 SSDI 혜택을 받을 자격을 부여하게 된다.

장애 관련 근로 비용(Impairment-Related Work Expense: IRWE) SSDI 수혜자를 위한 IRWE는 개인에게 그가 일을 하는 데 필요한 특정한 장애 관련 물품과 서비스에 든 비용을 공제하도록 한다는 면에서 동일하게 기능한다. 그러나 기본적인 차이는 SSDI 수혜자들은 자신의 월별 총임금에서 IRWE를 공제한다는 점이다. 그러므로 이 공제는 개인에게 SGA 수준을 초과하지 않는 수준으로 소득을 낮출 수 있게 한다.

요 약

장애인은 학교에서 고용으로의 전환을 준비할 때 수많은 어려움에 직면하게 된다. 이러한 장애인이 직면하는 독특한 고용과 관련된 어려움을 다루기 위해서 다양한 고용 대안들이 등장하였다. 통과 모델은 시설기반 환경에서 장애인에게 직업 전 기술을 가르치기 위해 개발되었다. 그러나 연구들에서는 일관성 있게 중도장애인은 통합 환경의 일자리에서 성공할 수 있다고 한다. 그 결과, 지원고용과 맞춤형 고용이 장애인의 의미 있는 유급고용을 지원하는 실행 가능한 전략으로서 등장했다.

개인이 자신이 수령하는 현금 보조금액이 실제적으로 감소되지 않은 채 일할 수 있도록 하기 위한 다양한 연방정부의 근로 장려 제도가 있다. 사회보장국은 장애인을 위해 저소득층 생활보조(SSI)와 사회보장 장애보험(SSDI) 프로그램을 운영한다. 이 프로그램 각각은 자격 있는 수혜자에게 매달 현금을 보조한다. 유급고용은 개인이 받는 총액을 감소시킬 수 있다. 많은 장애인이 이러한 수입에 의존하기 때문에 사회보장국은 이들이 실제적인 보조금의 삭감 없이 가치 있는 근로 경험을 할 수 있도록 구체적인 근로 보조금 제도를 개발하였다.

핵심질문 검토

핵심질문 1 통과고용 모델과 관련된 문제점들에 대해 설명하시오.

- 직업 전 기술은 통합 환경에서의 고용 성공을 정확하게 예측할 수 없다.
- 개인은 분리된 환경에서 배운 기술을 통합 환경에서 일반화시키지 않는다.
- 개인은 적절한 사회적 기술을 배우지 않는다.

핵심질문 2 지원고용을 잘 나타내는 특징들에 대해 설명하시오.

• 지원고용은 강도 높은 지원이 필요한 사람을 위한 유급의 통합 환경에서의 고용을 말한다.
• 지원고용은 한 개인의 진로 선호를 결정하기 위해 소비자 지향적이며, 개인 중심계획하기를 사용한다.
• 직무 지도사는 지원고용된 근로자에게 직무 개발, 직무 훈련, 확장된 지원의 도움을 준다.

핵심질문 3 맞춤형 고용을 잘 나타내는 특징들에 대해 설명하시오.

• 맞춤형 고용은 특정한 직무를 만들고, 수정하며 재구조화하고 협의함을 통한 구직자와 고용주 간의 상호관계 형성을 추구한다.
• 맞춤형 고용은 장애인이 맞춤형 직무를 발견할 수 있도록 지원하기 위해 자기 결정 훈련, 발견, 협상, 직무 훈련, 추후 지도를 활용한다.

핵심질문 4 SSI와 SSDI의 주요한 차이는 무엇인가?

• SSI는 사회보장국이 관장하는 사회보장계획이다. SSI는 자격이 있는 장애인에게 근무 이력에 상관없이 매달 현금을 지급한다. SSDI는 근무 이력이 있는 개인을 위한 것으로서 자격 있는 개인에게 매달 현금을 지급하는 프로그램이다.

16장
중등 이후 교육으로의 전환

John McDonnell

Sharlene A. Kiuhara

Margaret Collier

Baum과 Payea(2005)는 중등 이후 교육의 이점을 검토하면서 "고등교육은 이익이 된다. 남녀를 불문하고 어떤 가족적 배경을 가졌던 간에 모든 인종/민족 출신의 학생에게 높은 수준의 이익을 가져온다. 사회에도 이익이다. 우리는 모두 고등교육에 대한 공적 · 사적 투자로부터 이익을 본다."(p. 8)라고 결론을 내렸다. 어떤 대학 경험도 연간 수입, 생애 전체 수입, 건강 관리에 대한 접근, 양로연금과 퇴직연금, 안녕에 대한 인식이라는 관점에서 개인의 삶의 질을 의미 있게 향상시킨다(Baum & Ma, 2007).

들여다보기 16-1

대학은 레이첼에게 현실이다

레이첼(Rachel)은 지역사회에 있는 2년제 대학에 다니고 있다. 그녀의 생활은 여느 대학생의 생활과 거의 비슷하다. 학교에 가서 수업을 듣고, 시간제 아르바이트를 하고, 친구들과

놀러 다닌다. 지금은 집에 살지만 내년에는 기숙사에 들어가서 친구 에이프릴(April)과 함께 살 예정이다. 레이첼은 부엌에서 요리하고 일하는 것을 좋아한다. 그래서 졸업 후 식당에서 전일제 일자리를 가질 수 있기를 희망하고 있다.

레이첼은 이번 학기에 요업 수업과 조리학 수업에 등록하였다. 요업 수업은 화요일과 목요일 오후에 있고, 조리학 수업은 일주일에 4일간 아침에 있다. 레이첼은 일을 하러 일주일에 두 번 학생 레크리에이션 센터에 간다. 그녀는 친구들과 함께 야구와 농구도 관람하러 간다. 그녀는 시내의 한 식당에서 저녁시간 동안 샐러드바를 준비하는 시간제 일도 하고 있다. 부모의 집은 학교에서 가까워서 걸어서 등하교를 하고 있으며, 일을 하러 갈 때는 친구와 함께 차를 타고 간다.

여름 동안 레이첼의 어머니는 그녀가 정식으로 등록하지 않은 학생으로서 대학에서 수업을 들을 수 있도록 도왔다. 가을학기가 시작되기 전에 레이첼과 특수교사는 「미국장애인법(ADA)」에서 보장한 편의 제공을 받을 수 있는지에 대해 확정하고 교수에게 요구할 조정에 대해 확인하기 위해 대학의 장애 지원 서비스 사무실의 상담가를 만났다. 특수교사는 레이첼이 대학을 다니고 수업 과제를 완수하는 데 도움을 줄 수 있는 교육 코치를 확인하기 위해 대학의 서비스학습 사무실과 협력한다. 코치는 레이첼과 특수교사를 일주일에 한 번씩 만나서 그녀가 그 다음 주에 더 필요한 지원을 확인한다. 또한 장애 지원 서비스 직원은 수업 중 필기를 해 주고, 다른 수업활동을 하는 데 도움을 줄 수 있는 또 다른 학생을 찾기 위해서 레이첼의 교수들과 협력한다.

고등학교에서 나온 교직원들은 레이첼이 식당에서 근무할 수 있도록 훈련하고, 그녀가 잘 할 수 있도록 지속적인 지원과 관리·감독을 한다. 이들은 레이첼이 기숙사에서 살게 되면 스스로 돈을 관리할 수 있도록 매일 그녀와 도서관에서 만나서 예산 세우기와 계좌 관리하는 방법을 가르쳐 주었다.

레이첼도 대부분의 대학생처럼 독립적인 생활을 좋아하고 자신의 미래를 꿈꾸고 있다.

개인과 사회에 대한 혜택을 넘어서 중등 이후 교육이 더 이상 사치가 아니라 생산적인 고용이 되는 데 필수적임은 명백해지고 있다. 예를 들어, 1959년에는 근로자의 20%만이 자신의 직무를 위해 대학교육이 필요했지만, 2000년에는 그 수가 56%로 증가하였다(Carnevale & Fry, 2000). 좀 더 최근에 노동통계청에서는 2016년까지 단기간의 직장 내 연수가 요구되는 일자리의 수는 감소하고 최소한 어느 수준의 중등 이후 훈련이 필요한 직장의 비율이 증가할 것이라고 예측하였다(Dohm & Shniper, 2007). 더 나아가 21세기의 새로운 직종의 80%는 어느 정도의 중등 이후 교육을 요구할 것이다(Macabe, 2000). 지적장애인도 학령기에서 성인기로의 성공적인 전환을 위해 중등 이후 교육에 접근할 수 있어야 함은 분명하다.

안타깝게도 자료에 따르면 장애학생 대부분이 중등 이후 교육에 접근하지 못하고 있으며, 이러한 교육이나 관련 프로그램에 등록한 지적장애학생의 비율은 상대적으로 매우 낮다(Newman, 2005). 2차 국가종단전환연구 보고에 따르면 지적장애학생의 15%와 중복장애학생의 16%만이 졸업 후 중등 이후 교육 프로그램에 등록하였다. 이렇듯 이들의 재학률은 또래의 비장애학생에 비해서 매우 낮다. 게다가 지적장애학생과 그 가족도 졸업 후 중등 이후 교육을 받는 것을 현실적인 방안으로 생각하고 있지 않는 것으로 보인다. 2차 국가종단전환연구에 참여하였던 학생들의 부모 중 거의 83%가 자녀가 졸업 후 교육을 더 받을 것이라고 보지 않았다. 이 연구에 참여하였던 학생들 중 단지 27%만이 자신의 IEP에서 졸업 후 전환목표로서 중등 이후 학교나 프로그램에 다니는 것을 제시하였다.

성인기의 성공적인 전환을 위한 중등 이후 교육의 필요성과 장애청년의 졸업후 경험 간의 불일치에 따라 여러 연구자들과 교육청에서는 학생들에게 이러한 교육경험을 줄 수 있는 프로그램을 개발하기 시작하였다(Grigal, Neubert, & Moon, 2001). 이 장에서는 지적장애학생을 위한 중등 이후 교육(이하 대학이라 함)의 현주소에 대해 다룰 것이다. 또한 이들을 위한 대학 프로그램의 효과에 영향을 주는 요인들에 대한 이제까지의 연구들을 요약하고자 한다. 마지막으로 대학으로의 전환을 위해 학생들을 준비시키는 데 있어서 중요하게 고려해야 할 점들을 살펴본다.

중등 이후 프로그램

지적장애학생이 18세가 지나서도 고등학교에 계속 다니는 일은 드물지 않다. 그럼에도 불구하고 많은 고등학교의 구조와 조직은 종종 이 나이 든 학생의 교육적 요구를 제대로 다루지 못하고 있다. 예를 들어, 청년이 직장으로의 전환을 위해 지역사회기반의 고용 환경에서 정규적인 교수를 받아야 함은 일반적으로 동의되는 사실이다(Benz, Yovanoff, & Doren, 1997; McDonnell, Mathot-Buckner, &

Ferguson, 1996; Phelps & Hanley-Maxwell, 1997; Wehman, 2006). 그러나 일반적인 고등학교에서 사용되는 전형적인 일과에서는 이러한 교수를 효과적으로 받을 수 있는 데 필요한 융통성이 학생이나 교직원에게 허용되지 않는다. 이와 마찬가지로 학생은 성인기의 사회적 네트워크에 온전하게 참여할 수 있도록 돕는 우정과 사회관계를 형성하는 것이 바람직하지만(Chadsey & Shelden, 1998; McDonnell et al., 1996; Wehman, 2006), 고등학교에서 이들이 연령에 적합한 관계를 형성하기 위해 또래에게 접근할 수 있는 기회는 매우 한정되어 있다.

이들의 독특한 요구를 충족시키지 못하는 전형적인 고등학교에 대한 우려가 증가됨에 따라 많은 옹호가나 연구자, 전문적인 조직들은 지적장애학생이 기술/직업 학교나 대학과 종합대학 등에 접근할 수 있도록 하는 프로그램 개발을 요구하게 되었다(Doyle, 2003; Fisher, Sax, & Pumpian, 1999; Grigal et al., 2001; Halpern, 1994; McDonell et al., 1996; Patton et al., 1996; Smith & Puccini, 1995; Tashie, Malloy, & Lichtenstein, 1998; Wehman, 2006). 장애학생도 다른 청년과 마찬가지로 이러한 환경에 접근함으로써 생산적인 고용에 필요한 지식과 기술을 익히고, 부모와 가족으로부터 독립되어 자율성을 갖게 되며, 지역사회에 온전히 참여하는 데 필요한 사회적 관계를 발달시킬 기회를 갖게 된다. 따라서 이러한 환경은 19~22세의 청년이 갖는 전환 요구를 충족시키는 데 이상적인 곳이다.

핵심질문 1 **지적장애학생에게 이중등록 대학 프로그램이 갖는 잠재적 이점은 무엇인가?**

지적장애학생의 대학교육 접근과 참여를 지원하기 위해 교육청이 사용하는 일차적인 방법은 이중등록 프로그램(dual enrollment program)이다(Hoffman, 2005; Grigal et al., 2001; Hart, Zimbrich, & Parker, 2005; Jordan, Cavalluzzo, & Corallo, 2006). 이 프로그램에서 학생은 자신이 속한 교육청에서 제공하는 중등 프로그램에 등록하면서 동시에 대학에서 제공하는 과목도 듣게 된다. 이러한 이중등록 프로그램의 원래 의도는 상위 수준의 고등학생에게 도전이 되는 교육의 기회를 제공하는 것이었으나, 이제는 학교에서 중도탈락의 위험이 있는 학생의 요구를 충족시키고 장애학생이 대학으로 전환하는 것을 돕기 위해 활용되기도 한다

(Barnett, Gardner, & Bragg, 2004; Hoffman, 2005). 이러한 유형의 프로그램은 현재 18개 주에서 실시하고 있으나, 자격의 문제나 등록금 요건, 자금 조달, 프로그램 특성 등이 각기 매우 다르다(Weiss, 2005). 일반적으로 교육청이 IDEA에 따라 장애학생을 위한 서비스 제공에 드는 기본적인 비용을 부담한다. 그러나 많은 프로그램에서 이러한 지원은 주의 직업재활국이나 MR/DD 기관과 대학의 장애 지원 서비스 프로그램에 의해 보조를 받는다.

Stodden과 Whelley(2004)는 중등 이후 교육에 학생의 참여를 지원하기 위해 사용되는 세 가지의 서로 다른 이중등록 모델인 실제적으로 분리된 모델, 혼합형 모델, 통합된 개별화 지원 모델을 살펴보았다. 실제적으로 분리된 모델에서는 프로그램이 대학 캠퍼스에 위치하지만, 주로 분리되어 지내고 인정되는 자격증이나 학위 과정에 입학 허가를 받는 것은 아니다. 이 프로그램에서 사용하는 교육과정은 개인 관리나 여가와 고용 기술에 대한 지역사회기반 교수를 제공하는 데 중점을 둔다. 학생은 물리적으로는 대학 캠퍼스에 있지만, 비장애학생과의 상호작용은 제한되며, 일반적으로 학교의 자연스러운 사회 네트워크에 소속되지 않는다. 혼합형 모델은 학생에게 분리된 지역사회기반 프로그램을 제공하지만, 교내 활동에 학생을 참여시키고, 졸업 후 목표를 성취하는 데 도움이 될 수 있는 몇몇 과목을 들을 수 있도록 지원함으로써 교내에서의 학생의 존재감을 높이려는 시도를 한다. 마지막으로 통합된 개별화 지원 모델은 인정되는 자격증이나 학위 프로그램에 대한 학생의 접근과 참여를 최대화하기 위해 개발되었다. 지역사회기반교수(CBI)가 학생에게 제공되지만, 수업 일정과 교내 활동이 없는 시간에 이루어진다. Hart, Mele-McCarthy, Pasternack, Zimbrich와 Parker(2004)는 25개의 이중등록 프로그램에 대한 전국적인 조사를 실시하였는데, 13개(52%)가 혼합형 모델을, 8개(32%)가 통합된 개별화 모델을, 4개(16%)가 분리된 모델을 사용하고 있었다.

여러 연구들에서 대학 프로그램 참여는 지적장애학생에게 여러 긍정적인 성과가 있다고 보고하고 있다(Dolyniuk et al., 2002; Grigal et al., 2001; Hall, Kleinert, & Kearns, 2000; McDonnell, Ferguson, & Mathot-Buckner, 1992; Page & Chadsey-Rusch, 1995; Park, Hoffman, Whaley, & Gonsier-Gerdin, 2001; Tashie et al., 1998; Zafft, Hart, & Zimbrich, 2004). 예를 들어, Zafft 등(2004)은 혼합형 모델의 이중등록 프로그램인

College Career Connection(CCC) 프로그램에 대한 포괄적인 평가 결과에 대해 보고하였다. CCC 프로그램은 목표를 확인하기 위해 학생중심계획하기를 실시하였으며, 각 학생을 위한 개별화된 지원 서비스를 개발하기 위해 여러 기관으로 구성된 학생 지원 팀(Student Support Team)을 만들었다. CCC 프로그램에 참여하는 20명의 학생들이 전통적인 고등학교 프로그램에 있는 20명의 학생들과 비교되었다. 두 집단의 학생들은 연령, 성별, 인종, 학교/교육청, 장애를 조건으로 짝을 지어 조사되었다. 연구자들은 CCC 프로그램이 학생의 취업 성과에 많은 긍정적인 영향을 끼쳤음을 발견하였다. 예를 들어, CCC 프로그램에 참여하였던 모든 학생은 유급고용이 된 반면, 전통적인 고등학교에 다니는 학생은 43%만이 유급고용이 되었다. 또한 CCC 프로그램 학생은 전통적인 고등학교 학생에 비해 더 많은 시간을 근무하고 더 높은 급여를 받는 것으로 조사되었다.

중등 이후 교육을 위한 법률적 기반

학생의 중등 이후 교육 참여에 영향을 주는 연방정부법은 「장애인교육법(IDEA)」(공법 108-446), 「1973 재활법(ADA)」 제504조항(공법 93-112), 「미국장애인법」(공법 101-336), 「가족 교육권 및 개인정보 보호법(The Family Educational Rights and Privacy Act: FERPA)」(공법 93-336)이다. IDEA는 학생이 지역교육기관(local education agency: LEA)에서 IDEA에 따라 특수교육 서비스를 받는 한 그 학생의 교육 프로그램에 대한 통제권을 갖는다. 대부분의 주에서 지적장애학생은 21~22세에 이르기까지 IDEA에 의해 서비스를 받을 자격이 있다. 19~22세의 학생을 위한 대학 프로그램의 대부분은 지역교육기관이 제공하는 이중등록 프로그램이다. 따라서 학생은 자신이 고등학교에 다니고 있다면 받았을 서비스에 대한 동일한 접근권을 가지고 있다.

그러나 중등 이후 교육기관이 IDEA 범위에 속하지 않는다는 사실을 알아야 한다. 그 대신 이러한 기관의 장애학생들을 위한 서비스는 「재활법」의 제504조항, ADA, FERPA의 영향을 받는다. 이러한 법들은 장애학생에게 동등한 접근과 대우를 보장하지만 중등 이후 교육기관에 IDEA에서 규정한 교육 서비스를 제공하도록 요구하지 않는다. 학생과 부모, 학교 전문가들은 학생이 학교를 졸업하거나 중도탈락하면 IDEA를 통해 제공받는 보호와 서비스를 잃게 된다는 것을 알아야 한다. 그 점에서 중등 이후 기관에서의 동등한 접근과 대우에 대한 일차적인 보호는 「재활법」 제504조항과 ADA, FERPA에서 보장한다.

학생이 자동적으로 제504조항이나 ADA에 의해 편의를 제공받을 자격을 갖게 되는 것은 아니다. 이러한 법안 기저에 있는 핵심 원칙은 장애를 밝히고 수업 혹은 자격증이나 학위 프로그램에 참여하기 위해 필요한 편의 제공에 대해 권리를 주장하는 것은 개인의 책임이라는 것이다. 더 나아가 대학은 학생에 의해 요구되는 모든 편의나 지원을 제공할 필요가 없으며, 학생이 등록한 수업이나 프로그램을 이수하는 데 필요한 '합리적인' 수준에서의 편의와 지원을 제공하면 된다. 여기서는 이러한 법에서 제공하는 보호 조항에 대해 간단하게 살펴본다.

1973년 재활법 제504조

제504조항과 법규들은 기본적으로 장애인에게 그들의 요구에 맞는 가장 통합된 환경에서 비장애 동료와 동일한 결과를 낳고, 동일한 혜택을 받으며, 동일한 수준으로 성취할 수 있는 공평한 기회를 제공할 것을 요구한다. 제504조항은 연방정부의 재정적 지원을 받는 어떤 프로그램이나 활동도 장애로 인해 개인을 차별하거나 혜택을 주지 않을 수 없음을 규정하고 있다. 규정의 E장에서 대학은 장애인을 차별하지 않는 학습법이나 절차를 채택할 것을 요구한다. 그러나 대학은 수업이나 프로그램의 본질에 속하는 핵심 요건이나 자격 및 인가의 핵심 요소를 수정할 필요는 없다. 더 나아가 대학은 수업과 각종 자격증과 학위 프로그램에서 학생의 수행을 평가하는 데 사용하는 절차를 변경할 필요도 없다. 대학이 해야 할 것은 학생이 해당 수업과 프로그램의 혜택에 동등하게 접근하고 기회를 가지는 데 필요한 편의를 제공하는 것이다.

핵심질문 2 ADA에서 직업/기술 학교, 단과 대학 및 대학이 장애학생에게
제공해야 하는 일반적 보호 및 권리는 무엇인가?

미국장애인법(ADA)

ADA는「재활법」제504조항에서 보장하는 내용을 확장하였다. ADA는 다섯
개의 장으로 구성되어 있는데, 각 장에서 고용부터 원격 통신에 이르기까지 공공
생활의 서로 다른 영역들을 다루고 있다. 이 중 2장과 3장이 장애인의 대학교육
참여와 가장 관련이 있다. 2장에서는 주와 지역 정부기관이 장애인을 차별하는
것을 금지하고 있다. 자격이 있는 어떤 장애인도 공공기관의 서비스와 프로그램,
활동에서 거부될 수 없다고 분명하게 규정한다. 따라서 이 장은 주정부가 재정
지원을 하는 기술/직업 학교, 단과 대학과 대학 모두 적용된다. 3장에서는 대중
을 상대하는 사적 소유의 기업이 장애를 이유로 차별해서는 안 된다고 규정하고
있다. 이 장에서는 장애인이 대중을 대상으로 하는 사적 사업체의 물품과 서비
스, 시설에 온전하고 동등하게 접근할 권리를 보장하고 있다. 따라서 이 장은 사
립 단과대학과 종합대학에 적용된다.

ADA의 장애에 대한 정의는 IDEA와는 다르다. 따라서 IDEA에 의해 고등학교
에서 특수교육 서비스를 받았던 학생이 ADA에 의해서는 편의 제공을 받을 자격
이 없을 수도 있다. 또한 그 반대의 경우도 있는데, 고등학교에서 특수교육 대상
자가 아니었지만 ADA에 의해 대학에서 편의 제공 대상자가 될 수도 있다. ADA에
서는 중등 이후 교육기관이 '합리적인 편의 제공'을 통해 장애학생이 자격증이
나 학위를 받는 프로그램의 요건을 맞출 수 있게 지원하길 요구한다. 앞서 지적
했듯이 기관은 프로그램의 본질이나 학생 수행평가 기준을 변동할 필요는 없다.
ADA와 관련된 법규에서는 '합리적인 편의 제공'이 무엇을 의미하는지 상세하게
제시하고 있다. 따라서 학생은 ADA에 따른 편의를 제공받을 자격이 있는지를
확실히 하고 특정한 과목이나 프로그램을 이수하는 데 필요한 구체적인 편의에
대해 확인하기 위해 대학의 장애 지원 서비스 사무소와 긴밀하게 협력하는 것이
중요하다.

들여다보기 16-2

ADA에서 규정하는 편의 제공

민권사무소(Office for Civil Rights)는 편의를 '학업적인 조정'으로 밝혔다.

학업적인 조정은 동등한 교육 기회를 보장하는 데 필요한 학업적인 요건에 대한 부가적인 보조나 수정을 포함한다. 이러한 조정의 예로는 등록 우선권 주기, 과목의 과제를 줄여 주기, 특정 과목을 다른 과목으로 대체하기, 필기 보조나 녹음기, 수화통역사 제공, 시험시간 연장 등이 있으며, 기숙사에 전화가 있다면 청각장애인용 문자 전화를 제공하고 음성 출력이나 음성 인식 혹은 그 밖의 다른 소프트웨어와 하드웨어 등을 컴퓨터에 장착시키는 것 등을 들 수 있다(U.S. Department of Education, Office for Civil Rights, 2005, pp. 2-3).

가족교육권 및 개인정보보호법(FERPA)

FERPA는 학생이 중등 이후 교육기관에 밝힌 장애 사실과 교육 기록에 대해 비밀보장을 할 것을 규정하고 있다. 이 법에서는 학생 교육 기록에 포함된 내용이 개방되어도 좋을 조건과 상황에 대해 제시한다. 학생과 부모는 FERPA에 의해 학생이 성년(18세)이 되거나 고등학교 이상의 교육기관에 다니게 되면 교육 기록 정보에 대한 통제권이 학생에게 넘어간다는 사실을 이해해야 한다. 이 요건은 IDEA에도 해당되는데, 이 때문에 지적장애학생과 그 부모는 18세가 되기 전에 후견인 문제를 다룰 필요가 있다. 부모는 일단 정보에 대한 권리가 학생에게 넘어가면 학생이 기관에 허가를 하지 않는 한 학생 기록에 더 이상 접근할 수 없음을 이해해야 한다. 대부분의 경우 기관은 학생이나 부모에게 교육 기록 내용 개방에 대한 허가서를 요구할 것이다. 그러나 법은 특정한 조건에서는 학생 교육 기록 중 어떤 정보는 학교 사무실, 인가된 본부, 주정부 및 지역 사무소에 방출을 허용한다.

성공적인 중등 이후 교육의 특성

지적장애학생을 위한 대학 수준에서의 전환교육에 대한 여러 혁신적인 접근은 지난 10여 년간 여러 문헌에서 제시되었다(Doyle, 2003; Hall et al., 2000; McDonnell et al., 1992; Page & Chadsey-Rusch, 1995; Park et al., 2001; Pearman, Elliott, & Aborn, 2004; Zafft et al., 2004). 예를 들어, Pearman 등은 남서부 특수교육 지방계획 영역(Southwest Special Education Local Plan Area: SELPA)과 캘리포니아 주의 토렌스에 위치한 엘 카미노 대학(El Camino College)의 협력관계에 대해 소개하였다. 이 프로그램은 18~22세의 장애학생을 위해 개발되었다. 남서부 SELPA에 있는 12개의 교육청은 엘 카미노 대학의 중등 이후 프로그램을 개발하고 지원하기 위해 협력하였다. 또한 교육청 중 한 곳이 남서부 SELPA와 다른 협력 교육청들을 위해 프로그램 운영에 대한 책임을 졌다. 학생은 학령기 이후 목표에 기초하여 수업에 등록하고, 구체적인 지원계획이 이들의 성공을 돕기 위해 개발되었다. 또한 프로그램은 교내의 여가 및 사회 활동과 고용 훈련과 배치 그리고 중요한 지역사회 및 일상생활 기술 훈련에도 학생들이 참여하도록 지원하였다.

Doyle(2003)은 버몬트에 위치한 4년제 대학인 트리니티 대학(Trinity College)의 프로그램을 소개하였다. 트리니티 대학은 대학생 연령의 지적장애인을 위한 프로그램을 만들기 위해 지역의 고등학교와 협력관계를 맺었다. 프로그램은 초기에는 교내에 위치했지만 별도로 진행되는 수업이었으나 시간이 지남에 따라 점차 학생이 대학생활의 모든 면에서 참여할 수 있도록 돕는 통합된 개별화 지원 프로그램으로 변화하였다. 프로그램에서는 이들의 참여를 지원하기 위해 전형적인 고등학교의 일반교육 수업에서 학생을 지원하기 위해 사용하는 교육과정과 교수전략의 많은 부분을 적용하였다. 또한 트리니티 대학은 이들의 학내 사회적 활동과 네트워크 참여를 돕기 위한 전략들도 사용하였다. 학생은 고등학교와 대학 간의 협력을 통해 개발한 개별화 계획에 기초하여 지원을 받았다.

이 두 가지 사례를 통해 전국의 많은 교육청에서 진행되고 있는 혁신적인 변화를 살펴볼 수 있다. 지적장애학생과 그 부모가 전통적인 고등학교 교육의 대안이 될 수 있는 연령에 적합한 교육을 추구하는 한, 이런 프로그램은 계속해서 증가할 것이다. 이러한 프로그램들은 학생과 교육청 및 대학의 요구에 기초하여 다양하게 진행되고 있지만, 개별화된 학생중심계획, 통합된 협력, 장애학생의 요구를 맞추기 위한 교직원의 준비 등 주요한 조직적인 특징을 공통적으로 갖고 있다.

개별화된 학생중심계획

성공적인 모든 중등 이후 프로그램의 핵심에는 교육계획에 대한 학생 중심의 접근이 있다. 학생 중심 IEP와 전환계획의 개발단계는 5장에서 논의하였고, 자기 지시적인 계획하기를 촉진하는 전략들에 대해서는 6장에서 소개하였다. 대학에서의 성공적인 계획하기의 핵심은 학생과 IEP/전환계획 팀이 대학 경험의 목적에 대해 명확한 비전을 제시하는 것이다. 비전은 학생의 졸업 후 목표 달성과 직접 연관이 있어야 하며, 중등기 교육 서비스 및 자원과 대학, 기타 기관들은 이러한 목표가 달성되도록 협력해야 한다. IDEA는 IEP와 전환계획을 1년에 한 번씩만 검토할 것을 요구하고 있지만, 성공적인 대학 프로그램은 학생에게 제공되는 서비스를 조정하기 위해서 이러한 계획을 정규적으로 검토한다. 전환계획에 포함된 지원, 편의 및 서비스를 얻기 위해 학생에게 필요한 활동 목록은 학생이 프로그램을 통해 진전을 보임에 따라 빈번하게 수정될 필요가 있을 것이다. 마지막으로 학생이 졸업할 시기가 다가옴에 따라 IEP와 전환계획은 졸업 후 서비스를 제공하는 성인 서비스 기관이 개발한 계획서와 일관성을 갖추어야 한다. 예를 들어, Kochhar-Bryant와 Izzo(2006)는 중등기 학생의 IEP/전환계획과 그들의 개별화된 고용 계획(IPE)을 학교와 직업재활 기관 간의 협조를 통해 이루어지는 서비스의 개선을 위해 연계할 것을 권장하였다.

핵심질문 3   중등교육과 대학, 성인 서비스의 기관 간 협력이 중등 이후 프로그램의 효과를 어떻게 증진시킬 수 있는가?

기관 간 협력

중등기와 중등 이후 환경에 걸쳐 연계성을 갖는 지원과 서비스를 통해 장애학생이 경험하는 대학과 지역사회 생활로의 전환 과정을 강화할 수 있다(Stodden, Conway, & Chang, 2003). 대학 프로그램은 특수교육과 대학 그리고 지역사회 서비스 기관이 개별 학생의 요구를 충족시키고 프로그램 전반을 유지하기 위해 서로 밀접하게 협력할 필요가 있다(Kochhar-Bryant, 2002). 성공적인 대학 프로그램의 공통된 특징은 교육청과 대학, 직업재활 기관 및 MR/DD 기관의 관련자들로 구성된 지역협력 팀을 개발하여 운영한다는 점이다. 이 팀의 목적은 ① 학생이 교육 서비스를 위해 효율적으로 대학에 전환하도록 하는 정책과 절차를 정착시키고, ② 학생이 적절한 과목과 프로그램에 등록할 수 있도록 자원을 공동 관리할 수 있는 방법을 개발하며, ③ 학생에게 제공되는 지역사회기반 고용과 주거 서비스를 기획하고, ④ 학생이 고용과 지역사회 생활을 위해 제공받았던 지원을 공교육 체계를 벗어나서 성인 서비스 체계로 진입할 때에도 계속 받을 수 있게 하기 위함이다.

대학의 교직원 준비시키기

이중등록 프로그램 운영의 직접적인 책임은 주로 그 프로그램을 맡고 있는 특수교사와 대학의 장애 지원 서비스 담당자의 몫이다. 이들은 학생이 특정한 수업과 프로그램에서 성공하는 데 필요한 부가적 지원과 서비스를 제공한다. 그러나 이 학생들의 학업적인 성공에 가장 영향을 주는 사람은 바로 교수진이다. 또한 대학과 단과대의 교직원들도 학생이 대학에 적응하는 것을 돕는 데 중요한 역할을 한다. Getzel과 Finn(2005)은 중등 이후 프로그램의 장기적인 성공은 장애학생의 요구에 부합하도록 교수진과 교직원의 능력을 키우는 일에 달려 있다고 했다. 따라서 중등 이후 장애 지원 서비스 담당자는 ① 훈련과 기술적 보조의 가장 핵심적인 영역(예: 보편적 설계, 공학 등)에 대한 교수진과 교직원으로부터 정보를 얻고, ② 교수진과 교직원이 학생의 요구를 충족시키는 데 필요한 지식과 기술을 얻을 수 있는 다양한 기회를 창출하며, ③ 새로운 전략과 접근법으로 이들을 도울 수 있는 기술적 보조 자원을 개발하고, ④ 장애학생에 대한 이들의 수용에 대한 훈련과 기술적 지원활동의 영향을 정규적으로 평가해야 한다.

대학 프로그램 실시하기

지적장애학생은 개개인마다 서로 다른 능력과 교육적 요구를 지닌 매우 이질적인 집단이다. 앞에서 논의한 이중등록 프로그램은 대부분의 학생의 요구에 부합하기 위해 상당한 융통성을 갖고 있다. 그러나 모든 학생과 IEP/전환계획 팀은 학생의 대학 경험이 인정되는 자격증이나 학위 프로그램에 대한 입학 허가에 초점을 둘 것인가 아니면 다른 CBI 활동과 연계하여 졸업 후 목표 성취를 도울 과목에 등록하는 데 초점을 둘 것인가에 대한 주요한 결정을 해야 한다. 이러한 결정은 학생의 IEP/전환계획을 개발하는 과정에서 전환계획하기의 한 부분으로 이루어져야 한다(5장 참조). 어떻게 결정을 내렸든지 간에 학생은 대학교육과 대학생활을 준비해야 한다. 분명하게 고등학교 표준 졸업장을 받고 인정되는 자격증이나 학위를 받고자 하는 학생은 기관에서 권하는 준비반을 이수하고 졸업에 대한 주의 수행 표준을 충족시킬 필요가 있다. 고등학교 표준 졸업장을 받지 않고 대학에서의 선택 과목을 수강하는 데 관심을 갖는 학생을 위해서는 IEP/전환계획 팀은 이들이 고등학교에서 수강한 일반교육 과목과 대학에서 들을 과목 및 졸업 후 고용과 지역사회 목표를 서로 잘 맞춰 보는 것이 필요하다.

지적장애학생이 대학에 성공적으로 전환하기 위해서는 일반교육과정에서의 수강 경험이 중요하지만, 준비반만으로는 이들이 대학에 가는 데 필요한 요건을 모두 충족시키기에 충분하지 않다(Adreon & Duroscher, 2007; Basset & Smith, 1996; Blalock & Patton, 1996; Bouck, 2004; Brinckerhoff, McGuire, & Shaw, 2002; Dunn, 1996; Sitlington, 2003; Wasburn-Moses, 2006; Zafft, Kallenbach, & Spohn, 2006). 학생의 대학 진학 준비를 효과적으로 시키기 위해서는 중등기 프로그램에서 몇 가지

주요한 사안들을 다루어야 한다. 여기에는 ① 중등 이후 교육에 대한 학생의 준비도 평가하기, ② 생존 지식과 기술 개발하기, ③ 학생의 프로그램 참여를 통해 인지된 이점을 최대화할 수 있게 개별화 지원 개발하기가 있다.

중등 이후 교육 프로그램 준비도 평가하기

중등 이후 교육 프로그램에 대해 학생을 준비시켜야 할 것 중 하나는 그들에게 고등학교와 대학은 수업시간이나 수강 인원, 혼자서 공부해야 하는 시간이나 빈번한 시험, 성적 산출 방법과 교수 유형, 자유시간 등에서 매우 서로 다르다는 것을 이해시키는 것이다(Brinckerhoff et al., 2002). 학생은 이러한 요구에 대한 자신의 능력에 대해 명확하게 이해하고 있어야 하고, 고등학교 시기 동안 대학을 가기 위한 준비를 적극적으로 하기 위해서 이러한 이해를 자신의 IEP/전환계획 및 지원계획을 개발하는 데 활용해야 한다. Babbitt과 White(2002)는 학생의 중등 이후 교육에 대한 준비도를 평가할 수 있는 학생용 질문지를 개발하였다(〈표 16-1〉 참조). 이 질문지에서 다루는 주제는 사회성 기술, 자아 인식, 자기 옹호, 일상적 기능 기술, 학업적 수정 및 편의에 대한 지식, 준비도, 지원을 위한 고려점 등이다. 질문지의 결과를 통해 IEP/전환계획 팀은 대학생활을 위해 필요한 지식과 전략을 개발하는 데 중점을 두고 학생의 IEP와 전환계획의 개발에 도움을 받을 수 있다.

〈표 16-1〉 학생 질문지: 중등 이후 준비도 평가하기

이름: 학년: 날짜:				
지시: 해당하는 곳에 ✓ 하시오.				
	Y	N	NS	NA
1. 고등학교를 졸업한 후에도 공부를 계속하고 싶다.				
2. 중등 이후 교육을 준비하기 위한 수업을 들었다.				
3. 중등 이후 교육을 마친 후 취업하고 싶은 곳이 있다.				
4. 여러 중등 이후 교육기관에서 받은 정보를 검토했다.				
5. 전화번호부 사용 방법을 안다.				
6. 내가 다니고 싶은 중등 이후 교육기관에서 나온 관계자와 대화하거나 만나 본 적이 있다.				

Y N NS NA

7. 예산을 세우는 방법을 안다.

8. 대중교통을 이용할 수 있다.

9. 가족이 중등 이후 교육계획을 세우는 것을 돕는다.

10. 교육과정 안내 책자를 활용할 수 있다.

11. 중등 이후 교육비 마련을 도울 것이다.

12. ATM을 사용하는 방법을 안다.

13. 중등 이후 교육계획을 세우는 데 도움이 필요하다.

14. 필요하면 학교의 장애지원센터에 도움을 요청할 것이다.

15. 중등 이후 교육기관에 다니는 동안 집에서 거주할 것이다.

16. 중등 이후 교육을 받으면서 직장을 가질 계획이다.

17. 건강/치과/안과 보험이 있다.

18. 중등 이후 교육을 받을 동안 어디서 거주할지 안다.

19. 은행 계좌를 관리할 수 있다.

20. 중등기 교육을 성공적으로 받는 데 도움이 될 자원/조정을 안다.

21. 부모가 아닌 나 스스로 교육기관에 필요한 서비스를 요청해야 함을 안다.

22. 교육을 계속 받기 위해 재정적 지원을 신청하는 방법을 안다.

23. 공적 지원을 받는 방법을 안다.

24. 중등 이후 교육기관에 진학하기 위해 필요한 서류작성을 도울 필요가 있다.

25. 중등 이후 교육을 받을 동안 집세를 낼 것이다.

26. 고등학교와 대학교 교육의 차이점을 모두 안다.

27. 약속 일정을 어떻게 짤지 안다.

28. 중등 이후 교육을 받을 때 나의 장애가 어떤 영향을 줄지 인식하고 있다.

29. 중등 이후 교육을 성공적으로 받기 위해 개선해야 할 점을 판별할 수 있다.

30. 대중교통 이용 방법을 안다.

31. 만약 중등 이후 교육이 나한테 맞지 않다면 어떻게 할지 차선책을 가지고 있다.

32. 새로운 친구를 사귈 수 있다.

33. 내 집에서 살 수 있다.

34. 필요하면 도움을 청할 것이다.

35. 나를 어떻게 옹호하면 될지 안다.

36. 장애지원센터 이용 방법을 안다.

37. 나의 IEP는 중등 이후 교육 준비에 도움을 주기 위해 작성되었다.

	Y	N	NS	NA

38. 나의 개인정보 보호 방법을 안다.

39. 의료적 지원을 받는 방법을 안다.

40. 우체국이 어디에 있는지 안다.

41. 집단에 속해 있을 때 편안하다.

42. 새로운 사람들과 함께 있을 때 공부에 방해가 된다.

43. 컴퓨터나 워드프로세서를 사용할 수 있다.

44. 읽기와 쓰기를 위한 특별한 도구가 필요하다. 선호하는 것들을 쓰시오.

45. 내 컴퓨터는 공학적 수정이 필요하다. 어떤 수정이 필요한지 쓰시오.

46. 나의 학업과제는 수정된다. 어떤 수정을 했는지 쓰시오.

47. 나의 학습을 돕기 위해 교수적 수정이 이루어졌다. 어떤 교수적 수정
    인지 쓰시오.

48. 나의 학업적 강점을 안다. 학업적 강점을 쓰시오.

49. 나의 학업적 약점을 안다. 학업적 약점을 쓰시오.

50. 중등 이후 교육에 성공하기 위해서는 도움이 필요하다. 도움이 필요
    한 영역을 쓰시오.

관련 영역 판별

사회적 기술	32, 41, 42
자기 인식, 자기 옹호	1, 3, 18, 28, 29, 35, 48, 49
일상생활 기능적 기술	5, 8, 10, 12, 19, 23, 27, 30, 33, 39, 40
학업적 수정, 편의, 요구	20, 36, 37, 44, 45, 46, 47
준비도	2, 4, 6, 26, 31, 43
지원 고려점	9, 13, 15, 17, 24, 50
고용 및 재정	7, 11, 16, 22, 25
책임감	14, 21, 34, 38

출처: "R U Reading? Helping Students Assess Their Readiness for Postsecondary Education," by B. C. Babbitt and M. White, 2002, *Teaching Exceptional Children, 35*, pp. 62-66 허가받아서 게재함

학생의 졸업 후 목표와 중등 이후 교육 접근성에 따라 IEP/전환계획 팀은 학생이 자신의 요구에 맞는 종합대학이나 단과대학을 선택할 수 있도록 도와야 한다. 이러한 결정을 할 때는 학교 크기나 위치와 지역사회 내의 접근성, 교육기관에서 제공하는 지원 서비스 유형 등 여러 요소를 고려해야 한다. Adreon과 Durocher (2007)는 학생과 IEP/전환계획 팀이 대학을 선택할 때 고려해야만 하는 영역에 대하여 정리하였다(〈표 16-2〉 참조).

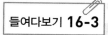

들여다보기 16-3

대학 준비하기

학생에게 요구되는 학업 영역에서의 핵심 기술은 다음과 같다. ① 대학 수준의 글을 읽고 종합하기와 수학 문제 계산하기, 그리고 에세이와 보고서 쓰기에 대한 자신들의 장애를 보완할 수 있는 학습전략 개발, ② 수업 중 필기와 다양한 학습 기술 전략 적용, ③ 보조공학 사용 방법 습득(Brinckerhoff et al., 2002; Crist, Jacquart, & Shupe, 2002; Mull & Sitlington, 2003; Zafft et al., 2006) 등이다.

학생들에게 요구되는 학업 외 영역에서의 핵심 기술은 다음과 같다. ① 자신의 학업 및 사회성 기술의 강약점에 대한 인식 개발, ② 교수진과 교직원에게 자기 옹호를 할 수 있는 능력 향상, ③ 자신의 서비스 요구와 적절한 편의에 대한 이해, ④ 여러 과제 완수에서의 우선순위 결정, ⑤ 문제해결력, 조직화, 자기 점검 및 시간 관리 기술 개발(Black & Ornelles, 2001; Brinckerhoff et al., 2002; Durlak, Rose, & Bursuck, 1994; Siperstein, 1988) 등이다.

〈표 16-2〉 대학을 선택할 때 다루어야 할 영역

이슈	고려점
1. 진학할 대학의 유형과 크기 결정	• 지역사회 대학 • 4년제 종합대학
2. 거주할 곳 결정	• 캠퍼스 안의 기숙사 • 캠퍼스 밖의 아파트 • 룸메이트가 있어야 하는가? • 혼자 살 것인가?
3. 학생의 독립생활 기술을 평가	• 예산 세우기 • 대중교통수단 요구
4. 장애를 밝혀야 할 상황에 대한 이해	• 누구에게 이야기할 것인가? • 언제 이야기할 것인가?
5. 적절한 학업적 지원과 편의 확인	• 대필자가 필요한가? • 시험시간 연장이 필요한가? • 보조공학 도구가 필요하고 사용 방법을 아는가?
6. 필요한 사회적 지원 확인	• 위기 상황에서 누구에게 연락해야 하는지 아는가? • 자신을 소개하고 우정을 유지할 수 있는가? • 수업에서 또래와 스터디그룹을 만들 수 있는가? • 또래 멘토가 있는가?

7. 대학 환경 적응을 도울 전략 확인	• 장애지원센터 위치를 알고 접근할 수 있는가? • IDEA와 ADA의 차이점을 이해하는가? • 등록금 재정 지원 등에 대한 학교 정책을 이해하는가? • 식사 계획 및 조리 방법을 아는가?

출처: "Evaluating the College Transition Needs of Individuals With High Functioning Autism Spectrum Disorders," by D. Adreon & J. S. Durocher, 2007, *Intervention in School and Clinic, 4*, pp. 271-279. 허가받아서 게재함

관련 생존 기술 개발하기

학생은 대학에서 성공하기 위해서 내용 지식과 학업 기술을 습득할 필요가 있지만, 대학 환경을 탐색하고 그 밖의 일상생활의 여러 측면들을 잘 관리하는 데 필요한 지식과 기술도 개발해야 한다. 성공적인 대학생이 되기 위해 특별히 중요한 다섯 가지 영역은 다음과 같다. ① 자기 옹호 기술 개발하기, ② 시간 관리 및 학습 기술 개발하기, ③ 공학도구 사용에서의 능숙함 향상하기, ④ 캠퍼스와 지원 서비스에 대해 파악하기, ⑤ 독립적인 생활에서 요구되는 점들을 해결하기 위한 기술 확립하기(Brinckerhoff et al., 2002; Gajar, 1998; Getzel, Stodden, & Briel, 2001; Sitington, 2003) 등이다.

> **핵심질문 4** 장애가 있는 대학생에게 자기 옹호 기술과 자기 결정 기술을 교수하는 것이 왜 중요한가?

자기 옹호 및 자기 결정 기술 개발하기 성공적인 장애성인은 자신의 강점·약점과 자신의 장애가 성인기 영역에서의 적응에 어떻게 영향을 주는지에 대해 명확하게 이해하고 있다(Durlak, Rose, & Bursuck, 1994; Speckman, Goldberg, & Herman, 1992). 더 나아가 이들은 자신의 목표를 달성하기 위한 구체적인 계획을 세우고 효과적으로 자신을 옹호할 수 있다(Hitchings et al., 2001; Janiga & Costenbader, 2002; Sitlington, 2003). 중등기 및 대학 교육에서는 학생에게 수업과 프로그램 참여를 위한 구체적인 편의 제공에 대해 이해할 기회를 주어야 한다. 또한 학생은 교수에게 자신이 수업을 듣고 과제를 완성하기 위해 필요한 편의에 대해 어떻게

설명해야 하는지 배워야만 한다(Durlak et al., 1994; Hitchings et al., 2001; Janiga & Costenbader, 2002).

자신의 요구를 확인하고 설명할 수 있는 능력이 중요하지만, 학생은 자신을 옹호하기 위한 자신감을 키울 수 있도록 지원을 받아야만 한다. 많은 학생이 이것을 위해 부모나 특수교사에게 의존한다(Janiga & Costenbader, 2002). 학생이 자신의 요구에 대해 소통하고 교수진과 상담가에게 접근하기 위한 자신감을 키우는데 더욱 효과적인 전략들에는 교육계획에서의 적극적인 참여를 촉진하고 자신의 요구에 대하여 일반교사와의 긍정적인 상호작용을 지원하며 자신의 강점·약점에 대한 현실적인 인식을 돕는 상담 서비스 제공받기 등이 있다.

시간 관리 및 학습 기술 개발 중·고등학교 수업과 대학의 수업 구조에서의 차이에 따라 학생은 자신의 시간을 관리할 수 있는 기술을 개발하고 자신의 학습에 대해 좀 더 책임감을 가져야 한다(Brinckerhoff, 1996; Gajar, 1998). 이것은 학생이 학업 과제를 정리하고 해야 할 과제의 우선순위를 정하고, 학습전략을 숙달할 수 있는 기술을 개발해야 함을 의미한다. 이를 통해 학생은 지식을 기억할 뿐만 아니라 종합·통합하며, 자신의 수행을 스스로 점검할 수 있게 되는 것이다. 또한 학생은 학생들 간의 높아진 경쟁과 교사와 학생 간의 직접적인 상호작용의 감소와 관련된 스트레스를 해결할 수 있도록 준비되어야 한다. 중등기 교육에서는 학생의 졸업 시기가 다가올수록 이러한 상황에 적응해 볼 기회를 주어야 하며, 이는 직접 교수와 일반학급에 참여할 때 이러한 기술들을 개발하도록 지원하는 것을 통해 이루어질 수 있다(Sitlington, 2003).

Reis, McGuire와 Neu(2000)는 학생에게 대학 진학을 준비시키기 위해서 다양한 보상전략을 가르쳐야 한다고 하였다. 이 연구자들은 학습전략(노트 필기, 시험 준비, 플래시카드나 기억 보조 도구와 같은 기억전략, 소집단을 결성하여 필기를 비교하고 수업 내용의 이해를 점검하도록 하는 것 등), 자기 규제된 학습전략(학습 내용보다는 학습 방법을 촉진할 수 있는 전략), 보상적 지원(오디오 녹음기, 워드프로세스 프로그램, 오디오나 CD로 제공되는 교재, 철자체크 도구, 음성지원 소프트웨어 프로그램 등), 시험 편의(시간 연장, 조용한 환경, 참조 문헌이 제시된 용지, 지시문을 읽어 주는 것, 대필자 등)가 이러한 보상전략이라고 하였다. 또한 학생은 과제에 따라서 혹은 자신의 선호도나 공부하는 방식에 따라서 적절한 전략을 선택하는 방법도 배울 필요가 있다.

Oliver, Hecker, Klucken과 Westby(2000)는 관련된 학습전략을 확인하고 가르칠 때, 교사는 학업적인 요구를 증가시킬 ① 자료의 제시 속도, ② 학습 과제의 분량(주당 읽어야 할 과제의 양), ③ 자료의 구조화(자료가 더 작은 단위로 나누어질 수 있는가?), ④ 어휘, 구문, 아이디어의 복잡성, ⑤ 동시적인 처리 과정이 필요한 정도(학생이 완수해야 하는 다른 과제는 무엇인가?), ⑥ 다양한 방식으로 제시되는 개념의 관점에서 지원과 대안적 양식으로 제공되는 자료의 접근성 등과 같은 요소들을 확인해야 한다고 하였다.

공학 기술 사용에서의 능숙함 기술/직업 학교, 단과대학 및 종합대학은 공학적인 여건이 잘 형성된 환경이다. 학생은 학업적 요구를 충족하고 대학의 행정적 절차를 탐색하기 위해 공학을 사용해야 한다. 따라서 컴퓨터와 그 밖의 보조공학 도구를 사용할 수 있는 학생의 능력은 이러한 환경으로의 전환을 위해 요구되는 선수 기술로 인식된다(Anderson-Inman, Knox-Quinn, & Szymanski, 1999; Mull & Sitlington, 2003). 공학 기술 사용 능력을 향상시키는 것은 중등 이후 교육 프로그램과 학생의 현재 능력에 의해 그에게 부과되는 요구에 대한 평가에 기초해야 한다(Mull & Sitlington, 2003). 적절한 공학 도구가 확인되면, 학생에게 다양한 과제와 활동에 일반화된 적용을 촉진시킬 수 있도록 개발된 그 공학 도구의 사용 방법에 대해 직접 교수를 해야 한다(Anderson-Inman et al., 1999).

캠퍼스와 학생 서비스에 대한 안내 학생의 대학생활을 위해 준비해야 하는 또 다른 활동은 학생을 위한 오리엔테이션 프로그램이다(Durlak et al., 1994; Gajar, 1998; Hitchings et al., 2001; Sitlington, 2003). 이러한 프로그램은 학생이 캠퍼스에 좀 더 친숙해지고, 학업 및 사회적 지원을 제공할 수 있는 프로그램에 대해 파악하고, 학습 프로그램 개발과 수업 등록에서 도움을 받으며, 학생 자활 그룹과 연결될 수 있도록 돕기 위한 것이다. 교육청과 대학은 학생들이 캠퍼스를 탐색할 수 있도록 대학 직원과 또 다른 장애학생들이 진행하는 공식적인 오리엔테이션 프로그램에서부터 학기가 시작되기 전에 학생들이 캠퍼스에 익숙해지도록 하는 여름학기 전환 프로그램에 이르기까지 다양한 방법을 사용한다.

독립생활 기술 대학에 진학하는 학생은 가정생활이나 지역사회 생활에서 요구되는 문제를 해결하는 것을 학습하는 데 있어 별다른 교수나 지원이 필요 없다고 여겨지기 쉽다(Patton, Cronin, & Jarriels, 1997; Sitlington, 2003). 비장애 또래와는 달리 많은 지적장애학생은 일상생활에서 늘어나는 독립성과 책임감에 대한 요구로 어려움을 겪고 있다. 이들은 돈 관리부터 대중교통 이용을 위한 예산 짜기에 이르기까지 다양한 기술을 배우고 지원받을 필요가 있다. 이러한 점들이 바로 학생이 성공적으로 대학생활을 하는 데 필요한 모든 영역을 체계적으로 다루는 포괄적인 전환계획이 필요한 이유다(Bouck, 2004; Patton et al., 1997; Sitlington, 2003).

지원에 대한 개별화 계획 개발하기

이중등록 프로그램의 장점 중 하나는 학생이 중등기 교육과 대학교육 양측에서 모두 지원을 받을 수 있다는 것이다. 지원계획은 해당 학생에게 맞추어져야 하고, 그의 구체적인 강점과 요구에 따라 만들어져야 한다. 모든 학생에게 적합한 하나의 지원 체계는 없지만, 모든 학생을 위한 지원계획은 다음과 같은 중요한 원칙에 기초를 두어야 한다.

- 학생은 자신의 프로그램의 요구를 충족시키기 위해 최대한 많은 책임감을 가져야 한다.
- 학생은 중등 이후 교육기관에서 장애학생에게 일반적으로 제공하는 학업 및 사회적 지원의 혜택을 가져야 한다. 학생은 가능할 때마다 스스로 이러한 지원을 찾아보도록 격려받아야 한다.
- 중등기 교직원은 학생이 특정한 과목을 제대로 수강할 수 있도록 도울 비공식적·공식적 또래 지원 전략을 세울 수 있도록 도와야 한다.
- 중등기 교직원은 학생이 그 밖의 고용과 개인 관리의 요구를 다루도록 직접 교수하고 점검해야 한다.

지원계획에서 첫 번째로 다루어야 할 이슈 중 하나는 학생이 대학에 진학하고 성공하는 데 필요한 지원을 얻는 방법에 대해서다. 여기에는 정원 혹은 정원 외의 학생 자격으로 입학 허가를 받기 위해 지원하는 것, 재정적 지원을 받아내는 것, 필요하다면 적절한 기숙사 입주를 허가받는 것, 학생카드를 발급받고 ADA에 따른 편의 제공의 자격을 확인하는 것, 수강신청을 하고 등록금을 내는 것 등이 포함된다. 비장애학생과 마찬가지로 장애학생에게도 대학 진학은 몇 달에 걸친 계획과 작업이 요구되는 과정이다. 대부분의 대학은 지원 절차를 돕고 학교생활을 잘 시작할 수 있도록 돕는 지침서를 제공한다. IEP/전환계획 팀은 이러한 자료를 구해서 학생의 전환계획 개발을 안내하는 자료로 사용해야 한다.

대학에서 만들어 놓은 조건들뿐만 아니라, 지원계획은 학생에게 필요할 그 밖의 지원 영역을 확인하고, 학생이 대학생활을 시작하면 그 지원들을 받을 수 있도록 하는 데 필요한 활동을 구상해야 한다. 또래 지원은 종종 학생이 수업에 참여하고 캠퍼스의 자원을 성공적으로 사용하도록 하는 데 필요한 중요한 지원 영역으로 간주된다. 고등학교 일반학급에서의 지원에 대해 8장에서 설명한 또래 지원의 유형은 대학 수업에서의 지원으로도 적절하다. 어떤 대학에서는 '교육적 코치'와 같은 공식적인 또래 지원 프로그램을 개발해서 장애학생이 수업에 참여하고 캠퍼스의 자원을 잘 활용할 수 있도록 돕고 있다. 이러한 프로그램은 주로 대학의 서비스 학습 사무실에서 운영된다. 부가적인 지원은 친구와 가족을 통해 이루어질 수도 있다. 마지막으로 중등기 교직원은 수업과 고용 훈련, 대중교통 이용, 학생회 서비스 활용 또는 자기 관리와 일정 체계 개발 등에서 지원을 제공할 수 있다.

요 약

중등 이후 교육을 통해 성인의 삶의 질은 상당히 향상되었다. 안타깝게도 지적장애학생에게는 대학에 진학하여 맛볼 수 있는 학업적인 경험과 사회적인 경험을 할 기회가 거의 제공되지 않았다. 18~22세 학생의 좀 더 생활연령에 적합한 교육에 대한 요구가 증가함에 따라 전국의 수많은 교육청과 대학들은 혁신적인 이중등록 프로그램을 개발하기 시작하였다. 대학의 주요한 자산 중 하나는 학생의 구체적인 요구에 맞게 교육적 프로그램을 구성할 수 있는 능력이다. 이중등록 프로그램은 이러한 대학의 핵심적인 특성을 잘 활용해야 하며, 지적장애학생에게 중등 이후 교육을 제공하기 위해 '모두에게 단일한 접근'을 해서는 안 된다. 대학은 각 학생의 혜택을 최대화하기 위해 개별화된 지원계획을 개발할 필요가 있다. 또한 고등학교는 학생들이 대학을 가는 데 필요한 학업적 요구와 사회적 요구를 준비시켜야 한다.

핵심질문 검토

핵심질문 1 지적장애학생에게 이중등록 대학 프로그램이 갖는 잠재적 이점은 무엇인가?

- 이중등록 대학 프로그램의 연령에 적합한 교육 환경은 이 청년의 졸업 후 목표를 성취하는 데 융통성을 발휘할 수 있게 해 준다.
- 이중등록 대학 프로그램을 통해 학생은 22세 생일까지 IDEA에 따른 서비스를 계속 받을 수 있다.
- 이중등록 대학 프로그램을 통해 공립학교, 대학, 성인 서비스 기관이 청년의 전환 요구를 충족시키는 데 필요한 자원을 공유할 체제를 만들 수 있다.

핵심질문 2 ADA에서 직업/기술 학교, 단과 대학 및 대학이 장애학생에게 제공해야 하는 일반적 보호 및 권리는 무엇인가?

- 그들은 대학에서 제공하는 서비스와 프로그램, 활동의 혜택에 대한 동등한 접근을 보장해야 한다.
- 그들은 학생들이 수업이나 학습 프로그램의 핵심적인 기능을 충족시킬 수 있도록 합리적인 수준의 편의를 제공해야 한다.

핵심질문 3 중등교육과 대학, 성인 서비스의 기관 간 협력이 중등 이후
프로그램의 효과를 어떻게 증진시킬 수 있는가?

- 기관 간 협력을 통해 고등학교에서 대학으로의 자연스러운 전환이 촉진된다.
- 기관 간 협력을 통해 학생의 대학교육 성과를 최대화할 수 있는 자원의 공유
가 가능하다.
- 기관 간 협력을 통해 학생이 지역사회 생활로 전환할 때 고용 및 주거 서비
스를 단절되지 않게 지속적으로 제공받을 수 있다.

핵심질문 4 장애가 있는 대학생에게 자기 옹호 기술과 자기 결정 기술을
교수하는 것이 왜 중요한가?

- 연구에 따르면 고등학교 시기에 자기 결정력을 습득한 학생은 중등 이후 교
육에서 성공적으로 적응할 가능성이 더 높다.
- 자기 결정력을 통해서 자율성과 독립성이 증진되는데, 이는 대학 수준의 학
생에게 매우 중요한 기술이다.

참고문헌

1장

Bambara, L. M., Wilson, B. A., & McKenzie, M. (2007). Transition and quality of life. In S. L. Odom, R. D. Horner, M. E. Snell, & J. Blacher (Eds.), *Handbook of developmental disabilities* (pp. 371-389). New York: Guilford.

Centers for Medicare & Medicaid Services. (2008). *Ticket to Work and work Incentives Improvement Act* (TWWIIA). Retrieved February 12, 2008, from http://www.cms.hhs.gov/twwiia/

Education for All Handicapped Children Act, 20 U.S.C. § 1400 *et seq.* (1975).

Elementary and Secondary Education Act, 20 U.S.C. § 6301 *et seq.* (1965).

Goals 2000: Educate America Act. 20 U.S.C. § 5801 *et seq.* (2000).

Halpern, A. (1985). Transition: A look at the foundations. *Exceptional Children, 57*, 479-486.

Hardman, M. L., & Mulder, M. (2003, November). *Federal education reform: Critical issues in public education and the impact on students with disabilities.* Paper presented at the Texas Eagle Summit on Personnel Preparation for Students with Emotional and Behavioral Disorders, Dallas, TX.

Hasazi, S. B., Furney, K. S., & Destefano, L. (1999). Implementing the IDEA transition initiatives. *Exceptional Children, 65*(4), 555-566.

Houtenville, A. (2002). *Estimates of employment rates for persons with disabilities in the U. S.* Ithaca, NY: Rehabilitation Research and Training Center for Economic Research on Employment Policy for Persons with Disabilities, Cornell University.

Hunt, P., & McDonnell, J. (2007). Inclusive education. In S. L. Odom, R. H. Horner, M. E. Snell, & J. Blacher (Eds.), *Handbook of developmental disabilities* (pp. 269-291). New York: Guilford.

Improving America's Schools Act, 20 U.S.C. § 6301 *et seq.* (1994).

Individuals with Disabilities Education Act of 2004, 20 U.S.C. § 1400 *et seq.* (2004).

Kohler, P. D. (1996). *A taxonomy for transition programming: Linking research and practice.*

Champaign: Transition Research Institute, University of Illinois.

Kohler, P. D., Field, S., Izzo, M., & Johnson, J. (1999). *Transition from school to life: A workshop series for educators and transition service providers.* Washington, DC: Office of Special Education Programs, Office of Special Education and Rehabilitative Services, U.S. Department of Education.

Larkin, K. C., & Turnbull, A. (Eds.). (2005). *National goals and research.* Washington, DC: American Association on Mental Retardation.

Mank, D. (2007). Employment. In S. L. Odom, R. H. Horner, M. E. Snell, & J. Blacher (Eds.), *Handbook of developmental disabilities* (pp. 390-409). New York: Guilford.

McDonnell, J., Wilcox, B., & Boles, S. M. (1986). Do we know enough to plan for transition? A national survey of state agencies responsible for service to persons with severe handicaps. *Journal of the Association for Persons With Severe Handicaps, 11*(1), 53-60.

McLaughlin, M. J., & Tilstone, M. (2000). Standards and curriculum: The core of educational reform. In M. Rouse & M. J. McLaughlin (Eds.), *Special education and school reform in the United States and Britain* (pp. 38-65). London: Routledge.

National Commission on Excellence in Education. (1983). *A nation at risk.* Washington, DC: U.S. Department of Education.

National Council on Disability. (2000). *Back to school on civil rights.* Washington, DC: Author.

National Organization on Disability, Harris, L., & Associates. (2004). *National Organization on Disability/ Harris survey of Americans with disabilities.* New York: National Organization on Disability.

No Child Left Behind Act of 2001, 20 U.S.C. § 6301 *et seq.* (2001).

President's Commission on Excellence in Special Education. (2000). *A new era: Revitalizing special education for children and their families.* Washington, DC: Education Publications Center, U.S Department of Education.

School-to-Work Opportunities Act of 1994. Public Law 103-239, 20 U.S.C. § 6703 *et seq.* (2001).

Sebba, J., Thurlow, M. L., & Goertz, M. (2000). Educational accountability and students with disabilities in the United States and England and Wales. In M. J. McLaughlin & M. Rouse (Eds.), *Special education and school reform in the United States and Britain* (pp. 98-125). New York: Routledge.

Steere, D. E., Rose, E., & Cavaiuolo, D. (2007). *Growing up: Transition to adult life for students with disabilities.* Boston: Pearson Education.

Ticket to Work and Work Incentives Improvement Act of 1999. 20 U.S.C. § 1320b-19 *et seq.* (1999).

U.S. Department of Education. (2008). *Introduction to No Child Left Behind.* Retrieved September 25, 2008, from http://www.nclb.gov/next/overview/index.html

U.S. Department of Education, National Center for Education Statistics. (2008). *Projections of education statistics to 2016.* Retrieved February 4, 2008, from http://nces.ed.gov/programs/projections/projections2016/sec3b.asp

Vinovskis, M. A. (1999). *The road to Charlottesville: The 1989 education summit.* Washington, DC: National Education Goals Panel.

Vocational Rehabilitation Act of 1973 and its amendments, 29 U.S.C. § 794. Retrieved March 3, 2004, from http://www.ed.gov/policy/speced/reg/narrative.html?exp=0

Wagner, M., & Blackorby, J. (1996). Transition from high school to work or college: How special education students fare. *Special Education for Students With Disabilities, 6*(1), 103-120.

Wagner, M., Newman, L., Cameto, R., & Levine, P. (2005). *Changes over time in the early postschool outcomes of youth with disabilities: A report from the National Longitudinal Study (NLTS) and the National Longitudinal Transition Study-2 (NLTS2).* Menlo Park, CA: SRI International.

Will, M. (1985). OSERS programming for the transition of youth with disabilities: Bridges from school to working life. *Rehabilitation World, 9*(1), 4-7.

Workforce Investment Act of 1998. Public Law 105-220. 20 U.S.C. § 112 *et seq.* (1998)

2장

Baer, R. M., Flexer, R. W., & Dennis, L. (2007). Examining the career paths and transition services of students with disabilities exiting high school. *Education and Training in Developmental Disabilities, 42*(3), 317-329.

Bellamy, G. T., Rhodes, L. F., Borbeau, P., & Mank, D. M. (1986). Mental retardation services in sheltered workshops and day activity programs: Consumer outcomes and policy alternatives. In F. R. Rusch (Ed.), *Competitive employment: Issues and strategies* (pp. 257-272). Baltimore: Paul H. Brookes.

Berndt, T. J. (2002). Friendship quality and social development. *Current Directions in Psychological Science, 11*(1), 7-10.

Berndt, T. J. (2004). Children's friendships: Shifts over a half-century in perspectives on their development and their effects. *Merrill-Palmer Quarterly, 50*(3), 206-223.

Causton-Theoharis, J., & Malmgren, K. (2005). Building bridges: Strategies to help paraprofessionals promote peer interactions. *Teaching Exceptional Children, 37,* 18-24.

Downing, J. E., & Peckham-Hardin, K. D. (2007). Inclusive education: What makes it a good education for students with intellectual and developmental disabilities? *Research and Practice for Persons With Severe Disabilities, 32*(1), 16-30.

Field, S., & Hoffman, A. (2002). Preparing youth to exercise self-determination: Quality indicators for school environments that promote the acquisition of knowledge, skills, and beliefs related to self-determination. *Journal of Disability Policy Studies, 13,* 113-118.

Field, S., Martin, J., Miller, R., Ward, M., & Wehmeyer, M. (1998). *A practical guide for teaching self-determination.* Reston, VA: Council for Exceptional Children.

Garner, H., & Dietz, L. (1996). Person-centered planning: Maps and paths to the future. *Four Runner, 11*(2), 1-2.

Giangreco, M. F., & Broer, S. M. (2005). Questionable utilization of paraprofessionals in inclusive schools: Are we addressing symptoms or causes? *Focus on Autism and Other Developmental Disabilities, 21*(1), 10-26.

Hardman, M. L., Drew, C. J., & Egan, M. W. (2007). *Human exceptionality: School, family, and community* (9th ed.). Boston: Houghton-Mifflin.

Holburn, S., Jacobson, J. W., Vietze, P. M., Schwartz, A. A., & Sersen, E. (2000). Quantifying the process and outcomes of person-centered planning. *American Journal on Mental Retardation, 105*(5), 402-416.

Hughes, C., & Carter, E. W. (2000). *The transition handbook: Strategies high school teachers use that work!* Baltimore: Paul H. Brookes.

Kim, K., & Turnbull, A. (2004). Transition to adulthood for students with severe intellectual disabilities: Shifting toward person-family interdependent planning. *Research and Practice for Persons With Severe Disabilities, 29*(1), 53-57.

Kohler, P. D., & Field, S. (2003). Transition-focused education: Foundation for the future. *The Journal of Special Education, 37*(3), 174-183.

Kraemer, B. R., McIntyre, L. L., & Blacher, J. (2003). Quality of life for young adults with mental retardation during transition. *Mental Retardation, 41*(4), 250-262.

Martin, J., Woods, L., Sylvester, L., & Gardner, J. (2005). Inching toward self-determination: Vocational choice agreement between caregivers and individuals with severe disabilities. *Research and Practice for Persons With Severe Disabilities, 30*(3), 147-153.

Mautz, D., Storey, K., & Certo, N. (2001). Increasing integrated workplace social interactions: The effects of job modification, natural supports, adaptive communication instruction, and job coach training. *JASH, 26*(4), 257-269.

McDonnell, J., Hardman, M., & McDonnell, A. (2003). *An introduction to persons with intellectual and developmental disabilities.* Boston: Allyn & Bacon.

McDonnell, J., Mathot-Buckner, C., Thorson, N., & Fister, S. (2001). Supporting the inclusion of students with severe disabilities in typical junior high school classes: The effects of class wide peer tutoring, multi-element curriculum, and accommodations. *Education and Treatment of Children, 24*(2), 141-160.

Menchetti, B. M., & Garica, L. A. (2003). Personal and employment outcomes of person-centered career planning. *Education and Training in Developmental Disabilities, 38*(2), 145-156.

Meyer, L. H., Peck, C. A., & Brown, L. (1991). *Critical issues in the lives of people with severe disabilities.* Baltimore: Paul H. Brookes.

Miller, M. C., Cooke, N. L., Test, D. W., & White, R. (2003). Effects of friendship circles on the social interactions of elementary age students with mild disabilities. *Journal of Behavioral Education, 12*(3), 167-184.

Neubert, D. A., & Moon, M. S. (2006). Postsecondary setting and transition services for students with intellectual disabilities: Models and research. *Focus on Exceptional Children, 39*(4), 1-8.

Phelps, L. A., & Hanley-Maxwell, C. (1997). School-to-work transitions for youth with disabilities: A review of outcomes and practices. *Review of Educational Research, 67,* 197-226.

Rubin, K. H. (2004). Three things to know about friendship. *International Society for the Study of Behavioral Development Newsletter, 46*(2), 5-7.

Rusch, F. R., & Braddock, D. (2004). Adult day programs versus supported employment (1988-2002): Spending and service practices of mental retardation and developmental disabilities state agencies. *Research and Practice for Persons With Severe Disabilities, 29*(4), 237-242.

Rynders, J. E., Schleien, S. J., & Matson, S. L. (2003). Transition for children with Down Syndrome from school to community. *Focus on Exceptional Children, 36*(4), 1-8.

Schaller, J., Yang, N. K., & Chien-Huey Chang, S. (2004). Contemporary issues in rehabilitation counseling: Interface with and implications for special education. In A. M. Sorrells, H. J. Rieth, & P. T. Sindelar (Eds.), *Critical issues in special education: Access, diversity, and accountability* (pp. 226-242). Boston: Pearson Education.

Schwartz, A. A., Holburn, S. C., & Jacobson, J. W. (2000). Defining person-centeredness: Results of two consensus methods. *Education and Training in Mental Retardation and Developmental Disabilities, 35*(3), 235-249.

Stancliffe, R. J., Abery, B. H., & Smith, J. (2000). Personal control and the ecology of community living settings: Beyond living-unit size and type. *American Journal on Mental Retardation, 105*(6), 431-454.

Taylor, S. (1988). Caught in the continuum: A critical analysis of the principle of the Least Restrictive Environment. *Journal of the Association for Persons With Severe Handicaps, 13,* 41-53.

Terman, D. L., Larner, M. B., Stevenson, C. S., & Behrman, R. E. (1996). Special education for students with disabilities: Analysis and recommendations. *Future of CHealth, 6,* 4-24.

Test, D. W., Carver, T., Ewers, L., Haddad, J., & Person, J. (2000). Longitudinal job satisfaction of persons in supported employment. *Education and Training in Mental Retardation and Developmental Disabilities, 35*(4), 365-373.

Test, D. W., Mason, C., Hughes, C., Konrad, M., Neale, M., & Wood, W. M. (2004). Student involvement in individualized educationprogram meetings. *Exceptional Children, 70*(4), 391-412.

University of Illinois at Chicago National Research and Training Center. (2003). *Self-determination framework for people with psychiatric disabilities.* Chicago, IL: Author. Retrieved May 20, 2003, from http://www.psych.uic.edu/UICNRTC/sdframework.pdf

Walker, P. (1999). From community presence to sense of place: Community experiences of adults with developmental disabilities. *Journal of the Association for Persons With Severe Handicaps, 24,* 23-32.

Wehman, P. (2006). Integrated employment: If not now, when? If not us, who? *Research and Practice for Persons With Severe Disabilities, 31*(2), 122-126.

Wehman, P., Revell, W. G., & Brooke, V. (2003). Competitive employment: Has it become the "first choice" yet? *Journal of Disability Policy Studies, 14*(3), 163-173.

Wehmeyer, M. L., & Schalock, R. L. (2001). Self-determination and quality of life: Implications for special education services and support. *Focus on Exceptional Children, 33*(8), 1-20.

West, M. D., Wehman, P. B., & Wehman, P. (2005). Competitive employment outcomes for persons with intellectual and developmental disabilities: The national impact of the Best Buddies Jobs Program. *Journal of Vocational Rehabilitation, 23,* 51-63.

White, J., & Weiner, J. S. (2004). Influence of least restrictive environment and community based training on integrated employment outcomes for transitioning students with severe disabilities. *Journal of Vocational Rehabilitation, 21,* 149-156.

Wood, W. M., Karvonen, M., Test, D. W., Browder, D., & Algozzine, B. (2004). Promoting student self-determination skills in IEP planning. *Teaching Exceptional Children, 36*(3), 8-16.

3장

Arnett, J. J. (2000). Emerging adulthood: A theory of development from the late teens through the twenties. *American Psychologist, 55,* 469-480.

Baer, R. M., Flexer, R. W., & Dennis, L. (2007). Examining the career paths and transition services of students with disabilities exiting high school. *Education and Training in Developmental Disabilities, 42*(3), 317-329.

Baker, E. T., Wang, M. C., & Walberg, H. J. (1994-1995). The effects of inclusion on learning. *Educational Leadership, 52,* 33-35.

Bambara, L. M., Wilson, B. A., & McKenzie, M. (2007). Transition and quality of life. In S. L. Odom, R. H. Horner, M. E. Snell, & J. Blacher (Eds.), *Handbook of developmental disabilities* (pp. 371-389). New York: Guilford.

Benz, M. R., Lindstrom, L., & Yovanoff, P. (2000). Improving graduation and employment outcomes of students with disabilities: Predictive factors and student perspectives. *Exceptional Children, 66,* 509-529.

Bouck, E. C. (2004). State of curriculum for secondary students with mild mental retardation. *Education and Training in Developmental Disabilities, 39,* 169-176.

Brolin, D. E. (1997). *Career education: A competency-based approach* (5th ed.). Balston, VA: Council for Exceptional Children.

Carter, E. W., & Hughes, C. (2005). Increasing social interaction among adolescents with intellectual disabilities and their general education peers: Effective interventions. *Research and Practice for Persons With Intellectual and Developmental Disabilities, 30*(4), 179-193.

Carter, E. W., & Hughes, C. (2006). Including high school students with intellectual and developmental disabilities in general education classes: Perspectives of general and special educators, paraprofessionals, and administrators. *Research and Practice for Persons With Intellectual and Developmental Disabilities, 31,* 174-185.

Carter, E. W., & Kennedy, C. H. (2006). Promoting access to the general curriculum using peer support strategies. *Research and Practice for Persons With Severe Disabilities, 31,* 284-292.

Certo, N. J., Mautz, D., Pumpian, I., Sax, C., Smalley, K., Wade, H. A., et al. (2003). Review and discussion of a model for seamless transition to adulthood. *Education and Training in Developmental Disabilities, 38*(1), 3-17.

Cole, C. M., Waldron, N., & Majd, M. (2004). Academic progress of students across inclusive and traditional settings. *Mental Retardation, 42,* 136-144.

Copeland, S. R., Hughes, C., Carter, E. W., Guth, C., Presley, J. A., Williams, C. R., & Fowler, S. E. (2004). Increasing access to general education: Perspectives of participants in a high school peer support program. *Remedial and Special Education, 25,* 342-352.

Darling-Hammond, L., Rustique-Forrester, E., & Pecheone, R. (2005). *Multiple measures approaches to high school graduation.* Stanford, CA: School Redesign Network.

DiMartino, J., & Castaneda, A. (2007). Assessing applied skills. *Educational Leadership, 64*(7), 38-42.

Downing, J. E. (2002). *Including students with intellectual and developmental and multiple disabilities in typical classrooms: Practical strategies for teachers* (2nd ed.). Baltimore: Paul H. Brookes.

Downing, J. E., & Peckham-Hardin, K. D. (2007). Inclusive education: What makes it a good education for students with severe intellectual and developmental disabilities? *Research and Practice for Persons With Intellectual and Developmental Disabilities, 32*(1), 16-30.

Field, S., & Hoffman, A. (2002). Preparing youth to exercise self-determination: Quality indicators for school environments that promote the acquisition of knowledge, skills, and beliefs related to self-determination. *Journal of Disability Policy Studies, 13,* 113-118.

Field, S., Martin, J., Miller, R., Ward, M., & Wehmeyer, M. (1998). *A practical guide for teaching self-determination.* Reston, VA: Council for Exceptional Children.

Fisher, M., & Meyer, L. H. (2002). Development and social competence after two years for students enrolled in inclusive and self-contained educational programs. *Research and Practice for Persons With Intellectual and Developmental Disabilities, 27*(3), 165-174.

Flexer, R. W., Simmons, T. J., Luft, P., & Baer, R. M. (2001). *Transition planning for secondary students with disabilities.* Upper Saddle River, NJ: Merrill/Prentice Hall.

Frank, A. R., & Sitlington, P. L. (2000). Young adults with mental disabilities: Does transition planning make a difference? *Education and Training in Mental Retardation and Developmental Disabilities, 35*(2), 119-134.

Grigal, M., Neubert, D. A., & Moon, S. M. (2002). Postsecondary options for students with significant disabilities. *Teaching Exceptional Children, 35*(2), 68-73.

Hardman, M. L., Drew, C. J., & Egan, M. W. (2007). *Human exceptionality: School, family, and community* (9th ed.). Boston: Houghton Mifflin.

Herman, J. (1997). Portfolios: Assumptions, tensions, and possibilities. *Theory and Research Into Practice, 36*(4), 196-204.

Hunt, P., & McDonnell, J. (2007). Inclusive education. In S. L. Odom, R. H. Horner, M. Snell, and J. Blacher (Eds.), *Handbook on developmental disabilities* (pp. 269-291). New York: Guilford.

Johnson, D. R., Thurlow, M. L., Cosio, A., & Bremer, C. D. (2005). Diploma options for students with disabilities. *National Center on Secondary Education and Transition Information Brief, 4*(1), 1-3. Retrieved April 27, 2008, from http://www.ncset.org/publications/info/NCSETInforBrief_4.1.pdf

Johnson, D. R., Thurlow, M. L., & Stout, K. E. (2007). *Revisiting graduation requirements and diploma options for youth with disabilities: A national study* (Technical Report 49). Minneapolis, MN: University of Minnesota, National Center on Educational Outcomes.

Kohler, P. D., & Field, S. (2003). Transition-focused education: Foundation for the future. *The Journal of Special Education, 37*(3), 174-183.

Lewis, S. G., & Batts, K. (2005). How to implement differentiated instruction? Adjust, adjust, adjust. *Journal of Staff Development, 26*(4), 26-31.

Lichtenstein, S. (1998). Characteristics of youth and young adults. In F. R. Rusch & J. G. Chadsey (Eds.), *Beyond high school: Transition from school to work.* Belmont, CA: Wadsworth Publishing.

McDonnell, J. (2003). Secondary programs. In J. McDonnell, M. L. Hardman, & A. P. McDonnell (Eds.), *An introduction to persons with intellectual and developmental disabilities: Educational and social issues* (pp. 307-330). Boston: Allyn & Bacon.

McDonnell, J., Hardman, M., Hightower, J., & O'Donnell, R. (1991). Variables associated with in-school and after-school integration of secondary students with severe disabilities. *Education and Training in Mental Retardation, 26*, 243-257.

McDonnell, J., Hardman, M. L., & McGuire, J. (2007). Teaching and learning in secondary schools. In L. Florian (Ed.), *The handbook of special education* (pp. 378-389). London: Sage.

McDonnell, J., Johnson, J. W., & McQuivey, C. (2008). *Embedded instruction for students with developmental disabilities in general education classes.* Alexandria, VA: Division of Developmental Disabilities, Council for Exceptional Children.

McDonnell, J., Mathot-Buckner, C., & Ferguson, B. (1996). *Transition programs for students with moderate/severe disabilities.* Pacific Grove, CA: Brooks/Cole.

Miller, M. C., Cooke, N. L., Test, D. W., & White, R. (2003). Effects of friendship circles on the social interactions of elementary age students with mild disabilities. *Journal of Behavioral Education, 12*(3), 167-184.

Mortimer, J. T. (2003). *Working and growing up in America.* Cambridge, MA: Harvard University Press.

Neubert, D. A., & Moon, M. S. (2006). Postsecondary settings and transition services for students with intellectual disabilities: Models and research. *Focus on Exceptional Children, 39*(4), 1-8.

Neubert, D. A., Moon, M. S., & Grigal, M. (2002). Post-secondary education and transition services for students ages 18-21 with significant disabilities. *Focus on Exceptional Children, 34*(8), 1-11.

O'Neill, P. T. (2001). Special education and high stakes testing for high school graduation: An analysis of current law and policy. *Journal of Law and Education, 30*(2), 185-222.

Patton, J. R., Cronin, M. E., & Jarriels, V. (1997). Curricular implications of transition. *Remedial and Special Education, 18,* 294-306.

Phelps, L. A., & Hanley-Maxwell, C. (1997). School-to-work transitions for youth with disabilities: A review of outcomes and practices. *Review of Educational Research, 67,* 197-226.

Putnam, J. W. (1994). *Cooperative learning and strategies for inclusion: Celebrating diversity in the classroom.* Baltimore: Paul H. Brookes.

Riesen, T., McDonnell, J., Johnson, J. W., Polychronis, S., & Jameson, M. (2003). A comparison of constant time delay and simultaneous prompting within embedded instruction in general education classes with students with severe disabilities. *Journal of Behavioral Education, 12*(4), 241-259.

Rusch, F. R., & Millar, D. M. (1998). Emerging transition best practices. In F. R. Rusch & J. G. Chadsey (Eds.), *Beyond high school: Transition from school to work.* Belmont, CA: Wadsworth Publishing.

Salend, S. J., & Garrick-Duhaney, L. M. (1999). The impact of inclusion on students with and without disabilities and their educators. *Remedial and Special Education, 20,* 114-126.

Sapon-Shevin, M., Ayres, B. J., & Duncan, J. (1994). Cooperative learning and inclusion. In J. S. Thousand, R. A. Villa, & A. I. Nevin (Eds.), *Creativity and collaborative learning: A practical guide to empowering students and teachers* (2nd ed., pp. 45-58). Baltimore: Paul H. Brookes.

Sitlington, P. L., Clark, G. M., & Kolstoe, O. P. (2000). *Transition education and services for adolescents with disabilities* (3rd ed.). Needham Heights, MA: Allyn & Bacon.

Spooner, F., Dymond, S. K., Smith, A., & Kennedy, C. H. (2006). What we know and need to know about accessing the general curriculum for students with significant cognitive disabilities. *Research and Practice for Persons With Intellectual and Developmental Disabilities, 31*(4), 277-283.

Terman, D. L., Larner, M. B., Stevenson, C. S., & Behrman, R. E. (1996). Special education for students with disabilities: Analysis and recommendations. *Future of CHealth, 6,* 4-24.

Test, D. W., Mason, C., Hughes, C., Konrad, M., Neale, M., & Wood, W. M. (2004). Student involvement in individualized education program meetings. *Exceptional Children, 70*(4), 391-412.

Tomlinson, C. (1999). Mapping a route toward differentiated instruction. *Educational Leadership, 57*(1), 12-16.

Udvari-Solner, A., Villa, R. A., & Thousand, J. S. (2002). Access to the general education curriculum for all: The universal design process. In J. S. Thousand, R. A. Villa, & A. I. Nevin (Eds.), *Creativity and collaborative learning: The practical guide to empowering students, teachers, and families* (2nd ed., pp. 85-104). Baltimore: Paul H. Brookes.

Walker, P. (1999). From community presence to sense of place: Community experiences of adults with developmental disabilities. *Journal of the Association for the Severely Handicapped, 24,* 23-32.

Wehman, P. (2006a). Integrated employment: If not now, when? In not us, who? *Research and Practice for Persons With Intellectual and Developmental Disabilities, 31*(2), 122-126.

Wehman, P. (2006b). *Life beyond the classroom: Transition strategies for young people with disabilities* (4th ed.). Baltimore: Paul H. Brookes.

West, M. D., Wehman, P. B., & Wehman, P. (2005). Competitive employment outcomes for persons with intellectual and developmental disabilities: The national impact of the Best Buddies Jobs Program. *Journal of Vocational Rehabilitation, 23,* 51-63.

Williams, L. J., & Downing, J. E. (1998). Membership and belonging in inclusive classrooms: What do middle school students have to say? *Journal of the Association for the Severely Handicapped, 23*(2), 98-110.

4장

Bambara, L. M., Wilson, B. A., & McKenzie, M. (2007). Transition and quality of life. In S. L. Odom, R. H. Horner, M. E. Snell, & J. Blacher (Eds.), *Handbook of developmental disabilities* (pp. 371-389). New York: Guilford.

Bellamy, G. T., Wilcox, B., Rose, H., & McDonnell, J. (1985). Education and career preparation for youth with disabilities. *Journal of Adolescent Health Care, 6,* 125-135.

Bouck, E. C. (2004). State of curriculum for secondary students with mild mental retardation. *Education and Training in Developmental Disabilities, 39,* 169-176.

Browder, D. M., Ahlgrim-Delzell, L., Courtade-Little, G., & Snell, M. E. (2006). General curriculum access. In M. E. Snell & F. Brown (Eds.), *Instruction of students with severe disabilities* (6th ed., pp. 489-525). Upper Saddle River, NJ: Pearson.

Browder, D., Ahlgrim-Delzell, L., Flowers, C., Karvonen, M., Spooner, F., & Algozzine, R. (2005).

How states implement alternate assessments for students with disabilities. *Journal of Disability Policy Studies, 15*(4), 209-220.

Browder, D., Flowers, C., Ahlgrim-Delzell, L. A., Karvonen, M., Spooner, F, & Algozzine, R. (2004). The alignment of alternate assessment content with academic and functional curricula. *The Journal of Special Education, 37*, 211-223.

Brown, L., Albright, K. Z., Rogan, P., York, J., Solner, A. U., Johnson, F., et al. (1988). An integrated curriculum model for transition. In B. L. Ludlow, A. P. Turnbull, & R. Luckasson (Eds.), *Transitions to adult life for people with mental retardation: Principles and practices* (pp. 67-84). Baltimore: Paul H. Brookes.

Brown, L., Branston, M. B., Hamre-Nietupski, S., Pumpain, I., Certo, N., & Gruenwalk, L. (1979). A strategy for developing chronologically-age-appropriate and functional curricular content for severely handicapped adolescents and young adults. *Journal of Special Education, 13*, 81-90.

Brown, L., Branston-McClean, M. B., Baumgart, D., Vincent, L., Falvey, M., & Schroder, J. (1979). Using the characteristics of current and subsequent least-restrictive environments in the development of curricular content for severely handicapped students. *AAESPH Review, 4*, 407-424.

Falvey, M. A. (1989). *Community-based curriculum: Instructional strategies for students with severe handicaps.* Baltimore: Paul H. Brookes.

Flowers, C., Browder, D., & Ahlgrim-Delzell, L. (2006). An analysis of three states' alignment between language arts and mathematics standards and alternate assessments. *Exceptional Children, 72*, 201-213.

Ford, A., Davern, L., & Schnorr, R. (2001). Learners with significant disabilities: Curricular relevance in an era of standards-based reform. *Remedial and Special Education, 22*, 214-222.

Ford, A., Schnorr, R., Meyer, L., Davern, L., Black, J., & Dempsey, P. (1989). *The Syracuse community-referenced curriculum guide for students with moderate and severe disabilities.* Baltimore: Paul H. Brookes.

Hasazi, S. B., Gordon, L. R., & Roe, C. A. (1985). Factors associated with the employment status of handicapped youth exiting high school from 1979 to 1983. *Exceptional Children, 57*, 455-469.

Horner, R. H., McDonnell, J., & Bellamy, G. T. (1986). Efficient instruction of generalized behaviors: General case programming in simulation and community settings. In R. H. Horner, L. H. Meyer, & H. D. Fredericks (Eds.), *Educating learners with severe handicaps: Exemplary service strategies* (pp. 289-314). Baltimore: Paul H. Brookes.

Hunt, P., & McDonnell, J. (2007). Inclusive education. In S. L. Odom, R. H. Horner, M. Snell, & J. Blacher (Eds.), *Handbook on developmental disabilities* (pp. 269-291). New York: Guilford.

Johnson, D. R., Stodden, R. A., Emanuel, E. J., Luecking, R., & Mack, M. (2002). Current challenges facing secondary education and transition services: What research tells us. *Exceptional Children, 68*, 519-531.

Keyes, M. W., & Owens-Johnson, L. (2003). Developing person-centered IEPs. *Intervention in School and Clinic, 38*, 145-152.

Kleinert, H. L., & Thurlow, M. L. (2001). An introduction to alternate assessment. In H. L. Kleinert & J. F. Kearns (Eds.), *Measuring outcomes and supports for students with disabilities* (pp. 1-15). Baltimore: Paul H. Brookes.

Kohl, F. L., McLaughlin, M. J., & Nagle, K. (2006). Alternate achievement standards and assessments: A descriptive investigation of 16 states. *Exceptional Children, 73*, 107-122.

Lowrey, K. A., Drasgow, E., Renzaglia, A., & Chezan, L. (2007). Impact of alternate assessments on curricula for students with severe disabilities: Purpose driven or process driven. *Assessment for Effective Intervention, 32*, 244-253.

McDonnell, J., Mathot-Buckner, C., & Ferguson, B. (1996). *Transition programs for students with moderate/severe disabilities.* Pacific Grove, CA: Brooks/Cole.

McDonnell, J., & Wilcox, B. (1987). Alternate performance strategies for individuals with severe disabilities. In B. Wilcox & G. T. Bellamy (Eds.), *A comprehensive guide to the activities catalog: An alternate curriculum for youth and adults with severe disabilities* (pp. 47-62). Baltimore: Paul H. Brookes.

McGregor, G. (2003). Standards-based reform and students with disabilities. In D. L. Ryndak & S. Alper (Eds.), *Curriculum and instruction for students with significant disabilities in inclusive settings* (pp. 32-50). Upper Saddle River, NJ: Allyn & Bacon.

McLaughlin, M. J., & Tilstone, C. (2000). Standards and curriculum: The core of educational reform. In M. Rouse & M. J. McLaughlin (Eds.), *Special education and school reform in the United States and Britain* (pp. 38-65). London: Routledge.

Neel, R. S., & Billingsley, F. F. (1989). *Impact: A functional curriculum handbook for students with moderate to severe disabilities.* Baltimore: Paul H. Brookes.

Nolette, V., & McLaughlin, M. (2005). *Accessing the general curriculum: Including students with disabilities in standards-based reform.* Thousand Oaks, CA: Corwin Press.

Patton, J. R., Cronin, M. E., & Jarriels, V. (1997). Curricular implications of transition. *Remedial and*

Speical Education, 18, 294-306.

Perske, R. (1972). The dignity of risk and the mentally retarded. *Mental Retardation, 10,* 24-27.

Rosenthal-Malek, A., & Bloom, A. (1998). Beyond acquisition: Teaching generalization for students with developmental disabilities. In A. Hilton & R. Ringlaben (Eds.), *Best and promising practices in developmental disabilities* (pp. 139-155). Austin, TX: Pro-Ed.

Sitlington, P. L. (2003). Postsecondary education: The other transition. *Exceptionality, 11,* 103-113.

Thompson, S. J., Quenemoen, R. F., Thurlow, M. L., & Ysseldyke, J. E. (2001). *Alternate assessment for students with disabilities.* Thousand Oaks, CA: Corwin Press.

U.S. Department of Education. (2005). *Alternate achievement standards for students with the most significant cognitive disabilities: Non-regulatory guidance.* Washington, DC: Author.

U.S. Department of Education. (2007a). *Modified academic achievement standards: Non-regulatory guidance.* Washington, DC: Author.

U.S. Department of Education. (2007b). *Standards and assessment peer review guide: Information and examples for meeting requirements of the No Child Left Behind Act of 2001.* Washington, DC: Author.

Wakeman, S. Y., Browder, D. M., Meier, I., & McColl, A. (2007). The implications of No Child Left Behind for students with developmental disabilities. *Mental Retardation and Developmental Disabilities Research Reviews, 13,* 143-150.

Wehman, P. (2001). *Life beyond the classroom: Transition strategies for young people with disabilities.* Baltimore: Paul H. Brookes.

Wilcox, B., & Bellamy, G. T. (1982). *Design of high school programs for severely handicapped students.* Baltimore: Paul H. Brookes.

Wilcox, B., & Bellamy, G. T. (1987). *The activities catalog: An alternative curriculum for youth adults with severe disabilities.* Baltimore: Paul H. Brookes.

5장

Abery, B., & Stancliffe, R. (1996). The ecology of self-determination. In D. J. Sands & M. L. Wehmeyer (Eds.), *Self-determination across the life-span: Independence and choice for people with disabilities* (pp. 111-146). Baltimore: Paul H. Brookes.

Aspel, N., Bettis, G., Quinn, P., Test, D. W., & Wood, W. W. (1999). A collaborative process for planning transition services for students with disabilities. *Career Development for Exceptional Individuals, 22,* 21-42.

Baer, R. (2008). Transition planning. In R. W. Flexer, R. M. Baer, P. Luft & T. J. Simmons (Eds.), *Transition planning for students with disabilities* (pp. 317-339). Upper Saddle River, NJ: Pearson.

Benz, M. R., Lindstrom, L., & Yovanoff, P. (2000). Improving graduation and employment outcomes of students with disabilities: Predictive factors and student perspectives. *Exceptional Children, 66,* 509-529.

Benz, M. R., Yovanoff, P., & Doren, B. (1997). School-to-work components that predict postschool success for students with and without disabilities. *Exceptional Children, 63,* 151-166.

Blackorby, J., & Wagner, M. (1996). Longitudinal postschool outcomes of youth with disabilities: Findings from the National Longitudinal Transition Study. *Exceptional Children, 62*(5), 399-413.

Brolin, D. (1997). *Life-centered career education: A competency based approach* (5th ed.). Reston, VA: Council for Exceptional Children.

Browder, D. M. (2001). *Curriculum and assessment for students with moderated and severe disabilities.* New York: Guilford.

Brown, F., Snell, M. E., & Lehr, D. (2006). Meaningful assessment. In M. E. Snell & F. Brown (Eds.), *Instruction of students with severe disabilities* (pp. 71-112). Upper Saddle River, NJ: Pearson.

Chambers, C. R., Hughes, C., & Carter, E. W. (2004). Parent and sibling perspectives on adulthood. *Education and Training in Developmental Disabilities, 39,* 79-94.

Clark, G. M., & Patton, J. R. (2007). *Transition planning inventory.* Austin, TX: Pro-Ed.

Collet-Klingenberg, L. L. (1998). The reality of best practices in transition: A case study. *Exceptional Children, 65,* 67-78.

Cooney, b. F. (2002). Exploring perspectives on transition of youth with disabilities: Voices of young adults, parents, and professionals. *Mental Retardation, 40,* 425-435.

Craddock, G., & Scherer, M. J. (2002). Assessing individual needs for assistive technology. In C. L. Sax & C. A. Thoma (Eds.), *Transition assessment: Wise practices for quality lives* (pp. 87-101). Baltimore: Paul H. Brookes.

deFur, S. (1999). *Transition planning: A team effort.* NICHCY Publication No. TS10 (pp. 1-24). Washington, DC: National Information Center for Children and Youth With Disabilities.

deFur, S. H., Todd-Allen, M., & Getzel, E. E. (2001). Parent participation in the transition planning process. *Career Development for Exceptional Individuals, 24,* 19-36.

Etscheidt, S. K. (2006). Progress monitoring: Legal issues and recommendations for IEP teams. *Teaching Exceptional Children, 38*(3), 56-60.

Falvey, M. A., Forest, M., Pearpoint, J., & Rosenberg, R. L. (1993). *All my life's a circle: Using the tools* of circles, MAPS and PATH. Toronto: Inclusion Press.

Forest, M., Pearpoint, J., & Snow, J. (1992). *The inclusion papers.* Toronto: Inclusion Press.

Frank, A. R., & Sitlington, P. L. (2000). Young adults with mental disabilities: Does transition planning make a difference? *Education and Training in Mental Retardation and Developmental Disabilities, 35,* 119-134.

Grigal, M., Test, D. W., Beattie, J., & Wood, W. M. (1997). An evaluation of transition components of individualized education programs. *Exceptional Children, 63,* 357-372.

halpern, A. S., Herr, C. M., Doren, B., & Wolf, N. H. (2000). *Next step: Student transition and educational planning.* Austin, TX: Pro-Ed.

Hasazi, S. B., Furney, K. S., & Destefano, L. (1999). Implementing the IDEA transition mandates. *Exceptional Children, 65,* 555-566.

Hunt, P., Soto, G., Maier, J., & Doering, K. (2003). Collaborative teaming to support students at risk and students with severe disabilities in general education classrooms. *Exceptional Children, 69*(3), 315-332.

Individuals with Disabilities Education Act of 2004, Public Law 108-446, 20 U.S.C. § 1414(d)(1)(A) (2004).

Johnson, D. R., & Sharpe, M. N. (2000). Results of a national survey on the implementation transition services requirements of IDEA of 1990. *Journal of Special Education Leadership, 13,* 5-26.

Johnson, D. R., Stodden, R. A., Emanuel, E. J., Lueking, R., & Mack, M. (2002). Current challenges facing secondary education and transition services: What the research tells us. *Exceptional Children, 68*(4), 519-531.

Johnson, L. J., Zorn, D., Tam, B. K. Y., LaMontagne, M., & Johnson, S. A. (2003). Stakeholders' views of factors that impact successful interagency collaboration. *Exceptional Children, 69*(2), 195-209.

Kim, K., & Morningstar, J. E. (2005). Transition planning involving culturally and linguistically diverse families. *Career Development for Exceptional Individuals, 29,* 92-103.

Kochhar-Bryant, C. A., & Izzo, M. V. (2006). Access to post-high school services: Transition assessment and the Summary of Performance. *Career Development for Exceptional Individuals, 29,* 70-89.

Kohler, P. D. (1993). Best practices in transition: Substantiated or implied? *Career Development for Exceptional Individuals, 16,* 107-121.

Lindstrom, L., Doren, B., Metheny, J., Johnson, P., & Zane, C. (2007). Transition to employment: Role of the family in career development. *Exceptional Children, 73*(3), 348-366.

McDonnell, J., Mathot-Buckner, C., & Ferguson, B. (1996). *Transition programs for students with moderate/severe disabilities.* Pacific Grove, CA: Brooks/Cole.

Merchant, D. J., & Gajar, A. (1997). A review of the literature on self-advocacy components in transition programs of students with learning disabilities. *Journal of Vocational Rehabilitation, 8,* 223-231.

Miller, R. J., Lombard, R. C., & Corbey, S. A. (2007). *Transition assessment: Planning transition and IEP development for youth with mild to moderate disabilities.* Boston: Pearson.

Miner, C. A., & Bates, P. E. (1997). The effect of person centered planning activities on the IEP/transition planning process. *Education and Training in Mental Retardation and Developmental Disabilities, 32,* 105-112.

Mount, B., & Zwernick, K. (1988). *It's never too early, it's never too late: A booklet about personal futures planning.* Minneapolis, MN: Metropolitan Council.

Murray School District. (2003). *The big picture planning process.* Murray, Utah: Author.

Phelps, L. A., & Hanley-Maxwell, C. (1997). School-to-work transitions for youth with disabilities: A review of outcomes and practices. *Review of Educational Research, 67,* 197-226.

Rainforth, B., & York-Barr, J. (1997). *Collaborative teams for students with severe disabilities: Integrating therapy and educational services* (2nd ed.). Baltimore: Paul H. Brookes.

Rueda, R., Monzo, L., Shapiro, J., Gomez, J., & Blacher, J. (2005). Cultural models of transition: Latina mothers of young adults with developmental disabilities. *Exceptional Children, 71,* 401-414.

Rusch, F. R., & Millar, D. M. (1998). Emerging transition best practices. In F. R. Rusch & J. G. Chadsey (Eds.), *Beyond high school: Transition from school to work* (pp. 36-59). Belmont, CA: Wadsworth.

Sitlington, P. L., Neubert, D., Begun, W., LeConte, W., & Lombard, R. (1996). *Assess for success: Handbook for transition assessment.* Reston, VA: Council for Exceptional Children.

Test, D. W., Mason, C., Hughes, C., Konrad, M., Neale, M., & Wood, W. M. (2004). Student involvement in individualized program meetings. *Exceptional Children, 70,* 391-412.

Thoma, C. A., Rogan, P,. & Baker, S. R. (2001). Student involvement in transition planning: Unheard voices. *Education and Training in Mental Retardation and Developmental Disabilities, 36,* 16-29.

Thousand, J., & Villa, R. (2000). Collaborative teaming: A powerful tool for school restructuring. In R. A. Villa & J. S. Thousand (Eds.), *Restructuring for caring and effective education: Piecing the puzzle together* (2nd ed., pp. 254-291). Baltimore: Paul H. Brookes.

Trach, J., & Shelden, D. (2000). Meeting attendance and transition outcomes as reflected in students' individualized education programs. In D. R. Johnson & E. J. Emanuel (Eds.), *Issues influencing the future of transition programs and services in the United States* (pp. 137-152). Minneapolis: University of Minnesota.

Turnbull, A. P., & Turnbull, H. R. (2001). Self-determination for individuals with significant cognitive disabilities and their families. *Journal of the Association for Persons With Severe Handicaps, 26*(1), 56-62.

Vandercook, T., York, J., & Forest, M. (1989). The McGill Action Planning System (MAPS): A strategy for building the vision. *Journal of the Association for Persons With Severe Handicaps, 14,* 205-215.

Wagner, M., Newman, L., Cameto, R., & Levine, P. (2005). *Changes over time in the early postschool outcomes of youth with disabilities. A report of findings from the National Longitudinal Transition Study (NLTS) and the National Longitudinal Transition Study-2 (NLTS2).* Menlo Park, CA: SRI International. Available at www.nlts2.org/reports/2005_06/nlts2_report_2005_06_complete.pdf

Wehman, P. (2006). *Life beyond the classroom: Transition strategies for young people with disabilities* (4th ed.). Baltimore: Paul H. Brookes.

Williams, J. M., & O'Leary, E. (2001). What we've learned and where we go from here. *Career Development for Exceptional Individuals, 24*(1), 51-71.

6장

Agran, M., & Hughes, C. (2008). Asking student input: Students' opinions regarding their individualized education program involvement. *Career Development for Exceptional Individuals, 31,* 69-76.

Arndt, S., Konard, M., & Test, D. (2006). Effects of the self-directed IEP on student participation in the planning meetings. *Remedial and Special Education, 27,* 194-207.

Field, S., Martin, J., Miller, R., Ward, M., & Wehmeyer, M. (1998). Self-determination for persons with disabilities: A position statement of the division of career development and transition. *Career Development for Exceptional Individuals, 21,* 113-128.

Izzo, M., & Lamb, P. (2002). *Self-determination and career development: Skills for successful transition to postsecondary education and employment.* Unpublished manuscript.

Konard, M. (2008). 20 ways to involve students in the IEP process. *Intervention in School and Clinic, 43,* 236-239.

Langone, J., Clees, T., & Oxford, M. (1995). Acquisition and generalization of social skill by high school students with mild mental retardation. *Mental Retardation, 33,* 186-196.

Malian, I., & Nevin, A. (2002). A review of self-determination literature. *Remedial & Special Education, 23,* 9-19.

Martin, J., Marshall, L., Maxson, L., & Jerman, P. (1997). *Self-directed IEP.* Longmont, CO: Sopris West.

Martin, J., Van Dycke, J., Christensen, W., Greene, B., Gardner, J., & Lovett, D. (2006). Increasing student participation in IEP meetings: Establishing the Self-Directed IEP as an evidence-based practice. *Exceptional Children, 72,* 299-316.

Martin, J., Van Dycke, J., Greene, B., Gardner, J., Woods, L., & Lovett, D. (2006). Direct observation of teacher-directed IEP meetings: Establishing the need for student IEP meeting instruction. *Exceptional Children, 72,* 187-200.

Mason, C., Field, S., & Sawilowsky, S. (2004). Implementation of self-determination activities and student participation in IEPs. *Exceptional Children, 70,* 441-451.

Mason, C., McGahee-Kovac, M., & Johnson, L. (2004). How to help students lead their IEP meetings. *Teaching Exceptional Children, 36,* 18-24.

McGahee, M., Mason, C., Wallace, T., & Jones, J. (2001). *Student-led IEPs: A guide for student involvement.* Arlington, VA: Council for Exceptional Children.

Sands, S., & Wehmeyer, M. (1996). *Self-determination across the life span: Independence and choice for people with disabilities.* Baltimore: Paul H. Brookes.

Test, D., Fowler, C., Brewer, D., & Wood, E. (2005). A content and methodological review of self-advocacy intervention studies. *Exceptional Children, 72,* 101-125.

Test, D., Fowler, C., Wood, E., Brewer, D., & Eddy, S. (2005). A conceptual framework of self-advocacy for students with disabilities. *Remedial and Special Education, 26,* 43-54.

Wehmeyer, M., Agran, M., & Hughes, C. (1998). *Teaching self-determination to students with disabilities: Basic skills for successful transition.* Baltimore: Paul H. Brookes.

Wehmeyer, M., Kelchner, K., & Richards, S. (1996). Essential characteristics of self-determination behavior of individuals with mental retardation. *American Journalon Mental Retardation, 100,* 632-642.

Wehmeyer, M., & Palmer, S. (2003). Adult outcomes for students with cognitive disabilities three years after high school: The impact of self-determination. *Education and Training in Developmental Disabilities, 38,* 131-144.

Wehmeyer, M., Palmer, S., Agran, M., Mithaug, D., & Martin, J. (2000). Promoting causal agency: The Self-Determined Learning Model of Instruction. *Exceptional Children, 66,* 439-453.

Wehmeyer, M., Palmer, S., Soukup, J., Garner, N., & Lawrence, M. (2007). Self-determination and student transition planning knowledge and skills: Predicting involvement. *Exceptionality, 15*, 31-44.

Wood, W., Karvonen, M., Test, D., Browder, D., & Algozzine, B. (2004). Promoting student self-determination skills in IEP planning. *Teaching Exceptional Children, 36*, 8-15.

7장

Bailey, D. B., McWilliam, R. A., Darkes, L. A., Hebbeler, K., Simionsson, R. J., Spiker, D., et al. (1998). Family outcomes in early intervention: A framework for program evaluation and efficacy research. *Exceptional Children, 64*(3), 313-329.

Balli, S., Demo, D. H., & Wedman, J. F. (1998). Family involvement with children's homework: An intervention in the middle grades. *Family Relations, 47*(2), 149-157.

Barrera, I. (2000). Honoring differences: Essential features of appropriate ECSE services for young children from diverse sociocultural environments. *Young Exceptional Children, 3*(4), 17-24.

Barrera, I., & Corso, R. M. (with MacPherson, D.). (2003). *Skilled dialogue: Strategies for responding to cultural diversity in early childhood.* Baltimore: Paul H. Brookes.

Barrera, I., & Kramer, L. (1997). From monologues to skilled dialogues: Teaching the process of crafting culturally competent early childhood environments. In P. J. Winton, J. A. McCollum, & C. Catlett (Eds.), *Reforming personnel preparation in early intervention: Issues, models, and practical strategies* (pp. 217-251). Baltimore: Paul H. Brookes.

Beach Center on Disability. (2008). *How do I implement participant direction of funding and supports and services in my state or area?* Retrieved July 5, 2008, from http://www.beachcenter.org/resource_library/beach_resource_detail_page.aspx?ResourceID=1754&Type=tip

Blue-Banning, M., Summers, J. A., Frankland, H. C., Nelson, L. L., & Beegle, G. (2004). Dimensions of family and professional partnerships: Constructive guidelines for collaboration. *Exceptional Children, 70*(2), 167-184.

Buckley, J., Mank, D., & Sandow, D. (1990). Developing and implementing support strategies. In F. R. Rusch (Ed.), *Supported employment: Model, methods, and issues* (pp. 131-144). Sycamore, IL: Sycamore Publishing.

Butterworth, J., Hagner, D., Heikkinen, B., Farris, S., DeMello, S., & McDonough, K. (1993). *Whole life planning: A guide for organizers and facilitators.* Boston: Children's Hospital and University of Massachusetts.

Callahan, K., Rademacher, J. A., & Hildreth, B. K. (1998). The effect of parent participation in strategies to improve the homework performance of students who are at risk. *Remedial and Special Education, 19,* 131-141.

Chambers, C., Hughes, C., & Carter, E. (2004). Parent and sibling perspectives on the transition to adulthood. *Education and Training in Developmental Disabilities, 39,* 79-94.

Chavkin, N. F., Gonzalez, J., & Rader, R. (2002). A home-school program in Texas-Mexico border school: Voices from parents, students, and school staff. *School Community Journal, 10*(2), 127-137.

Cooney, B. (2002). Exploring perspective on transition of youth with disabilities: Voices of young adults, parents, and professionals. *Mental Retardation, 40,* 425-435.

Cooper, H. M., Lindsay, J. J., & Nye, B. (2000). Homework in the home: How student, family, and parenting-style differences relate to the homework process. *Contemporary Educational Psychology, 25*(4), 464-487.

Council for Exceptional Children. (2001). Improving family involvement in special education. *Research Connections in Special Education, 91,* 1.

Dehyle, D., & LeCompte, M. (1994). Cultural differences in child development: Navajo adolescents in middle school. *Theory Into Practice, 33*(3), 156-166.

Elliott, G., & Feldman, S. (1990). Capturing the adolescent experience. In S. Feldman & G. Elliott (Eds.), *At the threshold: The developing adolescent* (pp. 1-13). Cambridge, MA: Harvard University Press.

Falbo, T., Lein, L., & Amador, N. A. (2001). Parental involvement during the transition to high school. *Journal of Adolescent Research, 16,* 511-529.

Ferguson, P. M., & Ferguson, D. L. (2000). The promise of adulthood. In M. E. Snell & F. Brown (Eds.), *Instruction of students with severe disabilities* (5th ed., pp. 629-656). Upper Saddle River, NJ: Prentice Hall.

Ferguson, P. M., Ferguson, D. L., Jeanchild, L., Olson, D., & Lucyshyn, J. (1993). Angles of influence: Relationships among families, professionals, and adults with severe disabilities. *Journal of Vocational Rehabilitation, 3*(2), 14-22.

Finn, J. D. (1998). Parental engagement that makes a difference. *Educational Leadership, 55*(8), 20-24.

Giangreco, M. F., Cloninger, C. J., & Iverson, V. S. (1998). *COACH: Choosing Outcomes and Accommodations for Children: A guide to educational planning for students with disabilities* (2nd ed.). Baltimore: Paul H. Brookes.

Gollnick, D. M., & Chinn, P. C. (2002). *Multicultural education in a pluralistic society* (6th ed.). Upper Saddle River, NJ: Merrill/Prentice Hall.

Gonzalez, A. R. (2002). Parental involvement: Its contribution to high school students' motivation. *The Clearing House, 7*(3), 132-134.

Greene, G. (1996). Empowering culturally and linguistically diverse families in the transition planning process. *Journal for Vocational Special Needs Education, 19,* 26-30.

Hall, E. T. (1976). *Beyond culture.* Garden City, NY: Anchor Books.

Hanley-Maxwell, C., Pogoloff, S. M., & Whitney-Thomas, J. (1998). Families: The heart of transition. In F. R. Rusch & J. G. Chadsey, *Beyond high school: Transition from school to work* (pp. 234-263). Belmont, CA: Wadsworth.

Hanline, M. F. (1993). Facilitating integrated preschool service delivery transitions for children, families and professionals. In C. A. Peck, S. L. Odom, & D. D. Bricer (Eds.), *Integrating young children with disabilities into community programs* (pp. 133-146). Baltimore: Paul H. Brookes.

Harris, K. (2005). Guardianship is not self-determination. *TASH Connections, 31*(9/10), 1-3.

Harry, B. (1992). *Cultural diversity, families, and the special education system: Communication and empowerment.* New York: Teachers College PRess.

Harry, B. (1997). Learning forward or bending over backwards: Cultural reciprocity in working with families. *Journal of Early Intervention, 21,* 62-72.

Harry, B. (2008). Collaboration with culturally and linguistically diverse families: Ideal versus reality. *Exceptional Children, 74,* 372-388.

Hecht, M. L., Andersen, P. A., & Ribeau, S. A. (1989). The cultural dimensions of nonverbal communication. In M. K. Asante & W. B. Gudykunst (Eds.), *Handbook of international and intercultural communication* (pp. 163-185). Beverly Hills, CA: Sage.

Henderson, A. T., & Berla, N. (Eds.). (1994). *A new generation of evidence: The family is critical to student achievement.* Washington, DC: Center for Law and Education.

Hoyle, D. (2005). Eliminating the pervasiveness of guardianship. *TASH Connections 31*(9/10), 4-5.

Hutchins, M. P., & Renzaglia, A. (1998, March/April). Interviewing families for effective transition to employment. *Teaching Exceptional Children, 30*(4), 72-78.

Joe, J. R., & Malach, R. S. (2004). Families with American Indian roots. In E. W. Lynch & M. J. Hanson (Eds.), *Developing cross-cultural competence: A guide for working with children and their families* (3rd ed.). Baltimore: Paul H. Brookes.

Jordan, B., & Dunlap, G. (2001). Constructionof adulthood and disability. *Mental Retardation, 39*(4), 286-296.

Kalyanpur, M., & Harry, B. (1999). *Culture in special education: Building reciprocal family-*

professional relationships. Baltimore: Paul H. Brookes.

keith, T. Z., Keith, P. B., Quirk, K. J., Sperduto, J., Santillo, S., & Killings, S. (1998). Longitudinal effects of parent involvement on high school grades: Similarities and differences across gender and ethnic groups. *Journal of School Psychology, 36,* 335-363.

Kim, K., & Turnbull, A. (2004). Transition to adulthood for students with severe intellectual disabilities: Shifting toward person-family interdependent planning. *Research and Practice for Persons With Severe Disabilities, 29,* 53-57.

Koenigsburg, J., Garet, M., & Rosenbaum, J. (1994). The effect of family on the job exits of young adults. *Work and Occupation, 21,* 33-63.

Kraemer, B. R., & Blacher, J. (2001). Transition for young adults with severe mental retardation: School preparation, parent expectations, and family involvement. *Mental Retardation, 39*(6), 423-435.

Lake, J. F., & Billingsley, B. S. (2000). An analysis of factors that contribute to parent-school conflict in special education. *Remedial and Special Education, 21*(4), 240-251.

Levinson, D., Darrow, C., Klein, E., Levinson, M., & McKee, B. (1978). *The seasons of a man's life.* New York: Alfred A. Knopf.

Lichtenstein, S. (1998). Characteristics of youth and young adults. In F. R. Rusch & J. G. Chadsey (Eds.), *Beyond high school: Transition from school to work* (pp. 3-35). Belmont, CA: Wadsworth.

Luft, P. (2008). Multicultural and collaborative competencies for working with families. In R. W. Flexor, R. M. Baser, P. Luft, & T. J. Simmons (Eds.), *Transition planning for secondary students with disabilities* (3rd ed., pp. 54-81). Columbus, OH: Pearson Merrill Prentice Hall.

Lynch, E. W. (1998). Developing cross-cultural competence. In E. W. Lynch & M. J. Hanson (Eds.), *Developing cross-cultural competence: A guide for working with children and their families* (2nd ed., pp. 23-46). Baltimore: Paul H. Brookes.

Lynch, E. W. (2004). Developing cross-cultural competence. In E. W. Lynch & M. J. Hanson (Eds.), *Developing cross-cultural competence: A guide for working with children and their families* (3rd ed., pp. 41-78). Baltimore: Paul H. Brookes.

Lynch, E. W., & Hanson, M. J. (1993). Changing demographics: Implications for training in early intervention. *Infants and Young Children, 6,* 50-55.

Lynch, E. W., & Hanson, M. J. (2004). *Developing cross-cultural competence: A guide for working with children and their families* (3rd ed.). Baltimore: Paul H. Brookes.

McDonnell, A. P., & Hardman, M. L. (2003). Multicultural and diversity issues. In J. J. McDonnell, M. L.

Hardman, & A. P. McDonnell (Eds.), *An introduction to persons with moderate and severe disabilities: Emotional and social issues* (2nd ed., pp. 94-137). Boston: Allyn & Bacon.

McHugh, M. (2003). *Special siblings: Growing up with someone with a disability.* Baltimore: Paul H. Brookes.

Mount, B. (1992). *Person-centered planning: Findings directions for change using personal futures planning.* New York: Graphic Futures.

Mount, B. (1995). Benefits and limitations of personal futures planning. In V. Bradley, J. Ashbough, & B. Blaney (Eds.), *Creating individual supports for people with developmental disabilities* (pp. 97-108). Baltimore: Paul H. Brookes.

Nieto, S. (2000). *Affirming diversity: The sociopolitical context of multicultural education* (3rd ed.). New York: Longman.

O'Brien, J., & Lovett, H. (1992). *Finding a way toward everyday lives: The contribution of person centered planning.* Harrisburg: Pennsylvania Department of Public Welfare, Office of Mental Retardation.

O'Brien, J., & Lyle, C. (1987). *Framework for accomplishment.* Decatur, GA: Responsive Systems Associates.

Ohtake, Y., Santos, R. M., & Fowler, S. A. (2000). It's a three-way conversation: Families, service providers, and interpreters working together. *Young Exceptional Children, 4,* 12-18.

Pachter, L. M. (1994). Culture and clinical care: Folk illness beliefs and behaviors and their implications for health care delivery. *Journal of the American Medical Association, 271,* 690-694.

Payne-Christiansen, E. M., & Sitlington, P. L. (2008). Guardianship: Its role in the transition process for students with developmental disabilities. *Education and Training in Developmental Disabilities, 43,* 3-19.

Preto, N. G. (1999). Transformation of the family system during adolescence. In B. Carter & M. McGoldrick (Eds.), *The expanded family life cycle: Individual, family, and social perspectives* (3rd ed.). Needham Heights, MA: Allyn & Bacon.

Resource Foundation for Children with Challenges. (2000). *Guardianship for the adult child.* Accessed April 4, 2008, from http://www.specialchild.com/archives/ia-025.html

Roberts, R. N., Barclay-McLaughlin, G., Cleveland, J., Colston, W., Malach, R., Mulvey, L., et al. (1990). *Developing culturally competent programs for families of children with special needs.* Logan: Utah State University, Early Intervention Research Institute, Developmental Center for Handicapped Persons. (Prepared by Georgetown University Child Development Center, Washington, DC.)

Saleebey, D. (1996). The strengths perspectives in social work practice: Extensions and cautions. *Social Work, 41*(3), 296-306.

Salomone, P. R. (1996). Career counseling and job placement: Theory and practice. In E. M. Szymanski & R. M. Parkers (Eds.), *Work and disability: Issues and strategies in career development and job placement* (pp. 365-420). Austin, TX: Pro-Ed.

Santos, R. M., & Chan, S. (2004). In E. W. Lynch & M. J. Hanson (Eds.), *Developing cross-cultural competence: A guide for working with children and their families* (3rd ed., pp. 299-344). Baltimore: Paul H. Brookes.

Shaver, A. V., & Walls, R. T. (1998). Effect of Title I parent involvement on student reading and mathematics achievement. *Journal of Research and Development in Education, 31*(2), 90-97.

Sheehey, P. H., & Sheehey, P. E. (2007). Elements for successful parent-professional collaboration: The fundamental things apply as time goes by. *TEACHING Exceptional Children Plus, 4*(2), Article 3. Retrieved May 15, 2008, from http://escholarship.bc.edu/education/tecplus/vol4/iss2/art3

Smith, T. E. C., Gartin, B. C., Murdick, N. L., & Hilton, A. (2006). *Families and children with special needs: Professional and family partnerships.* Upper Saddle River, NJ: Pearson Merrill Prentice Hall.

SRI International. (2005). *Family involvement in the educational development of youth with disabilities: A special topic report of the findings from the National Longitudinal Transition Study-2 (NLTS2)* (report prepared for the Office of Special Education Programs, U.S. Department of Education). Menlo Park, CA: SRI International.

Steere, D. E., Rose, E., & Cavaiuolo, D. (2007). *Growing up: Transition to adult life for students with disabilities.* Boston: Pearson-Allyn & Bacon.

Sturm, L., & Gahagan, S. (1999). Cultural issues in provider-parent relationships. In D. B. Kessler & P. Dawson (Eds.), *Failure to thrive and pediatric undernutrition: A transdisciplinary approach* (pp. 351-374). Baltimore: Paul H. Brookes.

Thorin, E., Yovanoff, P., & Irvin, L. (1996). Dilemmas faced by families during their young adults' transitions to adulthood: A brief report. *Mental Retardation, 34,* 117-120.

Timmons, J., Whitney-Thomas, J., McIntyre, J., Butterworth, J., & Allen, D. (2004). Managing service delivery systems and the role of parents during their children's transitions. *Journal of Rehabilitation, 70,* 19-26.

Turnbull, A. P., Summers, J. A., & Brotherson, M. J. (1984). *Working with families with disabled members: A family systems approach.* Lawrence: University of Kansas, Kansas Affiliated Facility.

Turnbull, A. P., Summers, J. A., & Brotherson, M. J. (1986). Family life cycle: Theoretical and empirical implications and future directions for families with mentally retarded members. In J. J. Gallagher & P. M. Vietze (Eds.), *Families of handicapped persons: Research, programs, and policy issues* (pp. 25-44). Baltimore: Paul H. Brookes.

Turnbull, A. P., & Turnbull, H. R. (2001). Self-determination within a culturally responsive family systems perspective: Balancing the family mobile. In L. E. Powers, G. H. Singer, & J. A. Sowers (Eds.), *On the road to autonomy promoting self-competence among children and youth with disabilities* (pp. 195-200). Baltimore: Paul H. Brookes.

Turnbull, A., Turnbull, R., Erwin, E. J., & Soodak, L. C. (2006). *Families, professionals, and exceptionality: Positive outcomes through partnerships, and trust* (5th ed.). Upper Saddle River, NJ: Merrill Prentice Hall.

U.S. Census Bureau. (2000). *Profile of general demographics.* Retrieved August 18, 2008, from http://www.census.gov/Press-Release/www/2002/demoprofiles.html

U.S. Census Bureau. (2004). *American community survey?race.* Washington, DC: U.S. Department of Commerce, U.S. Census Bureau.

Vandercock, T., York, J., & Forest, M. (1989). The McGill Action Planning Systems (MAPS): A strategy for building the vision. *Journal of the Association for Persons With Severe Handicaps, 23,* 5-16.

Varnet, T. (2006). *Guardianship.* Accessed April 4, 2008, from Tuberous Sclerosis Alliance Web site at http://www.tsalliance.org/pages.aspx?content=62

Vaughn, S., Bos, C. S., & Schumm, J. S. (1997). *Teaching mainstreamed, diverse, and at-risk student.* Boston: Allyn & Bacon.

Wehman, P. (1998). *Developing transition plans.* Austin, TX: Pro-Ed.

Wehmeyer, M. L., Morningstar, M., & Husted, D. (1999). *Family involvement in transition planning and implementation* (Transition Series). Austin, TX: Pro-Ed.

Wehmeyer, M. L., & Schalock, R. L. (2001). Self-determination and quality of life: Implications for special education services and supports. *Focus on Exceptional Children, 33*(8), 1-16.

Westling, D. L., & Fox, L. (2008). *Teaching students with severe disabilities* (4th ed.). Upper Saddle River, NJ: Merrill Prentice Hall.

Whitechurch, G. G., & Constantine, L. L. (1993). Systems theory. In P. G. Boss, W. J. Doherty, R. LaRossa, W. R. Schumm, & S. K. Steinmetz (Eds.), *Sourcebook of family theories and methods: A contextual approach* (pp. 325-352). New York: Plenum.

8장

Agran, M., Sinclair, T., Alper, S., Cavin, M., Wehmeyer, M., & Hughes, C. (2005). Using self-monitoring to increase following-direction skills of students with moderate to severe disabilities in general education. *Education and Training in Developmental Disabilities, 40,* 3-13.

Baker, E. T., Wang, M. C., & Walberg, H. J. (1994-1995). The effects of inclusion on learning. *Educational Leadership, 52,* 33-35.

Bambara, L. M., Wilson, B. A., & McKenzie, M. (2007). Transition and quality of life. In S. L. Odom, R. H. Horner, M. E. Snell, & J. Blacher (Eds.), *Handbook of developmental disabilities* (pp. 371-389). New York: Guilford.

Benz, M. R., Lindstrom, L., & Yovanoff, P. (2000). Improving graduation and employment outcomes of students with disabilities: Predictive factors and student perspectives. *Exceptional Children, 66,* 509-529.

Berry, R. A. W. (2006). Inclusion, power, and community: Teachers and students interpret the language of community in an inclusion classroom. *American Educational Research Journal, 43,* 489-529.

Broer, S. M., Doyle, M. B., & Giangreco, M. F. (2005). Perspectives of students with intellectual disabilities about the experiences with paraprofessional support. *Exceptional Children, 71,* 415-430.

Brown, L., Branston, M. B. Hamre-Nietupski, A., Pumpian, I., Certo, N., & Gruenwald, L. A. (1979). A strategy for developing chronological age-appropriate and functional curricular content for severely handicapped adolescents and young adults. *Journal of Special Education, 13,* 81-90.

Burnstein, N., Sears, S., Wilcoxen, A., Cbello, B., & Spagna, M. (2004). Moving toward inclusive practices. *Remedial and Special Education, 25,* 104-116.

Carter, E. W., Cushing, L. S., Clark, N. M., & Kennedy, C. H. (2005). Effects of peer support interventions on students' access to the general curriculum and social interactions. *Research and Practice for Persons With Severe Disabilities, 30,* 15-25.

Carter, E. W., Hughes, C., Copeland, S., & Breen, C. (2001). Differences between high school students who do and do not volunteer to participate in a peer interaction program. *Journal of the Association for Persons With Severe Handicaps, 26,* 229-239.

Carter, E. W., Hughes, C., Guth, C. B., & Copeland, S. R. (2005). Factors influencing social interaction among high school students with intellectual disabilities and their general education peers. *American Journal on Mental Retardation, 110,* 366-377.

Carter, E. W., & Kennedy, C. H. (2006). Promoting access to the general curriculum using peer support strategies. *Research and Practice for Persons With Severe Disabilities, 31,* 284-292.

Causton-Theoharis, J. N., & Malmgren, K. W. (2005). Increasing peer interactions for students with severe disabilities via paraprofessional training. *Exceptional Children, 71,* 431-444.

Chesley, G. M., & Calaluce, P. D. (2005). The deception of inclusion. In M. Byrnes (Ed.), *Taking sides: Clashing views on controversial issues in special education* (2nd ed., pp. 201-205). Dubuque, IA: McGraw-Hill/Dushkin.

Coots, J. J., Bishop, K. D., & Grenot-Scheyer, M. (1998). Supporting elementary age students with significant disabilities in general education classrooms: Personal perspectives on inclusion. *Education and Training in Mental Retardation and Developmental Disabilities, 33,* 317-330.

Cushing, L. S., & Kennedy, C. H. (2004). Facilitating social relationships in general education settings. In C. H. Kennedy & F. M. Horn (Eds.), *Including students with severe disabilities* (pp. 206-216). Boston: Allyn & Bacon.

Cushing, L. S., Kennedy, C. H., Shukla, S., Davis, J., & Meyer, K. A. (1997). Disentangling the effects of curricular revision and social grouping within cooperative learning arrangements. *Focus on Autism and Other Developmental Disabilities, 12,* 231-240.

Cutts, S., & Sigafoos, J. (2001). Social competence and peer interactions of students with intellectual disability in an inclusive high school. *Journal of Intellectual and Developmental Disability, 26,* 127-141.

Devlin, P. (2005). Effects of continuous improvement training on student interaction and engagement. *Research and Practice for Persons With Severe Disabilities, 30,* 47-59.

Downing, J. E. (1996). *Including students with severe and multiple disabilities in typical classrooms: Practical strategies for teachers.* Baltimore: Paul H. Brookes.

Downing, J. E., Ryndak, D. L., & Clark, D. (2000). Paraeducators in inclusive classrooms: Their own perceptions. *Remedial and Special Education, 21,* 171-181.

Doyle, M. B. (2002). *The paraprofessional's guide to the inclusive classroom: Working as a team.* Baltimore: Paul H. Brookes.

Dugan, E., Kamps, D., Leonard, B., Watkins, N., Rheinberger, A., & Stackhaus, J. (1995). Effects of cooperative learning groups during social studies for students with autism and fourth-grade peers. *Journal of Applied Behavior Analysis, 28,* 175-188.

Dymond, S. K., Renzaglia, A., Rosenstein, A., Chun, E. J., Banks, R. A., Niswander, V., et al. (2006). Using participatory action research approach to create a univerally designed inclusive high school science course: A case study. *Research and Practice for Persons With Severe Disabilities, 31,* 293-

308.

Fisher, D., & Frey, N. (2001). Access to the core curriculum: Critical ingredients for student success. *Remedial and Special Education, 22,* 148-157.

Fisher, D., Sax, C., & Pumpian, I. (1999). *Inclusive high schools: Learning from contemporary classrooms.* Baltimore: Paul H. Brookes.

Ford, A., Schnorr, R., Meyer, L., Davern, L., Black, J., & Dempsey, P. (1989). *The Syracuse community-referenced curriculum guide for students with moderate and severe disabilities.* Baltimore: Paul H. Brookes.

Fredericks, H. D., Baldwin, V. L., Grove, D. N., Riggs, C., Furey, V. Moore, W., et al. (1975). *A data based classroom for the moderately and severely handicapped.* Monmouth, OR: Instructional Development Corporation.

French, N. (2003a). *Managing paraeducators in your school: How to hire, train, and supervise noncertified staff.* Thousand Oaks, CA: Corwin Press.

French, N. (2003b). Paraeducators in special education programs. *Focus on Exceptional Children, 36*(2), 1-16.

Giangreco, M. F., & Broer, S. M. (2005). Questionable utilization of paraprofessionals in inclusive schools: Are we addressing symptoms or causes? *Focus on Autism and Other Developmental Disabilities, 20,* 10-26.

Giangreco, M. F., & Broer, S. M. (2007). School-based screening to determine overreliance on paraprofessionals. *Focus on Autism and Other Developmental Disabilities, 22,* 149-158.

Giangreco, M. F., Broer, S. M., & Edelman, S. W. (2002). "That was then, this is now!" Paraprofessional supports for students with disabilities in general education classrooms. *Exceptionality, 10,* 47-64.

Giangreco, M. F., Cloninger, C. J., & Iverson, V. S. (1998). *Choosing outcomes and accommodations for children: A guide to educational planning for students with disabilities* (2nd ed.). Baltimore: Paul H. Brookes.

Giangreco, M. F., Edelman, S. W., Luiselli, T. E., & MacFarland, S. Z. C. (1997). Helping or hovering? Effects of instructional assistance proximity on students with disabilities. *Exceptional Children, 64,* 7-18.

Giangreco, M. F., Edelman, S. W., & Nelson, C. (1998). Impact of planning for support services on students who are deaf-blind. *Journal of Visual Impairment and Blindness, 92,* 18-30.

Gilberts, G. H., Agran, M., Hughes, C., & Wehmeyer, M. (2001). The effects of peer delivered self-monitoring strategies on the participation of students with severe disabilities in general education classrooms. *Journal of the Associationfor Persons With Severe Handicaps, 26*, 25-36.

Guess, D., & Helmstetter, E. (1986). Skill cluster instruction and the Individualized Curriculum Sequencing model. In R. H. Horner, L. H. Meyer, & H. D. Fredericks (Eds.), *Educating learners with severe handicaps: Exemplary service strategies* (pp. 221-250). Baltimore: Paul H. Brookes.

Halvorsen, A. T., & Neary, T. (2001). *Building inclusive schools: Tools and strategies for success.* Boston: Allyn & Bacon.

Harper, G. F., Maheady, L., & Mallette, B. (1994). The power of peer-mediated instruction: How and why it promotes academic success for all students. In J. S. Thousand, R. A. Villa, & A. I. Nevin (Eds.), *Creativity and collaborative learning: A practical guide to empowering students and teachers* (pp. 229-242). Baltimore: Paul H. Brookes.

Harrower, J. (1999). Educational inclusion of children with severe disabilities. *Journal of Positive Behavioral Interventions, 1*, 215-230.

Horner, R. H., McDonnell, J., & Bellamy, G. T. (1986). Efficient instruction of generalized behaviors: General case programming in simulation and community settings. In R. H. Horner, L. H. Meyer, & H. D. Fredericks (Eds.), *Educating learners with severe handicaps: Exemplary services strategies* (pp. 289-314). Baltimore: Paul H. Brookes.

Hughes, C., & Carter, E. W. (2006). *Success for all students: Promoting inclusion in secondary schools through peer buddy systems.* Upper Saddle River, NJ: Allyn & BAcon.

Hughes, C., Copeland, S. R., Agran, M., Wehmeyer, M. L., Rodi, M. S., & Presley, J. A. (2002). Using self-monitoring to improve performance in general education high school classes. *Education and Training in Mental Retardation and Developmental Disabilities, 37*, 262-272.

Hunt, P., Doering, K., Hirose-Hatae, A., Maier, J., & Goetz, L. (2001). Across-program collaboration to support students with and without disabilities in general education classrooms. *Journal of the Association for Persons With Severe Handicaps, 26*, 240-256.

Hunt, P., & McDonnell, J. (2007). Inclusive education. In S. L. Odom, R. H. Horner, M. Snell, & J. Blacher (Eds.), *Handbook on developmental disabilities* (pp. 269-291). New York: Guilford.

Hunt, P., Soto, G., Maier, J., & Doering, K. (2003). Collaborative teaming to support students at risk and students with severe disabilities in general education classrooms. *Exceptional Children, 69*(3), 315-332.

Hunt, P., Soto, G., Maier, J., Muller, E., & Goetz, P. (2002). Collaborative teaming to support students with AAC needs in general education classrooms. *Augmentative and Alternate Communication, 18*, 20-35.

Hunt, P., Staub, D., Alwell, M., & Goetz, L. (1994). Achievement by all students within the context of learning groups. *Journal of the Association for Persons With Severe Handicaps, 19,* 290-301.

Jacques, N., Wilton, K., & Townsend, M. (1998). Cooperative learning and social acceptance of children with mild intellectual disabilities. *Journal of Intellectual Disability Research, 42,* 29-36.

Jameson, J. M., McDonnell, J., Polychronis, S., & Riesen, T. (2008). Training middle school peer tutors to embed constant time delay instruction for students with significant cognitive disabilities in inclusive middle school settings. *Intellectual and Developmental Disabilities, 46,* 346-365.

Janney, R., & Snell, M. E. (2000). *Modifying schoolwork.* Baltimore: Paul H. Brookes.

Janney, R. E., & Snell, M. E. (1997). How teachers include students with moderate and severe disabilities in elementary classes: The means and meaning of inclusion. *Journal of the Association for Persons With Severe Handicaps, 22,* 159-169.

Johnson, D. W., Johnson, R. T., & Holubec, E. J. (1993). *Circles of learning: Cooperation in the classroom* (4th ed.). Edina, MN: Interaction Book Company.

Jorgensen, C. M. (1998). *Restructuring high schools for all students: Taking inclusion to the next level.* Baltimore: Paul H. Brookes.

Kamps, D. M., Barbetta, P. M., Leonard, B. R., & Delquardri, J. (1994). Classwide peer tutoring: An integration strategy to improve reading skills and promote peer interactions among students with autism and general education peers. *Journal of Applied Behavior Analysis, 27,* 49-62.

Kamps, D. M., Leonard, B., Potucek, J., & Garrison-Harrell, L. (1995). Cooperative learning groups in reading: An integration strategy for students with autism and general classroom peers. *Behavioral Disorders, 21,* 80-109.

Kennedy, C. H., Cushing, L. S., & Itkonen, T. (1997). General education participation improves the social contacts and friendship networks of students with severe disabilities. *Journal of Behavior Education, 7,* 167-189.

Kennedy, C. H., Shukla, S., & Fryxell, D. (1997). Comparing the effects of educational placement on the social relationship of intermediate school students with severe disabilities. *Exceptional Children, 64,* 31-47.

King-Sears, M. E. (1999). Teacher and researcher co-design self-management content for an inclusive setting: Research training, intervention, and generalization effects on student performance. *Education and Training in Mental Retardation and Developmental Disabilities, 34,* 134-156.

Koegel, L. K., Harrower, J. K., & Koegel, R. L. (1999). Support for children with developmental disabilities in full inclusion classroom through self-management. *Journal of Positive Behavioral Inter-*

ventions, 1, 26-34.

Lee, S. H., Amos, B. A., Gragoudas, S., Lee, Y., Shogren, K. A., Theoharis, R., et al. (2006). Curriculum augmentation and adaptation strategies to promote access to the general curriculum for students with intellectual and developmental disabilities. *Education and Training in Developmental Disabilities, 41*, 199-212.

Lipsky, D. K., & Gartner, A. (1997). *Inclusion and school reform: Transforming America's classroom.* Baltimore: Paul H. Brookes.

Marks, S. U., Schrader, C., & Levine, M. (1999). Paraeducator experiences in inclusive settings: Helping, hovering, or holding their own? *Exceptional Children, 65*, 315-328.

McDonnell, J. (1998). Instruction for students with severe disabilities in general education settings. *Education and Training in Mental Retardation and Developmental Disabilities, 33*, 199-215.

McDonnell, J., Hardman, M. L., & McDonnell, A. P. (2003). *An introduction to persons with severe disabilities: Social and educational issues* (2nd ed.). Boston: Allyn & Bacon.

McDonnell, J., Johnson, J. W., & McQuivey, C. (2008). *Embedded instruction for students with developmental disabilities in general education classes.* Alexandria, VA: Division of Developmental Disabilities, Council for Exceptional Children.

McDonnell, J., Johnson, J. W., Polychronis, S., & Riesen, T. (2002). The effects of embedded instruction on students with moderate disabilities enrolled in general education classes. *Education and Training in Mental Retardation and Developmental Disabilities, 37,* 363-377.

McDonnell, J., Mathot-Buckner, C., Thorson, N., & Fister, S. (2001). Supporting the inclusion of students with severe disabilities in typical junior high school classes: The effects of class wide peer tutoring, multi-element curriculum, and accommodations. *Education and Treatment of Children, 24,* 141-160.

McDonnell, J., Thorson, N., Allen, C., & Mathot-Buckner, C. (2000). The effects of partner learning during spelling for students with severe disabilities and their peers. *Journal of Behavioral Education, 10,* 107-122.

McGuire, J. M., Scott, S. S., & Shaw, S. F. (2006). Universal design and its application in educational environments. *Remedial and Special Education, 27,* 166-175.

Moortweet, S. L., Utley, C. A., Walker, D., Dawson, H. L., Delquadri, J. C., Reddy, S. S., et al. (1999). Classwide peer tutoring: Teaching students with mild mental retardation in inclusive classrooms. *Exceptional Children, 65,* 524-536.

Neel, R. S,. & Billingsley, F. F. (1989). *Impact: A functional curriculum handbook for students with moderate to severe disabilities.* Baltimore: Paul H. Brookes.

Park, H. S., Hoffman, S. A., Whaley, S., & Gonsier-Gerdin, J. (2001). Ted's story: Looking back and beyond. In M. Grenot-Scheyer, M. Fisher, & D. Staub (Eds.), *At the end of the day: Lessons learned in inclusive education* (pp. 151-162). Baltimore: Paul H. Brookes.

Phelps, L. A., & Hanley-Maxwell, C. (1997). School-to-work transition for youth with disabilities: A review of outcomes and practices. *Review of Educational Research, 67,* 197-226.

Putnam, J. W. (1993). *Cooperative learning and strategies for inclusion: Celebrating diversity in the classroom.* Baltimore: Paul H. Brookes.

Rainforth, B., & England, J. (1997). Collaborations for inclusion. *Education and Treatment of Children, 20,* 85-104.

Renzaglia, A., Karvonen, M., Drasgow, E., & Stoxen, C. C. (2003). Promoting a lifetime of inclusion. *Focus on Autism and Other Developmental Disabilities, 18,* 140-149.

Roach, A. T., & Elliot, S. N. (2006). The influence of access to the general education curriculum on alternate assessment performance of students with significant cognitive disabilities. *Educational Evaluation and Policy Analysis, 28,* 181-194.

Rose, D., Meyer, A., & Hitchcock, C. (2005). *The universally designed classroom: Accessible curriculum and digital technologies.* Cambridge, MA: Harvard University Press.

Rule, S., Losardo, A., Dinnebeli, L., Kaiser, A., & Rowland, C. (1998). Translating research on naturalistic instruction into practice. *Journal of Early Intervention, 21,* 283-293.

Ryan, A. M. (2000). Peer groups as a context for the socialization of adolescents' motivation, engagement, and achievement in school. *Educational Psychologist, 35,* 101-111.

Ryndak, D. L., & Alper, S. (2003). *Curriculum and instruction for students with significant disabilities in inclusive settings.* Upper Saddle River, NJ: Allyn & Bacon.

Ryndak, D. L., Morrison, A. P., & Sommerstein, L. (1999). Literacy before and after inclusion in general education settings: A case study. *Journal of the Association for Persons With Severe Handicaps, 24,* 5-22.

Sailor, W., Halvorsen, A., Anderson, J., Goetz, L., Gee, K., Doering, K., et al. (1987). Community intensive instruction. In R. H. Horner, L. H. Meyer, & H. D. B. Fredericks (Eds.), *Education of learners with severe handicaps: Exemplary service strategies* (pp. 251-288). Baltimore: Paul H. Brookes.

Sailor, W., & Roger, B. (2005). Rethinking inclusion: Schoolwide applications. *Phi Delta Kappan, 86*(7), 503-509.

Salend, S. J., & Garrick-Duhaney, L. M. (1999). The impact of inclusion on students with and without disabilities and their educators. *Remedial and Special Education, 20*, 114-126.

Schepis, M. M., Reid, D. H., Ownbey, J., & Parsons, M. (2001). Training support staff to embed teaching within natural routines of young children with disabilities in an inclusive preschool. *Journal of Applied Behavior Analysis, 34*, 313-327.

Schumaker, J. B., & Deshler, D. D. (2006). Teaching adolescents to be strategic learners. In D. D. Deshler & J. B. Schumaker (Eds.), *Teaching adolescents with disabilities: Accessing the general education curriculum* (pp. 121-156). Thousand Oaks, CA: Corwin Press.

Schwartz, I. S., Staub, D., Peck, C. A., & Gallucci, C. (2006). Peer relationships. In M. E. Snell & F. Brown (Eds.), *Instruction of students with severe disabilities* (pp. 375-404). Upper Saddle River, NJ: Pearson.

Shapiro-Barnard, S., Tashie, C., Martin, J., Malloy, J., Schuh, J., Piet, J., et al. (2005). Petroglyphs: The writing on the wall. In M. Byrnes (Ed.), *Taking sides: Clashing views on controversial issues in special education*(2nd ed., pp. 196-200). Dubuque, IA: McGraw-Hill/Dushkin.

Shukla, S., Kennedy, C. H., & Cushing, L. S. (1998). Component analysis of peer support strategies: Adult influence on the participation of peers without disabilities. *Journal of Behavioral Education, 8*, 397-413.

Shukla, S., Kennedy, C. H., & Cushing, L. S. (1999). Intermediate school students with severe disabilities: Supporting their social participation in general education classrooms. *Journal of Positive Behavior Interventions, 1*, 130-140.

Slavin, R. E. (1995). *Cooperative learning: Theory, research, and practice* (2nd ed.). Boston: Allyn & Bacon.

Snell, M. E. (2007). Effective instructional practices. *TASH Connections, 33*(3/4), 8/11.

Snell, M. E., & Brown, F. (2006). *Instruction of students with severe disabilities*. Upper Saddle River, NJ: Pearson.

Stockall, N., & Gartin, B. (2002). The nature of inclusion in a Blue Ribbon school: A revelatory case. *Exceptionality, 10*, 171-188.

Udvari-Solner, A. (1996). Examining teacher thinking: Constructing a process to design curricular adaptations. *Remedial and Special Education, 17*, 245-254.

Villa, R. A., Thousand, J. A., Nevin, A., & Liston, A. (2005). Successful inclusive practices in middle and secondary schools. *American Secondary Education, 33*, 33-49.

Wagner, M., Newman, L., Cameto, R., Levine, P., & Marder, C. (2003). *Going to school: Instructional* contexts, programs, and participation of secondary school students with disabilities. Menlo Park, CA: SRI International.

Wallace, T., Anderson, A. R., & Bartholomay, T. (2002). Collaboration: An element associated with the success of four inclusive high schools. *Journal of Educational and Psychological Consultation, 13*, 349-381.

Wehmeyer, M. L. (2006). Universal design for learning, access to the general education curriculum and students with mild mental retardation. *Exceptionality, 14*, 225-235.

Wehmeyer, M. L., Field, S., Doren, B., Jones, B., & Mason, C. (2004). Self-determination and student involvement in standards-based reform. *Exceptional Children, 70*, 413-426.

Wehmeyer, M. L., Lattin, D. L., Lapp-Rincker, G., & Agran, M. (2003). Access to the general curriculum with middle school students with mental retardation: An observational study. *Remedial and Special Education, 24*, 262-272.

Wehmeyer, M., & Sailor, W. (2004). High school. In C. H. Kennedy & E. M. Horn (Eds.), *Including students with severe disabilities* (pp. 259-281). Upper Saddle River, NJ: Allyn & Bacon.

Wehmeyer, M. L., Yeager, D., Bolding, N., Agran, M., & Hughes, C. (2003). The effects of self-regulation strategies on goal attainment for students with developmental disabilities in general education classes. *Journal of Developmental and Physical Disabilities, 15*, 79-91.

Weiner, J. S. (2005). Peer-mediated conversational repair in students with moderated and severe disabilities. *Research and Practice for Persons With Severe Disabilities, 30*, 26-31.

Westling, D. L., & Fox, L. (2009). *Teaching students with severe disabilities.* Upper Saddle River, NJ: Merrill.

Wilcox, B., & Bellamy, G. T. (1982). *Design of high school programs for severely handicapped students.* Baltimore: Paul H. Brookes.

Wilcox, B., & Bellamy, G. T. (1987). *A comprehensive guide to the Activities Catalog: An alternative curriculum for youth and adults with severe disabilities.* Baltimore: Paul H. Brookes.

Wolery, M., Ault, M. J., & Doyle, P. M. (1992). *Teaching students with moderate to severe disabilities: Use of response prompting strategies.* New York: Longman.

Young, B., Simpson, R. L., Smith-Myles, B., & Kamps, D. M. (1997). An examination of paraprofessional involvement in supporting inclusion of students with autism. *Focus on Autism and Other Developmental Disabilities, 12*, 31-40.

9장

Albin, R., McDonnell, J., & Wilcox, B. (1987). Designing program interventions to meet activity goals. In G. T. Bellamy & B. Wilcox (Eds.), *The activities catalog: A community programming guide for youth and adults with severe disabilities* (pp. 63-88). Baltimore: Paul H. Brookes.

Albin, R. W., & Horner, R. H. (1988). Generalization with precision. In R. H. Horner, G. Dunlap, & R. L. Koegel (Eds.), *Generalization and maintenance: Life-style changes in applied settings* (pp. 99-120). Baltimore: Paul H. Brookes.

Ayres, K. M., Langone, J., Boon, J. T., & Norman, A. (2006). Computer-based instruction for purchasing skills. *Education and Training in Developmental Disabilities, 41,* 253-263.

Bambara, L. M., Wilson, B. A., & McKenzie, M. (2007). Transition and quality of life. In S. L. Odom, R. H. Horner, M. E. Snell, & J. Blacher (Eds.), *Handbook of developmental disabilities* (pp. 371-389). New York: Guilford.

Bates, P. (1980). The effectiveness of interpersonal skills training in the social skill acquisition of moderately and severely retarded adults. *The Journal of Applied Behavior Analysis, 13,* 237-248.

Baumgart, D., & Van Walleghem, J. (1986). Staffing strategies for implementing community-based instruction. *Journal of the Association for Persons With Severe Handicaps, 11,* 92-102.

Bennett, D. L., Gast, D. L., Wolery, M., & Schuster, J. (1986). Time delay and system of least prompts: A comparison in teaching manual sign production. *Education and Training of the Mentally Retarded, 21,* 117-129.

Billingsley, F. F., & Alberston, L. R. (1999). Finding a future for functional skills. *Journal of the Association for Persons With Severe Handicaps, 24,* 292-300.

Branham, R., Collins, B., Schuster, J. W., & Kleinert, H. (1999). Teaching community skills to students with moderate disabilities: Comparing combined techniques of classroom simulation, videotaped modeling, and community-based instruction. *Education and Training in Mental Retardation and Developmental Disabilities, 34,* 170-181.

Carnine, D. W., & Becker, W. C. (1982). Theory of instruction: Generalization issues. *Educational Psychology, 2,* 249-262.

Chadsey, J. (2007). Adult social relationships. In S. L. Odom, R. H. Horner, M. E. Snell, & J. Blacher (Eds.), *Handbook of developmental disabilities* (pp. 449-466). New York: Guilford.

Cihak, D. F., Alberto, P. A., Kessler, K. B., & Taber, T. A. (2004). An investigation of instructional scheduling arrangements for community-based instruction. *Research in Developmental Disabilities, 25,* 67-88.

Coon, M. E., Vogelsberg, R. T., & Williams, W. (1981). Effects of classroom public transportation instruction on generalization to the natural environment. *Journal of the Association for the Severely Handicapped, 6,* 46-53.

Cooper, J. O., Heron, T. E., & Heward, W. L. (2007). *Applied behavior analysis* (2nd ed.). Upper Saddle River, NJ: Pearson Education.

Darling-Hammond, L., Rustique-Forrester, E., & Pecheone, R. (2005). *Multiple measures approaches to high school graduation.* Stanford, CA: School Redesign Network.

DiMartino, J., & Castaneda, A. (2007). Assessing applied skills. *Educational Leadership, 64*(7), 38-42.

Ferguson, B., & McDonnell, J. (1991). A comparison of serial and concurrent sequencing strategies in teaching community activities to students with moderate handicaps. *Education and Training in Mental Retardation, 26,* 292-304.

Gaylord-Ross, R. J., Haring, T. G., Breen, C., & Pitts-Conway, V. (1984). The training and generalization of social interactions skills with autistic youth. *Journal of Applied Behavior Analysis, 17,* 229-248.

Herman, J. (1997). Portfolios: Assumptions, tensions, and possibilities. *Theory and Research Into Practice, 36*(4), 196-204.

Horner, R. H., Eberhardt, J., & Sheehan, M. R. (1986). Teaching generalized table bussing: The importance of negative examples. *Behavior Modification, 10,* 457-471.

Horner, R. H., Jones, D., & Williams, J. A. (1985). A functional approach to teaching generalized street crossing. *Journal of the Association for Persons With Severe Handicaps, 10,* 71-78.

Horner, R. H., McDonnell, J. J., & Bellamy, G. T. (1986). Teaching generalized skills: General case instruction in simulation and community settings. In R. H. Horner, L. H. Meyer, & H. D. Fredericks (Eds.), *Education of learners with severe handicaps: Exemplary service strategies* (pp. 289-314). Baltimore: Paul H. Brookes.

Horner, R. H., Sprague, J., & Wilcox, B. (1982). Constructing general case programs for community activities. In B. Wilcox & G. T. Bellamy (Eds.), *Design of high school programs for severely handicapped students* (pp. 61-98). Baltimore: Paul H. Brookes.

Horner, R. H., Williams, J. A., & Stevely, J. D. (1987). Acquisition of generalized telephone use by students with moderate and severe mental retardation. *Research in Developmental Disabilities, 8,* 229-247.

Hutcherson, K., Langone, J., Ayres, K., & Clees, T. (2004). Computer assisted instruction to item selection in grocery stores: An assessment of acquisition and generalization. *Journal of Special Education Technology, 19,* 33-42.

Kayser, J. E., Billingsley, F. F., & Neel, R. S. (1986). A comparison of in-context and traditional instructional approaches: Total task, single trial versus backward chaining, multiple trials. *Journal of the Association for Persons With Severe Handicaps, 11,* 28-38.

Marchetti, A. G., McCartney, J. R., Drain, S., Hopper, M., & Dix, J. (1983). Pedestrian skills training for mentally retarded adults: Comparison of training in two settings. *Mental Retardation, 21,* 107-110.

Marholin, D., O'Toole, K. M., Touchette, P. E., Berger, P. L., & Doyle, D. (1979). I'll have a Big Mac, large fry, large Coke, & an apple pie?or teaching community skills. *Behavior Therapy, 10,* 236-248.

McDonnell, J. (1987). The effects of time delay and increasing prompt hierarchy strategies on the acquisition of purchasing skills by students with severe handicaps. *Journal of the Association for Persons With Severe Handicaps, 12,* 227-236.

McDonnell, J., Hardman, M. L., Hightower, J., & Drew, C. J. (1993). Impact of community-based instruction on the development of adaptive behavior in secondary-level students with mental retardation. *American Journal on Mental Retardation, 97,* 575-586.

McDonnell, J., & Horner, R. H. (1985). Effects of in vivo versus simulation-plus-in vivo training on the acquisition and generalization of grocery item selection by high school students with severe handicaps. *Analysis and Intervention in Developmental Disabilities, 5,* 323-343.

McDonnell, J., Horner, R. H., & Williams, J. (1984). Comparison of three strategies for teaching generalized grocery purchasing to high school students with severe handicaps. *Journal of the Association for Persons With Severe Handicaps, 9,* 123-133.

McDonnell, J., & Laughlin, B. (1989). A comparison of backward and concurrent chaining strategies in teaching community skills. *Education and Training in Mental Retardation, 24,* 230-238.

McDonnell, J., Mathot-Buckner, C., & Ferguson, B. (1996). *Transition programs for students with moderate/severe disabilities.* Pacific Grove, CA: Brooks/Cole.

McDonnell, J., & McFarland, S. (1988). A comparison of forward and concurrent chaining strategies in teaching Laundromat skills to students with severe handicaps. *Research in Developmental Disabilities, 9,* 177-194.

McDonnell, J., & McGuire, J. (2007). Community-based instruction. In M. F. Giangreco & Mary Beth Doyle (Eds.), *Quick-guides to inclusion: Ideas for educating students with disabilities* (2nd ed., pp. 307-314). Baltimore: Paul H. Brookes.

Mechling, L. C. (2004). Effects of multimedia, computer-based instruction on grocery shopping fluency. *Journal of Special Education Technology, 19,* 23-34.

Mechling, L. C., & Cronin, B. (2006). Computer-based video instruction to teach use of augmentative and alternate communication devices for ordering at fast-food restaurants. *The Journal of Special Education, 39,* 234-245.

Mechling, L. C., Gast, D. L., & Barthold, S. (2003). Multimedia computer-based instruction to teach students with moderate intellectual disabilities to use a debit card to make purchases. *Exceptionality, 11,* 239-254.

Mechling, L. C., & Ortega-Hurndon, F. (2007). Computer-based video instruction to teach young adults with moderate intellectual disabilities to perform multistep, job tasks in a generalized setting. *Education and Training in Developmental Disabilities, 42,* 24-37.

Morrow, S. A., & Bates, P. E. (1987). The effectiveness of three sets of school-based instructional materials and community training on the acquisition and generalization of community laundry skills by students with severe handicaps. *Research in Developmental Disabilities, 8,* 113-136.

Nietupski, J., Clancy, P., Wehrmacher, L., & Parmer, C. (1985). Effects of minimal versus lengthy delay between simulated and in vivo instruction on community performance. *Education and Training of the Mentally Retarded, 20,* 190-195.

Nietupski, J., Hamre-Nietupski, S., Clancy, P., & Veerhusen, K. (1986). Guidelines for making simulation an effective adjunct to in vivo community instruction. *Journal of the Association for Persons With Severe Handicaps, 11,* 12-18.

Page, T. J., Iwata, B. A., & Neef, N. A. (1976). Teaching pedestrian skills to retarded persons: Generalization from the classroom to the natural environment. *Journal of Applied Behavior Analysis, 9,* 433-444.

Panyan, M. C., & Hall, R. V. (1978). Effect of serial versus concurrent task sequencing on acquisition, maintenance, and generalization. *Journal of Applied Behavior Analysis, 11,* 67-74.

Phelps, L. A., & Hanley-Maxwell, C. (1997). School-to-work transitions for youth with disabilities: A review of outcomes and practices. *Review of Educational Research, 67,* 197-226.

Rosenthal-Malek, A., & Bloom, A. (1998). Beyond acquisition: Teaching generalization for students with developmental disabilities. In A. Hilton & R. Ringlaben (Eds.), *Best and promising practices in developmental disabilities* (pp. 139-155). Austin, TX: Pro-Ed.

Sailor, W., Anderson, J. L., Halvorsen, A. T., Doering, K., Filler, J., & Goetz, L. (1989). *The comprehensive local school: Regular education for all students with disabilities.* Baltimore: Paul H. Brookes.

Sarber, R. E., & Cuvo, A. J. (1983). Teaching nutritional meal planning to developmentally disabled clients. *Behavior Modification, 7,* 503-530.

Sarber, R. E., Halasz, M. M., Messmer, M. C., Bickett, A. D., & Lutzker, J. R. (1983). Teaching menu planning and grocery shopping skills to a retarded mother. *Mental Retardation, 21,* 101-106.

Schuster, J. W., Morse, T. E., Ault, M. E., Doyle, P. M., Crawford, M. R., & Wolery, M. (1998). Constant time delay with chained tasks: A review of the literature. *Education and Treatment of Children, 21,* 74-106.

Snell, M. E., & Brown, F. (2006). *Instruction of students with severe disabilities* (6th ed.). Upper Saddle River, NJ: Pearson Education.

Spooner, F., Weber, L. H., & Spooner, D. (1983). The effects of backward and total task presentation on the acquisition of complex tasks by severely retarded adolescents and adults. *Education and Treatment of Children, 6,* 401-420.

Sprague, J. R., & Horner, R. H. (1984). The effects of single instance, multiple instance, and general case training on generalized vending machine use by moderately and severely handicapped students. *Journal of Applied Behavior Analysis, 17,* 273-278.

Tashie, C., Jorgensen, C,. Shapiro-Barnard, S., Martin, J., & Schuh, M. (1996, September). High school inclusion strategies and barriers. *TASH Newsletter, 22*(9), 19-22.

van den Pol, K. A., Iwata, B. A., Ivancic, M. T., Page, T. J., Neef, N. A., & Whitley, F. P. (1981). Teaching the handicapped to eat in public places: Acquisition, generalization, and maintenance of restaurant skills. *Journal of Applied Behavior Analysis, 14,* 61-70.

Waldo, L., Guess, D., & Flanagan, B. (1982). Effects of concurrent and serial training on receptive language labeling by severely retarded individuals. *Journal of the Association for the Severely Handicapped, 6,* 56-65.

Wehman, P. (2006). *Life beyond the classroom: Transition strategies for young people with disabilities* (4th ed.). Baltimore: Paul H. Brookes.

Westling, D. L., & Fox, L. (2004). *Teaching students with severe disabilities* (3rd ed.). Upper Saddle River, NJ: Merrill.

Wissick, C. A., Gardner, J. E., & Langone, J. (1999). Video-based simulations: Considerations for teaching students with developmental disabilities. *Career Development for Exceptional Individuals, 22,* 233-249.

Wolery, M., Ault, M. J., & Doyle, P. M. (1992). *Teaching students with moderated to severe disabilities: Use of response prompting strategies.* New York: Longman.

Zane, T., Walls, R. T., & Thvedt, J. E. (1981). Prompting and fading guidance procedures: Their effect on chaining and whole task teaching strategies. *Education and Training of the Mentally Retarded,*

16, 125-135.

10장

Algozzine, K., O'shea, D. J., & Algozzine, B. (2001). Working with families of adolescents. In D. J. O' Shea, L. J. O'Shea, R. Algozzine, & R. D. Hamitte (Eds.), *Families and teachers of individuals with disabilities* (pp. 179-204). Boston: Allyn & Bacon.

Beakley, B. A., & Yoder, S. L. (1998). Middle schoolers learn community skills. *Teaching Exceptional Children, 30*(3), 16-21.

Berry, J. O., & Hardman, M. L. (1998). *Lifespan perspective on the family and disability.* Boston: Allyn & Bacon.

Browder, D. M. (2001). *Curriculum and assessment for students with moderate and severe disabilities.* New York: Guilford.

Browder, D. M., Cooper, K. J., & Lim, L. (1998). Teaching adults with severe disabilities to express their choice for settings for leisure activities. *Education and Training in Mental Retardation and Developmental Disabilities, 33*(3), 228-238.

Browder, D. M., & Snell, M. E. (1993). Daily living and community skills. In M. E. Snell (Ed.), *Instruction of students with severe disabilities* (4th ed., pp. 480-525). New York: Merrill.

Calhoun, M. L., & Calhoun, L. G. (1993). Age appropriate activities: Effects on the social perceptions of adults with mental retardation. *Education and Training in Mental Retardation, 28,* 143-148.

Dunst, C. J. (2002). Family centered practices: Birth through high school. *The Journal of Special Education, 36,* 139-147.

Geenen, S., Powers, L. E., & Lopez-Vasquez, A. (2001). Multicultural aspects of parent involvement in transition. *Exceptional Children, 67*(2), 265-282.

Heal, L. W., Rubin, S. S., & Rusch, F. R. (1998). Residential independence of former special education high school students: A second look. *Research in Developmental Disabilities, 19,* 1-26.

Horner, R. H., McDonnell, J., & Bellamy, G. T. (1986). Teaching generalized skills: General case instruction in simulated and community settings. In R. H. Horner, L. H. Meyer, & H. D. Fredricks (Eds.), *Education of learners with severe handicaps: Exemplary service strategies* (pp. 289-314). Baltimore: Paul H. Brookes.

Hughes, C., Pitkin, S. E., & Lorden, S. W. (1998). Assessing preferences and choices of persons with severe and profound mental retardation. *Education and Training in Mental Retardation and Developmental Disabilities, 33*(4), 299-316.

Hunt, P., & McDonnell, J. (2007). Inclusive education. In S. L. Odom, R. H. Horner, M. Snell & J. Blacher (Eds.), *Handbook on developmental disabilities* (pp. 269-291). New York: Guilford.

Kim, K., & Turnbull, A. (2004). Transition to adulthood for students with severe intellectual disabilities: Shifting toward person-family interdependent planning. *Research and Practices for Persons With Severe Disabilities, 29*(1), 53-57.

Lancioni, G. E. (1996). A review of choice research with people with severe and profound developmental disabilities. *Research in Developmental Disabilities, 17*(5), 391-411.

Logan, K., Jocobs, H. A., Gast, D. L., Murray, A. S., Daino, K., & Skala, C. (1998). The impact of typical peers on the perceived happiness of students with profound multiple disabilities. *The Journal for the Association for Persons With Severe Handicaps, 23*(4), 309-318.

McDonnell, J., Johnson, J. W., & McQuivey, C. (2008). *Embedded instruction for students with developmental disabilities in general education classrooms.* Arlington, VA: Council for Exceptional Children.

McDonnell, J. J., Mathot-Buckner, C., & Ferguson, B. (1996). *Transition programs for students with moderate/severe disabilities.* Pacific Grove, CA: Brooks/Cole.

McDonnell, J. J., Wilcox, B., & Hardman, M. L. (1991). *Secondary programs for students with developmental disabilities.* Boston: Allyn & Bacon.

Miner, C. A., & Bates, P. E. (1997). The effect of person centered planning activities on the IEP/transition planning process. *Education and Training in Mental Retardation and Developmental Disabilities, 32*, 105-112.

Nisbet, J., Clark, M., & Covert, S. (1991). Living it up! An analysis of research on community living. In L. H. Meyer, C. A. Peck, & L. Brown (Eds.), *Critical issues in the lives of people with severe disabilities* (pp. 115-144). Baltimore: Paul H. Brookes.

Rosenthal-Malek, A., & Bloom, A. (1998). Beyond acquisition: Teaching generalization for students with developmental disabilities. In A. Hilton & R. Ringlaben (Eds.), *Best and promising practices in developmental disabilities* (pp. 139-155). Austin, TX: Pro-Ed.

Schalock, R., & Lilley, M. A. (1986). Placement from community based mental retardation programs: How well do clients do after 8-10 years? *American Journal of Mental Deficiency, 90*, 669-676.

Schalock, R., Wolzen, B,. Ross, I., Elliot, B., Werbel, G., & Peterson, K. (1986). Post-secondary community placement of handicapped students: A five year follow up. *Learning Disability Quarterly, 9*, 295-303.

Schwartzman, L., Martin, G. L., Yu, C. T., & Whiteley, J. (2004). Choice, degree of preference, and happiness indices with persons with intellectual disabilities: A surprising finding. *Education and Training in Developmental Disabilities, 39*(3), 265-269.

Smith, R. B., Morgan, M., & Davidson, J. (2005). Does the daily choice making of adults with intellectual disabilities meet the normalization principle? *Journal of Intellectual and Developmental Disability, 30*(4), 226-235.

Spooner, F., & Test, D. W. (1994). Domestic and community living skills. In E. C. Cipani & F. Spooner (Eds.), *Curricular and instructional approaches for persons with severe disabilities* (pp. 149-183). Boston: Allyn & Bacon.

Steere, D. E., & Cavaiuolo, D. (2002). Connecting outcomes, goals, and objectives in transition planning. *Teaching Exceptional Children, 34*(6), 54-59.

Turnbull, A. P., & Turnbull, H. R. (2001). Self determination for individuals with significant cognitive disabilities and their families. *Journal of the Association of Persons With Severe Handicaps, 26*(1), 56-62.

Turnbull, A. P., Turnbull, H. R., Shank, M., & Smith, S. J. (2004). *Exceptional lives: Special education in today's schools* (4th ed.). Upper Saddle River, NJ: Prentice Hall.

Turnbull, H. R., Beelge, G., & Stowe, M. S. (2001). The core concepts of disability policy affecting families who have children with disabilities. *Journal of Disability Policy Studies, 12*(3), 133-143.

Wehman, P. (2006). Integrated employment: If not, now when? If not us, who? *Research and Practice for Persons With Severe Disabilities, 31*(2), 122-126.

Wehmeyer, M., & Palmer, S. (2003). Adult outcomes for students with cognitive disabilities three years after high school: The impact of self-determination. *Education and Training in Developmental Disabilities, 38,* 131-144.

Wehmeyer, M., Palmer, S., Agran, M., Mithaug, D., & Martin, J. (2000). Promoting causal agency: The Self-Determined Learning Model of instruction. *Exceptional Children, 66,* 439-453.

Wilcox, B. (1988). Identifying programming goals for community participation. In B. L. Ludlow, A. P. Turnbull, & R. Luckasson (Eds.), *Transition to adult life for people with mental retardation: Principles and practices* (pp. 119-136). Baltimore: Paul H. Brookes.

11장

Americans with Disabilities Act of 1990 (ADA) 42 U.S.C. § 12101 *et seq.* (1990).

Argyle, M. (1996). *The sociology of leisure.* London: Penguin.

Ashton-Shaeffer, C., Johnson, D. E., & Bullock, C. C. (2000). A questionnaire of current practice of recreation as a related service. *Therapeutic Recreation Journal, 34*(4), 323-334.

Ashton-Shaeffer, C., Shelton, M., & Johnson, D. E. (1995). The social caterpillar and the wallflower: Two case studies of adolescents with disabilities in transition. *Therapeutic Recreation Journal, 29*(4), 324-336.

Bedini, L., Bullock, C., & Driscoll, L. (1993). The effects of leisure education on factors contributing to the successful transition of students with mental retardation. *Therapeutic Recreation Journal, 27*(2), 70-82.

Braun, K. V. N., Yeargin-Allsopp, M., & Lollar, D. (2006). Factors associated with leisure activity among adults with developmental disabilities. *Research in Developmental Disabilities, 27*, 567-583.

Browder, D. M., & Cooper, K. J. (1994). Inclusion of older adults with mental retardation in leisure opportunities. *Mental Retardation, 32*, 91-99.

Bullock, C. C., & Luken, K. (1994). Reintegration through recreation: A community-based rehabilitation model. In D. M. Compton & S. E. Iso-Ahola (Eds.), *Leisure and mental health* (Vol. 1, pp. 61-79). Park City, UT: Family Resources.

Bullock, C. C., & Mahon, M. J. (2001). *Introduction to recreation service for people with disabilities: A person-centered approach* (2nd ed.). Champaign, IL: Sagamore.

Carter, E. W., Cushing, L. S., Clark, N. M., & Kennedy, C. H. (2005). Effects for peers support interventions on student's access to general curriculum and social interactions. *Research and Practice for Persons With Severe Disabilities, 30*(1), 15-25.

Chen, S., Zhang, J., Lang, E., Miko, P., & Joseph, D. (2001). Progressive time procedures for teaching gross motor skills to adults with severe mental retardation. *Adaptive Physical Activity Quarterly, 18*, 35-48.

Cihak, D., Alberto, P., Kessler, K., & Taber, T. (2004). An investigation of instruction scheduling arrangements for community-based instruction. *Research in Developmental Disabilities, 25*, 67-88.

Cimera, R. E. (2007). Utilizing natural supports to lower cost of supported employment. *Research and Practice for Persons With Severe Disabilities, 32*(3), 184-189.

Collins, B., Hall, M., & Branson, T. (1997). Teaching leisure skills to adolescents with moderate disabilities. *Exceptional Children, 63*, 499-512.

Conyers, C., Doole, A., Vause, T., Harapiak, S., Yu, D., & Martin, G. L. (2002). Predicting the relative efficacy of three presentation methods for assessing preferences of persons with developmental disabilities. *Journal of Applied Behavior Analysis, 35*(1), 49-58.

Dattilo, J. (Ed.). (1999). *Leisure education and program planning.* State College, PA: Venture Publishing.

Dattilo, J., & Hoge, G. (1999). Effects of leisure education program on youth with mental retardation. *Education and Training in Mental Retardation, 34,* 20-34.

Dattilo, J., & St. Peter, S. (1991). A model for including leisure education in transition services for young adults with mental retardation. *Education and Training in Mental Retardation, 26,* 420-432.

Draheim, C., Williams, D., & McCubbin, J. (2002). Prevalence of physical inactivity and recommended physical activity in community-based adults with mental retardation. *Mental Retardation, 40,* 436-444.

Dunn, J. M. (1997). *Special physical education: Adapted, individualized, developmental* (7th ed.). Madison, WI: Brown & Benchmark Publishers.

Graham, A., & Reid, R. (2000). Physical fitness of adults with an intellectual disability: A 13-year follow-up study. *Research Quarterly for Exercise and Sport, 71*(2), 152-161.

Green, C. W., & Reid, D. H. (1996). Defining, validating, and increasing indices of happiness among people with profound disabilities. *Journal of Applied Behavior Analysis, 29,* 67-78.

Green, C. W., & Reid, D. H. (1999). A behavioral approach to identifying sources of happiness among people with profound multiple disabilities. *Behavior Modification, 23,* 280-293.

Halpern, A. S. (1993). Quality of life as a conceptual framework for evaluating transition outcomes. *Exceptional Children, 59*(6), 486-498.

Hawkins, B. A. (1997). Promoting quality of life through leisure and recreation. In R. L. Schalock (Ed.), *Quality of life Volume II: Application to persons with disabilities* (pp. 117-133). Washington, DC: American Association on Mental Retardation.

Heyne, L. A., & Schleien, S. J. (1996). Leisure education in the schools: A call to action. *Leisurability, 23*(3), 3-14.

Heyne, L. A., Schleien, S. J., & McAvoy, L. (1993). *Making friends: Using recreation activities to promote friendship between children with and without disabilities.* Minneapolis: Institute on Community Integration.

Heyne, L. A., Schleien, S. J., & Rynders, J. (1997). Promoting quality of life through recreation participation. In S. Ptiescliel & M. Sustrova (Eds.), *Adolescents with Down syndrome: Toward a more fulfilling life* (pp. 317-340). Baltimore: Paul H. Brookes.

Houston-Wilson, C., Lieberman, L., & Horton, M. (1997). Peer tutoring: A plan for instructing all abilities. *Journal of Physical Education, Recreation, and Dance, 68,* 39-44.

Individuals with Disabilities Education Improvement Act (IDEA) of 2004, 20 U.S.C.A. § 1400 *et seq.* (2004).

Johnson, M. (2003). *Make them go away: Clint Eastwood, Christopher Reeve, & the case against disability rights.* Louisville, KY: Advocado Press.

Kermeen, R. B. (1992). *Access to public recreation facilities and universal design.* USDA Forest Service Gen. Tech. Rep. PSW-132.

Krebs, P. L., & Block, M. E. (1992). Transition of students with disabilities into community recreation: The role of the adapted physical educator. *Adapted Physical Activity Quarterly, 9*(4), 305-315.

Krueger, D. L., DiRocco, P., & Felix, M. (2000). Obstacles adapted physical education specialists encounter when developing transition plans. *Adapted Physical Education Quarterly, 17*(2), 222-236.

Lanagan, D., & Dattilo, J. (1989). The effects of a leisure education program on individuals with mental retardation. *Therapeutic Recreation Journal, 23*(4), 62-72.

Lennox, N. G., Green, M., Diggens, J., & Ugoni, A. (2001). Audit and comprehensive health assessment programme in the primary healthcare system of adults with intellectual disability: A pilot study. *Journal of Intellectual Disability Research, 45*(3), 226-233.

Lieberman, L. J., Lytle, R. K., & Clarcq, J. A. (2008). Getting in right from the start: Employing universal design for learning approach to your curriculum. *Journal of Physical Education, Recreation, and Dance, 79*(2), 32-39.

Lieberman, L. J., & Stuart, M. (2002). Self-determined recreational and leisure choices of individuals with deaf-blindness. *Journal of Visual Impairment & Blindness, 96*(10), 724-736.

Mahon, M., & Bullock, C. (1992). Teaching adolescents with mild mental retardation to make decisions in leisure through the use of self-control techniques. *Therapeutice Recreation Journal, 26*(1), 9-26.

Mannell, R. C., & Kleiber, D. A. (1997). *A social psychology of leisure.* State College, PA: Venture.

Modell, S., & Valdez, L. (2002). Beyond bowling: Transition planning for students with disabilities. *Teaching Exceptional Children, 34*(6), 46-53.

Nietupski, J., Hamre-Nietupski, S., & Ayres, B. (1984). Review of task analytic leisure skill training efforts: Practitioner implications and future research needs. *Journal of the Association for the Severely Handicapped, 9*, 88-97.

Odem, S. L., Brantlinger, E., Gersten, R. H., Thompson, B., & Harris, K. R. (2005). Research in special education: Scientific methods and evidence-based practices. *Exceptional Children, 71*, 137-148.

Parsons, M. B., Harper, V. N., Jensen, J. M., & Reid, D. H. (1997). Assisting older adults with severe disabilities in expressing leisure preferences: A protocol for determining choice-making skills. *Research in Developmental Disabilities, 18,* 113-126.

Patton, J. R., Polloway, E. A., Smith, T. E., Edgar, E., Clark, G. M., & Lee, S. (1996). Individuals with mild mental retardation: Postsecondary outcomes and implications for educational policy. *Education and Training in Mental Retardation and Developmental Disabilities, 31,* 75-85.

Rimmer, J. H., Braddock, D., & Fujiura, G. (1993). Prevalence of obesity in adults with mental retardation: Implications for health promotion. *Mental Retardation, 31,* 105-110.

Rose, T., McDonnell, J., & Ellis, E. (2007). The impact of teacher beliefs on the provision of leisure and physical activity on curriculum decisions. *Teacher Education Special Education, 30*(3), 183-198.

Roth, K., Pyfer, J., & Huettig, C. (2007). Transition in physical recreation and students with cognitive disabilities: Graduate and parent perspectives. *Education and Training in Developmental Disabilities, 42*(1), 94-106.

Russell, R. (2002). *Pastimes: The context of contemporary leisure.* Champaign, IL: Sagamore Publishing.

Sands, D. J., & Kozleski, E. B. (1994). Quality of life differences between adults with and without disabilities. *Education and Training in Mental Retardation and Developmental Disabilities, 29,* 90-101.

Siperstein, G. N., Parker, R. C., Bardon, J. N., & Widaman, K. F. (2007). A national study of youth attitudes toward the inclusion of students with intellectual disabilities. *Exceptional Children, 73*(4), 435-455.

Smart, J. (2001). *Disability, society, and the individual.* Gaithersburg, MD: Aspen.

Sparrow, W. A., Shrinkfield, A. J., & Karnilowicz, W. (1993). Constraints on the participation of individuals with mental retardation in mainstream recreation. *Mental Retardation, 31,* 403-411.

Special Olympics. (2008). *Special Olympics: About us.* Retrieved on March 19, 2008, from http://www.specialolympics.org/Special+Olympics+Public+Website/English/About_Us/default.htm

Storey, K. (2004). The case against the Special Olympics. *Journal of Disability Policy Studies, 15*(1), 35-42.

Terman, D. L., Larner, M. B., Stevenson, C. S., & Behrman, R. E. (1996). Special education for students with disabilities: Analysis and recommendations. *The Future of Children, 6*(1), 4-24.

Tripp, A., Rizzo, T. L., & Webbert, L. (2007). Inclusion in physical education: Changing the culture. *Journal of Physical Education, Recreation, and Dance, 78*(2), 32-36.

U.S. Department of Health and Human Services. (1999). *Promoting physical activity.* Champaign, IL: Human Kinetics.

U.S. Department of Health and Human Services. (2000). *Healthy People 2010: Understanding and improving health* (2nd ed.). Washington, DC: U.S. Government Printing Office.

U.S. Department of Health and Human Services. (2005). *Dietary guidelines for Americans, 2005.* Washington, DC: U.S. Government Printing Office.

Vandercook, T. (1991). Leisure instruction outcomes: Criterion performance, positive interactions, and acceptance by typical high school peers. *The Journal of Special Education, 25*(3), 320-339.

Wall, M., & Gast, D. (1997). Caregivers' use of constant time delay to teach leisure skills to adolescents or young adults with moderate or severe intellectual disabilities. *Education and Training in Mental Retardation and Developmental Disabilities, 32*(4), 340-356.

Walter, M. G., & Harris, C. (2003). The relationship between fitness levels and employees' perceived productivity, job satisfaction, and absenteeism. *Journal of Exercise Physiology, 6*(1), 24-28.

Wehman, P., & Marchant, J. (1977). Developing gross motor recreational skills in children with severe behavior handicaps. *Therapeutic Recreation Journal, 11*(2), 18-31.

Weissinger, E., Caldwell, L., & Bandolos, D. (1992). Relationship between intrinsic motivation and boredom in leisure time. *Leisure Sciences, 14,* 317-325.

Werts, M. G., Wolery, M., Snyder, E. D., & Caldwell, N. (1996). Teachers' perceptions of the supports critical to the success of inclusion programs. *Journal of the Association for Persons With Severe Disabilities, 21,* 9-21.

Witman, J. P., & Munson, W. W. (1992). Leisure awareness and action: A program to enhance family effectiveness. *Journal of Physical Education, Recreation, and Dance, 63,* 41-43.

Wolery, M., Werts, M. G., Caldwell, N. K., Snyder, E. D., & Lisowski, L. (1995). Experienced teachers' perceptions of resources and supports for inclusion. *Education and Training in Mental Retardation and Developmental Disabilities, 30,* 15-26.

Yu, D. C. T., Spevack, S., Hiebert, R., Martin, T. L., Goodman, R., Martin, T. G., et al. (2002). Happiness indices among persons with profound and severe disabilities during leisure and work activities: A comparison. *Education and Training in Mental Retardation and Developmental Disabilities, 37*(4), 421-426.

Zhang, J., Cote, B., Chen, S., & Liu, J. (2004). The effect of a constant time delay procedure on teaching an adult with severe mental retardation a recreation bowling skill. *Physical Educator, 61*(2), 63-74.

Zhang, J., Gast, D., Horvat, M., & Dattilo, J. (1995). The effectiveness of a constant time delay procedure on teaching lifetime sport skills to adolescents with severe to profound intellectual disabilities. *Education and Training in Mental Retardation and Developmental Disabilities, 30,* 51-

64.

Zoerink, D. A. (1988). Effects of a short-term leisure education program upon the leisure functioning of young people with spina bifida. *Therapeutic Recreation Journal, 22*(3), 44-52.

Zoerink, D. A., & Lauener, K. (1991). Effects of a leisure education program on adults with traumatic brain injury. *Therapeutic Recreation Journal, 25*(3), 19-28.

12장

Benz, M. R., Lindstrom, L., & Yovanoff, P. (2000). Improving graduation and employment outcomes of students with disabilities: Predictive factors and student perspectives. *Exceptional Children, 66,* 509-529.

Berryman, S. E. (1993). Learning in the workplace. In L. Darling-Hammond (Ed.), *Review of research in education* (pp. 341-404). Washington, DC: American Educational Research Association.

Blackorby, J., & Wagner, M. (1996). Longitudinal postschool outcomes of youth with disabilities: Findings from the National Longitudinal Transition Study. *Exceptional Children, 62*(5), 399-413.

Fair Labor Standards Act, 29 U.S.C. § 201 *et seq.* (1990).

Fisher, D., Sax, C., & Pumpian, I. (1999). *Inclusive high schools: Learning from contemporary classrooms.* Baltimore: Paul H. Brookes.

Hasazi, S., Johnson, D., Thurlow, M., Cobb, B., Trach, J., Stodden, B., et al. (2005). Transition from home and school to the roles and supports of adulthood. In K. C. Lakin & A. Turnbull (Eds.), *National goals and research for people with intellectual and developmental disabilities* (pp. 65-92). Washington, DC: American Association on Mental Retardation.

Hunt, P., & McDonnell, J. (2007). Inclusive education. In S. L. Odom, R. H. Horner, M. Snell & J. Blacher (Eds.), *Handbook on developmental disabilities* (pp. 269-291). New York: Guilford.

Inge, K. J., & Moon, M. S. (2006). Vocational preparation and transition. In M. E. Snell & F. Brown (Eds.), *Instruction of students with severe disabilities* (pp. 569-609). Upper Saddle River, NJ: Pearson.

Izzo, M. V., Johnson, J. R., Levitz, M., & Aaron, J. H. (1998). Transition from school to adult life: New roles for educators. In P. Wehman & J. Kregel (Eds.), *More than a job: Securing satisfying careers for people with disabilities* (pp. 249-286). Baltimore: Paul H. Brookes.

Jorgensen, C. M. (1998). *Restructuring high schools for all students: Taking inclusion to the next level.* Baltimore: Paul H. Brookes.

Luft, P. (2008). Career development theories for transition planning. In R. W. Flexer, R. M. Baer, P. Luft,

& T. J. Simmons (Eds.), *Transition planning for secondary students with disabilities* (pp. 82-100). Upper Saddle River, NJ: Pearson.

McDonnell, J., Mathot-Buckner, C., & Ferguson, B. (1996). *Transition programs for students with moderate/severe disabilities.* Pacific Grove, CA: Brooks/Cole.

Mortimer, J. T. (2003). *Working and growing up in America.* Cambridge, MA: Harvard University Press.

National Center on Secondary Education and Transition. (2005, February). *Handbook for implementing a comprehensive work-based learning program according to the Fair Labor Standards Act.* Minneapolis: University of Minnesota.

Phelps, L. A., & Hanley-Maxwell, C. (1997). School-to-work transitions for youth with disabilities: A review of outcomes and practices. *Review of Educational Research, 67,* 197-226.

Rusch, F. R., & Braddock, D. (2004). Adult day programs versus supported employment (1988-2002): Spending and services practices of mental retardation and developmental disabilities state agencies. *Research and Practice for Persons With Severe Disabilities, 29,* 237-242.

Simmons, T. J., & Flexer, R. W. (2008). Transition to employment. In R. W. Flexer, R. M. Baer, P. Luft, & T. J. Simmons (Eds.), *Transition planning for secondary students with disabilities* (pp. 230-257). Upper Saddle River, NJ: Pearson.

Sitlington, P. L. (2003). Postsecondary education: The other transition. *Exceptionality 11,* 103-113.

Sowers, J. A., & Powers, L. (1991). *Vocational preparation and employment of students with physical and multiple disabilities.* Baltimore: Paul H. Brookes.

Steere, D. E., Rose, E., & Cavaiuolo, D. (2007). *Growing up: Transition to adult life for students with disabilities.* Boston: Pearson.

Szymanski, E. M. (1998). Career development, school-to-work transition, and diversity: An ecological approach. In F. R. Rusch & J. G. Chadsey (Eds.), *Beyond high school: Transition from school to work* (pp. 127-145). Belmot, CA: Wadsworth Publishing.

Szymanski, E. M., Ryan, C., Merz, M. A., Trevino, B., & Johnston-Rodriquez, S. (1996). Psychosocial and economic aspects of work: Implications for people with disabilities. In E. M. Szymanski & R. M. Parker (Eds.), *Work and disability: Issues and strategies in career development and job placement* (pp. 9-38). Austin, TX: Pro-Ed.

U.S. Department of Education, Office of Special Education. (1992). *OSEP memorandum 92-20: Guidelines for implementing community-based educational programs for students with disabilities.* Washington, DC: Author.

Wehman, P. (2006). *Life beyond the classroom: Transition strategies for young people with disabilities* (4th ed.). Baltimore: Paul H. Brookes.

Wehman, P., Inge, K. J., Revell, W. G., & Brooke, V. A. (2007). *Real work for real pay: Inclusive employment for people with disabilities.* Baltimore: Paul H. Brookes.

13장

Bellamy, G. T., Horner, R. H., & Inman, D. P. (1979). *Vocational rehabilitation of severely retarded adults.* Baltimore: University Park Press.

Benz, M. R., Lindstrom, L., & Yovanoff, P. (2000). Improving graduation and employment outcomes of students with disabilities: Predictive factors and student perspectives. *Exceptional Children, 66,* 509-529.

Blackorby, J., & Wagner, M. (1996). Longitudinal postschool outcomes of youth with disabilities: Findings from the National Longitudinal Transition Study. *Exceptional Children, 62*(5), 399-413.

Brooke, V., Wehman, P., Inge, K., & Parent, W. (1995). Toward a customer-driven approach of supported employment. *Education and Training in Mental Retardation and Developmental Disabilities, 30,* 308-320.

Butterworth, J., Hagner, D., Helm, D. T., & Whelley, T. A. (2000). Workplace culture, social interactions, and supports for transition-age young adults. *Mental Retardation, 38,* 342-353.

Callahan, M., & Condon, E. (2007). Discovery: The foundation of job development. In C. Griffin, D. Hammis, & T. Geary (Eds.), *The job developer's handbook: Practical tactics for customized employment* (pp. 23-34). Baltimore: Paul H. Brookes.

Chadsey, J. (2007). Adult social relationships. In S. L. Odom, R. H. Horner, M. E. Snell, & J. Blacher (Eds.), *Handbook of developmental disabilities* (pp. 449-466). New York: Guilford.

Chadsey, J., & Sheldon, D. (1998). Moving toward social inclusion in employment and postsecondary school settings. In F. R. Rusch & J. G. Chadsey (Eds.), *Beyond high school: Transition from school to work* (pp. 406-438). Belmont, CA: Wadsworth.

Cooper, J. O., Heron, T. E., & Heward, W. L. (2007). *Applied behavior analysis* (2nd ed.). Upper Saddle River, NJ: Pearson.

Flexer, R. W., Baser, R. M., Luft, P., & Simmons, T. J. (2008). *Transition planning for secondary students with disabilities.* Upper Saddle River, NJ: Pearson.

Green, J. H., Wehman, P., Luna, J. W., & Merkle, A. J. (2007). Current trends of partnerships with private enterprises. In P. Wehman, K. J. Inge, W. G. Revell, & V. A. Brooke (Eds.), *Real work for real pay: Inclusive employment for people with disabilities* (pp. 273-292). Baltimore: Paul H. Brookes.

Griffin, C., Hammis, D., & Geary, T. (2007). *The job developer's handbook: Practical tactics for customized employment.* Baltimore: Paul H. Brookes.

Grossi, T. A., & Heward, W. L. (1998). Using self-evaluation to improve the work productivity of trainees in a community-based restaurant training program. *Education and Training in Mental Retardation and Developmental Disabilities, 33,* 248-263.

Hagner, D. C. (1992). The social interactions and job supports of supported employees. In J. Nisbet (Ed.), *Natural supports in school, at work, and in the community for people with severe disabilities* (pp. 217-239). Baltimore: Paul H. Brookes.

Hasazi, S., Johnson, D., Thurlow, M., Cobb, B., Trach, J., Stodden, B., et al. (2005). Transition from home and school to the roles and supports of adulthood. In K. C. Lakin & A. Turnbull (Eds.), *National goals and research for people with intellectual and developmental disabilities* (pp. 65-92). Washington, DC: American Association on Mental Retardation.

Horner, R. H., Dunlap, G., & Koegel, R. L. (1988). *Generalization and maintenance: Life-style changes in applied settings.* Baltimore: Paul H. Brookes.

Inge, K., & Targett, P. (2006). Identifying job opportunities for individuals with disabilities. *Journal of Vocational Rehabilitation, 25,* 137-139.

Inge, K., Targett, P. S., & Armstrong, A. J. (2007). Person-centered planning: Facilitating inclusive employment outcomes. In P. Wehman, K. J. Inge, W. G. Revell, & V. A. Brooke (Eds.), *Real work for real pay: Inclusive employment for people with disabilities* (pp. 57-74). Baltimore: Paul H. Brookes.

Izzo, M. V., Johnson, J. R., Levitz, M., & Aaron, J. H. (1998). Transition from school to adult life: New roles for educators. In P. Wehman & J. Kregel (Eds.), *More than a job: Securing satisfying careers for people with disabilities* (pp. 249-286). Baltimore: Paul H. Brookes.

Mast, M., Sweeny, J., & West, M. (2001). Using presentation portfolis for effective job representation of individuals with disabilities. *Journal of Vocational Rehabilitation, 16,* 135-140.

Mautz, D., Storey, K., & Certo, N. (2001). Increasing integrated workplace social interactions: The effects of job modification, natural supports, adaptive community instruction, and job coach training. *Journal of the Associationfor Persons With Severe Handicaps, 26,* 257-269.

McDonnell, J., Mathot-Buckner, C., & Ferguson, B. (1996). *Transition programs for students with moderate/severe disabilities.* Pacific Grove, CA: Brooks/Cole.

McDonnell, J., Nofs, D., Hardman, M., & Chambless, C. (1989). An analysis of the procedural components of supported employment programs associated with worker outcomes. *Journal of Applied Behavior Analysis, 22,* 417-428.

Moon, M. S., Inge, K. J., Wehman, P., Brooke, V., & Barcus, J. M. (1990). *Helping persons with severe mental retardation get and keep employment: Supported employment issues and strategies.* Baltimore: Paul H. Brookes.

Office of Disability Employment Policy, U.S. Department of Labor. (2005). *Customized employment: Practical solutions for employment success.* Retrieved October 1, 2008, from www.dol.gov/odep/pubs/custom/index.htm

Owens-Johnson, L., & Hanley-Maxwell, C. (1999). Employer views on job development strategies for marketing supported employment. *Journal of Vocational Rehabilitation, 12,* 113-123.

Phelps, L. A., & Hanley-Maxwell, C. (1997). School-to-work transitions for youth with disabilities: A review of outcomes and practices. *Review of Educational Research, 67,* 197-226.

Riehle, J. E., & Datson, M. (2006). Deficit marketing: Good intentions, bad results. *Journal of Vocational Rehabilitation, 25,* 69-70.

Rusch, F. R., & Braddock, D. (2004). Adult day programs versus supported employment (1988-2002): Spending and services practices of mental retardation and developmental disabilities state agencies. *Research and Practice for Persons With Severe Disabilities, 29,* 237-242.

Rusch, F. R., & Mithaug, D. E. (1981). *Vocational training for mentally retarded adults: A behavior analytic approach.* Champaign, IL: Research Press.

Smith, K., Webber, L., Graffam, J., & Wilson, C. (2004). Employer satisfaction, job-match and future hiring intentions for employees with a disability. *Journal of Vocational Rehabilitation, 21,* 165-173.

Sowers, J., & Powers, L. (1991). *Vocational preparation and employment of students with physical and multiple disabilities.* Baltimore: Paul H. Brookes.

Storey, K. (2007). Review of research on self-management interventions in supported employment settings for employees with disabilities. *Career Development for Exceptional Individuals, 30,* 27-34.

Unger, D. (2007). Addressing employer personnel needs and improving employment training, job placement and retention for individuals with disabilities through public-private partnerships. *Journal of Vocational Rehabilitation, 26,* 39-48.

Wehman, P. (2006). *Life beyond the classroom: Transition strategies for young people with disabilities* (4te ed.). Baltimore: Paul H. Brookes.

Wehman, P., Inge, K. J., Revell, W. G., & Brooke, V. A. (2007). *Real work for real pay: Inclusive employment for people with disabilities.* Baltimore: Paul H. Brookes.

Wehman, P., & Moon, M. S. (1988). *Vocational rehabilitation and supported employment.* Baltimore: Paul H. Brookes.

Weiner, J. S., & Zivolich, S. (2003). A longitudinal report for three employees in a training consultant model of natural support. *Journal of Vocational Rehabilitation, 18,* 199-202.

14장

American Association on Intellectual and Developmental Disabilities. (n.d.). *Fact sheet: Home ownership.* Retrieved October 3, 2008, from the American Association on Intellectual and Developmental Disabilities Web site at http://www.aaidd.org/Polices/faq_home_ownership.shtml

Boles, S., Horner, R. H., & Bellamy, G. T. (1988). Implementing transition: Programs for supported living. In B. L. Ludlow, A. P. Turnbull, & R. Luckason (Eds.), *Transition to adult life for people with mental retardation: Principles and practices* (pp. 85-100). Baltimore: Paul H. Brookes.

Braddock, D., Rizzolo, M. C., Hemp, R., & Parish, S. L. (2005). Public spending for developmental disabilities in the United States: A historical-comparative perspective. In R. J. Stancliffe & C. K. Lakin (Eds.), *Costs and outcomes of community services for people with intellectual disabilities* (pp. 23-44). Baltimore: Paul H. Brookes.

Community Choice Act of 2007, S. 799, 110th Cong. (2007).

Dautel, P. J., & Frieden, L. (1999). *Consumer choice and control: Personal attendant services and supports in America. Report on the national blue ribbon panel on personal assistant services.* Houston: Independent Living ResearchUtilization.

Feinstien, C. S., Levine, R. M., Lemanowicz, J. A., Sedlak, W. C., Klien, J., & Hagner, D. (2006). Homeownership initiatives and outcomes for people with disabilities. *Journal of Community Development and Society, 37*(3), 1-7.

Gardern, J. F., & Carran, D. T. (2005). Attainment of personal outcomes by people with developmental disabilities. *Mental Retardation, 43,* 157-74.

hagglund, K. J., Clark, M. J., Farmer, J. E., & Sherman, A. K. (2004). A comparison of consumer-directed and agency-directed personal assistant service programmes. *Disability and Rehabilitation, 26*(9), 518-527.

Harkin, T. (2007). Statement before the Senate Finance Committee on the Community Choice Act, 108th Cong.

Howe, J., Horner, R. H., & Newton, S. J. (1998). Comparison of supported living and traditional residential services in the state of Oregon. *Mental Retardation, 36*(1), 1-11.

Kaiser Commission on Medicaid and the Uninsured. (2004). *Olmstead v. L.C.: The interaction of the Americans with Disabilities Act and Medicaid.* Washington, DC: The Henry J. Kaiser Family Foundation. Available at http://www.kaiserfamilyfoundation.org/medicaid/upload/Olmstead-v-L-C-The-Interaction-of-the-Americans-with-Disabilities-Act-and-Medicaid.pdf

Kennedy, M. J. (2004). Living outside the system: The ups and downs of getting on with our lives. *Mental Retardation, 42*(3), 229-231.

Kim, S,. Larson, S. A., & Lakin, K. C. (2001). Behavioral outcomes of deinstitutionalization for people with intellectual disability: A review of US studies conducted between 1980 and 1999. *Journal of Intellecutal and Developmental Disabilities, 26*(1), 35-50.

Klien, J. (1992). Get me the hell out of here: Supporting people with disabilities to live in their own homes. In J. Nisbet (Ed.), *Natural supports in school, at work, and in the community for people with severe disabilities* (pp. 277-340). Baltimore: Paul H. Brookes.

Klien, J. (2000). The history and development of a national homeownership initiative. *Journal of Vocational Rehabilitation, 15*, 59-66.

Lakin, K. C., Braddock, D., & Smith, G. (2007). HCBS recipients are likely to live with parents or other relatives. *Intellectual and Developmental Disabilities, 45*(5), 359-361.

Lakin, K. C., Gardner, J., Larson, S., & Wheeler, B. (2005). Access and support for community lives, homes, and social roles. In K. C. Lakin & A. Turnbull (Eds.), *National goals and research for people with intellectual and developmental disabilities* (pp. 179-216). Washington, DC: American Association on Mental Retardation.

Lakin, K. C., Prouty, R., & Coucouvanis, K. (2006). Changing patterns in the size of residential settings for persons with intellectual and developmental disabilities, 1977-2005. *Mental Retardation, 44*(4), 306-309.

Lakin, K. C., & Stancliffe, R. J. (2007). Residential support for persons with intellectual and developmental disabilities. *Mental Retardation and Developmental Disabilities Research Review, 13*, 151-159.

Litvak, S., Zukas, H., & Heumann, J. (1987). *Attending to America: Personal assistance for independent living.* Berkely, CA: World Institute on Disability.

Medicaid Community Attendant Services and Supports Act of 199, S. 1935, 106th Cong. (1999).

Nisbet, J., Clark, M., & Covert, S. (1991). Living it up! An analysis of research on community living. In L.

H. Meyer, C. A. Peck, & L. Brown (Eds.), *Critical issues in the lives of people with severe disabilities* (pp. 115-144). Baltimore: Paul H. Brookes.

O'Brien, J. (1994). Down stairs that are never your own: Supporting people with developmental disabilities in their own homes. *Mental Retardation, 32*, 1-6.

Prouty, R., Alba, K. M., Scott, N. L., & Lakin, K. C. (2008). Where people lived while receiving services and supports from state developmental disabilities programs in 2006. *Intellectual and Developmental Disabilities, 46*, 82-85.

Rehabilitation Act Amendments, 29 U.S.C. § 725, S. 799, 110th Cong. (2007).

Stancliffe, R. J., & Lakin, C. K. (2007). Independent living. In S. L. Odom, R. H. Horner, M. E. Snell, & J. Blacher (Eds.), *Handbook of developmental disabilities* (pp. 429-447). New York: Guilford.

Taylor, S. J. (2001). The continuum and current controversies in the USA. *Journal of Intellectual and Developmental Disabilities, 26*(1), 15-33.

Wagner, M., Newman, L., Cameto, R., Levine, P., & Marder, C. (2007). *Perceptions and expectations of youth with disabilities A special topic report of findings from the National Longitudinal Transition Study-2 (NLTS2)*. Menlo Park, CA: SRI International. Available at http://ies.ed.gov/ncse/pdf/20073006.pdf

Walker, P. (1999). From community presence to sense of place: Community experiences for adults with developmental disabilities. *Journal of the Association for Persons With Severe Handicaps, 24*, 23-32.

Wieck, C., & Strully, J. L. (1991). What's wrong with the continuum? A metaphorical analysis. In L. H. Meyer, C. A. Peck, & L. Brown (Eds.), *Critical issues in the lives of people with severe disabilities* (pp. 229-234). Baltimore: Paul H. Brookes.

World Institute on Disability. (1991). *Resolutionon personal assistance services*. Retrieved Ocotober 3, 2008, from the World Institute on Disability Web site at http://www.wid.org/publications/personal-assistance-services-a-new-millennium/resolution-on-personal-assistance-services

15장

Benz, M. R., Lindstrom, L., & Yovanoff, P. (2000). Improving graduation and employment outcomes of students with disabilities: Predictive factors and student perspectives. *Exceptional Children, 66*, 509-529.

Braddock, D., Rizzolo, M., & Hemp, R. (2004). Most employment services growth in developmental disabilities during 1988-2002 was in segregated services. *Mental Retardation, 42*(4), 317-320.

Brooke, V., Wehman, P., Inge, K., & Parent, W. (1995). Toward a consumer driven approach of supported employment. *Education and Training in Mental Retardation and Developmental Disabilities, 30,* 309-320.

Callahan, M., & Condon, E. (2007). Discovery: The foundation of job development. In C. Griffin, D. Hammis, & T. Geary (Eds.), *The job developer's handbook: Practical tactics for customized employment* (pp. 23-34). Baltimore: Paul H. Brookes.

Chambers, C. R., Hughes, C., & Carter, E. (2004). Parent and sibling perspective on transition to adulthood. *Education and Training in Developmental Disabilities, 39*(2), 79-94.

Elinson, L., & Frey, W. (2005). *Evaluation of disability employment policy demonstration programs: Task 10: Interim report on ODEP demonstration programs: Accomplishments and issues identified by the independent evaluation.* Maryland: WESTAT. Retrieved October 6, 2008, from the U.S. Department of Labor Web site at www.dol.gov/odep/categories/research/policy_programs.htm

Griffin, C. (1996). Job carving as a job development strategy. In D. Dileo & D. Langton (Eds.), *Facing the future: Best practices in supported employment* (pp. 36-38). St. Augustine, FL: TRN.

Griffin, C., Hammis, D., & Geary, T. (2007). Person-centered job development strategies: Finding the jobs behind the jobs. In C. Griffin, D. Hammis, & T. Geary, (Eds.) *The job developer's handbook: Practical tactics for customized employment* (pp. 49-72). Baltimore: Paul H. Brookes.

Horner, R. H., McDonnell, J. J., & Bellamy, G. T. (1986). Teaching generalized skills: General case instruction in simulation and community settings. In R. H. Horner, L. H. Meyer, & H. D. Fredericks (Eds.), *Education of learners with severe handicaps: Exemplary service strategies* (pp. 189-289). Baltimore: Paul H. Brookes.

Kennedy, M. J. (1988). *From sheltered workshops to supported employment.* Syracuse, NY: Syracuse University, Center on Human Policy. Retrieved February 12, 2008, from http://thechp.syr.edu/kdywork.htm

Kregel, J. (1998). Developing a career path: Applications of person-centered planning. In P. Wehman & J. Kregel, (Eds.), *More than a job: Securing satisfying careers for people with disabilities.* Baltimore: Paul H. Brookes.

Kregel, J., & Dean, D. H. (2002). Sheltered vs. supported employment: A direct comparison of longterm earnings outcomes for individuals with cognitive disabilities. In J. Kregel, D. H. Dean, & P. Wehman (Eds.), *Achievements and challenges in employment services for people with disabilities: The longitudinal impact of workplace supports monograph* (pp. 63-83). Richmond: Virginia

Commonwealth University, Rehabilitation Research and Training Center on Supported Employment.

Kregel, J., Wehman, P., Revell, G., Hill, J., & Climera, R. (2000). Supported employment benefit-cost analysis: Preliminary findings. *Journal of Vocational Rehabilitation, 14,* 153-161.

Luecking, D. M., Gumpman, P., Saeker, L., & Cihak, D. (2006). Perceived quality of life changes of job seekers with significant disabilities who participated in a customized employment process. *Journal of Applied Rehabilitation Counseling, 37*(4), 22-28.

Luecking, D. M., & Luecking, R. G. (2006). A descriptive study of customizing the employment process for job seekers with significant disabilities. *Journal of Applied Rehabilitation Counseling, 37*(4), 14-21.

Mank, D., Cioffi, A., & Yovanoff, P. (1997). Analysis of the typicalness of supported employment jobs, natural supports, and wage and integration outcomes. *Mental Retardation, 35*(3), 185-197.

Mank, D., Cioffi, A., & Yovanoff, P. (2000). Direct support in supported employment and its relationship to job typicalness, coworker involvement, and employment outcomes. *Mental Retardation, 38*(6), 506-516.

Mank, D., Cioffi, A., & Yovanoff, P. (2003). Supported employment outcomes across the decade: Is there evidence of improvement in quality implementation? *Mental Retardation, 41*(3), 188-197.

Martin, J. E., Marshal, L. H., & De Pry, R. L. (2005). Participatory decision making: Innovative practices that increase self-determination. In R. W. Flexer, T. J. Simmons, P. Luft, & R. Baer (Eds.), *Transition planning for students with disabilities* (pp. 246-275). Upper Saddle River, NJ: Pearson.

McDonnell, J., Mathot-Buckner, C., & Ferguson, B. (1996). *Transition programs for students with moderated/severe disabilities.* Baltimore: Paul H. Brookes.

McGlashing-Johnson, J., Agran, M., Sitlington, P., Cavin, M., & Wehmeyer, M. (2003). Enhancing the job performance of youth with moderate to severe cognitive disabilities using the self-determined model of instruction. *Research and Practice for Persons With Severe Disabilities, 28*(4), 194-204.

Mentally Retarded Citizens of Missouri, Inc. (n.d.). *Defense of sheltered workshops.* Retrieved February 12, 2008, from http://www.rcomo.org/whatisasw.htm#Defense

Migliore, A., Mank, D., Grossi, T., & Rogan, P. (2007). Integrated employment or sheltered workshops: Preferences of adults with disabilities, their families, and staff. *Journal of Vocational Rehabilitation, 26,* 5-19.

National Organization on Disability. (2004). Key indicators from the 2004 national organization on disability/Harris survey on Americans with disabilities. Retrieved October 8, 2008, from http://www.nod.org/index.cfm?fuseaction=Feature.showFeature&FeatureID=1422

Nietupski, J. A., & Hamre-Nietupski, S. (2000). A systematic process for carving supported employment for people with severe disabilities. *Journal of Developmental and Physical Disabilities, 12*(2), 103-119.

Nietupski, J. A., & Hamre-Nietupski, S. (2001). A business approach to finding and restructuring supported employment opportunities. In P. Wehman (Ed.), *Supported employment in business: Expanding the capacity of workers with disabilities* (pp. 59-74). St. Augustine, FL: TRN.

Nisbet, J., & Hagner, D. (1988). Natural supports in the workplace: A reexamination of supported employment. *Journal of the Association for Persons With Severe Handicaps, 13*(4), 260-267.

Office of Disability Employment Policy. (2005). *Customized employment: Practical solutions for employment success.* Retrieved October 6, 2008, from the U.S. Department of Labor Web site at www.dol.gov/odep/pubs/custom/index.htm

Rehabilitation Act Amendments of 1999, 29 U.S.C. § 705 (1992).

Rosenthal-Malek, A., & Bloom, A. (1998). Beyond acquisition: Teaching generalization for students with developmental disabilities. In A. Hilton & R. Ringlaben (Eds.), *Best and promising practices in developmental disabilities* (pp. 139-155). Austin, TX: Pro-Ed.

Rusch, F., & Braddock, D. (2004). Adult day programs versus supported employment (1988-2002): Spending and service practices of mental retardation and developmental disabilities state agencies. *Research and Practice for Persons With Severe Disabilities, 29*(4), 237-242.

Rusch, F., & Hughes, C. (1989). Overview of supported employment. *Journal of Applied Behavioral Analysis, 22*(4), 351-363.

Simmons, T., Flexer, R. W., & Bauder, D. (2005). Transition services. In R. W. Flexer, T. J. Simmons, P. Luft, & R. M. Baer (Eds.), *Transition planning for students with disabilities* (pp. 211-244). Upper Saddle River, NJ: Pearson.

Social Security Administration. (2007). *2007 red book: A summary guide to employment support for individuals with disabilities under the Social Security Disability Insurance and Supplemental Security Income programs.* SSA Pub. No. 64-030. Washington, DC: Author.

Storey, K. (2002). Strategies for increasing interactions in supported employment: An updated review. *Journal of Vocational Rehabilitation, 17,* 231-237.

U.S. Department of Labor, Office of Disability Employment Policy; Customized Employment Grants, 67 Fed. Reg. 43154 (2002). Available at http://frwebgate.access.gpo.gov/cgibin/getpage.cgi?position=all&page=43154&dbname=2002_register

Wagner, M., Newman, L., Cameto, R., Garza, N., & Levine, P. (2005). After high school: A first look at the postschool experiences of youth with disabilities. *A report from the National Longitudinal Transition Study-2*. Menlo Park, CA: SRI International. Available at http://www.nlts2.org/reports/2005_04/index.html

Wehman, P. (2003). Workplace inclusion: Persons with disabilities and coworkers working together. *Journal of Vocational Rehabilitation, 18,* 131-141.

Wehman, P., & Bricout, J. (2001). Supported employment: New directions for the new millennium. In P. Wehman (Ed.), *Supported employment in business: Expanding the capacity of workers with disabilities* (pp. 3-22). St Augustine, FL: TRN.

Wehman, P., Revell, W. G., & Brooke, V. (2003). Competitive employment: Has it become the "first choice" yet? *Journal of Disability Policy Studies, 14*(3), 163-167.

Wehman, P., Revell, W. G., & Kregel, J. (1998). Supported employment: A decade of rapid growth and impact. *American Rehabilitation, 24*(1), 31-44.

Wehmeyer, M. L., & Schwartz, M. (1998). The self-determination focus of transition goals for students with mental retardation. *Career Development for Exceptional Individuals, 21,* 75-86.

West, M. D., & Parent, W. S. (1992). Consumer choice and empowerment in supported employment services: Issues and strategies. *Journal of the Association for Persons With Severe Handicaps, 17*(1), 47-52.

West, M., Revell, G., & Wehman, P. (1998). Conversion for segregated services to supported employment: A continuing challenge to the VR service system. *Education and Training in Mental Retardation and Developmental Disabilities, 33*(3), 239-247.

Westling, D., & Fox, L. (2000). *Teaching students with severe disabilities*. Upper Saddle River, NJ: Merrill.

Zivolich, S. (1991). Free market strategies for improving employment services: Transitioning segregated day activity programs to integrated employment services. *Journal of Vocational Rehabilitation, 1*(4), 65-72.

16장

Adreon, D., & Durocher, J. S. (2007). Evaluating the college transition needs of individuals with high-functioning autism spectrum disorders. *Intervention in School and Clinic, 42,* 271-279.

Anderson-Inman, L., Knox-Quinn, C., & Szymanski, M. (1999). Computer supported studying: Stories of successful transition to postsecondary education. *Career Development for Exceptional Individuals, 22,* 185-212.

Babbitt, B. C., & White, C. M. (2002). R u reading? Helping students assess their readiness for postsecondary education. *Teaching Exceptional Children, 35,* 62-66.

Barnett, E., Gardner, D., & Bragg, D. (2004). *Dual credit in illinois: Making it work.* Urbana-Champaign: University of Illinois, Office of Community College Research and Leadership.

Basset, D. S., & Smith, T. E. C. (1996). Transition in an era of reform. *Journal of Learning Disabilities, 29*(2), 161-166.

Baum, S., & Ma, J. (2007). *Education pays 2007: The benefits of higher educationfor individuals and society.* Retrieved January 20, 2008, from the College Board Web site at http://www.collegboard.com/prod_downloads/about/news_info/yr2007.pdf

Baum, S., & Payea, K. (2005). *Education pays 2004: The benefits of higher educationfor individuals and society.* Retrieved January 20, 2008, from the College Board Web site at http://ww.collegeboard.com/prod_downloads/press/cost04/educationpays2004.pdf

Benz, M. R., Yovanoff, P., & Doren, B. (1997). School-to-work components that predict postschool success for students with and without disabilities. *Exceptional Children, 63,* 151-165.

Black, R. S., & Ornelles, C. (2001). Assessment of social competence and social networks for transition. *Assessment for Effective Intervention, 26,* 23-39.

Blalock, G., & Patton, J. (1996). Transition and students with learning disabilities: Creating sound futures. *Journal of Learning Disabilities, 29*(1), 7-16.

Bouck, E. C. (2004). Exploring secondary special education for mild mental impairment: A program in search of its place. *Remedial and Special Education, 25,* 367-382.

Brinckerhoff, L. C. (1996). Making the transition to higher education: Opportunities for student empowerment. *Journal of Learning Disabilities, 29,* 118-136.

Brinckerhoff, L. C., McGuire, J. M., & Shaw, S. F. (2002). *Postsecondary education and transition for students with learning disabilities* (2nd ed.). Austin, TX: Pro-Ed.

Carnevale, A. P., & Fry, R. A. (2000). *Crossing the great divide: Can we achieve equity when generation Y goes to college?* Princeton, NJ: Educational Testing Service.

Chadsey, J. G., & Shelden, D. (1998). Moving toward social inclusion in employment and postsecondary school settings. In F. R. Rusch & J. G. Chadsey (Eds.), *Beyond high school: Transition from school to work* (pp. 406-438). Belmont, CA: Wadsworth.

Crist, C., Jacquart, M., & Shupe, D. A. (2002). Improving the performance of high school students: Focusing on connections and transitions taking place in Minnesota. *The Journal of Vocational Special Needs Education, 24,* 41-55.

Dohm, A., & Shniper, L. (2007, November). Occupational employment projects to 2016. *Monthly Labor Review, 130*(11), 86-125.

Dolyniuk, C. A., Kamens, M. W., Corman, H., Opipery DiNardo, P., Totaro, R. M., & Rockoff, J. C. (2002). Students with developmental disabilities go to college: Description of a collaborative transition project on a regular college campus. *Focus on Autism and Other Developmental Disabilities, 17*, 236-241.

Doyle, M. B. (2003). We want to go to college too: Support students with significant disabilities in higher education. In D. L. Ryndak & S. Alper (Eds.), *Curriculum and instruction for students with significant disabilities in inclusive settings* (pp. 307-322). Upper Saddle River, NJ: Allyn & Bacon.

Dunn, C. (1996). A status report on transition planning for individuals with learning disabilities. *Journal of Learning Disabilities, 29*(1), 17-30.

Durlak, C. M., Rose, E., & Burscuk, W. D. (1994). Preparing high school students with learning disabilities for the transition to postsecondary education: Teaching the skills of self-determination. *Journal of Learning Disabilities, 27*, 51-59.

Fisher, D., Sax, c., & Pumpian, I. (1999). *Inclusive high schools: Learning from contemporary classrooms.* Baltimore: Paul H. Brookes.

Gajar, A. (1998). Postsecondary education. In F. R. Rusch & J. G. Chadsey (Eds.), *Beyond high school: Transition from school to work* (pp. 383-405). Belmont, CA: Woadsworth.

Getzel, E. E., & Finn, D. E., Jr. (2005). Training university faculty and staff. In E. E. Getzel & P. Wehman (Eds.), *Going to college: Expanding opportunities for people with disabilities* (pp. 199-26). Baltimore: Paul H. Brookes.

Getzel, E. E., Stodden, R. A., & Briel, R. W. (2001). Pursuing postsecondary educationopportunities for individuals with disabilities. In P. Wehman (Ed.), *Beyond high school: Transition strategies for young people with disabilities* (pp. 247-260). Baltimore: Paul H. Brookes.

Grigal, M., Neubert, D. A., & Moon, M. S. (2001). Public school programs for students with severe disabilities in postsecondary settings. *Education and Training in Mental Retardation and Developmental Disabilities, 36*, 244-254.

Hall, M., Kleinert, H. L., & Kearns, J. F. (2000). Going to college: Postsecondary programs for students with moderate and severe disabilities. *Teaching Exceptional Children, 32*, 58-65.

Halpern, A. S. (1994). The transition of youth with disabilities to adult life: A position statement of the Division on Career Development and Transition, The Council for Exceptional Children. *Career Development of Exceptional Individuals, 17*, 202-211.

Hart, D., Mele-McCarthy, J., Pasternack, R. H., Zimbrich, D., & Parker, D. R. (2004). Community college: A pathway to success for youth with learning, cognitive, and intellectual disabilities. *Education and Training in Developmental Disabilities, 39,* 54-66.

Hart, D., Zimbrich, K., & Parker, D. R. (2005). Dual enrollment as a postsecondary educationoption for students with intellectual disabilities. In E. E. Getzel & P. Wehman (Eds.), *Going to college: Expanding opportunities for people with disabilities* (pp. 253-270). Baltimore: Paul H. Brookes.

Hitchings, W. E., Luzzo, D. A., Ristow, R., Horvath, M., Retish, P., & Tanners, A. (2001). The career development needs of college students with learning disabilities: in their own words. *Learning Disabilities Research and Practice, 16,* 8-17.

Hoffman, N. (2005). *Add and subtract: Dual enrollment as a state strategy to increase postsecondary success for underrepresented students.* Boston: Jobs for the Future.

Janiga, S. J., & Costenbader, V. (2002). The transition from high school to postsecondary education for students with learning disabilities: A survey of college service coordinators. *Journal of Learning Disabilities, 35,* 462-479.

Jordan, W. J., Cavalluzzo, L., & Corallo, C. (2006). Community college and high school reform: Lessons from five case studies. *Community College Journal of Research and Practice, 30,* 729-749.

Kochhar-Bryant, C. A. (2002). Building transition capacity through personnel development: Analysis of 35 state improvement grants. *Career Developmentfor Exceptional Individuals, 26,* 161-184.

Kochhar-Bryant, C. A., & Izzo, M. V. (2006). Access to post-high school services: Transition assessment and the summary of performance. *Career Development of Exceptional Individuals, 29,* 70-89.

Macabe, R. (2000). *No one to waste.* Washington, DC: Community College Press.

McDonnell, J., Ferguson, B., & Mathot-Buckner, C. (1992). Transition from school to work for students with severe disabilities: The Utah community-based employment project. In F. R. Rusch, L. Destefano, J. Chadsey-Rusch, L. A. Phelps, & E. Szymanski (Eds.), *Transition from school to adult life: Models, linkages, and policy* (pp. 33-50). Sycamore, IL: Sycamore Publishing.

McDonnell, J., Mathot-Buckner, C., & Ferguson, B. (1996). *Transition programs for students with moderate/severe disabilities.* Pacific Grove, CA: Brooks/Cole.

Mull, C. A., & Sitlington, P. L. (2003). The role of technology in the transition to postsecondary education of students with learning disabilities: A review of the literature. *The Journal of Special Education, 37,* 26-32.

Newman, L. (2005). Postsecondary education participation of youth with disabilities. In M. Wagner, L.

Neman, R. Cameto, N. Garz, & P. Levine (Eds.), *After high school: A first look at the postschool experiences of youth with disabilities* (pp. 4-1-4-17). Menlo Park, CA: SRI International.

Oliver, C., Hecker, L., Klucken, J., & Westby, C. (2000). Language: The embedded curriculum in postsecondary education. *Topics in Language Disorders, 21,* 15-29.

Page, B., & Chadsey-Rusch, J. (1995). The community college experience for students with and without disabilities. *Career Development for Exceptional Individuals, 18,* 85-95.

Park, H. S., Hoffman, S. A., Whaley, S., & Gonsier-Gerdin, J. (2001). Ted's story: Looking back and beyond. In J. Grenot-Scheyer, J. Fisher, & D. Staub (Eds.), *Lessons learned in inclusive education: At the end of the day* (pp. 151-162). Baltimore: Paul H. Brookes.

Patton, J. R., Cronin, M. E., & Jarriels, V. (1997). Curricular implications of transition. *Remedial and Special Education, 18,* 294-306.

Patton, J. R., Polloway, E. A., Smith, T. E. C., Edgar, E., Clark, G., & Lee, S. (1996). Individuals with mild mental retardation: Postsecondary outcomes and implications for educational policy. *Education and Training in Mental Retardation and Developmental Disabilities, 31,* 75-85.

Pearman, E., Elliott, T., & Aborn, L. (2004). Transition services model: Partnerships for student success. *Education and Training in Developmental Disabilities, 39,* 26-34.

Phelps, L. A., & Hanley-Maxwell, C. (1997). School-to-work transitions for youth with disabilities: A review of outcomes and practices. *Review of Educational Research, 67,* 197-226.

The Rehabilitation Act, Section 504, 29 U.S.C. § 794 (1973).

Reis, S. M., McGuire, J. M., & Neu, T. W. (2000). Compensation strategies used by high-ability students with learning disabilities who succeed in college. *Gifted Child Quarterly, 44,* 123-134.

Siperstein, G. N. (1988). Students with learning disabilities in college: The need for programmatic approach to critical transitions. *Journal of Learning Disabilities, 21,* 431-436.

Sitlington, P. L. (2003). Postsecondary education: The other transition. *Exceptionality, 11,* 103-113.

Smith, T. E. C., & Puccini, I. K. (1995). Position statement: Secondary curriculum and policy issues for students with mental retardation. *Education and Training in Mental Retardation and Developmental Disabilities, 30,* 275-282.

Speckman, N. J., Goldberg, R. J., & Herman, H. L. (1992). Learning disabled children grow up: A search for factors related to success in young adult years. *Learning Disabilities Research Practice, 7,* 161-170.

Stodden, R. A., Conway, M. A., & Chang, K. (2003). Secondary school curricula issues: Impact on postsecondary students with disabilities. *Exceptional Children, 70*(1), 9-25.

Stodden, R. A., & Whelley, T. (2004). Postsecondary education and persons with intellectual disabilities: An introduction. *Education and Training in Developmental Disabilities, 39,* 6-15.

Tashie, C., Malloy, J. M., & Lichtenstein, S. J. (1998). Transition or graduation? Supporting all students to plan for the future. In C. M. Jorgensen (Ed.), *Restructuring all high schools for all students: Taking inclusion to the next level* (pp. 233-260). Baltimore: Paul H. Brookes.

U.S. Department of Education, Office for Civil Rights. (2005, May). *Students with disabilities preparing for postsecondary education: Know your rights and responsibilities.* Retrieved February 10, 2008, from the U.S. Department of Education Web site at http://www.ed.gov/about/offices/list/ocr/transition.html?exp=0

Wasburn-Moses, L. (2006). Obstacles to program effectiveness in secondary special education. *Preventing School Failure, 50,* 21-30.

Wehman, P. (2006). *Life beyond the classroom: Transition strategies for young people with disabilities* (4th ed.). Baltimore: Paul H. Brookes.

Weiss, S. (Ed.). (2005, May). *The progress of education reform 2005: Dual enrollment* (Vol. 6, No. 3). Denver: Education Commission of the States.

Zafft, C., Hart, D., & Zimbrich, K. (2004). College career connection: A study of youth with intellectual disabilities and the impact of postsecondary education. *Education and Training in Developmental Disabilities, 39,* 45-53.

Zafft, C., Kallenbach, S., & Spohn, J. (2006). *Transitioning adults to college: Adult basic educationprogram models. A report from the National Center for the Study of Adult Learning and Literacy, National College Transition Network.* Boston: World Education, Inc.

찾아보기

저자 소개

John McDonnell(Ph.D.) 미국 유타 대학교 특수교육과 교수이며, 중도장애인을 위한 프로그램을 책임지고 있다. 주된 연구 영역은 교육과정 및 교수법, 중도장애학생을 위한 중등/전환교육, 통합교육이다.

Michael L. Hardman(Ph.D.) 미국 유타 대학교 교육대학 학장과 사범대학 학부장으로 재직하고 있으며, 현재 특수교육과 교수다. Eunice Kennedy Shriver 복지공동체 국가센터(Eunice Kennedy Shriver National Center for Community of Caring)의 대학측 책임자이며, 주된 연구 영역은 교육 정책 및 개혁, 발달장애, 전문가 개발, 통합교육, 성인기로의 전환, 특수교육 분야에서 미래를 이끌어 갈 주역을 준비시키는 것이다.

역자 소개

이정은(Lee Juengeun)
이화여자대학교 대학원 특수교육학과 특수교육학 박사(정신지체 전공)
이화여자대학교 특수교육연구소 책임연구원
미국 콜로라도 주립대학교 보조공학연구소(ATPs) 연구원
현 대전대학교 중등특수교육과 교수

〈주요 저서 및 역서〉
지적장애아교육(공저, 학지사, 2012)
특수교육개론(공역, 학지사, 2010)
중도장애(공역, 학지사, 2009) 외 다수

지적장애학생을 위한
전환교육의 실제
Successful Transition Programs: Pathways for Students With Intellectual and
Developmental Disabilities, 2nd Edition

2015년 8월 25일 1판 1쇄 발행
2022년 8월 10일 1판 2쇄 발행

지은이 • John McDonnell · Michael L. Hardman
옮긴이 • 이정은
펴낸이 • 김진환
펴낸곳 • (주) 학지사

　　　　04031 서울특별시 마포구 양화로 15길 20 마인드월드빌딩
대표전화 • 02-330-5114　　팩스 • 02-324-2345
등록번호 • 제313-2006-000265호

홈페이지 • http://www.hakjisa.co.kr
페이스북 • https://facebook.com/hakjisa

ISBN 978-89-997-0715-5　93370

정가 22,000원

역자와의 협약으로 인지는 생략합니다.
파본은 구입처에서 교환해 드립니다.

이 책을 무단으로 전재하거나 복제할 경우 저작권법에 따라 처벌을 받게 됩니다.

출판미디어기업 **학지사**

간호보건의학출판 **학지사메디컬** www.hakjisamd.co.kr
심리검사연구소 **인싸이트** www.inpsyt.co.kr
학술논문서비스 **뉴논문** www.newnonmun.com
교육연수원 **카운피아** www.counpia.com